I0461482

www.ingramcontent.com/pod-product-compliance
Lightning Source LLC
Chambersburg PA
CBHW060855120626
46553CB00001B/95

9798986719351

التوراة والإنجيل
بين تهمة التحريف والبراءة

أوّل دراسة موسّعة وحياديّة حول الموضوع لكاتب
علميّ مسلم يبحث عن الحقيقة

أحمد أبو سارة

التوراة والإنجيل بين تهمة التحريف والبراءة

أحمد أبو سارة

Copies are only one click away from amazon.com
The holy book on trial

ISBN: 979-8-9867193-5-1

Printed in the United States of America 2022

جدول المحتويات

i

جدول المحتويات

جدول المحتويات

iv

المقدمة

بسم الله الرحمن الرحيم، والحمد لله رب العالمين، والصلاة والسلام على أنبيائه ورسله أجمعين ﴿ وَلَا تُجَادِلُوا أَهْلَ الْكِتَابِ إِلَّا بِالَّتِي هِيَ أَحْسَنُ إِلَّا الَّذِينَ ظَلَمُوا مِنْهُمْ وَقُولُوا آمَنَّا بِالَّذِي أُنزِلَ إِلَيْنَا وَأُنزِلَ إِلَيْكُمْ وَإِلَٰهُنَا وَإِلَٰهُكُمْ وَاحِدٌ وَنَحْنُ لَهُ مُسْلِمُونَ ﴾.[1]

هذا الكتابُ هو جهدٌ متواضع لمبحث في غاية الاهمية، يتعلق باعتقاد المسلمين بالتحريف في التوراة والإنجيل، ويعكس جانباً من جرأة المؤلف كباحث علمي مسلم، يخوض في غمار هذا الموضوع بحثاً عن الحقيقة، ويسلك مسلك الحياد في مناقشة هكذا موضوع حساس وله مساس بالعقيدة، ربما لا يجرؤ كثيرون على التفكير فيه، فضلاً عن تناوله والكتابة فيه؛ لأن العقائد الإسلامية، تعتبر (في مفهوم بعض الطوائف) من المسائل القطعيّة، المسلّم بها، والمتوقع فقط سماعها واتباعها، ولا مجال الى إثارة الأسئلة الإشكاليّة حولها، أو الطعن فيها ومخالفتها ناهيك عن البحث في أصولها أو طرح آراءٍ تخالفها.

يعتقد عموم المسلمين بالتحريف في الكتاب المُقدَس، لكن غالبيتهم يجهلون السبب وراء هذا الإعتقاد، وكنت أنا واحداً منهم. ولذلك عزمت على البحث عن هذا السبب، وعثرت على عدد من

---

(1) العنكبوت، 46.

الدراسات والكتب الإسلامية لأعلام ومشاهير المسلمين من الذين نقّبوا في كتب التوراة والإنجيل وأطلقوا صفة التحريف عليها. ولقد استخلصت من هذه الدراسات الإسلامية اربعة أسباب رئيسة للتحريف في الكتاب المُقدَس وهي: القصص التي تنسب المعاصي والذنوب للأنبياء، والاختلافات بين تعابير أسفار الكتاب المُقدَس، والآيات القرآنية التي يوحي ظاهرها بالتحريف في الكتاب المُقدَس، والاعتقاد بحذف نصوص التبشير بظهور نبي الإسلام من الكتاب المُقدَس. لكن تفاصيل هذه الأسباب استدعت التحري والتدقيق.

قمت – في البداية – بتحليل ومناقشة أسباب الاعتقاد بالتحريف في هذه الدراسات، ثم أخضعتها وأدلتَها للبحث والتقصّي بحيادية، ودقة، وأغنيتها ببحوث جانبية ذات علاقة بها، واستنتجت بحجج بالغة، وآيات واضحةِ الدلالة مستوحاة من الكتاب المُقدَس والقرآن الكريم عدم اسناد هذه الاسباب الأربعة للتحريف في التوراة والإنجيل.

احتلت القصص التي تنسب المعاصي والذنوب للأنبياء في الكتاب المُقدَس السبب الرئيس الأول للقول بتحريف التوراة والإنجيل في الدراسات الإسلامية استناداً الى مفهوم العصمة، فإن كان النبي يزني ويرتكب الفاحشة ويشرب الخمر، فما بال عامة الناس؟! وكيف يثق الناس برسل مثل هؤلاء؟!

فقمت بجهد موسّع لدراسة العصمة ومفاهيمهاعند فقهاء الطوائف الإسلامية، وعند أهل الكتاب. وتبيّن ان عصمة الأنبياء هي

من المفاهيم الإسلامية فقط، وأن غالبية فقهاء الطوائف الإسلامية اتفقوا على عصمة الأنبياء في تلقي وتبليغ الرسالة الإلهية فقط، ولا يوجد مانع من ان يكون النبي في حياته العملية مرتكباً للمعاصي. وأن الطائفة الشيعية الإمامية الاثنا عشرية هي الوحيدة التي تعتقد بالعصمة المطلقة للأنبياء عن صدور المعاصي، الكبائر منها والصغائر، عمداً أو سهواً، في تلقي الرسالة الإلهية أو في تبليغها، وأن الأنبياء مصونون عن الخطأ والنسيان، لا في قضايا الأحكام وحدها، بل حتى في القضايا العادية وحياتهم الخاصّة أيضاً. لقد حصر الفقهاء الشيعة امتناع الأنبياء عن فعل المعاصي والذنوب في سبب واحد وهو العصمة المطلقة، ولكن بلا دليل وأن القرآن الكريم لم يسند العصمة المطلقة للأنبياء، وأن الله تعالى وحده هو الكمال المطلق.

وتبيّن أيضاً ان عصمة الأنبياء مفهوم غير مألوف في المعايير اليهودية والمسيحية ما عدا عصمتهم في تلقي وتبليغ رسالة الوحي الإلهي، وتبقى طبيعة الأنبياء البشرية تدفعهم الى ارتكاب الذنوب والمعاصي، واخرى تسوقهم الى الخطأ والنسيان. وأن الاعتقاد المسيحي الساري هو تلوّث الجنس البشري بالخطيئة وأن جميع أبناء آدم خطّاؤون، وقد ورد نفس معتقد انتشار الخطيئة بين البشر في الحديث الإسلامي وفي بعض النصوص القرآنية. وأن شرب الخمر وباقي المعاصي هي ليست بتلقٍ ولا تبليغ، إنما هي قضايا تخص حياتهم اليومية، وبالتالي لا تنطبق مخالفة العصمة على فاعليها، ولا تعكس قصص الأنبياء هذه تحريف في التوراة أو الإنجيل، وقد

تناولت هذا الموضوع بالتفصيل في الفصل الثاني.

شكّلت الاختلافات بين تعابير الاسفار السبب الرئيس الثاني وراء القول بالتحريف في التوراة والإنجيل، حيث وردت اختلافات في وصف تفاصيل الأحداث والمعاجز التي قام بها السيد المسيح، وأن الدراسات الإسلامية اعتبرت هذه الاختلافات تناقضات، وحكمت على الكتاب بالتحريف، بناءً على معناها الظاهري، بينما لجأتُ في هذه الدراسة الى كتب التفسير لتبيان حقيقة هذه الأحداث والغاية المرادة منها وتبيّن أنها اختلافات لفظية تحتفظ بذات المعنى، سببها اختلاف اسلوب نقل المعلومات ولا ترتقي الى مستوى التحريف؛ وان تعاليم السيد المسيح جاءت متطابقة في الكتب الأربعة، وإنّما ظهرت التباينات في عبارات ثانوية غير اساسية لا مصلحة ولا منفعة في تحريفها. وقد ذكرتُ أسباباً أخرى في تنوع العبارات في نهاية الفصل الثالث.

شاع الاستشهاد بين المسلمين ببعض الآيات القرآنية للقول بالتحريف في الكتاب المُقدَس (التوراة والإنجيل) اعتماداً على معناها الظاهري، فسعيتُ في تشخيص جميع الآيات القرآنية التي يشتبه من ظاهرها بالتحريف في التوراة والإنجيل وعرضتها على ستة كتب إسلامية معتبرة في التفسير، ولم أجد ولا آية قرآنية واحدة تسند التحريف في الكتاب المُقدَس المتداول. وفي مقابل الآيات المعدودة التي يُتوهم انها آيات تحريف، وردت في القرآن الكريم أربعون آية تُثني وتُوثق الكتاب المُقدَس وتُصرّح ببراءته من التحريف، وقال الله تعالى في خمس آيات ان الكتاب المُقدَس كتاب ذِكر، وفي خمس آيات أخرى

قال تعالى إنّه حافظه من التحريف ولا مُبدّلَ لكلماته، وأوجب الله تعالى الايمان بكتب التوراة والإنجيل وبيّن ثواب الايمان بها وجزاء الكافرين والمكذبين بها في أربع آيات، وأمر أهل الكتاب الحُكم بما جاء في كتبهم في خمس آيات، ووردت اثنتا عشرة آية كشهادات صريحة في القرآن الكريم تبيّن ان التوراة والإنجيل هما من عند الله وقد أودع فيهما تعالى سننه وأحكامه وجعلهما نوراً وهدى ورحمة وذكراً وفرقاناً وتفصيلاً لكل شيء، وقد تناولتُ هذه الآيات وتفاسيرها في الفصل الأول.

لخّصتُ نتائجَ دراستي في ردودٍ نقليّة وعقليّة تعضدها، وتوخيت في كشف الاستدلالات الايجاز والاختصار، وعرض المطالب باسلوب ميسّر يفهمه القارئ البسيط، ويجد المختص فيه أعماقًا معرفيّة، متجنباً التعقيد، والمفردات المبهمة ما استطعت، ليكون الكتاب سهلاً لكلّ من يطالعه.

لم يكن الهدف الاساس من هذه الدراسة برهان فرضية مسبقة، أو عقيدة معينة، أو نوايا مخفية، ولم يكن انطلاقاً من مقولة خالف تُعرَف، ولا من أجل مصالح دنيوية أو حب الشهرة، ولا بدوافع سياسية، ولا بهدف الدفاع عن سلامة الكتاب المُقدَس من التحريف، ولا لأجني تصفيق أو أعجاب أهل الكتاب، وإنما كان أساسُها الفضولَ المعرفيّ، وقد أردت – من خلالها – أن أعرف سبب الإدعاء بالتحريف لا غير؛ لأنّني كنت أجهل هذا السبب. ولكنّ النتائج الاولية للدراسة فرضت التوسّع والتدقيق، كما سنرى.

وبما أنّ أصحاب الدراسات الإسلامية كانوا قد استندوا في

استنباط اسباب التحريف في التوراة والإنجيل على القرآن الكريم، فكان لابدّ لي من الرجوع الى القرآن أيضاً لتقييم الأسباب والقواعد التي استندوا عليها، لا ان أعتمد على مصدر خلافيّ أو عدائيّ لمصدرهم. ولهذا أردت أن أنوّه الى أنّ هذه الدراسة هي ليست دراسة مقارنة بين القرآن الكريم والكتاب المُقدَس، ولكنّي استشهدت في مواضع عديدة في هذا الكتاب بآيات من القرآن الكريم للرد على شبهات التحريف التي نسبها الفقهاء المسلمون الى الكتاب المُقدَس. وباختصار، فإنّ الدراسات الإسلامية استنبطت أربعة أسباب للتحريف من القرآن، كما ذكرنا، وهذه الدراسة التي بين يديك اثبتت ان القرآن الكريم لا يسند أسباب التحريف هذه، وأن هناك توهّماً في استنباطاتهم.

وسيلاحظ في الكتاب انني لم اعقب أسماء الأنبياء بالفاظ التوقير مثل "عليه السلام" وذلك لأن أسمائهم وردت في مواطن ومواقف وسياقات تختلف عما هو مألوف عندنا في الإسلام وخاصة المواضع التي تنسب اليهم المعاصي والذنوب مثل الزنا وشرب الخمر حتى ان المرء ليكاد يتخيل انها شخصيات غير التي نعرفها. اللهم صل وسلم وبارك على رسك وأنبيائك أجمعين.

اتمنّى مخلصاً أن اكون قد وُفّقت في الكشف عن جانبٍ من الحقيقة في مسألة مهمة أُختلف فيها، وارجو من الله تعالى العلي القدير ان يجعل من جهدي هذا مساهمةً متواضعةً لرفع الخلاف، ويجعل منه دافعاً للتآخي والمحبة والوحدة بين ابناء الطوائف الابراهيمية، وأن يكون عند حسن ظن علمائنا الأفاضل، ومثقفينا الكرام، وقرّاءنا الأعزّاء، مسلمين أو غيرهم، فقد كتبته بكل علمية وحيادية قدر

استطاعتي ونقلت فيه آراء جميع الأطراف بكل أمانة. أسأل الله سبحانه وتعالى: ان يفتح بصيرتَنا قبل بصرنا، وان يهدينا وينوّر قلوبنا، ويرينا الحق حقاً فنتبعه، والباطل باطلاً فنجتنبه، ويدخلنا في عباده الصالحين، إنّه سميع مجيب.

المؤلف

الاول من ذي الحجة 1443

السابع من آب 2021

تمهيد

حفّزني حبُّ الاطلاع – قبل سنين عديدة – على قراءة التوراة والإنجيل. ثم وجدتُ نفسي بعد حين أنّي كلما اطلعت أكثر، ازدادت رغبتي في التوسع للمزيد من المعلومات، فذهبت استنسخ المقالات، وأشتري الكتب، وأراجع المصادر، وأسأل علماء اليهود والمسيحيين في مختلف المواضيع، ثم بدأت أزور كنائسهم ومعابدهم، وأستمع الى محاضراتهم التثقيفية، واشارك في نقاشاتهم وتعاليمهم، وأحضر طقوسهم العبادية وممارساتهم؛ من أجل كسب خبرة عملية وفهم موضوعي عن قرب منهم.

درست كتب التوراة والإنجيل عدة مرات مع تفاسيرها، كما قرأت مؤلفات كثيرة حولها من زوايا مختلفة، بعضها تناولت الكتب من زاوية علميّة، وأخرى من زاوية تاريخية، وبعضها من زاوية انتقادية وفلسفية، وهناك مؤلفات تطرّقت الى النقاشات الحادة، والانشقاقات بين الطوائف المسيحية في القرون الاولى، وظهور أناجيل متعددة، وكيف اختارت الكنيسة الأناجيل القانونية الاربعة التي بين أيدينا اليوم، ولماذا رفضت أناجيل "الهراطقة"، ودراسات اخرى كشفت عن الملابسات في لقاءات (مجمع نيقية) الأول والمجامع اللاحقة في القرون الاولى لنشأة المسيحية، والمشاحنات حول طبيعة السيد المسيح، ولاهوته وناسوته، والعقائد المسيحية بشأنها التي شغلت أذهان الكثيرين وجعلتهم شيعاً ومذاهبَ مختلفة ومتناقضة الى يومنا هذا، ومؤلفاتٍ عديدة، وكتباً قيّمة كثيرة أخرى.

لكنّني كمسلم تعاملت مع كتب التوراة والإنجيل المتداولة من زاويةِ مختلفة كلياً، ومن بُعدٍ مغاير تماماً، مُنطلِقاً من حقيقة كوني أعيش في القرن الحادي والعشرين وبين يدي كتب تدعو الى الايمان بالله الواحد وعبادته والى الاعمال الصالحة، وأن الله تعالى قال عنها: إنّها كتب هداية ونور، وان طموحي هو التقرّب الى الله، والفوز برضوانه، فهل بإمكاني الاستفادة من هذه الكتب أيضاً لتحقيق طموحي هذا؟! هي كتب يقرأها ويتبرّك بها الملايين من الناس يومياً، وتحتفل بها آلاف الكنائس والمعابد في أنحاء العالم اسبوعياً، فلماذا لا أعطي لنفسي الفرصة واستمع الى ما تقوله هذه الكتب، وأتبع أحسن ما فيها؟!

وبعدما قرأت التوراة والإنجيل للمرة الاولى، وجدت نفسي أمام خيارات ثلاثة: إما أن أعتبر التباين في بعض مفاهيمها عن نظيرتها في القرآن الكريم اختلافاً نوعيّاً وإيجابيّا، أو أن أعتبره اختلافاً ضدّياً وسلبيّا، أو أن أحشر نفسي مع الذين يستمعون القول فيتبعون أحسنه، الذين ينتخبون أفضل الكلام من خلال قوّة العقل، والإدراك، بلا تعصب ولا لجاجة في أعمالهم، ولا تحديد وجمود في فكرهم وتفكيرهم، فهم يبحثون عمّا يغذّي فهمهم، ويروي عطشهم، ويرسّخ معتقداتهم، فأينما وجدوه استقبلوه بصدور رحبة، ليشربوا من نبعه الصافي حتى يرتووا، وهذا الخيار الثالث هو ما اخترته لنفسي. وليكن واضحاً ان القرآن الكريم هو – قطعاً – منهاجُ هدىً كامل، إلا أنّ سماع التعاليم الإلهية ومفاهيمها بأساليب منوعة، وتعابير مختلفة، يرّسخها في الذهن فتدركه الأنفس وتتحرك معه المشاعر.

وكان من ثمار دراستي التي استمرت اثنتي عشرة سنة، وجهودي المستمرّة والصادقة، أني عشت واقع اليهود والمسيحيين، ولمست طبائعهم وأخلاقهم، واستمعت الى تعاليمهم، ودرست كتبهم ونشراتهم. درست كتب التوراة والإنجيل مرّات عديدة مع تفاسيرها، مثلما قرأت القرآن الكريم يومياً ودرست تفاسير آياته مرّات عديدة، وأيقنت أن مواضع التلاقي، وأحياناً التطابق بين القرآن الكريم والتوراة والإنجيل كثيرة بل شديدة، خاصة من ناحية التشريعات الإلهية، والتعاليم الاخلاقية، والامور العبادية في خطها العام، وان الله سبحانه وتعالى قال في آيات عديدة: ان القرآن جاء مصدقاً للتوراة والإنجيل ﴿ **نَزَّلَ عَلَيْكَ الْكِتَابَ بِالْحَقِّ مُصَدِّقًا لِّمَا بَيْنَ يَدَيْهِ وَأَنْزَلَ التوراة وَالإنجيل** ﴾،[2] وإنها كتب إلهية موحاة منه تعالى، وأنّ المؤمن مُلزم أن يؤمن بها كلّها ﴿ **آمَنَ الرَّسُولُ بِمَا أُنْزِلَ إِلَيْهِ مِنْ رَبِّهِ وَالْمُؤْمِنُونَ كُلٌّ آمَنَ بِاللَّهِ وَمَلائِكَتِهِ وَكُتُبِهِ وَرُسُلِهِ لا نُفَرِّقُ بَيْنَ أَحَدٍ مِنْ رُسُلِهِ وَقَالُوا سَمِعْنَا وَأَطَعْنَا غُفْرَانَكَ رَبَّنَا وَإِلَيْكَ الْمَصِيرُ** ﴾.[3]

وعلى الرغم من أوجه التشابه العديدة بين الكتب الإلهية الثلاثة (القرآن والتوراة والإنجيل) إلا أنها لا تمثل كتاباً الهياً واحداً بثلاثة أجزاء، كما انها لا تمثل ثلاث نسخ لكتاب واحد بلغات مختلفة، فهناك اختلافات ظاهرة بينها، لكن المتشابه بينها أكثر، وقوى الجذب فيها عظيمة، ولا تخلو دراستها من فوائد روحية كبيرة، وثقافية كثيرة، وحقائق تاريخية نافعة.

---

(2) آل عمران، 3.

(3) البقرة، 285.

وبعد سنين عديدة من دراستي في الكتاب المُقدَس ورسوخ معلوماتي بشأنه، بدأت أطعّم محاضراتي في المسجد بمواضيع عن العبادات الابراهيمية كالصلاة، والصوم، والصدقة، والحج، وحب الجار وغيرها.

وقد لاقت هذه المواضيع استقبالاً مشجعاً كمعلومات جديدة عن عبادات وتقاليد اليهود والمسيحيين وكتبهم حيث إنّ اغلبية الحضور لم يطلعوا على هذه المعلومات سابقاً، ومما زاد في الاثارة والانجذاب الى سماعها في الواقع هو ليس التشابه في أحكام هذه العبادات مع نظيرتها في الإسلام، وإنما هو الاختلافات في كيفية أداء هذه العبادات، كيف يصلّي أهل الكتاب؟! هل يوجد ركوع وسجود في الصلاة اليهودية؟! هل يوجد وضوء في الصلاة المسيحية؟! هل توجد أوقات معينة للصلاة؟! وماذا بشأن القبلة؟! هل عندهم فريضة الحج أو الصوم؟! وأمثال هذه المعلومات. إضافة الى تبيان فلسفتهم لهذه العبادات والتركيز على جانبها الروحي أثناء أدائها الذي يُخرجها من طابعها الروتيني ويضيف اليها التفاعل مع مفرداتها كغذاء روحي ينشّط النفس ويقوّي الإرتباط مع الله تعالى، فأصبحت كمواضيع مقارنة ومحاضرات تثقيفية شيّقة.

وفي أمسية الجمعة، السادس من ديسمبر 2019، ألقيتُ في احد المساجد محاضرة بعنوان "الشريعة الإسلامية عصارة الشرائع الإلهية"، تطرّقت فيها الى التطابق بين الوصايا العشر في التوراة والإنجيل والقرآن الكريم. انشدّ الجمع للموضوع بانجذاب ملحوظ، وساد هدوء تام في المجلس، وارتسمت علامات التفكّر والتأمل على

وجوه الحضور، وفي الختام عبّروا لي عن تقديرهم وامتنانهم على غنى المعلومات، وقدموا كلمات الشكر والإعجاب.

الاّ ان أحد الحضور ادلى بانطباعٍ مغايرٍ، قائلاً: "ان المقارنة خاطئة؛ لأن القرآن الكريم كتاب حق، وان التوراة والإنجيل كتابان مُحرّفان ولا يجوز المقارنة بينها". لم المس أو أتفهّم منطق الأخ في "عدم جواز المقارنة بينها" لأننا حتى ولو فرضنا أنّني كنت أتحدث عن موضوعين متناقضين واقعياً، ولنَقُل بين الحق والباطل، أو بين الظلمة والنور، فلا أرى عدم جواز المقارنة لتبيان الفوارق بينهما. ثم أنّ المقارنة هي أحد أساليب المناظرة القرآنية لوضع القارئ في حالة من التفكّر والتفاعل، فما يريد أن يعرضه للناس من رؤى ومفاهيم، يطرح معه وبموازاته ما يقابله، لتتشخص الفروقات ويستوعب الناس معناه بشكل أكثر وضوحاً، كالمقارنة بين عقيدتي الأعمى والبصير روحيّاً، أو بين أصحاب الجنة وأصحاب النار، وأمثالها، لفهم المسائل بصورة أوضح بقرينة المقابلة، ولقد اتبعت في محاضراتي نفس المنهج على أساس هذه السنّة المتّبعة في القرآن الكريم.

وضّحت للحضور – حينها – شدة التشابه بين الكتب الإلهية الثلاثة، وأنّ الوصايا العشر تشكل الحجر الاساس المشترك بينها، وأنها جميعاً تدعو الى توحيد الخالق وعبادته، وتنهى عن عبادة الاصنام، والكذب، والسرقة، والقتل، والزنا، وشهادة الزور، وتحضّ على الانفاق، والعمل الصالح، والمحبّة، واحترام الكبير، واكرام الوالدين، وتكريس يوم للعبادة، وأمثالها.

لكنَّ صدى التحريف الذي أُثير في المحاضرة بقي يشغل فكري تلك الليلة، وكأن التحريف في الكتاب المُقدَس جاء كمفاجأة مباغتة لم أسمع بها سابقاً، وفي الواقع أنّني نشأت منذ طفولتي على نغمة التحريف هذه، الا أنّ سماعها هذه المرة هزّني وحرّكني بكل صراحة؛ ربّما بسبب ما اكتسبته من معلومات كثيرة ومتقاربة من خلال دراستي للكتب الإلهية، والتي ربما لم يطّلع عليها الكثير من المسلمين.

وبينما أنا غارق في تفكير عميق على فراشي قبل النوم تلك الليلة، رحتُ أستعيد في ذاكرتي مشاهد متفرقة من مجرى المحاضرة والحضور، حينئذٍ خطر سؤالٌ برقَ في ذهني: ولكن ما هو المُحرّف في الكتاب المُقدَس؟! أذهلني السؤال، لأنّني لم أعرف الجواب في تلك اللحظة، وكأنّني أصبتُ بخيبة أمل أو صدمة؛ فمنذ أكثر من اثنتي عشرة سنة وأنا أدرُس وأتدّبر هذه الكتب بتمعّن يومياً، وأتلقى الدروس من ربّي وعلماء لاهوت مشهورين، وأشارك وأُناقش في المحاضرات، علماً أن فكرة المقارنة مع المفاهيم القرآنية كانت دائماً ما ترد أو تطرأ على ذهني، فلا أسمع تعليماً من الكتاب المُقدَس الا وحاولت ان أشخّص نظيره في القرآن الكريم.

كما قمت بسفرات عديدة الى القدس الشريف، وسرت في أراضي عاد وثمود ولوط وغيرهم من الانبياء. وقد ساعدتني سفراتي المتكررة الى القدس الشريف على التعرف - عن قرب - على تقاليد اليهود وعاداتهم الإجتماعية والأخلاقية والعبادية، كما منحتني فرصةَ السياحة في هذه الارض المباركة ومسيرة بني إسرائيل التاريخية فيها، وزيارة المراقد المُقدَسة مثل (المسجد الأقصى)، و (قبة الصخرة)، و

(الحرم الإبراهيمي) الشريف، ومكان ولادة السيد المسيح (كنيسة المهد في بيت لحم)، و (كنيسة القيامة) في القدس القديمة، ومكان نشأته في (الناصرة)، والأماكن التي كان يعلّم فيها في (الجليل) وعلى (جبل الزيتون)، ومكان صعوده الى السماء، وأماكن مقدسة أخرى تهيج لها الأحاسيس وتبعث روح الادمان على زيارتها.

ولكنني بعد كل هذه الأعوام لم أنتبه ولم أميّز ما هو مُحرّف في الكتاب المُقدَس. وعلى أثر هذا اندلعت في نفسي رغبة عارمة أن أجري بحثاً اجتهادياً في هذا الخصوص، وأسلّط الضوء الكاشف على أسباب الادعاء بالتحريف، فبدأت التحرّي وبحماس في الموضوع قيد الدراسة والبحث من صباح اليوم التالي لتلك المحاضرة.

أكرر هنا وأؤكد أنّني عندما بدأت أدرس التوراة والإنجيل لأول مرة في شهر نيسان سنة 2010، لم يكن هدفي التنقيب في نصوصها عن مواضع الاختلاف بينها، وإنما كانت دراستي بحافز طلب العلم، آملاً ان أجد فيها ما ينفعني في الرقيّ على سلّم التكامل الانساني قربةً الى الله تعالى، ولم يخطر ببالي مطلقاً أنّني سأكتب – مستقبلاً – كتاباً بهذا الخصوص. ثم عَثَرَتْ عليَّ الفرصةُ، ولم أبحث عنها بنفسي، وفَرَضَتْ نفسها عليَّ بعد تلك المحاضرة التي ألقيتها في أحد المساجد، حيث ناظرني أخ معارضٌ بعدم جواز المقارنة بين القرآن والكتاب المُقدَس، كما سبقت الاشارة، فسعيت بحثاً عن أسباب الإدعاء بالتحريف في الكتاب المُقدَس وبدون أي حكم أو دافع مسبق، والله على ما أقول شهيد.

لم يدّع الفقهاء المسلمون الذين وصفوا الكتاب المُقدَس بالتحريف أنهم يملكون الحقيقة كلها لوحدهم، كما وانّهم لم يدّعوا القدسيّة أو العصمة لأنفسهم، بل اجتهدوا وطرحوا آراءَهم حول الكتاب المُقدَس، وهذا الذي بين يديك هو رأي آخر، وقد شجّع الإسلام على الاجتهاد، وبيّن ان الحياد طريق يجب ان نسلكه في مفترقات البحث العلمي، واضعين معتقداتنا وانتماءاتنا جانباً، للوصول الى الحقيقة والتخلّي عن الافكار المنحازة الخاطئة أو المتطرّفة.

فضلُ طلب العلم والاجتهاد في التعاليم الإسلامية

ولقد ارتأيت – كفاتحة للدراسة – ان أذكر كلمةً عن "فضل طلب العلم والإجتهاد في الإسلام"، لأنّني سمعت من كثير من المسلمين انهم لم يمسكوا كتب التوراة والإنجيل بأيديهم طيلة حياتهم، ولا يعرفون شكل تلك الكتب، أو حجمها، أو عدد صفحاتها. بعضهم سألني عن اللغة التي كُتبت بها هذه الكتب الإلهية، وبعضهم استفسر عن حلّية أو حرمة قراءتها، ومدى إشكالية زيارة الكنائس ومعابد اليهود. واستحرم بعضهم قراءة هذه الكتب: كيف نقرأها وعندنا القرآن الكريم؟! وربما تَحَفّظَ بعضهم الاخر من قراءتها خوفاً من عدم قدرته على فهمها أو تمييز الوصايا الإلهية فيها عن تلك التي تعلّمناها وترّبينا على أصولها ونشأنا عليها كمسلمين، وربما هناك أسباب أخرى كالانشغال بأمور العمل والاسرة، وعدم تخصيص وقت اضافي للثقافة الدينية بصورة عامة، ناهيك عن قراءة عقائد وتشريعات غير اسلامية.

أكّدت التعاليم الإسلامية كثيراً على طلب العلم، ولزوم الجد والسعي من أجل الإرتواء من منهله، وفي الحقيقة، فإنّ العلم – من وجهة نظر الإسلام – لا يعرف حدّاً محدوداً. تُعلّمُنا مبادئ الإسلام أنّ الالحاح في الطلب أو الاستزادة في كثير من الأمور شيء مذموم، إلاّ في طلب العلم فانّه ممدوح ومحمود، وان الإفراط أمرٌ قبيح في كلّ شيء إلاّ في طلب العلم ﴿ **وَقُل رَّبِّ زِدْنِي عِلْماً** ﴾.[4] فالعلم ليس له حدّ مكاني، إذ يجبُ الإجتهاد في طلبه وتحصيله ولو كان في الصين، وليس له حدّ زماني فطلبه يستمرّ من المهد إلى اللحد، وليس له حدّ جنسيّ أو جندريّ، فهو فريضة على كلّ مسلم ومسلمة، ولا يعرف العلم حدّاً له من جهة المُعلّم، فإنّ الحكمة ضالّة المؤمن أينما وجدها أخذها ولو من أهل النفاق، وإذا ما سقطت جوهرة من فم ملوّث فاسق فإنّه يلتقطها فهو أحرى بها. قَالَ أميرُ المؤمنين علي ابن أبي طالب في ما روي عنه: "مَنْهُومَانِ لَا يَشْبَعَانِ طَالِبُ عِلْمٍ وَ طَالِبُ دُنْيَا"،[5] فأما طالب العلم فيزداد من رضى الرحمان ﴿ **إِنَّمَا يَخْشَى اللَّهَ مِنْ عِبَادِهِ الْعُلَمَاءُ** ﴾،[6] وأما طالب الدنيا فيتمادى في الطغيان ﴿ **كَلَّا إِنَّ الْإِنسَانَ لَيَطْغَىٰ أَن رَّآهُ اسْتَغْنَىٰ** ﴾.[7]

وعلى الرغم من أنّني حامل لشهادة الدبلوم العالى، وبدرجة إمتياز، من (كلية الشريعة في الجامعة العالمية للعلوم الإسلامية في لندن)، فإنّ كلمة (خرّيج) أو (أنهى دراسته) لا معنى لها في

---

(4) طه، 114.

(5) مستدرك وسائل الشيعة، ج 6، ص 216، 1408 هجرية.

(6) فاطر، 28.

(7) العلق، 6 و 7.

قاموس أو منطق السعي والبحث العلميّ، فإنّ المجتهد لا يعرف نهاية لتحصيله في العلوم، فهو دائماً طالب جامعي، وطالب علم، حتّى لو أصبح أكثر الأساتذة تفوّقاً وأفضلهم علماً، فانّ أعلم الناس من جَمع علم الناس إلى علمه، وأفضل الناس أنفعهم للناس. ولقد ورد في الخبر "ما يزالُ المرءُ عالماً ما دام يطلب العلم، فإن ظنّ أنه علم فقد جهل". فالعلم هو أحد الأسلحة السلميّة التي تؤدي إلى تقدّم المجتمع وتماسكه، كما أنه سبب جوهري وراء التقدم الدولي، لذلك قيل ان العلم نور للعالم أجمع، ولهذا عشعشت الامية والجهل في البلدان المتخلفة بسبب عدم السعي في طلب العلم والإجتهاد في حقوله المنوعة.

على ضوء ذلك، تشجعت وواصلت قراءتي واستقرائي للكتب الإلهية بتمعنٍ، وبذهنية متفتحة، وبدون تحيّز مسبق، ولا انغلاق ملحق، واضعاً نُصبَ عيني فائدة الاطلاع عليها من النواحي الروحية والثقافية والمعرفيّة، والله المعين ﴿ **وَالَّذِينَ جَاهَدُوا فِينَا لَنَهْدِيَنَّهُمْ سُبُلَنَا** ﴾.[8] فلقد كّرست دراستي هذه لهدفٍ تثقيفي، لُاسلّح نفسي ومن يطلّع عليها، بحقائق مستوحاة من الكتب الإلهية، علّها تفيد روحياً في الرقي على سلّم التكامل الانساني، كما تعين على قدرة الحوار الحضاريّ، والنقاش السليم، بعيداً عن الاتهام، والكلمات اللاذعة، والتعصب الجاهلي والإنغلاق.

---

(8) العنكبوت، 69.

فضل طلب العلم والإجتهاد في القرآن الكريم

لقد حث القرآن الكريم على طلب العلم منذ أول آية نزل بها الوحي ﴿ **اقْرَأْ وَرَبُّكَ الْأَكْرَمُ * الَّذِي عَلَّمَ بِالْقَلَمِ * عَلَّمَ الْإِنْسَانَ مَا لَمْ يَعْلَمْ** ﴾.[9] فهذه الآيات القرآنية الكريمة نزلت على نبيّ أُمّي، وفي بيئة اجتماعية تسودها الأمية والجهل، وتدعوه أوّل ما تدعوه الى القراءة والعلم والقلم. وممّا يلفت النظر هنا أنّ ذيل كثير من الآيات القرآنية يدعو الإنسان إلى التفكّر، والتذكّر، والتفقّه، فنقرأ في خواتيم العديد من الآيات، قوله تعالى (لعلهم يتفكرون)، (لعلهم يفقهون)، (لعلهم يتذكرون)، (لعلهم يهتدون)، (لعلهم يرشدون)، (لعلهم يعلمون) وأمثالها. وقد بشّر ومدح القرآن من يستثمرون عقولهم في اختيار واتباع أحسن الكلام، ووصفهم بذوي الالباب الذين هداهم الله ﴿ **فَبَشِّرْ عِبَادِ * الَّذِينَ يَسْتَمِعُونَ الْقَوْلَ فَيَتَّبِعُونَ أَحْسَنَهُ أُولَئِكَ الَّذِينَ هَدَاهُمُ اللَّهُ وَأُولَئِكَ هُمْ أُولُوا الْأَلْبَابِ** ﴾،[10] هؤلاء مشمولون بالهداية الإلهية الظاهرية، عن طريق العقل والإدراك، كما انهم مشمولون بالهداية الباطنية عن طريق النور الإلهي والإمداد الغيبي، وهاتان مفخرتان كبيرتان للباحثين وراء الحقيقة من ذوي التفكير الواعي الحرّ. أمّا الذين يتبعون أيَّ قول يسمعونه دون أيّ تفكير أو تحقيق فانهم خارج صف (أولو الألباب) أو الذين (هداهم الله) حسب مفهوم الآية الظاهري.

إنّ كتاب الله قد أُنزل للأشخاص الذين يريدون أن يُطهّروا

(9) العلق، 5-3.

(10) الزمر، 17 و 18.

أنفسهم من الذنوب، ويسيروا في طريق الحقّ، ويبحثوا عن الحقيقة، ويسعوْا للوصول إليها. أمّا من لم يصل إلى هذا الحدّ من صفاء النظرة وتقوى النفس، فمن المسلّم أنّه لن يستطيع أن يستلهم تعاليم القرآن الكريم ويتذوّق حلاوة معرفة الحقّ المبين ﴿ **وَإِنَّهُ لَتَذْكِرَةٌ لِّلْمُتَّقِينَ** ﴾،[11] وأن درجات المؤمن العالم أعلى من درجات المؤمن الأقل علماً ﴿ **يَرْفَعِ اللَّهُ الَّذِينَ ءَامَنُوا مِنكُمْ وَالَّذِينَ أُوتُوا الْعِلْمَ دَرَجَت وَاللَّهُ بِمَا تَعْمَلُونَ خَبِيرٌ** ﴾.[12]

يُذكّرنا القرآن الكريم – في هذا الصدد – بقصّة تواضع موسى النبي عند مقابلته العالم الرباني (يقال إنّه الخضر) كضربٍ في فضل طلب العلم، فعلى الرغم مما كان يتمتع به موسى النبي من منصب كبير كونه نبياً من أولي العزم وصاحب رسالة وكتاب الهي وكليم الله، إلا انه استأذن الرجل العالم وسأله بتواضع ان يتبعه ليتعلّم منه الرشد والعلم والمعرفة ﴿ **قَالَ لَهُ مُوسَى هَلْ أَتَّبِعُكَ عَلَى أَنْ تُعَلِّمَنِ مِمَّا عُلِّمْتَ رُشْداً** ﴾.[13] لقد كان سفرُ موسى النبي شاقاً مضنياً حتى وجد هذا الرجل العالم عند ساحل البحر، إلاّ أنّه حصل على حقائق عظمية وكنوز معنوية كبيرة مِن صحبته القصيرة له. وفي ختام لقاء موسى مع الرجل العالم – كما تشير بعض الروايات – حطّ طيرٌ أمامهما على الساحل وألقى بمنقاره في الماء، فقال الخضر لموسى: أتدري ما يقول هذا الطائر؟! قال: وما يقول؟! قال: يقول: ما عِلمُك

(11) الحاقة، 48.

(12) المجادلة، 11.

(13) الكهف، 66.

وعِلمُ موسى في عِلمِ الله إلاَّ كما أخذ مِنقاري مِن ماء هذا البحر.

منهج الدليل العقليّ

كما وأنّ القرآن الكريم استخدم الدّليلَ العقلي في موارد منوعة: في إثبات وحدانية الله تبارك وتعالى ﴿ **قُلْ أَرَءَيْتُمْ إِنْ أَخَذَ اللَّهُ سَمْعَكُمْ وَأَبْصَرَكُمْ وَخَتَمَ عَلَى قُلُوبِكُمْ مَّنْ إِلَهٌ غَيْرُ اللَّهِ يَأْتِيكُم بِهِ** ﴾،(14) وفي إثبات فوائد العبادات الإلهية ﴿ **إِنَّ الصَّلَاةَ تَنْهَى عَنِ الْفَحْشَاءِ وَالْمُنْكَرِ** ﴾،(15) وفي إثبات عصمة القرآن وحجّيّته ﴿ **أَفَلَا يَتَدَبَّرُونَ الْقُرْآنَ وَلَوْ كَانَ مِنْ عِنْدِ غَيْرِ اللَّهِ لَوَجَدُوا فِيهِ اخْتِلَافًا كَثِيرًا** ﴾،(16) وفي استجواب الكفار ﴿ **قُلْ هَلْ يَسْتَوِى الْأَعْمَى وَالْبَصِيرُ أَفَلاَ تَتَفَكَّرُونَ** ﴾،(17) وآيات قرآنية كثيرة في موارد أخرى.

كما نقل القرآن على لسان اهل النار ندمهم بسبب عدم تفكّرهم وتعقّلهم ﴿ **وَقَالُوا لَوْ كُنَّا نَسْمَعُ أَوْ نَعْقِلُ مَا كُنَّا فِي أَصْحَابِ السَّعِيرِ** ﴾،(18) وشبّه تعالى أصحاب الجحيم كالأنعام ﴿ **وَلَقَدْ ذَرَأْنَا لِجَهَنَّمَ كَثِيرًا مِّنَ الْجِنِّ وَالْإِنسِ لَهُمْ قُلُوبٌ لَّا يَفْقَهُونَ بِهَا وَلَهُمْ أَعْيُنٌ لَّا يُبْصِرُونَ بِهَا وَلَهُمْ آذَانٌ لَّا يَسْمَعُونَ بِهَا أُولَٰئِكَ كَالْأَنْعَامِ بَلْ هُمْ**

---

(14) الانعام، 46.
(15) العنكبوت، 45.
(16) النساء، 82.
(17) الرعد، 16.
(18) الملك، 10.

أَضَلُّ أُولَئِكَ هُمُ الْغَافِلُونَ ﴾.[19] وشبّه الذين لا يستعملون عقولهم كالبهائم لقلة انتفاعهم بعقولهم ﴿ **إِنَّ شَرَّ الدَّوَابِّ عِندَ اللَّهِ الصُّمُّ الْبُكْمُ الَّذِينَ لَا يَعْقِلُونَ** ﴾،[20] ذلك أنّ العلم يرفع الجهل ويجعل تعبّدنا لله على بصيرة، وإنْ علّم الانسانُ غيرَه من الناس علماً فجعلهم يعبدون الله على بصيرة مثله، فإنه يصيبه نَفعُ ما تعلّم ويُؤجر بعلمه من كلّ من عمل به الى يوم القيامة.

لاحظ ان ثواب الصلاة هو للمصلي، وثواب الصوم هو للصائم، وثواب الحج هو للحاج، وهكذا باقي العبادات، إلا ان ثواب العلم هو لمن تعلّم ولمن تعلّم منه فيعود ثوابه على المعلّم ضعفين بل أضعافاً مضاعفة.

وعلى ذلك، فقد انتهج القرآن سياسة الأبواب المفتوحة في طلب العلم والاجتهاد، واعتبر المحققين هم عباد الله الحقيقيون الذين لا يرهبون سماع أراء الآخرين، ولا يستسلمون لشيء من دون أي قيد أو شرط، ولا يتقبلون كلّ وسواس. بل القرآن الكريم يبشّر الذين يستمعون القول ويتبعون أحسنه، الذين لا يكتفون بترجيح الجيد على السيء، وإنّما ينتخبون الأحسن ثمّ الأحسن من كلّ قول ورأي ﴿ **فَبَشِّرْ عِبَادِ * الَّذِينَ يَسْتَمِعُونَ الْقَوْلَ فَيَتَّبِعُونَ أَحْسَنَهُ** ﴾.[21] وفي الطرف المقابل، وبّخ القرآن الجهلة الذين يضعون أصابعهم

(19) الاعراف، 179.
(20) الأنفال، 22.
(21) الزمر، 17 و 18.

في آذانهم ويستغشون ثيابهم كلما سمعوا صوت الحق ﴿ **وَإِنِّي كُلَّمَا دَعَوْتُهُمْ لِتَغْفِرَ لَهُمْ جَعَلُوا أَصَابِعَهُمْ فِي آذَانِهِمْ وَاسْتَغْشَوْا ثِيَابَهُمْ وَأَصَرُّوا وَاسْتَكْبَرُوا اسْتِكْبَارًا** ﴾.[22] وبناءً على هذا، فكما يجدر بالإنسان، بل يجب عليه، أن يفتح بصيرة قلبه للإستفادة من نور القرآن العظيم، فإنّ عليه كذلك أن يفتح بصرَه للإستفادة من إشعاع نور الكتب الإلهية الاخرى.

إنّ التمسك بالإسلام الحق، ومعرفة قيمته، والفوز بثوابه هو في حقيقته وليد التعقّل والتفكّر والتذكّر والتدبّر والإجتهاد، والقناعة الذاتية، وليس وليد التقليد، والتلقين، والوراثة، وما سلف عن الآباء. ورد في (الكافي) عن الامام الصادق أنّه قال: لمَّا خلق الله العقل استنطقه، ثم قال له "أقبِل" فأقبَل، ثُمَّ قال له "أدبِر" فأدبَر، ثم قال: "ما خلقت خلقاً هو أحبُّ إليَّ منك، ولا أكملتك إلا فيمن أحب، أما إني إياك آمر وإياك أنهى، وإياك أعاقب وإياك أثيب".[23] وورد أيضاً عنه، أنّه قال: "العقل ما عُبد به الرحمان واكتُسب به الجنان"،[24] وروي عنه كذلك: "إنَّ الثواب على قدر العقل".[25]

من خلال ذلك كلّه، أصبح واضحاً أن على الذين يريدون التوسّع في العلم ان يتكبّدوا عناء البحث والتنقيب والمقارنة، لتكون

---

(22) نوح، 7.

(23) الكافي، ج 1، ص10.

(24) الكافي، ج 1، ص11.

(25) الكافي، ج 1، ص11.

هدايتهم بعرق الجبين وعصارة الفكر كما يطلبه الله من كل أحد، وما يتطلبه الوجدان لقناعة راسخة لا تزحزحها الرياح والعواصف، ومن المعلوم بالضرورة أن الهداية التي تكون عن قناعة نفسيّة أفضل بكثير من التي تكون بمؤثرات خارجية.

العلم إذن هو الذي يقرّب الانسان من الله عزوجل، ويبيّن له طريق الخير فيتبعه وطريق الشر فيجتنبه. فلا يمكن ان نعرف الحلال من الحرام الا بالعلم، ولا يمكن ان نعرف الطاعة من المعصية الا بالعلم، ولا يمكن ان نعرف ما يقرّبنا من الله مما يباعدنا عنه الا بالعلم. العلم هو الذي ينير طريقنا الى الله تبارك وتعالى فيخرجنا من ظلمات الجهل الى نوره، واعلم ان العلم يزيد الانسان خشية لله ﴿ إِنَّمَا يَخْشَى اللَّهَ مِنْ عِبَادِهِ الْعُلَمَاءُ ﴾،(26) والعلم يرفع الانسان درجات عند الله ﴿ يَرْفَعِ اللَّهُ الَّذِينَ آمَنُوا مِنكُمْ وَالَّذِينَ أُوتُوا الْعِلْمَ دَرَجَاتٍ ﴾.(27)

المدخل الى الدراسة

موضوع وخلفية الدراسة

تهدف هذه الدراسة الى تشخيص أسباب الادعاء بالتحريف في التوراة والإنجيل. فقد سمعتُ بالتحريف في الكتاب المُقدَس منذ طفولتي، لكني لا أعرف السبب أو أسباب التحريف، فعزمت

---

(26) فاطر، 28.
(27) المجادلة، 11.

على البحث في الموضوع، وعثرت على عدد من الدراسات والكتب الإسلامية لأعلام ومشاهير الفقهاء المسلمين الذين درسوا الكتاب المُقدَس وبيّنوا أسباب التحريف فيه. كان هدفي في بداية البحث مقتصراً على معرفة أسباب التحريف.

وفي أثناء تمحيص التفاصيل وجدت ان بعضاً من هذه الاسباب لا يصلح ان يرتقي لأن يكون سبباً للإعتقاد بالتحريف في الكتاب المُقدَس، فوسّعت في منهجية الدراسة لتشمل تشخيص اسباب الاعتقاد بالتحريف وتقييمها، أي لمعرفة صحة أسباب التحريف أو سقمها، وذلك بعرضها على تفاسير التوراة، والإنجيل، والقرآن الكريم. وفي أثناء تقييم الاسباب وجدت ان نماذج مشابهة للادعاء بالتحريف في الكتاب المُقدَس موجودة في القرآن الكريم أيضاً، وعليه لا يمكن اعتبارها أسباباً للتحريف ما لم نحكم على جميع هذه الكتب الإلهية بالتحريف لأجل أن نكون عادلين ومنصفين في حكمنا. فغيّرت منهجية الدراسة مجدداً وتعمّقت فيها أكثر لتتناول الموضوع من زواياه المختلفة. فاستقرأت كتب موسى الخمسة مع تفاسيرها، والاناجيل الأربعة مع تفاسيرها، والآيات القرآنية المتعلقة بأهل الكتاب وتفاسيرها، ثم قارنت نتائج دراستي مع استنتاجات الدراسات الإسلامية القائلة بالتحريف.

أهميّة الدراسة

يُعتبر الاعتقاد بالتحريف في التوراة والإنجيل من المسلّمات

القطعيّة أو الثوابت عند المسلمين والتي لا مجال الى التشكيك فيها، وربما أستطيع أن أُخمن أنّه لا يختلف فيها مسلمان، ولم أسمع من خطيب أو فقيه مجتهد، أو أي مسلم مثقف أو عامي، وعلى اختلاف طوائفهم ومذاهبهم براءة هذين الكتابين من التحريف. فبينما يطلق أهل الكتاب على التوراة والإنجيل اسم "الكتاب المُقدَس"، يلقبه المسلمون بالتوراة الرائجة، والإنجيل المُحرّف، والكتب المنحولة وكتب الأساطير، ونعوت أخرى.

السبب الرئيس والمحزن وراء شيوع هذا الاعتقاد ان غالبية المسلمين تبنّوا مقولة التحريف عن طريق التقليد بالسماع، بدون فحص ولا تمحيص، واعتبروه من المسلّمات غير الخاضعة للبحث، والمحزن أكثر من هذا هو اعتقاد عامة المسلمين أن القرآن الكريم عبّر عن تحريف التوراة والإنجيل بآيات قرآنية صريحة، وهذا خطأ فادح ستأتي مناقشته، خاصّةً وأن القرآن الكريم بريءٌ من هذا الادعاء، وأنّه لم يصرّح ان التوراة والإنجيل التي بين أيدينا مُحرّفة فحسب، بل صدّقهما ووثقهما في أربعين آية، كما سنبيّن في الصفحة 52، وهناك نصوص متطابقة وأخرى متشابهة بين القرآن والكتاب المُقدَس، فكيف نقول عنه أنّه مُحرّف؟!

يجيب المسلمون بانه ليس جميع التوراة والإنجيل مُحرّفة، بل أجزاءٌ منها. كيف يمكن لأي مؤمن ان يدّعي أن الله صدّق على أجزاء من كتبه وترك أجزاءً أخرى للتلاعب بها وتبديلها وتحريفها، وهو القائل في مواضع متعددة لا تبديل لكلماته، وأنّه الحافظ لها؟! أو كيف يمكن لأي مؤمن أن يعقل صدور التناقض من الله الحكيم؟! إنّ الذي

يتصف بالعلم المطلق والكمال المطلق والحكمة المطلقة لا يطرأ على كلامه التناقض والاختلاف، ولا يتناقض كلامه في الكتب الإلهية، ولا بالمكتشفات العلمية الراهنة، أو تلك التي يكشفها المستقبل.

تُقابل قولَ المسلمين بالتحريف في الكتاب المُقدَس، تصريحاتُ اليهود والمسيحيين: ان التوراة والإنجيل كتبٌ الهية، مُقدّسة، وخالية من أي تحريف أو اختلاف وأنها دوّنت بإلهام من الروح القدس كما صرّح بذلك السيد المسيح "**وَأَمَّا الْمُعَزِّي، الرُّوحُ الْقُدُسُ، الَّذِي سَيُرْسِلُهُ الآبُ بِاسْمِي، فَهُوَ يُعَلِّمُكُمْ كُلَّ شَيْءٍ، وَيُذَكِّرُكُمْ بِكُلِّ مَا قُلْتُهُ لَكُمْ**".[28]

أهداف الدراسة

تهدف هذه الدراسة، الى تشخيص أسباب الادعاء بالتحريف في الكتاب المُقدَس، والتحقيق فيها باعتماد البرهان العلمي، وبعيداً عن التعصب والجهل والدوافع المخفيّة، والفرضيات المسبقة، وبدون أي تحيّز أو ميْل الى جهة أو أخرى، والله من وراء القصد ﴿ **وَقُلْ آمَنتُ بِمَا أَنزَلَ اللَّهُ مِن كِتَابٍ وَأُمِرْتُ لِأَعْدِلَ بَيْنَكُمُ** ﴾،[29] وقد حثنا القرآن الكريم بصريح عباراته على الدعوة الى سبيل الله بالحكمة والموعظة الحسنة والجدال الحسن ﴿ **ادْعُ إِلَى سَبِيلِ رَبِّكَ بِالْحِكْمَةِ وَالْمَوعِظَةِ الْحَسَنَةِ وَجدِلْهُم بِالَّتِى هِىَ أَحْسَنُ إِنَّ رَبَّكَ هُوَ أَعْلَمُ بِمَن**

(28) إنجيل يوحنا، 14:26.
(29) الشورى، 15.

ضَلَّ عَن سَبِيلِهِ وَهُوَ أَعْلَمُ بِالْمُهْتَدِينَ ﴾.(30) اللهم أرنا الحق حقاً وأرزقنا إتباعه، وارنا الباطل باطلاً وارزقنا اجتنابَه.

وثمةَ جانبٌ آخر حفّزني على كتابة هذه الدراسة هو عدم اهتمام عامة المسلمين، والعديد من الخطباء والمجتهدين، بدراسة معتقدات الطوائف الأخرى بصورة عامة، والإبراهيمية بصورة خاصة، وهذا الجهل قد أدى بلا شك الى قصور في الثقافة الدينية، وسوء فهم معتقدات الآخرين، وإصدار ألاحكام القاسية بحقهم. ونحن كطوائف اسلامية، وخاصة مذهبا الشيعة والسنّة، نعاني الى يومنا هذا من نتائج هذا القصور الثقافي عينه، مما وسّع وعمّق في فجوة الاختلافات، وتبادل الاتهامات الباطلة والاحكام الخاطئة، وتكفيرُ بعضنا الآخر والدعوة الى العنف.

ان دراسة معتقدات الاخرين تنوّر الذهن، وتحدّ من الكراهية والتعصّب والتحجّر التي تصيب الذين ينغلقون على تراث مذهبهم. إضافة الى هذا فإنَّ فَتْحَ أبواب التثقيف، والبحث، والاجتهاد الديني يعزّز من مبدأ توحيد أبناء الطوائف الإبراهيمية من خلال التركيز على ألاهداف والمعتقدات المشتركة، ويهزم عدوهم المتمثل بالإنغلاق، والتطرّف، والتعصّب، والجهل، ويجعلهم يشعرون بالمسؤولية والرحمة وحقّ التعارف تجاه الكل.

تسعى هذه الدراسة أيضاً، الى التنبيه الى مساوئ التشهير

---

(30) النحل، 125.

زوراً بالتحريف والتكذيب لكتب الطوائف الأخرى بدلاً من نشر روح المحبة والتآخي والسلام بين أبناء الطوائف الابراهيمية خاصة، والناس عامة، وتحفّز الجميع، كلٌّ حسب قدرته على السعي والاجتهاد، والبحث عن الحقيقة، بدءاً بقراءة الكتب الإلهية، القرآن، والتوراة، والإنجيل، والزبور؛ كونها لا تخلو من فوائد روحية وتثقيفية، تطهّر النفس من الغرور والعناد، لأنها كتب هداية ونور، كما وصفها الله تعالى.

منهجيّة الدراسة

تضمنت هذه الدراسة البحث في الكتب والدراسات الإسلامية لمشاهير فقهاء المسلمين لتشخيص أسباب الادعاء بالتحريف في الكتاب المُقدَس. ولأجل تقييم هذه الأسباب قرأت كتب موسى الخمسة (سفر التكوين، سفر الخروج، سفر اللاويين، سفر العدد، وسفر التثنية) مع تفاسيرها، أما الكتب الملحقة بالتوراة وهي كتب الأنبياء والقضاة والملوك ومزامير داود وكتب سليمان (ألأمثال والجامعة ونشيد الانشاد)، والتي بمجموعها تسمى كتب العهد القديم، فهي ملحقات وليست جزءاً من التوراة، ولو أني درستها، الا أني لم أستشهد بها في دراستي هذه ولم أقارن نصوصها مع نصوص كتب موسى الخمسة. وكذلك تضمنت هذه الدراسة الأناجيل القانونية الاربعة المتداولة (إنجيل متى، وإنجيل مرقس، وإنجيل لوقا، وإنجيل يوحنا) مع تفاسيرها، أما الكتب الملحقة بالإنجيل (أعمال الرسل، والرسائل،

ورؤيا يوحنا اللاهوتي)، والتي بمجموعها تسمى كتب العهد الجديد، فهي ليست جزءاً من الانجيل ولم اذكرها في دراستي هذه، على الرغم من أني قد درستها. كما درست أناجيل عديدة أخرى تحسبها الكنيسة غير قانونية ولم أضمّها في دراستي هذه. ومع أنّ (رسائل بولس) تعد من ضمن كتب العهد الجديد ويعتبرها المسيحيون من الوثائق المقدسة، إلا أن بولس لم يكن حوارياً، وان رسائله ليست إنجيلاً فلا يوجد كتاب اسمه (إنجيل بولس) وأن كتاباته لا تُمثل نقلاً لما قاله السيد المسيح، إنما تعبّر عن فلسفته، وان دراستي اقتصرت على الأناجيل في أقوال وأفعال السيد المسيح فقط. وتدبرت آيات القرآن الكريم فيما يتعلق بأهل الكتاب مع تفاسيرها وسبب نزولها في كتب التفسير الإسلامية المعتبرة. وسرتُ في عرض نتائج الدراسة وفق المنهج الآتي:

1. اتبعت (المنهج الاستقرائي)، وذلك عن طريق استقراء القرآن الكريم والبحث عن الآيات القرآنية التي تتعلق بأهل الكتاب، ثم ميّزت من بينها الآيات التي توحي – من معناها الظاهري – باحتمال وجود التحريف في نصوص التوراة والإنجيل، مثل (يحرّفون الكلم عن مواضعه)، (يكتبون الكتاب بأيديهم)، (يكتمون الحق)، وأمثالها. كما وشخّصت الآيات القرآنية التي تصدّق وتُثني على التوراة والإنجيل وقد فصّلتُ نتائج هذا البحث في الفصل الأول.

2. اعتمدت (المنهج التحليلي) عند الكتابة بالاعتماد على ستة كتب اسلامية معتبرة في التفسير لفهم الآيات القرآنية والوقوف على دلالاتها وأسباب نزولها، وهي كتب الطباطبائي (الميزان)،

والشيرازي (الامثل)، والطبرسي (مجمع البيان)، و (صحيح البخاري)، و (تفسير الطبري)، و (تفسير ابن كثير). وقد كتبت نتائج هذا البحث جنب كل آية شخصتها في الخطوة الاولى أعلاه.

3. اتبعت (المنهج الاستقرائي) وذلك عن طريق استقراء كتب موسى الخمسة، والأناجيل الاربعة، ودوّنت القصص التي نسبت المعاصي والذنوب لبعض الأنبياء في الفصل الثاني. كما شخّصت التعابير والألفاظ المتباينة في اسفار الكتاب المُقدَس وادرجتها في الفصل الثالث مع تفاسيرها. وبحثت في الكتاب المُقدَس عن ذكر اسم نبي الإسلام صراحةً أو تلميحاً وكتبت نتائج هذا البحث في الفصل الرابع. ولم أركّز على الاختلافات في التشريعات الإلهية، أو الأحكام العبادية بين هذه الكتب؛ لأن كل ملّة قد أفردت لها شرعةً ونظاماً للحياة يهديها إلى السبيل الواضح ﴿ لِكُلٍّ جَعَلْنَا مِنكُمْ شِرْعَةً وَمِنْهَاجاً ﴾.[31] ولم أركّز على الأناجيل المنحولة؛ لأن الدراسات الإسلامية لم تتطرق اليها، لكني كتبت ملخّصاً في أسباب رفض الكنيسة للأناجيل المنحولة في الصفحة 293.

4. استعنت بـ(التفسير القبطي الأرثوذكسي) لفهم نصوص الأناجيل الاربعة. واستعنت بكتاب التوراة المعتمد من اليهود الارثوذكس (الخماش)، المدرج في مصادر هذه الدراسة، وتعليقاتهم الواردة فيه لتفسير نصوص التوراة، وترجمتُها من الإنجليزية بنفسي.

---

(31) المائدة، 48.

5. وعلى الرغم من أنه كان في نيتي الاقتصار في دراستي على معتقدات المسلمين فقط حول الكتاب المُقدَس، إلا أنّني وسّعت في منهجية الدراسة لتشمل ولو بصورة مختصرة إشكاليات وآراء بعض الباحثين اليهود والمسيحيين حول كتبهم. فقد ظهرت دراسات لبعض الكتّاب اليهود والمسيحيين من الذين وصفوا التوراة والإنجيل بالقصص الخيالية والاسطورية، ومن الذين تتبعوا آثار التأريخ ونسفوا أساس أحداث الكتاب المُقدَس وقصصه، وأنكروا بعثة الأنبياء، وهجرة الآباء، كما أنكروا عبودية بني إسرائيل في مصر، ومسيرتهم في الصحراء وغيرها. وقد أضفت آراء هؤلاء الباحثين لأعطي صفة الشمولية على دراستي ودوّنتها في الفصل الخامس.

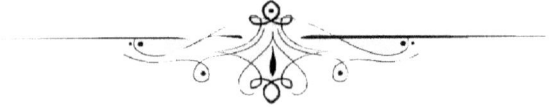

الفصل الأول

لماذا يعتقد المسلمون أنّ التوراة والإنجيل مُحرّفة؟!
السبب الأول: الآيات القرآنية التي يوحي ظاهرها
بالتحريف في التوراة والإنجيل

استخلصت من الدراسات الإسلامية أربعة أسباب رئيسة
للقول بالتحريف في الكتاب المُقدَس، وهي:

أولاً: الآيات القرآنية التي يوحي ظاهرها بالتحريف في التوراة والإنجيل

ثانياً: القصص التي تنسب المعاصي والذنوب للأنبياء في التوراة
والإنجيل

ثالثاً: الاختلافات بين تعابير أسفار الكتاب المُقدَس

رابعاً: الاعتقاد بحذف نصوص التبشير بظهور نبي الإسلام من
التوراة والإنجيل

وقد خصصت فصلاً كاملاً لكل واحدٍ من هذه الأسباب.
نتناول في هذا الفصل السبب الأول ونتطرق فيه الى معنى التحريف،
ثم نذكر مصاديق الآيات القرآنية التي يوحي ظاهرها بالتحريف في

التوراة والإنجيل مع تفاسيرها، تتبعها الدلائل القرآنية لتبرئة الكتاب المُقدَس من التحريف.

ما هو المقصود بالتحريف؟!

التحريف في معاجم اللغة يعني التغيير والتبديل. أمّا – في الاصطلاح – فقد يعني التحريف الترتيبي، والمعنوي، واللفظي، والنصّي.[32] (التحريف الترتيبي) يعني نقل الآية من مكانها إلى مكان آخر، وبإسقاط (إخفاء) أو زيادة أو تغيير في كلماتها.[33] أمّا (التحريف المعنوي) فيعني تفسير الآيات بشكل يناقض المعنى الحقيقي المراد لها. فيما يُراد بـ(التحريف اللفظي) الزيادة أو النقصان في حرف، أو كلمة، أو حركة اثناء تلفّظ النص. بينما المقصود بـ(التحريف النصّي) الزيادة أو النقصان في حرف، أو كلمة، أو حركة في النص أثناء كتابته.

وإذن فقد يتم التحريف كتابةً أو لفظاً، فيكفي مثلاً تغيير كلمة "عبد" إلى "ابن"، كتابةً فتتحول عبارة "عبد الله"، إلى "ابن الله". أو قد يغيّر اللفظ بلفظ آخر، فبدلاً من أن يقولوا "سمعنا وأطعنا"، يقولوا "سمعنا وعصينا". وقد يتضمن التحريف اللفظي زيادة أو نقصان حرف، أو كلمة، أو أكثر من النص مما يغيّر معنى الآية، ويكتم

(32) الخوئي، ابو القاسم الموسوي، البيان في تفسير القرآن، ص197.
(33) الطباطبائي، الميزان في تفسير القرآن، ج 6، ص340.

الغرض المرجو منها ويخفيها، كأن يضع اصبعه على كلمة من النصّ لكي لا يستطيع الناظر قراءتها، أو يتلفظ جزءاً من النص ويكتم شطره الاخر، كالذي ادعى ان الله تعالى قال: لا تقربوا الصلاة ﴿ **يَا أَيُّهَا الَّذِينَ آمَنُوا لَا تَقْرَبُوا الصَّلَاةَ** ﴾،[34] لكنه كتم الشطر الآخر من الآية ﴿ **وَأَنتُمْ سُكَارَىٰ** ﴾.[35]

ولا بد أن أشير هنا الى نقطة هامة جداً وهي أنّ وجود تحريف في الكتاب المُقدَس شيء، وأنّ تصرّف بعض المتلاعبين لغرض التحريف شيء آخر، إذ لابد من التمييز وعدم الخلط بين الاثنين. فمن يكتب قرطاساً مثلاً، ويحرّف فيه ما يشاء، ويدّعي انه من التوراة لا يعني ان كتاب التوراة صار مُحرّفاً، ومثله إنْ كتب شخص آياتٍ من (سورة البقرة) مثلاً مع بعض التحريفات، فكتابته لا تعني ان القرآن في كل المعمورة أصبح مُحرّفاً، إنما هي محاولة الكاتب لبثْ معلومات مُحرّفة. ومن يحرّف الفاظ الكتاب بلسانه لا يعني ان نصوصَ الكتاب المُقدَس في أرجاء الأرض صارت مُحرّفة. ومن يفسّر نصوص الآيات حسب هواه لا يعني التحريف في الكتاب.

وقد تجد بعض الناس يحب ان يذيع، ويعمّم النعوت السيئة لأفراد من أهل الكتاب، كوصفهم بالتحريف وانواع الحيل والمكر، لكن هذا لا يعني أن التوراة أو الإنجيل كتب مُحرّفة، ولربما لا يفتقر أهل القرآن لأمثال هؤلاء، وهذا بدوره لا يعني أن القرآن الكريم مُحرّف.

---

(34) النساء، 43.

(35) النساء، 43، تتمه الآيه السابقه.

هذا مختصر مفيد عن المقصود بالتحريف، وسأذكر لاحقاً انواعَ حيل التحريف الاخرى عند تفسير الآيات القرآنية التي يدّل ظاهرها على التحريف في التوراة والإنجيل، لتلافي التكرار.

مصاديق الآيات القرآنية التي يوحي ظاهرها بالتحريف في التوراة والإنجيل

من أجل تغطية هذا الجانب من الدراسة بشمولية تامة، قرأت القرآن الكريم بأكمله، وميزت الآيات القرآنية التي تتعلق بأهل الكتاب أولاً، ثم بحثت في هذه الآيات عن كلمات يشير ظاهرها الى التحريف مثل: (يحرّفون الكلم)، (يَلوُون ألسنتهم)، (يبدلون القول)، (يكتمون الحق)، (يلبسون الحق بالباطل)، (يكتبون الكتاب بأيديهم)، (لا يحكمون بما أنزل الله)، وأمثالها. النتيجة أنّني شخّصت تسع عشرة آية فيها كلمات يشتبه من معناها الظاهري على وجود تحريف في التوراة والإنجيل. ثم درست تفاسير هذه الآيات التسع عشرة وأسباب نزولها في ستة كتب معتبرة للتفسير: الطباطبائي (الميزان)، والشيرازي (الامثل)، والطبرسي (مجمع البيان)، و (صحيح البخاري)، و (تفسير الطبري)، و (تفسير ابن كثير). وتبيّن – نتيجة البحث والتحرّي – من التفاسير مارّة الذكر عدم إسناد ايٍّ من هذه الآيات للتحريف في الكتاب المُقدَس، بل ولا علاقة لهذه الآيات بالتحريف في نصوص الكتاب المُقدَس من قريب أو بعيد. نعم، نفهم من تفاسير الآيات أن افراداً من اليهود والمسيحيين، وليس جميعهم، كانوا يحرّفون الكتاب بألسنتهم تحريفاً لفظياً، فيما بقيت النصوص المدونة

في الكتاب المقدس مصونة من التحريف.

وكان بعضهم يَلوُون ألسنتهم بالكتاب ليحسبه السامع انه من الكتاب، وما هو من الكتاب، وليُّ اللسان يعني يميلونه لفظاً فيرتلون ألفاظ الآيات الموضوعة بصوت ولحن، كما يجيده قرّاء التوراة، لِيُوهموا انطباعَ السامع، ولكن هذا لا يعني أنّ الكتاب نفسه وبذاته مُحرّف، إنما هو سعي هؤلاء للتحريف والتلاعب، والاّ لو كان الكتاب مُحرّفاً في نصوصه لما احتاجوا أن يلووا السنتهم. ومنهم من كان يستشهد ببعض مقاطع من الآيات التي تطابق أهواءهم، ويخفون الاخرى التي لا تلائم ميولهم ورغباتهم. فمنهم من كانوا يكتبون كتباً بايديهم ليقولوا هو من عند الله وما هو من عند الله، أو قد يغالون في تفاسير تعاليم كتابهم وأوصاف رسلهم، لكن يبقى ذلك كله قولهم بافواههم ولم تذكر كتبهم ادعاءاتهم.

وكان بعضهم يجادل ويستشهد بنصوص خلاف ما وردت في الكتاب، لكنه يتلفّظها بسرعة، وبأسلوب لبق ليُشعر السامع أنّه حافظ للنصوص، وانه على حق، وعندما تواجهه بحقيقة النص ترتسم إبتسامة الخجل والانهزام على وجهه. لكن جميع حيلهم هذه، وإن كانت تنطلي على السذّج والبسطاء وقليلي المعرفة، إلاّ أنها لا تعكس وجود تحريف نصّي في الكتاب نفسه، وإنما تشير الى تحريف معنوي أو لفظيّ يعكس سوء سلوكهم وتصرفاتهم.

إضافة الى الآيات التسع عشرة التي يدلُّ ظاهرها على التحريف، وردت أربعون آية قرآنية تُوثّق وتُصدّق التوراة والإنجيل

صراحة، وتصفها بكونها كتب ذكر ، وهدى، ونور ، وموعظة، ورحمة، وقد أوجب الله تعالى الايمان بها، والحكم بما جاء فيها، وفيما يلي مصاديق الآيات القرآنية التي يوحي ظاهرها بالتحريف وأسباب نزولها وتفاسيرها أولاً، ثم تليها آيات التصديق:

1. ﴿ يَأَيُّهَا الرَّسُولُ لاَ يَحْزُنكَ الَّذِينَ يُسَرِعُونَ فِى الْكُفْرِ مِنَ الَّذِينَ قَالُواْ ءَامَنَّا بِأَفْوَهِهِمْ وَلَمْ تُؤْمِن قُلُوبُهُمْ وَمِنَ الَّذِينَ هَادُوا سَمَّعُونَ لِلْكَذِبِ سَمَّعُونَ لِقَوْمِ ءَاخَرِينَ لَمْ يَأْتُوكَ يحرّفون الْكَلِمَ مِن بَعْدِ مَوَاضِعِهِ يَقُولُونَ إِنْ أُوتِيتُمْ هَذَا فَخُذُوهُ وَإِن لَّمْ تُؤْتَوْهُ فَاحْذَرُوا وَمَن يُرِدِ اللهُ فِتْنَتَهُ فَلَن تَمْلِكَ لَهُ مِنَ اللهِ شَيْئاً أُوْلَئِكَ الَّذِينَ لَمْ يُرِدِ اللهُ أَن يُطَهِّرَ قُلُوبَهُمْ لَهُمْ فِى الدُّنْيَا خِزْىٌ وَلَهُمْ فِى الأَخِرَةِ عَذَابٌ عَظِيمٌ * سَمَّاعُونَ لِلْكَذِبِ أَكَّالُونَ لِلسُّحْتِ فَإِن جَاءُوكَ فَاحْكُم بَيْنَهُمْ أَوْ أَعْرِضْ عَنْهُمْ وَإِن تُعْرِضْ عَنْهُمْ فَلَن يَضُرُّوكَ شَيْئًا وَإِنْ حَكَمْتَ فَاحْكُم بَيْنَهُم بِالْقِسْطِ إِنَّ اللهَ يُحِبُّ الْمُقْسِطِينَ ﴾.[36]

جاء في سبب نزول الآيات أنّ أحد وجهاء اليهود المتزوجين ارتكب الزنا مع امرأة متزوجة، وافتضح أمرهما، فاغتمّ اليهود كيف ينفّذون حكم التوراة (الرجم) في وجيههم وفي شريكته في الذنب. فأخذوا يبحثون عن حل لهذه المعضلة لينقذوهما من الرجم. فدفعهم هذا الأمر الى أن يسألوا نبي الإسلام، عسى أن يسمعوا حكماً هيّناً يأخذون به. إلا أن النبي أخبرهم بحكم رجم الزاني والزانية المحصنة. لم يُبدِ الوفد استعداداً لقبول هذا الحكم، بدعوى أنّ شريعتهم تخلو

(36) المائدة، 41 و 42.

من مثله، وأنّ حكم الزنى عندهم هو الجلد.[37]،[38] فاقترح النبي عليهم بحضور أحد علمائهم ليتلو عليهم حكم التوراة في تلك القضية ليأخذوا به، فوافقوا على ذلك. فأتوا بالتوراة فنشروها، فوضع ابن صوريا اصبعه على آية الرجم، فقرأ ماقبلها وما بعدها، فقال له (عبد الله بن سلام) (وهو يهودي يتقن العبرية وقد اعتنق الإسلام): ارفع يدك، فرفع يده وانكشفت آية الرجم، وانفضح أمرهم. واذن، فإنّ جملة "يحرّفون الْكَلِمَ مِن بَعْدِ مَوَاضِعِهِ" الواردة في الآية لا تشير الى وجود تحريف في نص التوراة، وإنما المقصود منها هو محاولة هؤلاء الأفراد إخفاء وتجاهل حكم التوراة لإنقاذ صاحبهم من الرجم.

2. ﴿ فَبِمَا نَقْضِهِم مِّيثَاقَهُمْ لَعَنَّاهُمْ وَجَعَلْنَا قُلُوبَهُمْ قَاسِيَةً يحرّفون الْكَلِمَ عَن مَّوَاضِعِهِ وَنَسُواْ حَظًّا مِّمَّا ذُكِّرُواْ بِهِ وَلاَ تَزَالُ تَطَّلِعُ عَلَىَ خَائِنَةٍ مِّنْهُمْ إِلاَّ قَلِيلاً مِّنْهُمُ فَاعْفُ عَنْهُمْ وَاصْفَحْ إِنَّ اللّهَ يُحِبُّ الْمُحْسِنِينَ ﴾.[39]

جاء في كتب التفسير أن الله لعن بني إسرائيل أي ابعدهم عن رحمته، وجعل قلوبهم قاسية كالحجارة؛ لأنهم نقضوا الميثاق مع الله تعالى، ونجم عن قسوة قلوبهم إنهم عادوا يحرّفون الكلم عن مواضعه، وذلك بتفسيرها بما لا يرضى به الله سبحانه، و بإسقاط أو زيادة أو تغيير، وغيرها من انواع التحريف باللسان أي التحريف

(37) تفسير الميزان، ج6، ص344.

(38) تفسير الامثل، ج3، ص512.

(39) المائدة، 13.

المعنوي واللفظي بطريقة مزاجيّة كيفيّة ولمآرب خاصة ولا يشير ذلك الى التحريف النصي في التوراة،[40] بل الى الانحراف عنها.

3. ﴿ وَإِنَّ مِنْهُمْ لَفَرِيقاً يَلْوُنَ أَلْسِنَتَهُمْ بِالْكِتَابِ لِتَحْسَبُوهُ مِنَ الْكِتَابِ وَمَا هُوَ مِنَ الْكِتَابِ وَيَقُولُونَ هُوَ مِنْ عِندِ اللهِ وَمَا هُوَ مِنْ عِندِ اللهِ وَيَقُولُونَ عَلَى اللهِ الْكَذِبَ وَهُمْ يَعْلَمُونَ ﴾.[41]

كان بعض اليهود يَلوُون ألسنتهم عند تلاوتهم ما يكتبوه بأيديهم وينسبوه إلى الله سبحانه. ولَيّ اللسان يعني إمالته، وهذا كناية عن تحريفهم اللفظي لكلام الله. كانوا يقرأون ما افتروه من الحديث بألحان كما يقرأون التوراة تلبيساً على الناس ليحسبه السامع من التوراة و ما هو من التوراة في شيء. يستدّل من هذا ان التوراة غير مُحرّفة نصّياً لكن بعضهم "وَإِنَّ مِنْهُمْ لَفَرِيقاً" لا جميعهم، يَلوُون السنتهم عند قراءة كتاباتهم الملفّقة بلحن مشابه لقراءة التوراة،[42] لكي يَلبسوا الأمر على الناس بلحن القول فأبطله الله بقوله: وَمَا هُوَ مِنَ الْكِتَابِ، وَمَا هُوَ مِنْ عِندِ اللهِ، ويتعمدون الكذب على الله، أي ليس كونه كذبا صادرا عنهم بالتباس من الأمر عليهم، بل هم عالمون به ومتعمدون فيه، ولا يشير لَيّ اللسان في الآية الى تحريف في النصوص المكتوبة، إنما هو أحد حيلهم في التحريف باللسان.

4. ﴿ أَفَتَطْمَعُونَ أَنْ يُؤْمِنُواْ لَكُمْ وَقَدْ كَانَ فَرِيقٌ مِنْهُمْ يَسْمَعُونَ

---

(40) تفسير الميزان، ج 6، ص340.

(41) آل عمران، 78.

(42) تفسير الميزان، ج3، ص282.

كَلَٰمَ اللهِ ثُمَّ يحرّفونهُ مِنۢ بَعْدِ مَا عَقَلُوهُ وَهُمْ يَعْلَمُونَ * وَإِذَا لَقُواْ الَّذِينَ ءَامَنُواْ قَالُوٓاْ ءَامَنَّا وَإِذَا خَلَا بَعْضُهُمْ إِلَىٰ بَعْض قَالُوا أَتُحَدِّثُونَهُم بِمَا فَتَحَ اللهُ عَلَيْكُمْ لِيُحَآجُّوكُم بِهِۦ عِندَ رَبِّكُمْ أَفَلَا تَعْقِلُونَ ﴾.[43]

يذكر في سبب نزول هذه الآيات أن أفراداً من اليهود كانوا يحدثون المسلمين بما في التوراة من صفات النبي محمد، فنهاهم كبراؤهم عن ذلك، وقالوا: لا تخبروهم بما في التوراة من صفات محمد فيحاجوكم به عند ربكم.[44] كما ان الآية نهت المسلمين عن عقد الأمل على إيمان هذه الفئة وقدمت لهم عظة لتدفع ما قد يعتريهم من يأس نتيجة عدم استطاعتهم إقناع اليهود وجذبهم إلى الإسلام.

الآية تبين أن افراداً كانوا يسمعون كلام الله ويقولون كلاماً آخر من اختلاقهم، وهذا تحريف لفظي يتضمن تبديلاً للمعنى أو إخفاءَ بعض الحقائق من قبل فريق منهم وليس جميعهم "فَرِيقٌ مِنْهُمْ"، فلا يدل (لفظ الفريق) على تعميم الغش على الجميع، ولا يدل على وجود التحريف في نصوص كتاب التوراة.[45] فيما كان بعضهم يدخلون على النبي ويسألونه عن أمر فيخبرهم ليأخذوا به فإذا خرجوا من عنده حرّفوا وغيّروا كلامه.

5. **﴿ وَإِذْ قِيلَ لَهُمُ اسْكُنُوا هَٰذِهِ الْقَرْيَةَ وَكُلُوا مِنْهَا حَيْثُ شِئْتُمْ وَقُولُوا حِطَّةٌ وَادْخُلُوا الْبَابَ سُجَّداً نَّغْفِرْ لَكُمْ خَطِيئَتِكُمْ سَنَزِيدُ**

(43) البقرة، 75 و 76.
(44) تفسير الميزان، ج1، ص211.
(45) تفسير الأمثل، ج1، ص226.

الْمُحْسِنِينَ * فَبَدَّلَ الَّذِينَ ظَلَمُوا مِنْهُمْ قَوْلاً غَيْرَ الَّذِى قِيلَ لَهُمْ فَأَرْسَلْنَا عَلَيْهِمْ رِجْزاً مِّنَ السَّمَآءِ بِمَا كَانُوا يَظْلِمُونَ ﴾.[46] ﴿ وَإِذْ قُلْنَا ادْخُلُواْ هَذِهِ الْقَرْيَةَ فَكُلُواْ مِنْهَا حَيْثُ شِئْتُمْ رَغَداً وَادْخُلُوا الْبَابَ سُجَّداً وَقُولُواْ حِطَّةٌ نَّغْفِرْ لَكُمْ خَطَيَكُمْ وَسَنَزِيدُ الْمُحْسِنِينَ * فَبَدَّلَ الَّذِينَ ظَلَمُواْ قَوْلاً غَيْرَ الَّذِى قِيلَ لَهُمْ فَأَنزَلْنَا عَلَى الَّذِينَ ظَلَمُواْ رِجْزاً مِّنَ السَّمَآءِ بِمَا كَانُواْ يَفْسُقُونَ ﴾.[47]

وردت هاتان الآيتان في سورتين مختلفتين لكنهما بمضمون واحد تقريباً، حيث أمرهم الله سبحانه أن يردّدوا عبارة استغفار "حِطَّةٌ"، أي تحطّ ذنوبنا، ويدخلوا بيت المُقدَس "سُجَّداً"، ألا ان فريقاً منهم دخلوا باب بيت المقدس زحفاً على مقاعدهم وبدّلوا كلمة " حِطَّةٌ " الى كلمة (حنطة) استهزاءً، فأرسل تعالى عليهم عذاباً من السماء بسبب معصيتهم "بِمَا كَانُوا يَظْلِمُونَ" في الآية الاولى أو بسبب فسقهم "بِمَا كَانُواْ يَفْسُقُونَ" في الآية الثانية . بدَّل بعض الظالمين وليس جميعهم قَوْلاً غير الذي قيل لهم (سمع شيئاً وقال شيئاً آخر)، ولا تحريف في نصوص الكتاب المدونة.[48]،[49]

6. **﴿ سَلْ بَنِى إِسْرَائِيلَ كَمْ ءَاتَيْنَاهُم مِّنْ ءَايَةِ بَيِّنَةٍ وَمَن يُبَدِّلْ نِعْمَةَ اللهِ مِن بَعْدِ مَا جَآءَتْهُ فَإِنَّ اللهَ شَدِيدُ الْعِقَابِ ﴾.[50]**

(46) الأعراف، 161 و 162.
(47) البقرة، 58 و 59.
(48) تفسير الامثل، ج1، ص197.
(49) تفسير ابن كثير، سورة البقرة، ص9.
(50) البقرة، 211.

بنو إسرائيل، الأمة التي آتاهم الله الكتاب، والحكم، والنبوة، والملك، ورزقهم من الطيبات، وفضلهم على العالمين، سلهم كم آتيناهم من آية بيّنة؟! عصا موسى وفلق البحر، وإغراق عدوَّهم وهم ينظرون، وتظليلهم بالغمام، وإنزال المنّ والسلوى عليهم، وآيات أخر، لكنهم بدّلوا نعمة الله. وتبديل نِعمْ الله الواردة في الآية تشير الى معاصي بني إسرائيل، وإنكار الجميل لفظاً، ولا تشير الى تحريف نصّي في التوراة.(51)

7. ﴿ الَّذِينَ ءَاتَيْنَـهُمُ الْكِتَـبَ يَعْرِفُونَهُ كَمَا يَعْرِفُونَ أَبْنَآءَهُمْ وَإِنَّ فَرِيقاً مِّنْهُمْ لَيَكْتُمُونَ الْحَقَّ وَهُمْ يَعْلَمُونَ ﴾.(52)

فُسّرت الآية بان اليهود كانوا يعرفون صفات النّبي وعلاماته، الا أن بعضهم كانوا يكتمون الحق، وقد سارع بعضهم لاعتناق الإسلام بعد أن رأى نبي الإسلام، مثل (عبد الله بن سلام)، ونقل عنه بعد إسلامه قوله: "أنا أعلمُ به مني بابني". ولا تشير الآية الى تحريف في التوراة إنما كان فريقٌ منهم يكتمون الحق.(53)

8. ﴿ إِنَّ الَّذِينَ يَكْتُمُونَ مَآ أَنْزَلَ اللهُ مِنَ الْكِتَـبِ وَيَشْتَرُونَ بِهِ ثَمَناً قَلِيلاً أُوْلَـئِكَ مَايَأْكُلُونَ فِى بُطُونِهِمْ إِلاَّ النَّارَ وَلاَ يُكَلِّمُهُمُ اللهُ يَوْمَ الْقِيَـمَةِ وَلاَ يُزَكِّيهِمْ وَلَهُمْ عَذَابٌ أَلِيمٌ ﴾.(54)

---

(51) تفسير الميزان، ج2، ص111.
(52) البقرة، 146.
(53) تفسير الامثل، ج1، ص 346.
(54) البقرة، 174.

أجمع المفسرون على نزول هذه الآية في علماء اليهود. فقد كانوا قبل ظهور الإسلام يبشرون بصفات نبي الإسلام المرتقب وبعلاماته. وبعد البعثة كفّ هؤلاء الأحبار عن طريقتهم، وكتموا ما عندهم من صفات النّبي واختاروا الثمن القليل وهو أكل النار على ما أنزل الله، اختاروا الضلالة على الهدى، والعذاب على المغفرة. ان كتمان الحق لا يعني وجود تحريف نصّي في التوراة أو الإنجيل، إنما كتمان الحق يعد من وسائل التحريف.[55]،[56]

9. ﴿ إِنَّ الَّذِينَ يَكْتُمُونَ مَآ أَنزَلْنَا مِنَ الْبَيِّنَٰتِ وَالْهُدَىٰ مِن بَعْدِ مَابَيَّنَّٰهُ لِلنَّاسِ فِى الْكِتَٰبِ أُوْلَٰٓئِكَ يَلْعَنُهُمُ اللَّهُ وَيَلْعَنُهُمُ اللَّٰعِنُونَ ﴾.[57]

إنّ ما ينجمُ عن إخفاء معارف وأحكام الكتاب والحجج والأدلة على الحق وعدم إظهارها، اختلاف الناس وتفرّقهم في سبل الهداية والضلالة، وتخلّفهم وتطرّفهم وسوء استغلالهم لأحكام الكتاب، ومن معالم سوء الاستغلال تحريف النصوص، وسبب ذلك ناشيء عن بغي العلماء بالإخفاء وأن جزاءهم اللعنة أي البعد عن رحمة الله.[58] تبين الآية الكريمة حكماً عاماً بشأن عقوبة كتمان الحق الذي يعتبر مصادرةً لجهود الأنبياء، وهو ذنب عظيم، خاصةً ان كان الاخفاء من أجل مصالح شخصية أولتضليل النّاس، والآية لا تشير الى

(55) تفسير الامثل، ج1، ص405.
(56) تفسير الميزان، ج2، ص426.
(57) البقرة، 159.
(58) تفسير الميزان، ج2، ص385.

تحريف نصّي في التوراة أو الإنجيل.[59]

10. ﴿ **وَلاَ تَلْبِسُواْ الْحَقَّ بِالْبَـٰطِلِ وَتَكْتُمُواْ الْحَقَّ وَأَنْتُم تَعْلَمُونَ** ﴾.[60]

تنهى الآية أحبار أهل الكتاب عن خلط ما عندهم من الحق في الكتاب بالباطل. فكانوا يقولون: محمد نبيٌّ مبعوث ولكن إلى غيرنا، فإقرارهم ببعثه حق، وقولهم إنه مبعوث الى غيرهم باطل، وهم يعلمون الحق. يؤنّبهم القرآن الكريم قائلاً: إنّكم قد علمتم أنه مبعوث إلى جميعكم وجميع الأمم غيركم، فلماذا تخلطون الصدق بالكذب، وتكتمون ما تجدونه في كتابكم. وهذه وسائل آخرى من التضليل اللفظي عن طريق إخفاء الحق وكتمانه، ولا تشير الآية الى تحريف نصّي في الكتاب.[61]

11. ﴿ **وَمَا قَدَرُوا اللهَ حَقَّ قَدْرِهِ إِذْ قَالُوا مَآ أَنزَلَ اللهُ عَلَى بَشَر مِّن شَىْءٍ قُلْ مَنْ أَنزَلَ الْكِتَـٰبَ الَّذِى جَآءَ بِهِ مُوسَى نُوراً وَهُدىً لِّلنَّاسِ تَجْعَلُونَهُ قَرَاطِيسَ تُبْدُونَهَا وَتُخْفُونَ كَثِيراً وَعُلِّمْتُم مَّا لَمْ تَعْلَمُوا أَنتُمْ وَلاَ ءَابَآؤُكُمْ قُلِ اللهُ ثُمَّ ذَرْهُمْ فِى خَوْضِهِمْ يَلْعَبُونَ** ﴾.[62]

روي في سبب نزول الآية أنّ جمعاً من اليهود سألوا رسول

(59) تفسير الامثل، ج1، ص378.
(60) البقرة، 42.
(61) تفسير الطبري، ج1، ص189.
(62) الانعام، 91.

الإسلام: يا محمّد أحقاً أنزل الله عليك كتاباً؟! فقال: نعم، فقالوا: قَسَماً، ما أنزل الله على بشر من شيء. فيستجوبهم النبي: من أنزل التوراة ذلك الكتاب الذي جاء به موسى نوراً وهدىً للناس؟! ألم تجعلوه صحائف متفرقة (قراطيس)، تظهرون منه ما ينفعكم وتخفون ما تظنونه يضرّكم؟! اذن تبين الآية ان بعضهم كان ينكر نزول الكتب الإلهية ومنهم من جعل التوراة قراطيس (أي ملفوفات قصيرة) يبدي منها ماينفع مصالحه ويخفي أخرى. هو تحريف من نوع كتمان الحق ولا دلالة على التحريف النصّي في التوراة،[63]،[64] لأن إخفاء القرطاس يختلف عن تبديل ما ورد فيه.

12. ﴿ يَأَهْلَ الْكِتَبِ قَدْ جَآءَكُمْ رَسُولُنَا يُبَيِّنُ لَكُمْ كَثِيراً مِّمَّا كُنتُمْ تُخْفُونَ مِنَ الْكِتَبِ وَيَعْفُوا عَن كَثِير قَدْ جَآءَكُم مِّنَ اللهِ نُورٌ وَكِتَبٌ مُّبِينٌ ﴾.[65]

تدلّ هذه الآية القرآنية على أنّ أهل الكتاب كانوا قد أخفوا وكتموا الكثير من الحقائق، لكن نبيّ الإسلام قد أظهرها لهم. كانوا يحرّفون الكتاب بالإخفاء والكتمان. الآية القرآنية لا تطعن في صحة نصوص الكتاب نفسه لأن تلك الحقائق كانت موجودة في الكتاب الا أنهم كانوا يكتمونها، ولا تشير الآية ان فعلهم كان التحريف النصيّ في الكتاب.

---

(63) تفسير الامثل، ج4، ص146.
(64) تفسير الميزان، ج7، ص275.
(65) المائدة، 15.

13. ﴿ **وَإِذْ أَخَذَ اللهُ مِيثَٰقَ الَّذِينَ أُوتُوا الْكِتَٰبَ لَتُبَيِّنُنَّهُ لِلنَّاسِ وَلاَ يَتَكْتُمُونَهُ فَنَبَذُوهُ وَرَآءَ ظُهُورِهِمْ وَاشْتَرَوْا بِهِ ثَمَناً قَلِيلاً فَبِئْسَ مَايَشْتَرُونَ** ﴾.(66)

يستفاد من الآية أن الله سبحانه قد أخذ بوساطة الأنبياء السابقين المواثيق والعهود من أهل الكتاب لإظهار الحقائق، وبيانها، ولكنّهم خانوا تلك العهود وتجاهلوا تلك المواثيق، وأخفوا ما أرادوا إخفائه من حقائق الكتب الإلهية، ولهذا قال سبحانه عنهم (فَنَبَذُوهُ وَرَآءَ ظُهُورِهِمْ) والآية كناية عن عدم العمل بالواجب وتناسيه، ولا تفيد التحريف النصّي في الكتاب.

14. ﴿ **وَمِنْهُمْ أُمِّيُّونَ لاَ يَعْلَمُونَ الْكِتَٰبَ إِلاَّ أَمَانِيَّ وَإِنْ هُمْ إِلاَّ يَظُنُّونَ * فَوَيْلٌ لِّلَّذِينَ يَكْتُبُونَ الْكِتَٰبَ بِأَيْدِيهِمْ ثُمَّ يَقُولُونَ هَٰذَا مِنْ عِنْدِ اللهِ لِيَشْتَرُواْ بِهِ ثَمَناً قَلِيلاً فَوَيْلٌ لَّهُمْ مِمَّا كَتَبَتْ أَيْدِيهِمْ وَوَيْلٌ لَّهُمْ مِمَّا يَكْسِبُونَ** ﴾.(67)

جاء في كتب التفسير ان هاتين الآيتين تشيران الى مجموعتين من الناس: الاولى: أناس أميون والثانية: علماء ماكرون. أميّون لا يحسنون القراءة والكتابة، ولا يفقهون ما في الكتاب (التوراة) من أحكام وفرائض، وكانوا يتعاملون مع علماء ماكرين من الذين يحرّفون الحقائق لتحقيق مصالحهم ومآربهم، فكان هؤلاء العلماء الماكرون يكتبون الكتاب بأيديهم ويقولون هو من عند الله أشارة إلى

---

(66) آل عمران، 187.

(67) البقرة، 78 و 79.

جشعهم وحبّهم المفرط للدنيا ، والعوام مقلّدون لهم. اذن هم بين من يقرأ الكتاب و يكتبه فيحرّفه، وبين من لا يقرأ ولا يكتب ولا يعلم من الكتاب إلا أكاذيب المُحرّفين. فويل للذين يكتبون الكذب وويل لهم مما كتبت أيديهم وويل لهم مما يكسبون.[68]،[69] الآية تتحدث عن جمع محدود من اليهود وليس كلهم، عن فئة كانت تغش الناس الأميين بكتاباتها المزورة. وليس في الآية إشارة الى تحريف كتاب التوراة نفسه. فاذا زوّر أحدهم كتابة النصوص، مثل تحريفهم (الرجم) بوضعهم (الحد) بدله فلا يعني هذا ان جميع كتب التوراة المنتشرة في انحاء المعمورة صارت مُحرّفة.

15. ﴿ **إِنَّآ أَنزَلْنَا التَّوْرَةَ فِيهَا هُدىً وَنُورٌ يَحْكُمُ بِهَا النَّبِيُّونَ الَّذِينَ أَسْلَمُوا لِلَّذِينَ هَادُواْ وَالرَّبَّنِيُّونَ وَالأَحْبَارُ بِمَا اسْتُحْفِظُوا مِن كِتَبِ اللهِ وَكَانُوا عَلَيْهِ شُهَدَآءَ فَلاَ تَخْشَوُا النَّاسَ وَاخْشَوْنِ وَلاَ تَشْتَرُوا بِأَيَتِى ثَمَناً قَلِيلا وَمَن لَّمْ يَحْكُم بِمَآ أَنزَلَ اللهُ فَأُوْلَئِكَ هُمُ الْكَفِرُونَ** ﴾.[70]

أن الله سبحانه شرّع لهذه الأمم على اختلاف عهودهم شرائع، أودعها في كتب أنزلها إليهم ليهتدوا بها ويتبصّروا بسببها، ويرجعوا إليها في ما اختلفوا فيه، وأمر الأنبياء والعلماء منهم أن يحكموا بها، ويتحفظوا عليها ويقوها من التغيير والتحريف، ولا يخافون فيها إلا الله

(68) تفسير الميزان، ج1، ص211.
(69) تفسير ابن كثير، سورة البقرة، ص12.
(70) المائدة، 44.

سبحانه ولا يخشون غيره. فالآية تأمر بالحكم بما انزل الله في كتبه وتنذر المخالف، ولا تشير الى تحريف نصّي في الكتاب، وإلا فهل يعقل انه تعالى أمرهم ان يحكموا بكتب مُحرّفة.(71)

16. ﴿ **ثُمَّ قَفَّيْنَا عَلَىٰ آثَارِهِم بِرُسُلِنَا وَقَفَّيْنَا بِعِيسَى ابْنِ مَرْيَمَ وَآتَيْنَاهُ الإنجيل وَجَعَلْنَا فِي قُلُوبِ الَّذِينَ اتَّبَعُوهُ رَأْفَةً وَرَحْمَةً وَرَهْبَانِيَّةً ابْتَدَعُوهَا مَا كَتَبْنَاهَا عَلَيْهِمْ إِلَّا ابْتِغَاءَ رِضْوَانِ اللَّهِ فَمَا رَعَوْهَا حَقَّ رِعَايَتِهَا فَآتَيْنَا الَّذِينَ آمَنُوا مِنْهُمْ أَجْرَهُمْ وَكَثِيرٌ مِّنْهُمْ فَاسِقُونَ** ﴾.(72)

تصرّح الآية – بحسب بعض المفسرين – أن بعضاً من المسيحيين الذين اتبعوا السيد المسيح لم يراعو حقّ الرهبانية، ولو أنهم أعطوها حقّها لكانت سنّة حسنة حيث أن الترهّب يعني الخوف من الله وشدة التعبد وعدم الإهتمام بشؤون الدنيا.(73) ويرى مفسر آخر أنهم ابتدعوا من عند أنفسهم رهبانية لم تشرّع لهم سابقاً، بل وضعوها من عند أنفسهم ابتغاء رضوان الله فما حافظوا عليها حق محافظتها بتعدّيهم حدودها.(74) وعلى كلا التفسيرين لا تشير الآية الى وجود تحريف نصّي في الإنجيل نفسه، إنما الرهبنة هي منسك أو شعيرة سواءٌ أكانت قد شرّعت لهم أم هم ابتدعوها، مثلما تمارس الطوائف الاخرى شعائر بعضها مشرعة واخرى مبتدعة، وكلّما أُنجزت

---

(71) تفسير الميزان، ج6، ص345.
(72) الحديد، 27.
(73) تفسير الامثل، ج18، ص78.
(74) تفسير الميزان، ج27، ص176.

هذه المراسم بدون تجاوز للحدود الشرعية وعدم تدنيسها بالخرافات والممارسات اللاشرعيّة، فإنّها من المسلّم مصداق لابتغاء رضوان الله، ومصداق سنّة حسنة، وفي غير هذه الصورة فإنّها ستكون بدعة الشؤم والسنّة السيّئة.

17. ﴿ يَأَهْلَ الْكِتَبِ لاَ تَغْلُوا فِى دِينِكُمْ وَلاَ تَقُولُوا عَلَى اللهِ إلاَّ الْحَقَّ إِنَّمَا الْمَسِيحُ عِيسَى ابْنُ مَرْيَمَ رَسُولُ اللهِ وَكَلِمَتُهُ أَلْقَهَآ إِلَى مَرْيَمَ وَرُوحٌ مِّنْهُ فَأَمِنُوا باللهِ وَرُسُلِهِ وَلاَ تَقُولُوا ثَلَثَةٌ انتَهُوا خَيْراً لَّكُمْ إِنَّمَا اللهُ إِلهٌ وَحِدٌ سُبْحَنَهُ أَن يَكُونَ لَهُ وَلَدٌ لَّهُ مَا فِى السَّمَوَتِ وَمَا فِى الأَرْضِ وَكَفَى بِاللهِ وَكِيلاً ﴾.[75]

الآية تخاطب الطائفة المسيحية وتحذّر من المغالاة، والاقرار بأنّ السيد المسيح عبد الله ورسوله إلى خلقه، وتدعو الى نبذ عقيدة التثليث. ولا تشير هذه الآيات الى تحريف نصّي في الكتاب، بدلالة ان الله تعالى حذرهم مرتين في هذه الآية بعبارة "وَلاَ تَقُولُوا"، أي تحريف لفظي. إضافة الى أنه لم يشر أي من الأناجيل المتداولة في الوقت الحاضر إلى عقيدة التثليث، وذكر المؤرخون أنّ فكرة التثليث برزت بعد القرن الثّالث الميلادي.[76]

18. ﴿ لَّقَدْ كَفَرَ الَّذِينَ قَالُوا إِنَّ اللهَ هُوَ الْمَسِيحُ ابْنُ مَرْيَمَ قُلْ فَمَنْ يَمْلِكُ مِنَ اللهِ شَيْئاً إِنْ أَرَادَ أَن يُهْلِكَ الْمَسِيحَ ابْنَ مَرْيَمَ وَأُمَّهُ وَمَن فِى الأَرْضِ جَمِيعاً وَللهِ مُلْكُ السَّمَوَتِ وَالأَرْضِ وَمَا بَيْنَهُمَا يَخْلُقُ

(75) النساء، 171.
(76) تفسير الميزان، ج6، ص149.

مَا يَشَآءُ وَاللهُ عَلَى كُلِّ شَىْءٍ قَدِيرٌ ﴾.[77]

حملت الآية بعنف على الذين ينادون بألوهية السيد المسيح، وبيّنت أنّ هذه الدعوى ما هي إلاّ الكفر الصريح.[78]

19. **﴿ مِّنَ الَّذِينَ هَادُوا يحرّفون الْكَلِمَ عَن مَّوَاضِعِهِ وَيَقُولُونَ سَمِعْنَا وَعَصَيْنَا وَاسْمَعْ غَيْرَ مُسْمَعٍ وَرَعِنَا لَيًّا بِأَلْسِنَتِهِمْ وَطَعْناً فِى الدِّينِ ﴾.**[79]

تصرح الآية ان جماعة من اليهود كانوا يُحرّفون الحقائق الإلهية، والمراد من التحريف هنا هو التحريف اللفظي وتغيير العبارة، بدلالة (وَيَقُولُونَ سَمِعْنَا وَعَصَيْنَا)، يعني بدل أن يقولوا "سمعنا وأطعنا" يقولون "سمعنا وعصينا"، إستهزاءً وسخرية. اذن كان هناك افراد من اليهود يبدّلون معنى الكلمات بألسنتهم بهدف إزاحة الحقائق عن محورها الأصلي والطعن في الأحكام ولا تعكس أعمالهم وجود التحريف النصّي في الكتاب.[80]

الخلاصة: في جميع الآيات القرآنية التي استعرضناها، يقول تعالى ان افراداً من أهل الكتاب، لا جميعهم، كانوا يُحرّفون الكتاب لفظياً أومعنوياً بألسنتهم، كما كان قسم منهم يكتبون قراطيس ويدّعون

---

(77) المائدة، 17.

(78) تفسير الامثل، ج3، ص467.

(79) النساء، 46.

(80) تفسير الامثل، ج4، ص146.

انها من الله وما هي من الله، وآخرون يخفون بعض النصوص، لكن سلوك جميع هؤلاء لا يتعدى كونه حِيلاً لمكاسب شخصية، ولا تشير أي من هذه الآيات الى وجود نصوص مُحرّفة في التوراة والإنجيل، ولا يوجد أي تصريح الهي في القرآن بتحريف التوراة والإنجيل.

لم تذكر جميع الدراسات الإسلامية التي نسبت التحريف للكتاب المُقدَس هذه الآيات القرآنية التي يدّل ظاهرها على التحريف، لكن هذه الآيات كانت الدليل الشائع للتحريف عند عامة الناس، ربما لاعتمادهم على المعنى الظاهري للآيات دون البحث في تفسيرها، ولتناقلها بينهم عن طريق السماع.

دلائل قرآنية لتبرئة الكتاب المُقدَس من التحريف (40 آية)

في مقابل الآيات المعدودة التي يُتوهم انها آيات تحريف والتي عرضنا لها تباعا، وردت في القرآن الكريم أربعون آية تُثني وتُوثق الكتاب المُقدَس وتُصرّح ببراءته من التحريف، إضافة الى سبعة وعود الهية في الكتاب المُقدَس تُؤكد حِفظه من التحريف. أما الدراسات الإسلامية فقد اقتصرت على ما يسندها لادعاء التحريف فقط، ولم تتحدث عن آيات التصديق والثناء على الكتاب المُقدَس، وبذلك فقد ابتَعَدتْ عن الحيادية في نقاشاتها، بينما ذكرت هذه الدراسة آيات التصديق التزاماً بمبدأ الحيادية والأمانة العلمية في البحث والنقد، خاصة ونحن نبحث عن الحقيقة. وقد صَنّفتُ هذه الآيات القرآنية على شكل مجاميع ووحدات كالآتي:

أولاً: الآيات القرآنية التي تصدّق صراحة الكتاب المُقدَس (18 آية)

ثانياً: وصف التوراة والإنجيل في القرآن الدال على عدم التحريف (12 آية)

ثالثاً: الوعد الإلهي في القرآن بحفظ الذِكر من التحريف (10 آيات)

رابعاً: الوعد الإلهي في الكتاب المُقدَس بحفظ التوراة والإنجيل من التحريف (7 آيات)

أولاً: الآيات القرآنية التي تُصدّق صراحةً الكتاب المُقدَس

متى حُرّف الكتاب المُقدَس؟!

هل حُرّف قبل ظهور الإسلام ونزول القرآن؟!

هل حُرّف بعد نزول القرآن وبعد وفاة النبي؟!

أم هل حُرّف اثناء نزول القرآن ووجود النبي ؟!

سنتناول هذه الأسئلة بالتفصيل مع ذكر الدلائل التي تنفي التحريف في الكتاب المُقدَس.

أ. متى حُرّف الكتاب المُقدَس؟! هل حُرّف قبل ظهور الإسلام ونزول القرآن؟!

1. قال الله تعالى في آياتٍ عديدة ان القرآن الكريم نزل مصدقاً للتوراة والإنجيل، وإنها جميعاً كتب الهية موحاة منه، وكلها كتب هدى وموعظة ونور للناس. إنْ قيل إنّ التحريف قد حدث قبل

نزول القرآن فيكون القول مناقضاً لقوله تعالى وللكثير من آياته التي صدّقت التوراة والإنجيل، وهذا يعني صحة التوراة والإنجيل وسلامتهما من التحريف على الاقل لحين وقت نزول القرآن، والا فهل صدّق الله تعالى للمسلمين على كتب مُحرّفة ؟! لقد ورد في القرآن ما لا يقل عن تسع آيات تؤكد صراحةً على تصديق القرآن للتوراة والإنجيل ولم ترد فيه ولا آية واحدة تشير الى تحريفهما، وأوجب تعالى الايمان بالكتاب المُقدَس في أربع آيات، وأمر أهل الكتاب الحُكم بما جاء فيه في خمس آيات.

﴿ نَزَّلَ عَلَيْكَ الْكِتَابَ بِالْحَقِّ مُصَدِّقًا لِّمَا بَيْنَ يَدَيْهِ وَأَنزَلَ التوراة وَالإنجيل * مِن قَبْلُ هُدًى لِّلنَّاسِ ﴾.[81]

﴿ وَإِذَا قِيلَ لَهُمْ ءَامِنُوا بِمَآ أَنزَلَ اللهُ قَالُواْ نُؤْمِنُ بِمَآ أُنزِلَ عَلَيْنَا وَيَكْفُرُونَ بِمَا وَرَآءَهُ وَهُوَ الْحَقُّ مُصَدِّقاً لِمَّا مَعَهُمْ ﴾.[82]

﴿ وَلَمَّا جَآءَهُمْ رَسُولٌ مِّنْ عِندِ اللهِ مُصَدِّقٌ لِّمَا مَعَهُمْ نَبَذَ فَرِيقٌ مِّنَ الَّذِينَ أُوتُوا الْكِتَبَ كِتَبَ اللهِ وَرَآءَ ظُهُورِهِمْ كَأَنَّهُمْ لاَ يَعْلَمُونَ ﴾.[83]

﴿ وَقَفَّيْنَا عَلَى آثَارِهِم بِعِيسَى ابْنِ مَرْيَمَ مُصَدِّقًا لِّمَا بَيْنَ يَدَيْهِ مِنَ التوراة وَآتَيْنَاهُ الإنجيل فِيهِ هُدًى وَنُورٌ وَمُصَدِّقًا لِّمَا بَيْنَ يَدَيْهِ مِنَ

---

(81) أل عمران، 3 و 4.

(82) البقرة، 91.

(83) البقرة، 101.

التوراة وَهُدًى وَمَوْعِظَةً لِّلْمُتَّقِينَ ﴾.[84]

﴿ وَأَنزَلْنَا إِلَيْكَ الْكِتَابَ بِالْحَقِّ مُصَدِّقًا لِّمَا بَيْنَ يَدَيْهِ مِنَ الْكِتَابِ وَمُهَيْمِنًا عَلَيْهِ ﴾.[85]

﴿ وَءَامِنُواْ بِمَآ أَنزَلْتُ مُصَدِّقاً لِمَا مَعَكُمْ وَلاَ تَكُونُواْ أَوَّلَ كَافِرِ بِهِ وَلاَ تَشْتَرُواْ بِايَتِى ثَمَناً قَلِيلاً وَإِيَّىَ فَاتَّقُونِ ﴾.[86]

﴿ وَلَمَّا جَآءَهُمْ كِتَبٌ مِّنْ عِندِ اللهِ مُصَدِّقٌ لِمَّا مَعَهُمْ وَكَانُواْ مِن قَبْلُ يَسْتَفْتِحُونَ عَلَى الَّذِينَ كَفَرُواْ فَلَمَّا جَآءَهُم مَّا عَرَفُواْ كَفَرُواْ بِهِ فَلَعْنَةُ اللهِ عَلَى الْكَفِرِينَ ﴾.[87]

﴿ وَمَا كَانَ هَذَا الْقُرْآنُ أَن يُفْتَرَى مِن دُونِ اللهِ وَلَكِن تَصْدِيقَ الَّذِي بَيْنَ يَدَيْهِ وَتَفْصِيلَ الْكِتَابِ لاَ رَيْبَ فِيهِ مِن رَّبِّ الْعَالَمِينَ ﴾.[88]

﴿ وَالَّذِي أَوْحَيْنَا إِلَيْكَ مِنَ الْكِتَابِ هُوَ الْحَقُّ مُصَدِّقًا لِّمَا بَيْنَ يَدَيْهِ إِنَّ اللَّهَ بِعِبَادِهِ لَخَبِيرٌ بَصِيرٌ ﴾.[89]

2. أوجب الله تعالى الايمان بكتب التوراة والإنجيل وبيّن

---

(84) المائدة، 46.

(85) المائدة، 48.

(86) البقرة، 41.

(87) البقرة، 89.

(88) يونس، 37.

(89) فاطر، 31.

ثواب الايمان بها وجزاء الكافرين والمكذبين بها في أربع آيات:

﴿ يَا أَيُّهَا الَّذِينَ آمَنُواْ آمِنُواْ بِاللّهِ وَرَسُولِهِ وَالْكِتَابِ الَّذِي نَزَّلَ عَلَى رَسُولِهِ وَالْكِتَابِ الَّذِيَ أَنزَلَ مِن قَبْلُ وَمَن يَكْفُرْ بِاللّهِ وَمَلاَئِكَتِهِ وَكُتُبِهِ وَرُسُلِهِ وَالْيَوْمِ الآخِرِ فَقَدْ ضَلَّ ضَلاَلاً بَعِيدًا ﴾.[90]

﴿ وَالَّذِينَ يُؤْمِنُونَ بِمَا أُنزِلَ إِلَيْكَ وَمَا أُنزِلَ مِن قَبْلِكَ وَبِالآخِرَةِ هُمْ يُوقِنُونَ * أُوْلَئِكَ عَلَى هُدًى مِّن رَّبِّهِمْ وَأُولَئِكَ هُمُ الْمُفْلِحُونَ ﴾.[91]

﴿ قُولُوا آمَنَّا بِاللّهِ وَمَا أُنزِلَ إِلَيْنَا وَمَا أُنزِلَ إِلَى إِبْرَاهِيمَ وَإِسْمَاعِيلَ وَإِسْحَاقَ وَيَعْقُوبَ وَالأَسْبَاطِ وَمَا أُوتِيَ مُوسَى وَعِيسَى وَمَا أُوتِيَ النَّبِيُّونَ مِن رَّبِّهِمْ لاَ نُفَرِّقُ بَيْنَ أَحَدٍ مِّنْهُمْ وَنَحْنُ لَهُ مُسْلِمُونَ ﴾.[92]

﴿ قُلْ آمَنَّا بِاللّهِ وَمَا أُنزِلَ عَلَيْنَا وَمَا أُنزِلَ عَلَى إِبْرَاهِيمَ وَإِسْمَاعِيلَ وَإِسْحَاقَ وَيَعْقُوبَ وَالأَسْبَاطِ وَمَا أُوتِيَ مُوسَى وَعِيسَى وَالنَّبِيُّونَ مِن رَّبِّهِمْ لاَ نُفَرِّقُ بَيْنَ أَحَدٍ مِّنْهُمْ وَنَحْنُ لَهُ مُسْلِمُونَ ﴾.[93]

3. ولو لحق التوراة والإنجيل التحريف، كيف إذن يأمر تعالى أهل الكتاب في خمس آيات بالحكم بهما ويتحدى المشركين ان يأتوا بكتاب أهدى من التوراة والقرآن ؟!

---

(90) النساء، 136.

(91) البقرة، 4 و 5.

(92) البقرة، 136.

(93) آل عمران، 84.

﴿ قُلْ يَا أَهْلَ الْكِتَابِ لَسْتُمْ عَلَى شَيْءٍ حَتَّىَ تُقِيمُواْ التوراة وَالإنجيل وَمَا أُنزِلَ إِلَيْكُم مِّن رَّبِّكُمْ ﴾.[94]

﴿ وَكَيْفَ يُحَكِّمُونَكَ وَعِندَهُمُ التوراة فِيهَا حُكْمُ اللّهِ ثُمَّ يَتَوَلَّوْنَ مِن بَعْدِ ذَٰلِكَ وَمَا أُولَٰئِكَ بِالْمُؤْمِنِينَ ﴾.[95]

﴿ أَتَأْمُرُونَ النَّاسَ بِالْبِرِّ وَتَنسَوْنَ أَنفُسَكُمْ وَأَنتُمْ تَتْلُونَ الْكِتَابَ أَفَلاَ تَعْقِلُونَ ﴾.[96]

﴿ قُلْ فَأْتُوا بِكِتَٰبٍ مِّنْ عِنْدِ اللهِ هُوَ أَهْدَى مِنْهُمَآ أَتَّبِعْهُ إِنْ كُنتُمْ صَٰدِقِينَ ﴾.[97]

﴿ وَلْيَحْكُمْ أَهْلُ الإنجيل بِمَا أَنزَلَ اللّهُ فِيهِ وَمَن لَّمْ يَحْكُم بِمَا أَنزَلَ اللّهُ فَأُولَئِكَ هُمُ الْفَاسِقُونَ ﴾.[98]

ب. متى حُرّف الكتاب المُقدَس؟! هل حُرّف بعد نزول القرآن وبعد وفاة النبي؟!

إن قيل ان الكتاب المُقدَس قد حُرِّف بعد ظهور الإسلام ونزول القرآن فإنّ هذا القول يثير اعتراضات أكثر من الادعاء

(94) المائدة، 68.

(95) المائدة، 43.

(96) البقرة، 44.

(97) القصص، 49.

(98) المائدة، 47.

بالتحريف قبل نزول القرآن:

1. لا يصح الزعم بتحريف الكتاب المُقدَس بعد نزول القرآن، لأن النسخ المتداولة بين أيدينا اليوم من التوراة والإنجيل هي مطابقة للمخطوطات المحفوظة في المتاحف العالمية، والتي يرجع تاريخها الى ما قبل نزول القرآن بمئات السنين.

2. شهادة المخطوطات الكثيرة للعهد الجديد في المتاحف التي يعود الكثير منها إلى القرون الأولى للمسيحية، أي قبل نزول القرآن بقرون وجميعها تطابق الإنجيل الذي بين أيدينا.

3. كما تشهد بعثات الحفريات والكشف عن الآثار بصحّة الكتاب المُقدَس حيث لم يحدث اكتشاف اثري واحد ناقضَ ما جاء في الكتاب المُقدَس.

4. ولو كان التحريف هدفاً لأهل الكتاب بعد نزول القرآن، لحُذفت الاوصاف الإلهية المشينة بحقهم، فقد وصفهم الرب أنهم شعبٌ صُلب الرقبة، وغضب الله عليهم بسبب تذمراتهم المتكررة وعدم ثقتهم بالرب، وعاقبهم في البريّة عدة مرات، وكاد يفنيهم "**وَقَالَ الرَّبُّ لِمُوسَى رَأَيْتُ هذَا الشَّعْبَ وَإِذَا هُوَ شَعْبٌ صُلْبُ الرَّقَبَةِ فَالآنَ اتْرُكْنِي لِيَحْمَى غَضَبِي عَلَيْهِمْ وَأُفْنِيَهُمْ، فَأُصَيِّرَكَ شَعْبًا عَظِيمًا**".[99]

5. من يريد أن يُزوِّر التاريخ فهو يفعل ذلك ليخفي فضائحه

(99) سفر الخروج، 32.9.

ويُعلن أمجاداً ليست له، لكن اليهود إحتفظوا بكلام الله كما هو حتى وإنْ كان يدينهم.

6. ولو حُرّف الإنجيل بعد نزول القرآن لحذفوا الإهانات التي وُجّهت للسيد المسيح كحوادث البصق عليه، والذين لطموه، ولكموه، وجلدوه، واستهزأوا به وألبسوه أرجُواناً، وضفروا إكليلاً من شوك ووضعوه عليه، وسخروا منه وغيرها.

7. لا يمكن أن يكون قد جرى تحريف للتوراة قبل مجيء السيد المسيح لأنه طالب أتباعه أن يقرأوا التوراة التي تشهد له، فكيف يطلب السيد المسيح من أتباعه قراءة كتاب مُحرّف؟! الواقع أن الإنجيل صدّق صحة التوراة وكذلك السيد المسيح صدّق صحة التوراة وبشهادة القرآن ﴿ **وَقَفَّيْنَا عَلَى ءَاثَرِهِم بِعِيسَى ابْنِ مَرْيَمَ مُصَدِّقاً لِّمَا بَيْنَ يَدَيْهِ مِنَ التوراة وَءَاتَيْنَـهُ الإنجيل فِيهِ هُدىً وَنُورٌ وَمُصَدِّقاً لِّمَا بَيْنَ يَدَيْهِ مِنَ التوراة وَهُدىً وَمَوْعِظَةً لِّلْمُتَّقِينَ** ﴾.[100]

8. ولا يمكن أن يحدث تحريف في التوراة بعد مجيء السيد المسيح، لأن تلاميذ السيد المسيح كانوا – ولا بد – يشهدون ضد هذا التحريف المزعوم ويقاومونه. ويمكن أيضاً كشف التحريف المزعوم من خلال نُسخ التوراة الأصيلة المتداولة يومذاك.

9. المعروف أن المسيحية حينما قامت، كانت تتربص بها اليهودية، فلو غيّر المسيحيون إنجيلهم لفضحهم اليهود. كذلك كان

(100) المائدة، 46.

فلاسفة الوثنيين في صراع مع المسيحيين، وكانوا يدرسون الإنجيل للرد عليه. فلو غيّر المسيحيون الإنجيل لفضحهم الوثنيون وفلاسفتهم.

10. ثم ان المسيحية بعد صعود السيد المسيح ، كانت قد انتشرت في كل بلاد المسكونة. فكيف يمكن تغيير ما قد سُمع ودوّن في كل تلك البلدان؟! لقد كانت كتب التوراة والإنجيل منتشرة بين القبائل في ذلك الوقت، فلو حدث - حقاً - أي اختلاف أو تحريف في الكتاب المُقدَس قبل ظهور الإسلام أو بعده لعلت أصوات المشككين والمعترضين ليثبتوا دعوتهم وادعاءاتهم. وهل من المعقول أن يتفق كل مسيحيي العالم على تحريف كتابهم المُقدَس، ثم يؤمنون به بعد ذلك؟!

11. كما إن الانقسامات التي حصلت داخل صفوف المسيحيين تشكّل دالّة أخرى على الاحتجاج على التحريف، فلو قامت كنيسة أو طائفة مسيحية معينة بتحريف بعض نسخها أو كلها، لحرّمتها الكنائس والطوائف الأخرى ولشهّرت بها، مثلما نسمع التشهير بين بعض مذاهب المسلمين منذ نشأتها الى يومنا هذا.

12. يشهد الكتاب المُقدَس أن الله حفظه وحذّر من تحريفه كما وقدّم السيد المسيح وعداً بأن كلمة الله لا تتغير، وسيأتي الاستشهاد على هذا وذاك.

13. يشهد القرآن أن التوراة والإنجيل كتب "ذكرٍ" حافظُها الله من التحريف. فإن ادعى أحد تحريفها فإنه يتهم الله بعجزه عن حفظ كتابه الذي أوحى به إذ تركه في أيدي بشر لكي يعبثوا به ويغيروا

حقائقه. وإن صحّ هذا الاتهام فإنه يؤكد عجز الله -حاشا- عن حفظه أي كتاب آخر يوحي به للناس. ومن ثم يصير العالم كله "ضلال في ضلال"، وصاحب هذا الاتهام يصبح من أول المُضِلّين.

14. يرشد الله تعالى الى اخذ المعرفة من اهل العلم والاطلاع الذين من مصاديقهم علماء أهل التوراة والإنجيل، فاذا كانت كتبهم مُحرّفة فكيف يرشد الله لهذا.

15. لقد شهد السيد المسيح أنه نطق بكلام الله، اذن لا تحريف فيما بلّغ به السيد، وأن الاختلافات في التعابير بين الأناجيل حصلت بسبب أساليب التلاميذ المختلفة لما قاله السيد المسيح، وهذا لا يُسمّى تحريف بل تباين في النقل؛ لأنه لا يمكن ان ينقل أربعةُ أشخاص نفس الرسالة بكلمات متطابقة، ولئن اتفقت اتفاقاً تاماً يُستدل من اتفاقهم على أنهم متواطئون.

16. ولو أنّ التوراة حُرّفت بعد نزول القرآن لحذفوا الاوصاف السلبية التي وصف الله بها بني إسرائيل وتذكر أعمالهم الشريرة في حق الله والأنبياء ولحذفوا أخطاء الانبياء مثل قصص داود ولوط وغيرهم، ولحذفوا الإصحاح الذي يحكم الله فيه على ألاسباط العشرة بالضياع لخيانتهم لله.

17. ثم انه كيف يمكن ان يتم التحريف في كتاب بلغت كلماته وألفاظه مبلغ التواتر المشهورة فكان في أيدي اليهود والمسيحيين الذين كانوا متشتتين في أنحاء المسكونة وأقاصيها؟! لو فرضنا ان

محاولةً لتحريف الكتاب تمت في إحدى القرى أو المدن فكيف تجمع وتحرّف الكتب المنتشرة في كل المعمورة. أي عقل يقبل هذا ؟!!! وبذلك أصبحت قضية التحريف التي مازال ينادي بها بعضهم قضية خاسرة تمامًا.

18. شكّل اليهود، وخاصة الصدوقيون والفريسيون تيار المعارضة الجارف لمقاومة السيد المسيح وحاولوا رجمه بالحجارة، واضطهدوه مرات عديدة، وصنعوا وشايات ضده واشاعوا ان به مساً من الشيطان، كما واتهموه برئيس الشياطين. ومن جانبه وصفهم السيد المسيح بالجيل الشرير والخائن، وضرب الامثال السيئة بحقهم ووصفهم بالمرائين كما وصف الصدوقيين، كتبة التوراة، بأنهم في ضَلال عظيم وهدّدهم والفريسيين بنار جهنم، وانتقد تفسيرهم الحرفي لحفظ السبت، واهتمامهم بالمظهر الخارجي للعبادة، وانتقد رياءَهم بشدة، ونبّأهم بدمار الهيكل بسبب ذنوبهم وهذا ما حصل، الا أن السيد المسيح لم يتهمهم بتحريف التوراة ولم يُكذّب نصوص التوراة.

19. ان وحدة العهد القديم و العهد الجديد وترابطهما الشديد يؤكدان على صحة وسلامة العهد الجديد، لأنه يلزم لمن يرغب في تحريف العهد الجديد أن يحرّف أيضًا تنبؤات الانبياء في العهد القديم بشأن السيد المسيح ليجعله مطابقًا. وهل من المعقول أن ترضى الطوائف اليهودية بتغيير التوراة لصالح المسيحية؟! ففي تلك الاجيال كان اليهود واقفين بالمرصاد للمسيحيين وكانوا مستعدين ان يشنوا عليهم حرباً انتقادية شعواء لو اقدموا على اي تحريف أو تبديل في الكتاب المُقدَس ولا سيما ان اليهود كانوا متمسكين بتوراتهم

ويغارون عليها غيرة شديدة لدرجة انهم في حرصهم على كتابهم كانوا قد أحصوا عدد كلماته وعدد حروفه حتى ضرب المثل بموقفهم وحرصهم.

20. يُضاف إلى كل هذا الانقسامات التي حصلت داخل صفوف المسيحيين، فانحرف بعضهم عن الإيمان المسيحي، وأسمتهم الكنيسة بالهراطقة، وحاربتهم فكريًا وكنسيًا. فلو قامت الكنيسة بتحريف الإنجيل، لوقف ضدها الهراطقة وشهّروا بها. ولو قامت كنيسة معينة بتحريف بعض نسخها أو كلها، لحرمتها الكنائس الأخرى. أكان التحريف لصالح الكاثوليك أم الأرثوذكس أم لصالح احدى الطوائف المستقلة ؟! وهل ترضى الطوائف المختلفة ان يتحرّف الكتاب المُقدَس لصالح طائفة معينة دون الطوائف الاخرى؟! وهل من المعقول أن يحدث أي تواطؤ بين الملل المسيحية المتعددة والتي تناظر بعضها بعضاً والمنتشرة في انحاء المعمورة على تغيير كتابهم الذي يحثهم على الصدق والحق والأمانة؟!!

21. عدم ورود أي اعتراض من نبي الإسلام على التوراة والإنجيل، وعلى العكس نجد ان نبي الإسلام اكرم التوراة والإنجيل وشدّد على انها كتب نور وهدى ورحمة للعالمين، وان رسالته جاءت لتصادق عليهما. وقد مرّت بنا قصّة الرجم التي رجع فيها النبي الى التوراة ليحكم أو يفصل في قضية زنا أحد وجهاء اليهود نزولاً عند رغبة المعنيين بالبحث عن الحكم الأرفق، مما يعني موافقتها لحكم الإسلام.

22. كذلك لم أعثر على روايات اسلامية تصف الكتاب المُقدَس بالتحريف، بل العكس نقل عن أمير المؤمنين علي بن أبي طالب، انه قال: لو ثنيت لي الوسادة وجلست عليها لحكمت بين أهل التوراة بتوراتهم وأهل الإنجيل بإنجيلهم وأهل الفرقان بفرقانهم، فإننا نتساءل: بأي كُتب أهل الكتاب كان الامام يريد ان يحكم؟! بالأصيل منها أم المُحرّف؟! الا يعني هذا في ما يعنيه أن أمير المؤمنين يتحدث عن كتب مصونة – لو استقام له الأمر – لرجع اليها في حكم أهل الكتاب، فضلاً عن اعتبارها معتبرةً وصالحةً للحكم، على طريقة دينونة كلّ أهل ملة بكتابهم وشريعتهم؟![101]

23. كيف حرّف المسيحيون كلام الله وهم كانوا يموتون شهداء لأجل إعتقادهم. لقد تعرض المبشّرون الأوائل لأنواع التعذيب والسجون ومات الكثير منهم شهداء لأنهم رفضوا التخلي عن إيمانهم. هل تعقل ان يصمد انسان للتعذيب أو الشهادة في سبيل كتاب محرّف؟

ج. متى حُرّف الكتاب المُقدَس؟! هل حُرّف اثناء نزول القرآن ووجود النبي؟!

ورد عدد من الآيات القرآنية التي تؤيد ان النبي محمد صدّق التوراة التي كانت بين يديه ﴿ **أَلَمْ تَرَ إِلَى الَّذِينَ أُوتُواْ نَصِيباً مِّنَ الْكِتَابِ يَدْعَوْنَ إِلَى كِتَابِ اللهِ لِيَحْكُمَ بَيْنَهُمْ ثُمَّ يَتَوَلَّى فَرِيقٌ مِنْهُمْ**

---

(101) بحار الانوار، جلد 40، صفحة 126.

وَهُم مُّعْرِضُونَ ﴾.[102] فلقد جاء في تفسير الآية أنّه حدث على عهد رسول الله أن ارتكب يهودي الزنا مع إمرأة محصنة، واتّفقا على الرجوع إلى رسول الإسلام ليكون هو الحكم، آملين أن ينالا عقاباً أخف من الرجم المنصوص عليه في التوراة. فدعاهم النبي الى التوراة التي كانت بين يديه ليحكم بينهم، وان القرآن سمّى التوراة التي كانت أيام النبي"كِتَابِ اللهِ" فإن كانت التوراة مُحرّفة فكيف يسميها القرآن كتاب الله؟! والكتاب المُقدَس المتداول اليوم لا يوافق الكتاب الذي كان بين يدي النبي فحسب بل والمخطوطات المحفوظة قروناً قبل ذلك. وفي موضع آخر استغربت الآية من حالة اليهود الذين كانوا مع وجود التوراة بينهم، واحتوائها على حكم الله، يأتون إلى النّبي محمّد ويطلبون منه الحكم فيهم في حين أنهم لا يعترفون بالقرآن ﴿ **وَكَيْفَ يُحَكِّمُونَكَ وَعِندَهُمُ التوراة فِيهَا حُكْمُ اللهِ ثُمَّ يَتَوَلَّوْنَ مِن بَعْدِ ذَٰلِكَ وَمَآ أُوْلَٰئِكَ بِالْمُؤْمِنِينَ** ﴾.[103] يقول تعالى ان التوراة التي كانت بين يدي النبي فيها حُكمِي " فِيهَا حُكْمُ اللهِ"، التوراة التي عند اليهود في أيام النبي هي نفس التوراة التي انزلها الله على موسى النبي، هل يصح ان يقول تعالى انها كتابي وفيها حُكمي وهي مُحرّفة ؟! اليهود لم يحرّفوا التوراة وإنما تركوا العمل بموجبها في مسألة الزنا هذه. يخاطب الله النبي قائلاً: ﴿ **فَإِن كُنتَ فِى شَكٍّ مِّمَّآ أَنزَلْنَآ إِلَيْكَ فَسْئَلِ الَّذِينَ يَقْرَءُونَ الْكِتَٰبَ مِن قَبْلِكَ** ﴾،[104] فهل يأمر تعالى نبيّه ان يسأل الذين يقرأون التوراة والإنجيل المُحرّفة؟! وهناك آيات عديدة

(102) آل عمران، 23.

(103) المائدة، 43.

(104) يونس، 94.

صدق فيها القرآن على التوراة والإنجيل ﴿ **نَزَّلَ عَلَيْكَ الْكِتَابَ بِالْحَقِّ مُصَدِّقًا لِّمَا بَيْنَ يَدَيْهِ وَأَنزَلَ التوراة وَالإنجيل** ﴾،[105] ﴿ **يَأَيُّهَا الَّذِينَ أُوتُوا الْكِتَبَ ءَامِنُوا بِمَا نَزَّلْنَا مُصَدِّقاً لِّمَا مَعَكُمْ مِّنْ قَبْلِ أَن نَّطْمِسَ وُجُوهاً فَنَرُدَّهَا عَلَى أَدْبَارِهَآ أَوْنَلْعَنَهُمْ كَمَا يلَعَنَّآ أَصْحَبَ السَّبْتِ وَكَانَ أَمْرُ اللهِ مَفْعُولاً** ﴾،[106] ﴿ **وَمَا كَانَ هَذَا الْقُرْءَانُ أَن يُفْتَرَى مِن دُونِ اللهِ وَلَكِن تَصْدِيقَ الَّذِى بَيْنَ يَدَيْهِ وَتَفْصِيلَ الْكِتَابِ لَارَيْبَ فِيهِ مِن رَّبِّ الْعَلَمِينَ** ﴾،[107] ﴿ **وَلَمَّا جَآءَهُمْ رَسُولٌ مِّنْ عِندِ اللهِ مُصَدِّقٌ لِّمَا مَعَهُمْ نَبَذَ فَرِيقٌ مِّنَ الَّذِينَ أُوتُوا الْكِتَبَ كِتَبَ اللهِ وَرَآءَ ظُهُورِهِمْ كَأَنَّهُمْ لاَ يَعْلَمُونَ** ﴾،[108] وآيات كثيرة ذكرنا بعضها في مواضع أخرى.

في (سورة المائدة) وحدها جاءت احدى وستون آية قرآنية تتعلق بأهل الكتاب، وهي من أواخر السور القرآنية التي نزلت على النبي والتي أكد فيها تعالى على إكمال الدين ﴿ **الْيَوْمَ أَكْمَلْتُ لَكُمْ دِينَكُمْ وَأَتْمَمْتُ عَلَيْكُمْ نِعْمَتِى وَرَضِيتُ لَكُمُ الْإِسْلَمَ دِيناً** ﴾،[109] مما يدل ان القرآن الكريم استمر في تصديق الكتاب المُقدَس الى أواخر أيام النبي وحجة الوداع وآية الولاية وليس في بداية دعوته فقط، وأن الكتاب المُقدَس كان بين يدي النبي ليس فقط في بداية دعوته وإنما حتى في أواخر حياته، وانه سبحانه وتعالى صدّق على الكتاب

---

(105) آل عمران، 3.

(106) النساء، 47.

(107) يونس، 37.

(108) البقرة، 101.

(109) المائدة، 3.

المُقدَس لا قبل نزول القرآن فقط وإنما استمر بتصديقه اثناء نزوله والى آخر ما نزل به الوحي عليه.

ثانياً: وصف الكتاب المُقدَس في القرآن الكريم الدالُّ على عدم تحريفه

وردت اثنتا عشرة آية كشهادات صريحة في القرآن الكريم تبيّن ان التوراة والإنجيل هما من عند الله وقد أودع فيهما تعالى سننه وأحكامه وجعلهما نوراً وهدى ورحمة وذكراً وفرقاناً وتفصيلاً لكل شيء. فهل أنزل تعالى كتباً مُحرّفة تهدي الى الضلال ؟! أم هل أنزل كتبَ نور تؤدي الى السقوط في هاوية الهلاك ؟!

﴿ إِنَّآ أَنزَلْنَا التوراة فِيهَا هُدىً وَنُورٌ ﴾.[110]

﴿ وَلَقَدْ ءَاتَيْنَا مُوسَى الْكِتَـبَ مِنْ بَعْدِ مَآ أَهْلَكْنَا الْقُرُونَ الأُولَى بَصَآئِرَ لِلنَّاسَ وَهُدىً ورَحْمَةً لَّعَلَّهُمْ يَتَذَكَّرُونَ ﴾.[111]

﴿ وَإِذْ آتَيْنَا مُوسَى الْكِتَابَ وَالْفُرْقَانَ لَعَلَّكُمْ تَهْتَدُونَ ﴾.[112]

﴿ قُلْ مَنْ أَنزَلَ الْكِتَابَ الَّذِي جَاءَ بِهِ مُوسَىٰ نُورًا وَهُدًى لِّلنَّاسِ ﴾.[113]

---

(110) المائدة، 44.
(111) القصص، 43.
(112) البقرة، 53.
(113) الانعام، 91.

﴿ وَلَقَدْ آتَيْنَا بَنِي إِسْرَائِيلَ الْكِتَابَ وَالْحُكْمَ وَالنُّبُوَّةَ ﴾.[114]

﴿ وَءَاتَيْنَا مُوسَى الْكِتَبَ وَجَعَلْنَـهُ هُدىً لِّبَنِى إِسْرَآءِيلَ ﴾.[115]

﴿ وَلَقَدْ آتَيْنَا مُوسَى الْكِتَابَ لَعَلَّهُمْ يَهْتَدُونَ ﴾.[116]

﴿ وَلَقَدْ آتَيْنَا مُوسَى الْكِتَابَ فَلَا تَكُن فِي مِرْيَةٍ مِّن لِّقَائِهِ وَجَعَلْنَاهُ هُدًى لِّبَنِي إِسْرَائِيلَ ﴾.[117]

﴿ وَلَقَدْ مَنَنَّا عَلَىٰ مُوسَىٰ وَهَارُونَ * وَنَجَّيْنَاهُمَا وَقَوْمَهُمَا مِنَ الْكَرْبِ الْعَظِيمِ * وَنَصَرْنَاهُمْ فَكَانُوا هُمُ الْغَالِبِينَ * وَآتَيْنَاهُمَا الْكِتَابَ الْمُسْتَبِينَ ﴾.[118]

﴿ ثُمَّ ءَاتَيْنَا مُوسَى الْكِتَبَ تَمَاماً عَلَى الَّذِى أَحْسَنَ وَتَفْصِيلا لِّكُلِّ شَىْء وَهُدىً وَرَحْمَةً ﴾.[119]

﴿ وَقَفَّيْنَا عَلَىٰ آثَارِهِم بِعِيسَى ابْنِ مَرْيَمَ مُصَدِّقًا لِّمَا بَيْنَ يَدَيْهِ مِنَ التوراة وَآتَيْنَاهُ الإنجيل فِيهِ هُدًى وَنُورٌ وَمُصَدِّقًا لِّمَا بَيْنَ يَدَيْهِ مِنَ التوراة وَهُدًى وَمَوْعِظَةً لِّلْمُتَّقِينَ ﴾.[120]

---

(114) الجاثية، 16.

(115) الاسراء، 2.

(116) المؤمنون، 49.

(117) السجدة، 23.

(118) الصافات، 117-114.

(119) الانعام، 154.

(120) المائدة، 46.

﴿ وَلَقَدْ آتَيْنَا مُوسَى الْهُدَى وَأَوْرَثْنَا بَنِي إِسْرءِيلَ الْكِتَبِ * هُدىً وَذِكْرَى لِأُوْلِي الْأَلْبَبِ ﴾.(121)

﴿ إِنَّا نَحْنُ نَزَّلْنَا الذِّكْرَ وَإِنَّا لَهُ لَحَفِظُونَ ﴾.(122)

ثالثاً: الوعد الالهيُّ في القرآن بحفظ الذِكر من التحريف

يشهد الله في خمس آيات ان الكتاب المُقدَس كتاب ذِكر (نذكر ثلاثاً منها هنا وقد ذكرنا اثنين وهما غافر 54 والحجر 9 أعلاه)، وفي خمس آيات أخرى يقول تعالى إنّه حافظه من التحريف ولا مُبدّلَ لكلماته، وعليه فان من يزعم التحريف في الكتاب المُقدَس ينسب لله سبحانه الإهمال في حفظ كلمته.

﴿ وَمَا أَرْسَلْنَا قَبْلَكَ إِلَّا رِجَالًا نُّوحِي إِلَيْهِمْ فَاسْأَلُوا أَهْلَ الذِّكْرِ إِن كُنتُمْ لَا تَعْلَمُونَ ﴾.(123)

﴿ وَلَقَدْ آتَيْنا مُوسى وَهارُونَ الْفُرْقانَ وَضِياءً وَذِكْراً لِلْمُتَّقِينَ ﴾.(124)

﴿ وَاتْلُ مَا أُوحِيَ إِلَيْكَ مِن كِتَابِ رَبِّكَ لَا مُبَدِّلَ لِكَلِمَاتِهِ وَلَن تَجِدَ مِن دُونِهِ مُلْتَحَدًا ﴾.(125)

---

(121) غافر، 53 و 54.
(122) الحجر، 9.
(123) النحل، 43.
(124) الانبياء، 48.
(125) الكهف، 27.

﴿ لَا تَبْدِيلَ لِكَلِمَاتِ اللَّهِ ﴾.[126]

﴿ وَلَن تَجِدَ لِسُنَّةِ اللَّهِ تَبْدِيلًا ﴾.[127]

﴿ فَلَن تَجِدَ لِسُنَّتِ اللَّهِ تَبْدِيلًا وَلَن تَجِدَ لِسُنَّتِ اللَّهِ تَحْوِيلًا ﴾.[128]

﴿ وَتَمَّتْ كَلِمَتُ رَبِّكَ صِدْقًا وَعَدْلًا لَّا مُبَدِّلَ لِكَلِمَاتِهِ وَهُوَ السَّمِيعُ الْعَلِيمُ ﴾.[129]

﴿ وَلَقَدْ كَتَبْنَا فِي الزَّبُورِ مِن بَعْدِ الذِّكْرِ أَنَّ الْأَرْضَ يَرِثُهَا عِبَادِيَ الصَّالِحُونَ ﴾.[130]

وعلى الرغم من شهادة الله بحفظ كتبه يقول بعض الناس: لا، اليهود حرّفوا التوراة ... لا، المسيحيون حرّفوا الإنجيل ... الله تعالى يصرّح في خمس آيات: لا مبدلَ لكلماته، أي لا أحد يقدر على تبديلها أو تغييرها غيره، وهؤلاء يدّعون: خلاف ذلك، أي إنّ اليهود والمسيحيين بدلوا كلمات كتبهم! فهل يعكس قولهم الشك في صدق الله، أم الشك في قدرته؟! ﴿ قُلْ ءَأَنتُمْ أَعْلَمُ أَمِ اللَّهُ ﴾،[131]

(126) يونس، 64.
(127) الاحزاب، 62.
(128) فاطر، 43.
(129) الانعام، 115.
(130) الانبياء، 105.
(131) البقرة، 140.

﴿ **أَمْ عَلَى اللهِ تَفْتَرُونَ** ﴾.[132] صرّح السيد المسيح أن الإنجيل غير قابل للتحريف وقال: "**اَلسَّمَاءُ وَالأَرْضُ تَزُولاَنِ، وَلكِنَّ كَلاَمِي لاَ يَزُولُ**".[133]

وهناك من المسلمين من يدّعي ان لفظ "الذِكر" أُطلق على القرآن فقط، والآيات القرآنية تصرح بعكس إدعائهم ﴿ **وَمَا أَرْسَلْنَا قَبْلَكَ إِلَّا رِجَالًا نُّوحِي إِلَيْهِمْ فَاسْأَلُوا أَهْلَ الذِّكْرِ إِن كُنتُمْ لَا تَعْلَمُونَ** ﴾.[134] وقوله تعالى: ﴿ **وَلَقَدْ كَتَبْنَا فِي الزَّبُورِ مِن بَعْدِ الذِّكْرِ أَنَّ الْأَرْضَ يَرِثُهَا عِبَادِيَ الصَّالِحُونَ** ﴾،[135] فالزبور لم يكتب بعد القرآن وأنَّ من مصاديق أهل الذِكر هم علماء التوراة والإنجيل. ثم لماذا يحفظ الله القرآن ولا يحفظ التوراة أو الإنجيل؟! وهناك من أهل الكتاب من يدعي ان لفظ "الذكر " في القرآن اقتصر على التوراة فقط وهذا غير صحيح، فقد ورد اللفظ في مواضع متعددة ليعني القرآن أيضاً ﴿ **وَقَالُواْ يَا أَيُّهَا الَّذِي نُزِّلَ عَلَيْهِ الذِّكْرُ إِنَّكَ لَمَجْنُونٌ** ﴾،[136] ﴿ **وَإِن يَكَادُ الَّذِينَ كَفَرُوا لَيُزْلِقُونَكَ بِأَبْصَارِهِمْ لَمَّا سَمِعُوا الذِّكْرَ وَيَقُولُونَ إِنَّهُ لَمَجْنُونٌ** ﴾.[137] كتاب ذِكر يعني كتاب تذكرة، يذكّر بأيام الله، يذكّر بتقوى الله، يذكّر بالثواب والعقاب، يذكّر بالوصايا الإلهية وكل ما ذكّر الله به عباده

---

(132) يونس، 59.

(133) إنجيل لوقا، 21:33.

(134) النحل، 43.

(135) الأنبياء، 105.

(136) الحجر، 6.

(137) القلم، 51.

وعليه فجميع الكتب الإلهية هي كتبُ ذِكر. ﴿ **فَذَكِّرْ إِن نَّفَعَتِ الذِّكْرَى * سَيَذَّكَّرُ مَن يَخْشَى * وَيَتَجَنَّبُهَا الْأَشْقَى * الَّذِي يَصْلَى النَّارَ الْكُبْرَى * ثُمَّ لَا يَمُوتُ فِيهَا وَلَا يَحْيَى** ﴾،[138] ﴿ **وَذَكِّرْ فَإِنَّ الذِّكْرَى تَنفَعُ الْمُؤْمِنِينَ** ﴾.[139]

وهناك من يدّعي انّه ليس جميع الكتاب المُقدَس مُحرّف، وإنما بعضه. في حين أن المشهور عَقَدياً ان الذي يؤمن بالله، يجب عليه ان يعتقد ان الله حكيم، وان التناقض لا يصدر من الحكيم! فكيف يُعقل ان الله يُصدّق على الكتاب في مواضع ويعلم انه مُحرّف في مواضع اخرى؟! وما هذه الأعذار والإدعاءات الا بسبب الغلو وما نَحَتَتْهُ التفاسير الباطلة في أدمغتنا منذ الطفولة للتفريق بين أبناء الطوائف.

لذلك اذا لم يتجرّد الباحث من معتقداته الذاتية ويبحث في الموضوع من جميع حيثياته بأمانة وعلمية فانه لا يستطيع ان يخرج بنتائج حيادية. وباختصار لا تنهض الآيات القرآنية دليلاً يشير الى وجود أي تحريف في الكتاب المُقدَس، ونعني بذلك التحريف النصّي على وجه التحديد.

رابعاً: الوعد الالهيّ في الكتاب المُقدَس بحفظ التوراة والإنجيل من التحريف

يصّرح الكتاب المُقدَس في سبع آيات أن الله حفظه وحذّر

---

(138) الأعلى، 13 – 9.
(139) الذاريات، 55.

من تحريفه كما وقدّم السيد المسيح وعداً بأن كلمة الله لا تتغير: "**اَلسَّمَاءُ وَالأَرْضُ تَزُولاَنِ، وَلكِنَّ كَلاَمِي لاَ يَزُولُ**".(140)

"**أَنَا سَاهِرٌ عَلَى كَلِمَتِي**".(141)

"**لاَ تَزِيدُوا عَلَى الْكَلاَمِ الَّذِي أَنَا أُوصِيكُمْ بِهِ وَلاَ تُنَقِّصُوا مِنْهُ، لِكَيْ تَحْفَظُوا وَصَايَا الرَّبِّ إِلهِكُمُ الَّتِي أَنَا أُوصِيكُمْ بِهَا**".(142)

"**إِنْ كَانَ أَحَدٌ يَزِيدُ عَلَى هذَا، يَزِيدُ اللهُ عَلَيْهِ الضَّرَبَاتِ الْمَكْتُوبَةَ فِي هذَا الْكِتَابِ، وَإِنْ كَانَ أَحَدٌ يَحْذِفُ مِنْ أَقْوَالِ كِتَابِ هَذِهِ النُّبُوَّةِ يَحْذِفُ اللهُ نَصِيبَهُ مِنْ سِفْرِ الْحَيَاةِ، وَمِنَ الْمَدِينَةِ الْمُقَدَسةِ، وَمِنَ الْمَكْتُوبِ فِي هَذَا الْكِتَابِ**".(143)

"**أَنَّهُ لَمْ تَأْتِ نُبُوَّةٌ قَطُّ بِمَشِيئَةِ إِنْسَانٍ، بَلْ تَكَلَّمَ أُنَاسُ اللهِ الْقِدِّيسُونَ مَسُوقِينَ مِنَ الرُّوحِ الْقُدُسِ**".(144)

"**فَأنّني الْحَقَّ أَقُولُ لَكُمْ: إِلَى أَنْ تَزُولَ السَّمَاءُ وَالأَرْضُ لاَ يَزُولُ حرف وَاحِدٌ أَوْ نُقْطَةٌ وَاحِدَةٌ مِنَ النَّامُوسِ حَتَّى يَكُونَ الْكُلُّ**".(145)

---

(140) إنجيل لوقا، 21:33.

(141) سفر إرميا، 1:12.

(142) سفر التثنية، 4:2.

(143) سفر الرؤيا، 22:18-19.

(144) رسالة بطرس الرسول الثانية، 1:21.

(145) إنجيل متى، 5:18.

"**اَلسَّمَاءُ وَالأَرْضُ تَزُولاَنِ، وَلكِنَّ كَلاَمِي لاَ يَزُولُ**".[146]

"**وَلاَ يُمْكِنُ أَنْ يُنْقَضَ الْمَكْتُوبُ**".[147]

ملخّص الفصل الأول (الآيات القرآنية التي يوحي ظاهرها بالتحريف)

1. شاع الإستشهاد بين المسلمين ببعض الآيات القرآنية للادعاء بالتحريف في التوراة والإنجيل اعتماداً على معناها الظاهري، بينما بيّنت هذه الدراسة عدم إسناد هذه الآيات على وجود أيّ تحريف نصّي في التوراة والإنجيل بناءً على عرضها على ستة كتب إسلامية معتبرة في التفسير، ولم ترد ولا آية قرآنية واحدة تسند التحريف في الكتاب المُقدَس المتداول.

2. أغفلت الدراسات الإسلامية آيات الثناء والتصديق القرآنية للكتاب المُقدَس، في حين ذكرت هذه الدراسة أربعين آية قرآنية تُثني وتصدّق على التوراة والإنجيل، ولهذا يمكن اعتبار هذه الدراسة حيادية في حين اقتصرت الدراسات الإسلامية على ما يؤيد رؤيتها في التحريف في الكتاب المُقدَس.

3. أخيراً، فإنّ بعض الذين أقتحموا الكتاب المُقدّس لم يمتلكوا الأدوات لنقد هذه الكتب، وأبسطها الرجوع الى كتب التفسير لفهم

---

(146) إنجيل لوقا، 21:33.
(147) إنجيل يوحنا، 10:35.

المقصود من نصوصها وتتبع سياق آياتها ومدلولاتها، ناهيك عن إتقان اللغة التي دوّنت بها هذه الكتب كالآرامية أو العبرية أو اليونانية. أليس هناك منهجية للتعامل مع هذه الكتب؟! هل يصح ان يفسّر القرآن أي شخص من تلقاء نفسه وحسب هواه بناءاً على ظاهر المفردات ويدّعي ما يشاء؟!

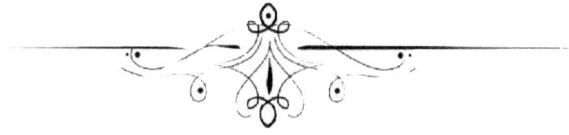

الفصل الثاني

لماذا يعتقد المسلمون أنّ التوراة والإنجيل مُحرّفة؟!
السبب الثاني: القصص التي تنسب المعاصي والذنوب الى الانبياء

احتلت القصص التي تنسب المعاصي والذنوب للأنبياء في الكتاب المُقدَس السبب الرئيس الأول للقول بتحريف التوراة والإنجيل في الدراسات الإسلامية،(148)،(149)،(150)،(151) حيث يعتقد الفقهاء المسلمون بعصمة أنبياء الله ورسله كي يكونوا أُسوة وقدوة للناس في جميع المجالات ﴿ **اللَّهُ أَعْلَمُ حَيْثُ يَجْعَلُ رِسَالَتَهُ** ﴾،(152) وان الله تعالى لم يخترْ رُسلَه عبثاً، بل يخصّهم ويخلّصهم لنفسه ﴿ **اللَّهَ يَجْتَبِي**

---

(148) الخوئي، ابو القاسم الموسوي، رسالة في نفحات الاعجاز. معهد الخوئي. المكتبة الالكترونية، ص 21 - 17، 1912.

(149) كاشف الغطاء، محمد حسين، التوضيح في باب حال الإنجيل والمسيح، ص42 - 35، 2020.

(150) البلاغي، محمد جواد، الوجيز في معرفة الكتاب العزيز، دار الهدى للتوزيع والنشر الدولي، ص41 - 35، 1956.

(151) علي، الشيخ، هبة السماء رحلتي من المسيحية الى الإسلام، مركز الابحاث العقائدية، ص29 - 27، 2006.

(152) الانعام، 124.

مِن رُّسُلِهِ مَن يَشَاءُ ﴾.(153) فإن كان النبي يزني ويرتكب الفاحشة ويشرب الخمر، فما بال عامة الناس؟! وكيف يثق الناس برسل مثل هؤلاء؟! لقد اختار الله جميع رسله وكلّفهم بالنداء والدعوة الى مبدأ التوحيد والمعاد، وحسن الاخلاق، والثواب والعقاب.

ولغرض تغطية الموضوع من جميع جوانبه، درستُ كتبَ موسى الخمسة والأناجيل الاربعة بأكملها، ودوّنت القصص التي تنسب المعاصي والذنوب للأنبياء في هذه الكتب. وكانت أكثر عدداً من القصص التي ذكرتها الدراسات الإسلامية.

لقد حصر الفقهاء المسلمون امتناع الأنبياء عن فعل المعاصي والذنوب في سبب واحد وهو "العصمة". ولهذا كثفتُ جهودي في هذا الخصوص في مجالين: الأول: في البحث عن دلائل من خارج الكتاب المُقدَس التي تدين أو تبرهن براءة الانبياء المعنيين من الذنوب المنسوبة لهم. فاستعنت بكتب التفسير المعتبرة للأخذ بآراء علماء أهل الكتاب في تحليل القصص وبحثت عن الدلائل النقلية والعقلية والشواهد التاريخية لإثباتها أو نفيها، وقابلتها بمعتقدات الفقهاء المسلمين.

ومجال البحث الثاني: هو هل ينطبق مفهوم العصمة على أفعال الأنبياء المعنيين ؟! وهل هي عصمة مطلقة أم عصمة مقتصرة على التلقي والتبليغ ؟! فقمت بجهد موسّع لدراسة العصمة ومفاهيمها

---

(153) آل عمران، 179.

عند فقهاء الطوائف الإسلامية، وعند أهل الكتاب. ثم قمت بتطبيق مفاهيم العصمة على قصص الأنبياء ودوّنت نتائجها، واسندتها بشواهد من القرآن الكريم.

ولا بد لي في البداية أن أوضح نقطة مهمة جداً وهي أني لا أدّعي الفرية على الانبياء المعنيين في هذه القصص ولا أقول انّهم اقترفوا الفاحشة، ولا أنفي عنهم العصمة، ولا أدعي أني أعلم ما إذا كانت قصصهم – كما وردت في الكتاب المُقدَس – قد حصلت أم لم تحصل، كما وأني لا أعتبر نفسي في سباق مع أي باحث أو فقيه في فن المحاورات والمناظرات، انما التزم جانب الحياد وأنقل حقائق واستنباطات، كما استنتجتها من البحث في وقائع قصصهم.

ما هو مفهوم العصمة الإسلامي؟!

العصمة – في اللغة – تعني الحفظ والوقاية، وفي المصطلح العقائدي، هي مَلَكَة اجتناب المعاصي والخطأ. باختصار شديد يقول الشيخ المفيد[154] أن العصمة: هي لطفٌ يفعله الله تعالى بالمكلف بحيث يُمنع من المعصية وترك الطاعة مع قدرته عليهما، أي ان العصمة لا تقيّد حريَّة المعصوم ان اختار مخالفتها، وبكلمات أخرى، لا إجبار في العصمة. المعصوم قادر على فعل المعصية لكنه لا يعصي لعلمه بحقائق الامور والآثار السيئة المترتبة على فعلها، مثل

(154) الشيخ المفيد، النكت الاعتقادية، ج10، ص37، بيروت، لبنان، دار المفيد، 1993.

ما يقرأ شخص على قنينة "سم قاتل" فيتجنبه، لكنه حر إنْ اختار تناوله. يعني أن المعصوم يرى فعله والاثر السلبي لفعله في آن واحد وهذا ما يحجبه عن فعل القبيح، ﴿ **كَلاَّ لَوْ تَعْلَمُونَ عِلْمَ الْيَقِينِ لَتَرَوُنَّ الْجَحِيمَ** ﴾.(155) وأيضاً هذا ما أشارت اليه امرأة العزيز في شهادتها على استعصام يوسف ﴿ **قَالَتْ فَذَلِكُنَّ الَّذِي لُمْتُنَّنِي فِيهِ وَلَقَدْ رَاوَدتُّهُ عَن نَّفْسِهِ فَاسَتَعْصَمَ وَلَئِن لَّمْ يَفْعَلْ مَا آمُرُهُ لَيُسْجَنَنَّ وَلَيَكُونًا مِّنَ الصَّاغِرِينَ** ﴾.(156)

العصمة هي من المفاهيم القرآنية لا الكتابيّة، وقد وردت لفظة العصمة ومشتقاتها في القرآن الكريم في مواضع متعددة. يؤمن المسلمون بعصمة القرآن من كل خطأ وتحريف، وبعصمة الملائكة، وبعصمة الانبياء والرسل في تحمّل الرسالة والتبليغ عنها. فهم لا يخطئون في تبليغ دين الله وشريعته، ولا ينسون شيئاً مما أوحاه الله إليهم ولايكتمون منها شيئاً، ولا يزيدون عليه من عند أنفسهم. لكن هل العصمة شيء مطلق، وأنّ النبي أو الرسول معصوم في كل فعل وقول؟! وفي كل وقت؟! هناك أربعة أقوال للعصمة في اعتقاد الفقهاء المسلمين(157):

1. القول الاول من اعتقد بالعصمة في تلقي وتبليغ الرسالة الإلهية فقط. ومعنى ذلك انه ليس من الضروري ان يكون النبي

---

(155) التكاثر، 6 – 5.

(156) يوسف، 32.

(157) الميلاني، فاضل، العقائد الإسلاميه، ص180، 2011.

معصوماً من الذنب في حياته العادية، فعليه ان يكون أميناً في التلقي والتبليغ ولكنه في حياته العملية لا يوجد مانع من ان يكون – على سبيل المثال – مرتكباً للمعاصي، وهذا قول أهل السنّة.

2. القول الثاني هو العصمة المطلقة عن صدور المعاصي، الكبائر منها والصغائر، عمداً أو سهواً، في تلقي الرسالة الإلهية أو في تبليغها، أو في الحياة الخاصّة، أي إن الأنبياء معصومون عن الخطأ، ومصونون عن النسيان، لا في قضايا الأحكام وحدها، بل حتى في القضايا العادية أيضاً، وهو القول الذي يلتزم به علماء الشيعة الامامية الاثنا عشرية.

3. القول الثالث هو العصمة عن صدور المعاصي عمداً فقط فهي تضر وتنافي، أما اذا كانت سهواً فهي لا تنافي ذلك، وهذا قول الاشاعرة من المسلمين.

4. القول الرابع هو العصمة عن صدور الكبائر، وأما الصغائر فلا تضر، وهذا قول طائفة المعتزلة.

نقلتُ القصص التي نسبت المعاصي والذنوب للأنبياء كاملةً من التوراة والإنجيل، مع تعليق قصير على كل منها، ولم أجد الضرورة للتوسع والتفصيل؛ لوضوح مفردات القصص. ذكرتُ في كل قصة الشواهد التي تؤيد اقتراف الأنبياء للذنوب المذكورة عنهم في القصة والدلائل النقلية التي تؤكد كونها قصصاً حقيقية حصلت وليست من نسج الخيال. كما نقلت بالنص آراء الفقهاء المسلمين وتعليقاتهم عليها. ثم في الخطوة الثانية طبّقتُ مبدأ العصمة على

الانبياء وأفعالهم للكشف عن مدى صحة تطابق مفهوم العصمة بحقهم.

الأنبياء الذين نسبت اليهم المعاصي والذنوب في التوراة والإنجيل

1. لوط النبي وطؤهُ ابنتيه.

2. هارون النبي هو الذي صنع العجل الذهبيّ لبني إسرائيل وليس السامري.

3. يعقوب النبي صارع اللهَ وقدر عليه.

4. يعقوب النبي رجلٌ ماكر وقد حصد ما زرع.

5. يهوذا بن يعقوب النبي زنى بـ(ثامار) إمرأة ابنه.

6. رأوبين بكرُ يعقوب النبي زنى بإمرأة أبيه.

7. داود النبي زنى بامرأة جيرانه (أوريا الحثي).

8. سليمان النبي الحكيم أخذ له الفَ زوجة، ومال قلبُه عن الرب.

9. أول ما عمل نوح النبي بعد الطوفان أنّه شرب الخمر وسكر وتعرّى.

10. المعجزة الاولى التي عملها السيد المسيح أنّه صنع الخمر في عرس (قانا).

11. جرأة موسى النبي في الحديث غير المألوف مع الله حين تلقى الرسالة وخلال المسيرة في الصحراء.

وفيما يلي تفاصيل قصصهم:

1. القصص التي تَنسب المعاصيَ والذنوب للانبياء: لوط النبي وطؤهُ ابنتيه

عندما جاء الامر الالهي بخراب (سدوم وعمورة)؛ بسبب شذوذهم الخلقي، حرّض الملائكةُ لوط النبي وعائلته على الخروج من المدينة قبل ان يحل الدمار فيها. فسكن لوط مع ابنتيه في مغارة قريبة. وبعد الدمار لم يبق في المنطقة الا لوط وابنتاه، سقت البنتان أبيهما خمراً واضطجعتا معه؛ ليضمنا نسلاً لهما قبل ان ينقرضا؛ لأنه لم يبق رجل واحد في القرية غير أبيهما. فحبلت وانجبت ابنتا لوط من أبيهما ولدين: ولدت البِكر "موآب" وهو أبو الموآبيين، وولدت الصغيرة "بن عمي" وهو أبو العمونيين، ومن سلالتهما ولد داود النبي، والسيدة مريم العذراء، والمسيّا المرتقب "المسيح المخلص" لبني إسرائيل.

"وَصَعِدَ لُوطٌ مِنْ صُوغَرَ وَسَكَنَ فِي الْجَبَلِ، وَابْنَتَاهُ مَعَهُ، لأَنَّهُ خَافَ أَنْ يَسْكُنَ فِي صُوغَرَ. فَسَكَنَ فِي الْمَغَارَةِ هُوَ وَابْنَتَاهُ. وَقَالَتِ الْبِكْرُ لِلصَّغِيرَةِ: أَبُونَا قَدْ شَاخَ، وَلَيْسَ فِي الأَرْضِ رَجُلٌ لِيَدْخُلَ عَلَيْنَا كَعَادَةِ كُلِّ الأَرْضِ. هَلُمَّ نَسْقِي أَبَانَا خَمْرًا وَنَضْطَجِعُ مَعَهُ، فَنُحْيِي مِنْ أَبِينَا نَسْلًا. فَسَقَتَا أَبَاهُمَا خَمْرًا فِي تِلْكَ اللَّيْلَةِ، وَدَخَلَتِ الْبِكْرُ وَاضْطَجَعَتْ مَعَ أَبِيهَا، وَلَمْ يَعْلَمْ بِاضْطِجَاعِهَا وَلاَ بِقِيَامِهَا. وَحَدَثَ فِي الْغَدِ أَنَّ الْبِكْرَ قَالَتْ لِلصَّغِيرَةِ: أَنّني قَدِ اضْطَجَعْتُ الْبَارِحَةَ مَعَ

أَبِي. نَسْقِيهِ خَمْرًا اللَّيْلَةَ أَيْضًا فَادْخُلِي اضْطَجِعِي مَعَهُ، فَنُحْيِيَ مِنْ أَبِينَا نَسْلًا. فَسَقَتَا أَبَاهُمَا خَمْرًا فِي تِلْكَ اللَّيْلَةِ أَيْضًا، وَقَامَتِ الصَّغِيرَةُ وَاضْطَجَعَتْ مَعَهُ، وَلَمْ يَعْلَمْ بِاضْطِجَاعِهَا وَلاَ بِقِيَامِهَا، فَحَبِلَتِ ابْنَتَا لُوطٍ مِنْ أَبِيهِمَا. فَوَلَدَتِ الْبِكْرُ ابْنًا وَدَعَتِ اسْمَهُ «مُوآبَ»، وَهُوَ أَبُو الْمُوآبِيِّينَ إِلَى الْيَوْمِ. وَالصَّغِيرَةُ أَيْضًا وَلَدَتِ ابْنًا وَدَعَتِ اسْمَهُ «بِنْ عَمِّي»، وَهُوَ أَبُو بَنِي عَمُّونَ إِلَى الْيَوْمِ".(158)

إن قصة دمار سدوم وعمورة معروفة وقد فصّل القرآن الكريم والكتاب المُقدَس أحداثها. ومعروف من سفر التكوين ان (موآب وبني عمي) هما ابنا لوط، ومعروف تاريخياً أن العمونيين والموآبيين سكنوا سهل وادي نهر الاردن شرق البحر الميت، واشتهروا بالزراعة والحياة البدوية، واتخذوا من عمّان عاصمةً لهم، وجاء تسميتها نسبة للعمونيين. أما امرأة لوط فقد صارت عمود ملح عندما التفتت قبل وصول العائلة الى الغار، ولم يبق في القرية من ذكر أو انثى الا لوطٌ وبنتاه.

2. القصص التي تنسب المعاصي والذنوب للانبياء: هارون النبي صنع العجل الذهبي

كان الشعب في مصر يعبد التيوس ويزني وراءها، فاعتادوا أن يعبدوا إلهًا منظورًا مجسمًا أمامهم.

وكان وجود موسى النبي يقدّم لهم على الدوام أعمال الله

---

(158) سفر التكوين، 19:30-35.

العجيبة الملموسة، قد غطّى إلى حين حاجتَهم الى إله مجسّم قدّام أعينهم. لهذا ما أن غاب موسى عنهم حتى سألوا هارون، قائلين: قم إصنع لنا إلهًا. لأن موسى الرجل الذي أصعدنا من أرض مصر لا نعلم ماذا أصابه. كان موسى النبي في لقاء مع الله تعالى على جبل سيناء لاستلام لَوحي التوراة، لكنه تأخر في الرجوع اليهم، فظنوا أنه مات.

"وَلَمَّا رَأَى الشَّعْبُ أَنَّ مُوسَى أَبْطَأَ فِي النُّزُولِ مِنَ الْجَبَلِ، اجْتَمَعَ الشَّعْبُ عَلَى هَارُونَ وَقَالُوا لَهُ: قُمِ اصْنَعْ لَنَا آلِهَةً تَسِيرُ أَمَامَنَا، لأَنَّ هذَا مُوسَى الرَّجُلَ الَّذِي أَصْعَدَنَا مِنْ أَرْضِ مِصْرَ، لاَ نَعْلَمُ مَاذَا أَصَابَه. فَقَالَ لَهُمْ هَارُونُ: انْزِعُوا أَقْرَاطَ الذَّهَبِ الَّتِي فِي آذَانِ نِسَائِكُمْ وَبَنِيكُمْ وَبَنَاتِكُمْ وَاتُونِي بِهَا. فَنَزَعَ كُلُّ الشَّعْبِ أَقْرَاطَ الذَّهَبِ الَّتِي فِي آذَانِهِمْ وَأَتَوْا بِهَا إِلَى هَارُونَ. فَأَخَذَ ذلِكَ مِنْ أَيْدِيهِمْ وَصَوَّرَهُ بِالإِزْمِيلِ، وَصَنَعَهُ عِجْلًا مَسْبُوكًا. فَقَالُوا: هذِهِ آلِهَتُكَ يَا إِسْرَائِيلُ الَّتِي أَصْعَدَتْكَ مِنْ أَرْضِ مِصْرَ. فَلَمَّا نَظَرَ هَارُونُ بَنَى مَذْبَحًا أَمَامَهُ، وَنَادَى هَارُونُ وَقَالَ: غَدًا عِيدٌ لِلرَّبِّ. فَبَكَّرُوا فِي الْغَدِ وَأَصْعَدُوا مُحْرَقَاتٍ وَقَدَّمُوا ذَبَائِحَ سَلاَمَةٍ. وَجَلَسَ الشَّعْبُ لِلأَكْلِ وَالشُّرْبِ ثُمَّ قَامُوا لِلَّعِبِ. فَقَالَ الرَّبُّ لِمُوسَى: اذْهَبِ انْزِلْ. لأَنَّهُ قَدْ فَسَدَ شَعْبُكَ الَّذِي أَصْعَدْتَهُ مِنْ أَرْضِ مِصْرَ. زَاغُوا سَرِيعًا عَنِ الطَّرِيقِ الَّذِي أَوْصَيْتُهُمْ بِهِ. صَنَعُوا لَهُمْ عِجْلًا مَسْبُوكًا، وَسَجَدُوا لَهُ وَذَبَحُوا لَهُ وَقَالُوا: هذِهِ آلِهَتُكَ يَا إِسْرَائِيلُ الَّتِي أَصْعَدَتْكَ مِنْ أَرْضِ مِصْرَ. وَقَالَ الرَّبُّ لِمُوسَى: رَأَيْتُ هذَا الشَّعْبَ وَإِذَا هُوَ شَعْبٌ صُلْبُ الرَّقَبَةِ. فَالآنَ اتْرُكْنِي لِيَحْمَى غَضَبِي عَلَيْهِمْ وَأُفْنِيَهُمْ، فَأُصَيِّرَكَ شَعْبًا

عَظِيمًا. فَتَضَرَّعَ مُوسَى أَمَامَ الرَّبِّ إِلهِهِ، وَقَالَ: لِمَاذَا يَا رَبُّ يَحْمَى غَضَبُكَ عَلَى شَعْبِكَ الَّذِي أَخْرَجْتَهُ مِنْ أَرْضِ مِصْرَ بِقُوَّةٍ عَظِيمَةٍ وَيَدٍ شَدِيدَةٍ؟! لِمَاذَا يَتَكَلَّمُ الْمِصْرِيُّونَ قَائِلِينَ: أَخْرَجَهُمْ بِخُبْثٍ لِيَقْتُلَهُمْ فِي الْجِبَالِ، وَيُفْنِيَهُمْ عَنْ وَجْهِ الأَرْضِ؟! اِرْجِعْ عَنْ حُمُوِّ غَضَبِكَ، وَانْدَمْ عَلَى الشَّرِّ بِشَعْبِكَ. اُذْكُرْ إِبْرَاهِيمَ وَإِسْحَاقَ وَإِسْرَائِيلَ عَبِيدَكَ الَّذِينَ حَلَفْتَ لَهُمْ بِنَفْسِكَ وَقُلْتَ لَهُمْ: أُكَثِّرُ نَسْلَكُمْ كَنُجُومِ السَّمَاءِ، وَأُعْطِي نَسْلَكُمْ كُلَّ هذِهِ الأَرْضِ الَّتِي تَكَلَّمْتُ عَنْهَا فَيَمْلِكُونَهَا إِلَى الأَبَدِ. فَنَدِمَ الرَّبُّ عَلَى الشَّرِّ الَّذِي قَالَ إِنَّهُ يَفْعَلُهُ بِشَعْبِهِ. فَانْصَرَفَ مُوسَى وَنَزَلَ مِنَ الْجَبَلِ وَلَوْحَا الشَّهَادَةِ فِي يَدِهِ: لَوْحَانِ مَكْتُوبَانِ عَلَى جَانِبَيْهِمَا. مِنْ هُنَا وَمِنْ هُنَا كَانَا مَكْتُوبَيْنِ. وَاللَّوْحَانِ هُمَا صَنْعَةُ اللهِ، وَالْكِتَابَةُ كِتَابَةُ اللهِ مَنْقُوشَةٌ عَلَى اللَّوْحَيْنِ. وَسَمِعَ يَشُوعُ صَوْتَ الشَّعْبِ فِي هُتَافِهِ فَقَالَ لِمُوسَى: صَوْتُ قِتَالٍ فِي الْمَحَلَّةِ. فَقَالَ: لَيْسَ صَوْتَ صِيَاحِ النُّصْرَةِ وَلاَ صَوْتَ صِيَاحِ الْكَسْرَةِ، بَلْ صَوْتَ غِنَاءٍ أَنَا سَامِعٌ. وَكَانَ عِنْدَمَا اقْتَرَبَ إِلَى الْمَحَلَّةِ أَنَّهُ أَبْصَرَ الْعِجْلَ وَالرَّقْصَ، فَحَمِيَ غَضَبُ مُوسَى، وَطَرَحَ اللَّوْحَيْنِ مِنْ يَدَيْهِ وَكَسَّرَهُمَا فِي أَسْفَلِ الْجَبَلِ. ثُمَّ أَخَذَ الْعِجْلَ الَّذِي صَنَعُوا وَأَحْرَقَهُ بِالنَّارِ، وَطَحَنَهُ حَتَّى صَارَ نَاعِمًا، وَذَرَّاهُ عَلَى وَجْهِ الْمَاءِ، وَسَقَى بَنِي إِسْرَائِيلَ. وَقَالَ مُوسَى لِهَارُونَ: مَاذَا صَنَعَ بِكَ هذَا الشَّعْبُ حَتَّى جَلَبْتَ عَلَيْهِ خَطِيَّةً عَظِيمَةً؟! فَقَالَ هَارُونُ: لاَ يَحْمَ غَضَبُ سَيِّدِي. أَنْتَ تَعْرِفُ الشَّعْبَ أَنَّهُ فِي شَرّ. فَقَالُوا لِيَ: اصْنَعْ لَنَا آلِهَةً تَسِيرُ أَمَامَنَا، لأَنَّ هذَا مُوسَى الرَّجُلَ الَّذِي أَصْعَدَنَا مِنْ أَرْضِ مِصْرَ، لاَ نَعْلَمُ مَاذَا أَصَابَهُ. فَقُلْتُ لَهُمْ: مَنْ لَهُ

ذَهَبٌ فَلْيَنْزِعْهُ وَيُعْطِنِي. فَطَرَحْتُهُ فِي النَّارِ فَخَرَجَ هذَا الْعِجْلُ ".[159]

ان قصة العجل الذهبيّ حقيقية وقد وُصفت أحداثُها في التوراة والقرآن الكريم مع فارق أن التوراة تبيّن أن هارون أخو موسى النبي هو الذي صاغ العجل الذهبي لبني إسرائيل، بينما يستفاد من قصة العجل في القرآن الكريم أنّ شخصاً من بني إسرائيل يدعى (السامريّ) هو الذي أقدم على هذا العمل، وأن هارون عارضه، حتى أنّ القوم كادوا أن يقتلوه لمعارضته لهم.

يعتبر المسلمون هارونَ نبيّا معصوماً منزّهاً من كل ألوان التلوّث بأدران الشرك والوثنية وأن تنسيب القصة الى هارون يعّد تحريفاً صارخاً.[160]

3. القصص التي تنسب المعاصي والذنوب للانبياء : يعقوب النبي صارع الله وقدر عليه

حدثت هذه القصة في طريق رجوع يعقوب وعائلته من العراق الى بيت أبيه في حبرون (مدينة الخليل). صارع يعقوب ملاكاً على شكل أنسان. ولما رأى الملاك أن يعقوب في جهاده لم يستسلم بل صار يصارع طول الليل... الأمر الذي بدا فيه الملاك كمن هو

---

(159) سفر الخروج، 35-32:1.

(160) البلاغي، محمد جواد، الهدى الى دين المصطفى، ج1، ص 102 - 101، مطبعة الفرقان، 1966.

مغلوب والإنسان كغالب، فضربه على حُقِّ فخذه فخلع فخذ يعقوب، وكان يعقوب يصر لا أطلقك إن لم تباركني إذ أدرك أنه كائن سماوي. فقال له: لا يُدعى اسمك في ما بعد يعقوب بل إسرائيل، لأنك جاهدت مع الله والناس وقدرت. وبما ان الله تعالى هو الذي منح يعقوب اسمه الجديد "إسرائيل"، أشاع اليهود ان الذي صارع يعقوب هو الله، أو ملاك الله. وصار شائعاً ان "إسرائيل" يعني مجاهد الله. أمّا المفسر المعروف الطبرسي(161) فيقول إن إسرائيل هو يعقوب بن إسحاق بن إبراهيم، وإن «إسر» تعني «العبد» و«ئيل» بمعنى الله، فيكون معنى إسرائيل: عبد الله. وفي سبب تسميته بهذا الاسم، تذكر التوراة حادثة الصراع.

"ثُمَّ قَامَ فِي تِلْكَ اللَّيْلَةِ وَأَخَذَ امْرَأَتَيْهِ وَجَارِيَتَيْهِ وَأَوْلاَدَهُ الأَحَدَ عَشَرَ وَعَبَرَ مَخَاضَةَ يَبُّوقَ. أَخَذَهُمْ وَأَجَازَهُمُ الْوَادِيَ، وَأَجَازَ مَا كَانَ لَهُ. فَبَقِيَ يَعْقُوبُ وَحْدَهُ، وَصَارَعَهُ إِنْسَانٌ حَتَّى طُلُوعِ الْفَجْرِ. وَلَمَّا رَأَى أَنَّهُ لاَ يَقْدِرُ عَلَيْهِ، ضَرَبَ حُقَّ فَخْذِهِ، فَانْخَلَعَ حُقُّ فَخْذِ يَعْقُوبَ فِي مُصَارَعَتِهِ مَعَهُ. وَقَالَ: أَطْلِقْنِي، لأَنَّهُ قَدْ طَلَعَ الْفَجْرُ. فَقَالَ: لاَ أُطْلِقُكَ إِنْ لَمْ تُبَارِكْنِي. فَقَالَ لَهُ: مَا اسْمُكَ؟! فَقَالَ: يَعْقُوبُ. فَقَالَ: لاَ يُدْعَى اسْمُكَ فِي مَا بَعْدُ يَعْقُوبَ بَلْ إِسْرَائِيلَ، لأَنَّكَ جَاهَدْتَ مَعَ اللهِ وَالنَّاسِ وَقَدَرْتَ. وَسَأَلَ يَعْقُوبُ وَقَالَ: أَخْبِرْنِي بِاسْمِكَ. فَقَالَ: لِمَاذَا تَسْأَلُ عَنِ اسْمِي؟! وَبَارَكَهُ هُنَاكَ. فَدَعَا يَعْقُوبُ اسْمَ الْمَكَانِ فَنِيئِيلَ قَائِلًا: لأَنِّني نَظَرْتُ اللهَ وَجْهًا لِوَجْهٍ، وَنُجِّيَتْ نَفْسِي وَأَشْرَقَتْ لَهُ الشَّمْسُ إِذْ عَبَرَ

---

(161) الطبرسي، الفضل بن الحسن، مجمع البيان في تفسير القرآن، ج1، ص124، 2019.

فَنُوئِيلَ وَهُوَ يَخْمَعُ عَلَى فَخْذِهِ. لِذلِكَ لاَ يَأْكُلُ بَنُو إِسْرَائِيلَ عِرْقَ النَّسَا الَّذِي عَلَى حُقِّ الْفَخِذِ إِلَى هذَا الْيَوْمِ، لأَنَّهُ ضَرَبَ حُقَّ فَخْذِ يَعْقُوبَ عَلَى عِرْقِ النَّسَا".(162)

وبسبب الألم إثْرَ خلع فخذه، نذر يعقوب انه إنْ شفي من آلامه فانه يحرم على نفسه أكل عرق النَّسا (العصب الرئيس في الفخذ) وبعد ان تحقق نذره وشفي سار اليهود على نهجه حباً له وتقديراً الى يومنا هذا.

4. القصص التي تنسب المعاصي والذنوب للانبياء : يعقوب النبي رجلٌ ماكر وقد حصد ما زرع

إن (إسرائيل) هو يعقوب بن إسحاق بن إبراهيم، وفي سبب تسمية "يعقوب" بهذا الاسم، انه ولد توأماً لاخيه عيسو وانه عقب أخاه عيسو في الولادة وكان ماسكاً بكعب رجله. يذكر لنا الكتاب المُقدَس قصة مؤثرة جرت أحداثها في حياة يعقوب بن إسحق، وفصّلت في (سفر التكوين)، ملخصها: أن يعقوب أبو الاسباط الذين خرج منهم شعب الله الذي يتمتع بأرض الموعد ورد وصفه في التوراة كونه حيالاً، وكذاباً، ومكّاراً، ومثال الغاصب، وعاش حياته بمرارة وقسوة، وقد حصد ما زرع.

"وَحَدَثَ لَمَّا شَاخَ اسْحَاقُ وَكَلَّتْ عَيْنَاهُ عَنِ النَّظَرِ، انَّهُ دَعَا

(162) سفر التكوين، 32-22:32.

عِيسُوَ ابْنَهُ الاكْبَرَ وَقَالَ يَا ابْنِي: "أنّني قَدْ شِخْتُ وَلَسْتُ اعْرِفُ يَوْمَ وَفَاتِي. فَالْانَ خُذْ عُدَّتَكَ: جُعْبَتَكَ وَقَوْسَكَ وَاخْرُجْ الَى الْبَرِّيَّةِ وَتَصَيَّدْ لِي صَيْدا وَاصْنَعْ لِي اطْعِمَةً كَمَا احِبُّ وَاتِنِي بِهَا لِاكُلَ حَتَّى تُبَارِكَكَ نَفْسِي قَبْلَ انْ امُوتَ".[163] لكن رفقة امه تدخلت بطريقة بشرية لينال يعقوب المحبوب لديها البركة عوض أخيه عيسو "**فَذَهَبَ عِيسُو الَى الْبَرِّيَّةِ لِيَصْطَادَ صَيْدا لِيَاتِيَ بِهِ. وَامَّا رِفْقَةُ فَقَالَتْ لِيَعْقُوبَ ابْنِهَا: أنّني قَدْ سَمِعْتُ ابَاكَ يُكَلِّمُ عِيسُوَ اخَاكَ قَائِلا: ائْتِنِي بِصَيْدٍ وَاصْنَعْ لِي اطْعِمَةً لِاكُلَ وَابَارِكَكَ امَامَ الرَّبِّ قَبْلَ وَفَاتِي. فَالْانَ يَا ابْنِي اسْمَعْ لِقَوْلِي فِي مَا انَا امُرُكَ بِهِ: اذْهَبْ الَى الْغَنَمِ وَخُذْ لِي مِنْ هُنَاكَ جَدْيَيْنِ جَيِّدَيْنِ مِنَ الْمِعْزَى فَاصْنَعَهُمَا اطْعِمَةً لابِيكَ كَمَا يُحِبُّ فَتُحْضِرَهَا الَى ابِيكَ لِيَاكُلَ حَتَّى يُبَارِكَكَ قَبْلَ وَفَاتِهِ".**[164] "**فَقَالَ يَعْقُوبُ لِرِفْقَةَ امِّهِ: هُوَذَا عِيسُو اخِي رَجُلٌ اشْعَرُ وَانَا رَجُلٌ امْلَسُ. رُبَّمَا يَجُسُّنِي ابِي فَاكُونُ فِي عَيْنَيْهِ كَمُتَهَاوِنٍ وَاجْلِبُ عَلَى نَفْسِي لَعْنَةً لا بَرَكَةً. فَقَالَتْ لَهُ امُّهُ: لَعْنَتُكَ عَلَيَّ يَا ابْنِي. اسْمَعْ لِقَوْلِي فَقَطْ وَاذْهَبْ خُذْ لِي. فَذَهَبَ وَاخَذَ وَاحْضَرَ لِامِّهِ فَصَنَعَتْ امُّهُ اطْعِمَةً كَمَا كَانَ ابُوهُ يُحِبُّ. وَاخَذَتْ رِفْقَةُ ثِيَابَ عِيسُو ابْنِهَا الاكْبَرِ الْفَاخِرَةَ الَّتِي كَانَتْ عِنْدَهَا فِي الْبَيْتِ وَالْبَسَتْ يَعْقُوبَ ابْنَهَا الاصْغَرَ وَالْبَسَتْ يَدَيْهِ وَمَلاسَةَ عُنُقِهِ جُلُودَ جَدْيَيِ الْمِعْزَى. وَاعْطَتِ الاطْعِمَةَ وَالْخُبْزَ الَّتِي صَنَعَتْ فِي يَدِ يَعْقُوبَ ابْنِهَا".**[165] "**فَدَخَلَ يعقوب الَى ابِيهِ وَقَالَ: يَا ابِي فَقَالَ: هَئَنَذَا. مَنْ انْتَ يَا ابْنِي؟! فَقَالَ يَعْقُوبُ لابِيهِ: انَا عِيسُو بِكْرُكَ. قَدْ**

---

(163) سفر التكوين، 27:1.

(164) سفر التكوين، 27:5.

(165) سفر التكوين، 27:11.

فَعَلْتُ كَمَا كَلَّمْتَنِي. قُمِ اجْلِسْ وَكُلْ مِنْ صَيْدِي لِتُبَارِكَنِي نَفْسُكَ فَقَالَ اسْحَاقُ لِابْنِهِ: مَا هَذَا الَّذِي اسْرَعْتَ لِتَجِدَ يَا ابْنِي؟! فَقَالَ: انَّ الرَّبَّ الَهَكَ قَدْ يَسَّرَ لِي فَقَالَ اسْحَاقُ لِيَعْقُوبَ: تَقَدَّمْ لاجُسَّكَ يَا ابْنِي. انْتَ هُوَ ابْنِي عِيسُو امْ لا؟! فَتَقَدَّمَ يَعْقُوبُ الَى اسْحَاقَ ابِيهِ فَجَسَّهُ وَقَالَ: الصَّوْتُ صَوْتُ يَعْقُوبَ وَلَكِنَّ الْيَدَيْنِ يَدَا عِيسُو وَلَمْ يَعْرِفْهُ لانَّ يَدَيْهِ كَانَتَا مُشْعِرَتَيْنِ كَيَدَيْ عِيسُو اخِيهِ. فَبَارَكَهُ. وَقَالَ: هَلْ انْتَ هُوَ ابْنِي عِيسُو؟! فَقَالَ: انَا هُوَ" فَقَالَ: قَدِّمْ لِي لِاكُلَ مِنْ صَيْدِ ابْنِي حَتَّى تُبَارِكَكَ نَفْسِي" فَقَدَّمَ لَهُ فَاكَلَ وَاحْضَرَ لَهُ خَمْرا فَشَرِبَ. فَقَالَ لَهُ اسْحَاقُ ابُوهُ: تَقَدَّمْ وَقَبِّلْنِي يَا ابْنِي. فَتَقَدَّمَ وَقَبَّلَهُ. فَشَمَّ رَائِحَةَ ثِيَابِهِ وَبَارَكَهُ. وَقَالَ: انْظُرْ! رَائِحَةُ ابْنِي كَرَائِحَةِ حَقْلٍ قَدْ بَارَكَهُ الرَّبُّ. فَلْيُعْطِكَ اللهُ مِنْ نَدَى السَّمَاءِ وَمِنْ دَسَمِ الارْضِ وَكَثْرَةَ حِنْطَةٍ وَخَمْرٍ. لِيُسْتَعْبَدْ لَكَ شُعُوبٌ وَتَسْجُدْ لَكَ قَبَائِلُ. كُنْ سَيِّدا لاخْوَتِكَ وَلْيَسْجُدْ لَكَ بَنُو امِّكَ. لِيَكُنْ لاعِنُوكَ مَلْعُونِينَ وَمُبَارِكُوكَ مُبَارَكِينَ".(166)

"وَحَدَثَ عِنْدَمَا فَرَغَ اسْحَاقُ مِنْ بَرَكَةِ يَعْقُوبَ وَيَعْقُوبُ قَدْ خَرَجَ مِنْ لَدُنْ اسْحَاقَ ابِيهِ انَّ عِيسُوَ اخَاهُ اتَى مِنْ صَيْدِهِ فَصَنَعَ هُوَ ايْضا اطْعِمَةً وَدَخَلَ بِهَا الَى ابِيهِ وَقَالَ لابِيهِ: لِيَقُمْ ابِي وَيَاكُلْ مِنْ صَيْدِ ابْنِهِ حَتَّى تُبَارِكَنِي نَفْسُكَ. فَقَالَ لَهُ اسْحَاقُ ابُوهُ: مَنْ انْتَ؟! فَقَالَ: انَا ابْنُكَ بِكْرُكَ عِيسُو. فَارْتَعَدَ اسْحَاقُ ارْتِعَادا عَظِيما جِدّا. وَقَالَ: فَمَنْ هُوَ الَّذِي اصْطَادَ صَيْدا وَاتَى بِهِ الَيَّ فَاكَلْتُ مِنَ الْكُلِّ قَبْلَ انْ تَجِيءَ وَبَارَكْتُهُ؟! نَعَمْ وَيَكُونُ مُبَارَكا! فَعِنْدَمَا سَمِعَ عِيسُو كَلامَ ابِيهِ صَرَخَ صَرْخَةً عَظِيمَةً وَمُرَّةً جِدّا وَقَالَ لابِيهِ: بَارِكْنِي انَا ايْضا

(166) سفر التكوين، 27:18.

يَا ابِي! فَقَالَ: قَدْ جَاءَ اخُوكَ بِمَكْرٍ وَاخَذَ بَرَكَتَكَ. فَقَالَ: الا انَّ اسْمَهُ دُعِيَ يَعْقُوبَ فَقَدْ تَعَقَّبَنِي الْانَ مَرَّتَيْنِ! اخَذَ بَكُورِيَّتِي وَهُوَذَا الْانَ قَدْ اخَذَ بَرَكَتِي. ثُمَّ قَالَ: امَا ابْقَيْتَ لِي بَرَكَةً؟! فَقَالَ اسْحَاقُ لِعِيسُو: أَنّي قَدْ جَعَلْتُهُ سَيِّدا لَكَ وَدَفَعْتُ الَيْهِ جَمِيعَ اخْوَتِهِ عَبِيدا وَعَضَدْتُهُ بِحِنْطَةٍ وَخَمْرٍ. فَمَاذَا اصْنَعُ الَيْكَ يَا ابْنِي؟! فَقَالَ عِيسُو لابِيهِ: الَكَ بَرَكَةٌ وَاحِدَةٌ فَقَطْ يَا ابِي؟! بَارِكْنِي انَا ايْضا يَا ابِي! وَرَفَعَ عِيسُو صَوْتَهُ وَبَكَى. فَاجَابَ اسْحَاقُ ابُوهُ: هُوَذَا بِلا دَسَمِ الارْضِ يَكُونُ مَسْكَنُكَ وَبِلا نَدَى السَّمَاءِ مِنْ فَوْقُ. وَبِسَيْفِكَ تَعِيشُ وَلاخِيكَ تُسْتَعْبَدُ. وَلَكِنْ يَكُونُ حِينَمَا تَجْمَحُ انَّكَ تُكَسِّرُ نِيرَهُ عَنْ عُنُقِكَ".(167)

"فَحَقَدَ عِيسُو عَلَى يَعْقُوبَ مِنْ اجْلِ الْبَرَكَةِ الَّتِي بَارَكَهُ بِهَا ابُوهُ. وَقَالَ عِيسُو فِي قَلْبِهِ: قَرُبَتْ ايَّامُ مَنَاحَةِ ابِي فَاقْتُلُ يَعْقُوبَ اخِي. فَاخْبِرَتْ رِفْقَةُ بِكَلامِ عِيسُوَ ابْنِهَا الاكْبَرِ فَارْسَلَتْ وَدَعَتْ يَعْقُوبَ ابْنَهَا الاصْغَرَ وَقَالَتْ لَهُ: هُوَذَا عِيسُو اخُوكَ مُتَسَلٍّ مِنْ جِهَتِكَ بِانَّهُ يَقْتُلُكَ. فَالانَ يَا ابْنِي اسْمَعْ لِقَوْلِي وَقُمِ اهْرُبْ الَى اخِي لابَانَ الَى حَارَانَ وَاقِمْ عِنْدَهُ ايَّاما قَلِيلَةً حَتَّى يَرْتَدَّ غَضَبُ اخِيكَ عَنْكَ وَيَنْسَى مَا صَنَعْتَ بِهِ. ثُمَّ ارْسِلُ فَاخُذُكَ مِنْ هُنَاكَ. لِمَاذَا اعْدَمُ اثْنَيْكُمَا فِي يَوْمٍ وَاحِدٍ؟!".(168)

"وَقَالَتْ رِفْقَةُ لاسْحَاقَ: مَلِلْتُ حَيَاتِي مِنْ اجْلِ بَنَاتِ حِثَّ. انْ كَانَ يَعْقُوبُ يَاخُذُ زَوْجَةً مِنْ بَنَاتِ حِثَّ مِثْلَ هَؤُلاءِ مِنْ بَنَاتِ الارْضِ

---

(167) سفر التكوين، 27:30.

(168) سفر التكوين، 27:41.

فَلِمَاذَا لِي حَيَاةٌ؟!".[169] **"فَدَعَا إِسْحَاقُ يَعْقُوبَ وَبَارَكَهُ، وَأَوْصَاهُ وَقَالَ لَهُ: لاَ تَأْخُذْ زَوْجَةً مِنْ بَنَاتِ كَنْعَانَ. قُمِ اذْهَبْ إِلَى فَدَّانِ أَرَامَ، إِلَى بَيْتِ بَتُوئِيلَ أَبِي أُمِّكَ، وَخُذْ لِنَفْسِكَ زَوْجَةً مِنْ هُنَاكَ، مِنْ بَنَاتِ لاَبَانَ أَخِي أُمِّكَ".**[170]

انطلق يعقوب هاربًا من وجه أخيه عيسو، محرومًا من عاطفة والديه واهتمامهما. اما مستقبله فليس فقط لم تخدمه الأمم في حياته حسب بركة أبيه وإنما هو نفسه خدم خاله (لابان) الارامي عشرين عامًا **"اَلآنَ لِي عِشْرُونَ سَنَةً فِي بَيْتِكَ. خَدَمْتُكَ أَرْبَعَ عَشَرَةَ سَنَةً بِابْنَتَيْكَ، وَسِتَّ سِنِينٍ بِغَنَمِكَ. وَقَدْ غَيَّرْتَ أُجْرَتِي عَشَرَ مَرَّاتٍ".**[171] وليس فقط لم يصر سيدًا لأخيه إنما انحنى وسجد أمام عيسو أخيه عند عودته من بين النهرين إلى بيت أبيه مقدمًا له هدايا كثيرة **"وَأَمَّا هُوَ فَاجْتَازَ قُدَّامَهُمْ وَسَجَدَ إِلَى الأَرْضِ سَبْعَ مَرَّاتٍ حَتَّى اقْتَرَبَ إِلَى أَخِيهِ".**[172] كما وحُرِم يعقوب من طفولة ولده يوسف الذي كان أحب اليه بين أولاده لانه ابن شيخوخته وابيضت عيناه من الحزن على غيابه. أضف إلى هذا بأي طريقة ورث يعقوب حنطة وخمرًا كثيرًا هنا كما نصت البركة، ذاك الذي هاجر إلى مصر بسبب المجاعة التي حلت بالأرض التي سكنها **"لأَنَّ لِلْجُوعِ فِي الأَرْضِ الآنَ سَنَتَيْنِ. وَخَمْسُ سِنِينَ أَيْضًا لاَ تَكُونُ فِيهَا فَلاَحَةٌ وَلاَ حَصَادٌ".**[173] وصار

(169) سفر التكوين، 27:46.
(170) سفر التكوين، 28:1.
(171) سفر التكوين، 31:41.
(172) سفر التكوين، 3: 33.
(173) سفر التكوين، 45:6.

خاضعًا لفرعون الذي كان يحكم مصر في ذلك الحين؟! وكانت سنين حياته ردية "**فَقَالَ يَعْقُوبُ لِفِرْعَوْنَ: أَيَّامُ سِنِي غُرْبَتِي مِئَةٌ وَثَلاَثُونَ سَنَةً. قَلِيلَةً وَرَدِيَّةً كَانَتْ أَيَّامُ سِنِي حَيَاتِي، وَلَمْ تَبْلُغْ إِلَى أَيَّامِ سِنِي حَيَاةِ آبَائِي فِي أَيَّامِ غُرْبَتِهِمْ**".[174] ومات غريباً في مصر "**وَلَمَّا فَرَغَ يَعْقُوبُ مِنْ تَوْصِيَةِ بَنِيهِ ضَمَّ رِجْلَيْهِ إِلَى السَّرِيرِ، وَأَسْلَمَ الرُّوحَ وَانْضَمَّ إِلَى قَوْمِهِ**".[175] ونقل جثمانه الى ارض كنعان ودفن في (مغارة حقل المكفيلة) ليرقد مع آبائه حسب وصيته "**حَمَلَهُ بَنُوهُ إِلَى أَرْضِ كَنْعَانَ وَدَفَنُوهُ فِي مَغَارَةِ حَقْلِ الْمَكْفِيلَةِ، الَّتِي اشْتَرَاهَا إِبْرَاهِيمُ مَعَ الْحَقْلِ مُلْكَ قَبْرٍ مِنْ عِفْرُونَ الْحِثِّي أَمَامَ مَمْرَا**".[176] اما رفقة فقد حُرمت من ابنها يعقوب لتخطيطها البشريّ وخداعها لرجلها وذاقت مرارة تصرفاتها المتسرعة.

وبسبب حقد عيسو، فضّل إسحق ورفقة أن ينطلق ابنهما يعقوب إلى خاله ويقيم عنده أيامًا قليلة، هذه الأيام القليلة امتدت حوالي 40 عامًا... خلالها ماتت رفقة ولم تنظر ابنها يعقوب. إن كان يعقوب قد خدع أباه اسحق في شيخوخته فأخذ منه البركة عوضاً عن عيسو، حتى وإن كانت بقصد حسن وهدف روحي لكنه بالكيل الذي به كال لأبيه يُكال له... لهذا خُدع في زوجته من خاله "**وَفِي الصَّبَاحِ إِذَا هِيَ لَيْئَةُ، فَقَالَ لِلاَبَانَ: مَا هذَا الَّذِي صَنَعْتَ بِي؟! أَلَيْسَ بِرَاحِيلَ خَدَمْتُ عِنْدَكَ؟! فَلِمَاذَا خَدَعْتَنِي؟!**".[177] كما خدعه أولاده

(174) سفر التكوين، 47:9.

(175) سفر التكوين، 49:33.

(176) سفر التكوين، 50:13.

(177) سفر التكوين، 29:25.

في أمر يوسف، ولو ان الله اكرمه الا انه عاش في صراع دائم. بدأ صراعه مع أخيه عيسو وهما بعد في الأحشاء "**وَتَزَاحَمَ الْوَلَدَانِ فِي بَطْنِهَا**".[178] ثم صارعه بعد ولادته واختلس منه البكورية والبركة "**فَبَاعَ بَكُورِيَّتَهُ لِيَعْقُوبَ**".[179] وفي أرض خاله عاش في جو عائلي مملوء صراعًا بين زوجتيه (ليئة وراحيل) "**فَحَمِيَ غَضَبُ يَعْقُوبَ عَلَى رَاحِيلَ وَقَالَ: أَلَعَلِّي مَكَانَ اللهِ الَّذِي مَنَعَ عَنْكِ ثَمْرَةَ الْبَطْنِ؟!**".[180] ودخل في صراع مع أبيهما بسبب أجرته "**اَلآنَ لِي عِشْرُونَ سَنَةً فِي بَيْتِكَ. خَدَمْتُكَ أَرْبَعَ عَشَرَةَ سَنَةً بَابْنَتَيْكَ، وَسِتَّ سِنِينٍ بِغَنَمِكَ. وَقَدْ غَيَّرْتَ أُجْرَتِي عَشَرَ مَرَّاتٍ**".[181] وبقي هكذا كل حياته مصارعًا. كما وقضى أغلب أيام حياته مرّ النفس بسبب مكر الآخرين وغدرهم به، حتى وإن كان هؤلاء الآخرون هم أبناؤه. تصرّف يعقوب بمكر فغدر به (لابان) والد امرأتيه عشر مرات "**وَأَمَّا أَبُوكُمَا فَغَدَرَ بِي وَغَيَّرَ أُجْرَتِي عَشَرَ مَرَّاتٍ**".[182] وتكدر بسبب مكر أبنيه عندما اعتدى (شكيم بن حمور) رئيس الارض في كنعان على اختهم دينة "**فَرَآهَا شَكِيمُ ابْنُ حَمُورَ الْحِوِّيِّ رَئِيسِ الأَرْضِ، وَأَخَذَهَا وَاضْطَجَعَ مَعَهَا وَأَذَلَّهَا**".[183] وبقي يعقوب حتى الشيخوخة يحصد ما زرعه. لكن الله كان معه واستحق رغم ضعفاته المتكررة أن ينال الوعد الالهي الذي أقسمه

---

(178) سفر التكوين، 25:22.

(179) سفر التكوين، 25:33.

(180) سفر التكوين، 30:2.

(181) سفر التكوين، 31:41.

(182) سفر التكوين، 31:7.

(183) سفر التكوين، 34:2.

لآبائه ابراهيم واسحق "**وَهُوَذَا الرَّبُّ وَاقِفٌ عَلَيْهَا، فَقَالَ: أَنَا الرَّبُّ إِلهُ إِبْرَاهِيمَ أَبِيكَ وَإِلهُ إِسْحَاقَ. الأَرْضُ الَّتِي أَنْتَ مُضْطَجِعٌ عَلَيْهَا أُعْطِيهَا لَكَ وَلِنَسْلِكَ**".(184) وباركه وانعم عليه بالبنين والمال "**ثُمَّ رَفَعَ عَيْنَيْهِ وَأَبْصَرَ النِّسَاءَ وَالأَوْلاَدَ وَقَالَ: مَا هؤُلاَءِ مِنْكَ؟! فَقَالَ: الأَوْلاَدُ الَّذِينَ أَنْعَمَ اللهُ بِهِمْ عَلَى عَبْدِكَ**".(185) وأتى سالماً الى (لُوزَ) التي في ارض كنعان وصنع هناك مذبحاً لله ونصب عموداً من حجر، وسكب عليه سكيباً، وصبّ عليه زيتاً، ودعا يعقوب اسم المكان بيت "إيل" أي بيت الله "**وَدَعَا يَعْقُوبُ اسْمَ الْمَكَانِ الَّذِي فِيهِ تَكَلَّمَ اللهُ مَعَهُ بَيْتَ إِيلَ**".(186) وظهر الله ليعقوب "**وَقَالَ لَهُ اللهُ: اسْمُكَ يَعْقُوبُ. لا يُدْعَى اسْمُكَ فِيمَا بَعْدُ يَعْقُوبَ بَلْ يَكُونُ اسْمُكَ اسْرَائِيلَ. فَدَعَا اسْمَهُ اسْرَائِيلَ**".(187)

والآن إذ هو عابر من هذه الأرض تطلع إلى أولاده كأسباط منهم يخرج شعب الله الذي يتمتع بأرض الموعد. لقد ولد متعقباً لأخيه عيسو، وعاش متغربًا في أرض أور ومصر كآبائه ينتظر تحقيق وعود الله في نسله، ومات غريباً في ارض مصر، وعاش الامرّين فيما بينها.

طرح (الشيخ البلاغي)(188) صاحب أوسع كتب الدراسات

---

(184) سفر التكوين، 28:13.

(185) سفر التكوين، 33:5.

(186) سفر التكوين، 35:15.

(187) سفر التكوين، 35:10.

(188) البلاغي، محمد جواد، الهدى الى دين المصطفى، مصدر سابق، ص 86 - 87.

الإسلامية في التحريف في الكتاب المُقدَس عدة أسئلة عن هذه القصة قائلاً: هل يصح في حكمة علّام الغيوب ان يقدر هذه البركة التي هي زمام النبوة أو نفسها لمن تنسب له هذه المخادعات والتزويرات والأكاذيب الناشئة عن ضعف الإيمان والمعرفة بالله أو عدمها؟! كيف يوكّل الله العليم الحكيم أمر هذه البركة مع عظيم شأنها الى اسحاق؟! مع ان اسحاق أراد وعزم وجزم على ان يعطيها لعيسو مبغوض الله، ثم أعطاها توهّماً وانخداعاً ليعقوب بتوهم أنه عيسو فاتبع الله اسحاق على وهمه ؟! أفيعجز الله عن جعل البركة في محلها ولا يعلم حيث يجعل رسالته ؟! أفيغفل العاقل عن كون هذه القصة خرافة مخالفة للعقل، مجعولة مكذوبة ؟! وهل هذه الأوصاف تناسب يعقوب أبو الأسباط، نبيّ الله الذي يوصي بنيه عند موته أن لا يموتوا إلا وهم مسلمون، أي طاعةً وتسليماً لله ؟!

وخلافاً لمعتقد الشيخ البلاغي فقد بيّن (الكتاب المُقدَس) أن تداور البركة الإلهية من الآباء الى الأبناء كانت هي السُنّة المتبعة، فقد أعطى إبراهيم لابنه إسحاق إيمانه الحي، وأنّ إسحاق بارك ابنه يعقوب كما قرأنا في القصة أعلاه، ودعا يعقوب بنيه وهو على سرير الموت وباركهم واحداً بعد الآخر وقال: "**اجْتَمِعُوا لأُنْبِئَكُمْ بِمَا يُصِيبُكُمْ فِي آخِرِ الأَيَّامِ، اجْتَمِعُوا وَاسْمَعُوا يَا بَنِي يَعْقُوبَ، وَاصْغَوْا إِلَى إِسْرَائِيلَ أَبِيكُمْ**"،[189] وان من أبناء يعقوب أيضاً من خدعه وكذب عليه بل ودنسه، وأنّ موسى النبي بارك الاسباط قبل رحيله وقد عُرف فيما بعد تعلق قلب كثير من افراد الاسباط بالوثنية، وبارك السيد

---

(189) سفر التكوين، 49:1-2.

المسيح تلاميذه قبل صعوده الى السماء. وأخيراً فإن اصحاب الرسائل هم نوح وإبراهيم وموسى (لا يعترف اليهود برسالة السيد المسيح أو محمد)، وإن إسحاق ويعقوب وأبناء يعقوب ليسوا من بين أصحاب الرسالات الإلهية، كما صرّح بذلك الشيخ البلاغي! ولا يوجد شك في أن الله يعلم حيث يجعل رسالته.

5. القصص التي تنسب المعاصي والذنوب للانبياء: يهوذا بن يعقوب النبي زنى بـ(ثامار) إمرأة ابنه

(يهوذا) هو أحد أسباط بني إسرائيل الاثني عشر، والذي يعزى اليه تسمية بني إسرائيل باليهود. رزق بثلاثة أولاد. تزوج الاول امرأة اسمها (ثامار) ومات قبل ان ينجب منها. فالمفروض ان يتزوجها الابن الثاني لينجب طفلًا باسم الميت، حسب الوصية الموسوية في واجب أخِ الزوج نحو أرملة أخيه،[190] الا ان الابن الثاني رفض ان يترك نسلاً لأخيه الميت، فأماته الرب أيضاً. فطلب يهوذا من ثامار ان ترجع الى بيت أبيها لأن ابنه الثالث ما زال صغيراً، فوافقت.

كبر الابن الثالث ولم يفِ يهوذا بوعده، إذ لم يقدمه زوجًا لثامار... وإذ كان يهوذا صاعدًا إلى احدى القرى ليجُزَّ غنمَه، علمت ثامار بسفره، فخلعت ثامار ثياب ترملها وتغطت ببرقع وجلست على طريق القرية، وإذ حسبها يهوذا زانية، لأنها كانت قد غطّت وجهها، فقال لها هاتي أدخل عليكِ. فقالت ماذا تعطيني؟! فقال أرسل لكِ

---

(190) سفر التثنيه، 25:5.

جدي معزى من الغنم. فطلبت منه رهناً فأعطاها خاتمه وعصابته وعصاه، ودخل عليها فحبلت منه. ثم رجعت الى بيتها ولبست ثياب ترملها. وإذ أرسل يهوذا جدي المعزى لم يجدها الرسول. فسأل في المكان أين الزانية التي كانت جالسة على الطريق؟! فقالوا لم تكن ههنا زانية. فرد الجدي إلى يهوذا. وبعد ثلاثة أشهر أُخبر يهوذا بأن ثامار حامل، فقال يهوذا اخرجوها فتحرق ، أما هي فأخرجت الخاتم والعصابة والعصا، وإذ تحققهما يهوذا أدرك خطأه.

"وَأَخَذَ يَهُوذَا زَوْجَةً لِعِيرٍ بِكْرِهِ اسْمُهَا ثَامَارُ. وَكَانَ عِيرٌ بِكْرُ يَهُوذَا شِرِّيرًا فِي عَيْنَيِ الرَّبِّ، فَأَمَاتَهُ الرَّبُّ. فَقَالَ يَهُوذَا لأُونَانَ: ادْخُلْ عَلَى امْرَأَةِ أَخِيكَ وَتَزَوَّجْ بِهَا، وَأَقِمْ نَسْلًا لأَخِيكَ. فَعَلِمَ أُونَانُ أَنَّ النَّسْلَ لاَ يَكُونُ لَهُ، فَكَانَ إِذْ دَخَلَ عَلَى امْرَأَةِ أَخِيهِ أَنَّهُ أَفْسَدَ عَلَى الأَرْضِ، لِكَيْ لاَ يُعْطِيَ نَسْلًا لأَخِيهِ. فَقَبُحَ فِي عَيْنَيِ الرَّبِّ مَا فَعَلَهُ، فَأَمَاتَهُ أَيْضًا. فَقَالَ يَهُوذَا لِثَامَارَ كَنَّتِهِ: اقْعُدِي أَرْمَلَةً فِي بَيْتِ أَبِيكِ حَتَّى يَكْبُرَ شِيلَةُ ابْنِي.لأَنَّهُ قَالَ: لَعَلَّهُ يَمُوتُ هُوَ أَيْضًا كَأَخَوَيْهِ. فَمَضَتْ ثَامَارُ وَقَعَدَتْ فِي بَيْتِ أَبِيهَا. وَلَمَّا طَالَ الزَّمَانُ مَاتَتِ ابْنَةُ شُوعٍ امْرَأَةُ يَهُوذَا. ثُمَّ تَعَزَّى يَهُوذَا فَصَعِدَ إِلَى جُزَّازِ غَنَمِهِ إِلَى تِمْنَةَ، هُوَ وَحِيرَةُ صَاحِبُهُ الْعَدُلاَّمِيُّ. فَأُخْبِرَتْ ثَامَارُ وَقِيلَ لَهَا: هُوَذَا حَمُوكِ صَاعِدٌ إِلَى تِمْنَةَ لِيَجُزَّ غَنَمَهُ. فَخَلَعَتْ عَنْهَا ثِيَابَ تَرَمُّلِهَا، وَتَغَطَّتْ بِبُرْقُعٍ وَتَلَفَّفَتْ، وَجَلَسَتْ فِي مَدْخَلِ عَيْنَايِمَ الَّتِي عَلَى طَرِيقِ تِمْنَةَ، لأَنَّهَا رَأَتْ أَنَّ شِيلَةَ قَدْ كَبُرَ وَهِيَ لَمْ تُعْطَ لَهُ زَوْجَةً. فَنَظَرَهَا يَهُوذَا وَحَسِبَهَا زَانِيَةً، لأَنَّهَا كَانَتْ قَدْ غَطَّتْ وَجْهَهَا. فَمَالَ إِلَيْهَا عَلَى الطَّرِيقِ وَقَالَ: هَاتِي أَدْخُلْ عَلَيْكِ. لأَنَّهُ لَمْ يَعْلَمْ أَنَّهَا كَنَّتُهُ. فَقَالَتْ: مَاذَا تُعْطِينِي لِكَيْ تَدْخُلَ عَلَيَّ؟! فَقَالَ: أَنِّي أُرْسِلُ جَدْيَ

مِعْزَى مِنَ الْغَنَمِ. فَقَالَتْ: هَلْ تُعْطِينِي رَهْنًا حَتَّى تُرْسِلَهُ؟! فَقَالَ: مَا الرَّهْنُ الَّذِي أُعْطِيكِ؟! فَقَالَتْ: خَاتِمُكَ وَعِصَابَتُكَ وَعَصَاكَ الَّتِي فِي يَدِكَ. فَأَعْطَاهَا وَدَخَلَ عَلَيْهَا، فَحَبِلَتْ مِنْهُ. ثُمَّ قَامَتْ وَمَضَتْ وَخَلَعَتْ عَنْهَا بُرْقُعَهَا وَلَبِسَتْ ثِيَابَ تَرَمُّلِهَا.

فَأَرْسَلَ يَهُوذَا جَدْيَ الْمِعْزَى بِيَدِ صَاحِبِهِ الْعَدُلاَّمِيِّ لِيَأْخُذَ الرَّهْنَ مِنْ يَدِ الْمَرْأَةِ، فَلَمْ يَجِدْهَا. فَسَأَلَ أَهْلَ مَكَانِهَا قَائِلًا: أَيْنَ الزَّانِيَةُ الَّتِي كَانَتْ فِي عَيْنَايِمَ عَلَى الطَّرِيقِ؟! فَقَالُوا: لَمْ تَكُنْ ههُنَا زَانِيَةٌ. فَرَجَعَ إِلَى يَهُوذَا وَقَالَ: لَمْ أَجِدْهَا. وَأَهْلُ الْمَكَانِ أَيْضًا قَالُوا: لَمْ تَكُنْ ههُنَا زَانِيَةٌ. فَقَالَ يَهُوذَا: لِتَأْخُذْ لِنَفْسِهَا، لِئَلاَّ نَصِيرَ إِهَانَةً. أنّني قَدْ أَرْسَلْتُ هذَا الْجَدْيَ وَأَنْتَ لَمْ تَجِدْهَا. وَلَمَّا كَانَ نَحْوُ ثَلاَثَةِ أَشْهُرٍ، أُخْبِرَ يَهُوذَا وَقِيلَ لَهُ: قَدْ زَنَتْ ثَامَارُ كَنَّتُكَ، وَهَا هِيَ حُبْلَى أَيْضًا مِنَ الزِّنَا. فَقَالَ يَهُوذَا: أَخْرِجُوهَا فَتُحْرَقَ. أَمَّا هِيَ فَلَمَّا أُخْرِجَتْ أَرْسَلَتْ إِلَى حَمِيهَا قَائِلَةً: مِنَ الرَّجُلِ الَّذِي هذِهِ لَهُ أَنَا حُبْلَى! وَقَالَتْ: حَقِّقْ لِمَنِ الْخَاتِمُ وَالْعِصَابَةُ وَالْعَصَا هذِهِ. فَتَحَقَّقَهَا يَهُوذَا وَقَالَ: هِيَ أَبَرُّ مِنِّي، لأَنّني لَمْ أُعْطِهَا لِشِيلَةَ ابْنِي. فَلَمْ يَعُدْ يَعْرِفُهَا أَيْضًا. وَفِي وَقْتِ وِلاَدَتِهَا إِذَا فِي بَطْنِهَا تَوْأَمَانِ. وَكَانَ فِي وِلاَدَتِهَا أَنَّ أَحَدَهُمَا أَخْرَجَ يَدًا فَأَخَذَتِ الْقَابِلَةُ وَرَبَطَتْ عَلَى يَدِهِ قِرْمِزًا، قَائِلَةً: هذَا خَرَجَ أَوَّلًا. وَلكِنْ حِينَ رَدَّ يَدَهُ، إِذَا أَخُوهُ قَدْ خَرَجَ. فَقَالَتْ: لِمَاذَا اقْتَحَمْتَ؟! عَلَيْكَ اقْتِحَامٌ!. فَدُعِيَ اسْمُهُ فَارِصَ وَبَعْدَ ذلِكَ خَرَجَ أَخُوهُ الَّذِي عَلَى يَدِهِ الْقِرْمِزُ. فَدُعِيَ اسْمُهُ زَارَحَ ".[191]

اضطجع يهوذا مع إمرأة ابنه "ثامار" وانجب منها توأمين:

---

(191) سفر التكوين، 30-6:38.

(فارص وزارح). ومن سلالة هذا الزنا ولد داود النبي، والسيدة مريم العذراء عليها السلام من سلالة داود، وابنها عيسى، وكذلك المسيّا المرتقب "المسيح المخلص" لبني إسرائيل هو من سلالة داود أيضاً. لم يكن هدف ثامار الشهوة والزنا بل كان هدفها ان ترزق بطفل لزوجها الذي توفى ولم يرزق طفلاً.

6. القصص التي تنسب المعاصي والذنوب للانبياء : رأوبين بكر يعقوب النبي زنى بامرأة أبيه

(رأوبين) هو بكر يعقوب "إسرائيل" اضطجع مع (بلهة) زوجة أبيه "**وَحَدَثَ إِذْ كَانَ إِسْرَائِيلُ سَاكِنًا فِي تِلْكَ الأَرْضِ، أَنَّ رَأُوبَيْنَ ذَهَبَ وَاضْطَجَعَ مَعَ بِلْهَةَ سُرِّيَّةِ أَبِيهِ، وَسَمِعَ إِسْرَائِيلُ**".[192] وبسبب هذا الدنس فَقَدَ رأوبين بركة الباكورية... الأمر الذي يذكره يعقوب بمرارة وهو على فراش الموت "**رَأُوبَيْنُ، أَنْتَ بِكْرِي، قُوَّتِي وَأَوَّلُ قُدْرَتِي، فَضْلُ الرِّفْعَةِ وَفَضْلُ الْعِزِّ. فَائِرًا كَالْمَاءِ لاَ تَتَفَضَّلُ، لأَنَّكَ صَعِدْتَ عَلَى مَضْجَعِ أَبِيكَ. حِينَئِذٍ دَنَّسْتَهُ. عَلَى فِرَاشِي صَعِدَ**".[193]

7. القصص التي تنسب المعاصي والذنوب للانبياء : داود النبي زنى بامرأة (أوريا الحثي) (بثشبع)

داود النبي زنى بأمرأة جيرانه (بثشبع) ثم تزوّجها بعد ان

(192) سفر التكوين، 35:22.
(193) سفر التكوين، 4-49:3.

خطّط في مقتل زوجها (أوريا الحثي) وهذا ما تصرح به التوراة لكن الأمر التبس على بعض المسلمين وظنوا ان ابنه سليمان النبي ابن زنا وهو غير كذلك كما سنوضح. ولو أنّ التوراة لا تعتبر داود نبيّاً، وإنّما تعتبره ملكاً، لكن الوصية الإلهية تعتبر الزنا من أكبر الفواحش: "**وَلاَ تَزْنِ**".[194] وقد نهي ابن الزنا في الدخول في جماعة الرب "**لاَ يَدْخُلِ ابْنُ زِنًى فِي جَمَاعَةِ الرَّبِّ**".[195] ويقاص الزاني والزانية بالموت "**إِذَا وُجِدَ رَجُلٌ مُضْطَجِعًا مَعَ امْرَأَةٍ زَوْجَةِ بَعْل، يُقْتَلُ الاثْنَانِ**".[196] يستفاد من الآيات القرآنية ان داود كان نبياً وملكاً على بني إسرائيل، كما سنبيّن.

"وَكَانَ فِي وَقْتِ الْمَسَاءِ أَنَّ دَاوُدَ قَامَ عَنْ سَرِيرِهِ وَتَمَشَّى عَلَى سَطْحِ بَيْتِ الْمَلِكِ، فَرَأَى مِنْ عَلَى السَّطْحِ امْرَأَةً تَسْتَحِمُّ. وَكَانَتِ الْمَرْأَةُ جَمِيلَةَ الْمَنْظَرِ جِدًّا. فَأَرْسَلَ دَاوُدُ وَسَأَلَ عَنِ الْمَرْأَةِ، فَقَالَ وَاحِدٌ: أَلَيْسَتْ هذِهِ بَثْشَبَعَ بِنْتَ أَلِيعَامَ امْرَأَةَ أُورِيَّا الْحِثِّيِّ؟! فَأَرْسَلَ دَاوُدُ رُسُلًا وَأَخَذَهَا، فَدَخَلَتْ إِلَيْهِ، فَاضْطَجَعَ مَعَهَا وَهِيَ مُطَهَّرَةٌ مِنْ طَمْثِهَا. ثُمَّ رَجَعَتْ إِلَى بَيْتِهَا. وَحَبِلَتِ الْمَرْأَةُ، فَأَرْسَلَتْ وَأَخْبَرَتْ دَاوُدَ وَقَالَتْ: أَنّني حُبْلَى. فَأَرْسَلَ دَاوُدُ إِلَى يُوآبَ يَقُولُ: أَرْسِلْ إِلَيَّ أُورِيَّا الْحِثِّيَّ. فَأَرْسَلَ يُوآبُ أُورِيَّا إِلَى دَاوُدَ. فَأَتَى أُورِيَّا إِلَيْهِ، فَسَأَلَ دَاوُدُ عَنْ سَلاَمَةِ يُوآبَ وَسَلاَمَةِ الشَّعْبِ وَنَجَاحِ الْحَرْبِ. وَقَالَ دَاوُدُ لأُورِيَّا: انْزِلْ إِلَى بَيْتِكَ وَاغْسِلْ رِجْلَيْكَ. فَخَرَجَ أُورِيَّا مِنْ بَيْتِ الْمَلِكِ، وَخَرَجَتْ وَرَاءَهُ حِصَّةٌ

---

(194) سفر الخروج، 20:14.
(195) سفر التثنية، 23:2.
(196) سفر التثنية، 22:22.

مِنْ عِنْدِ الْمَلِكِ. وَنَامَ أُورِيَّا عَلَى بَابِ بَيْتِ الْمَلِكِ مَعَ جَمِيعِ عَبِيدِ سَيِّدِهِ، وَلَمْ يَنْزِلْ إِلَى بَيْتِهِ. فَأَخْبَرُوا دَاوُدَ قَائِلِينَ: لَمْ يَنْزِلْ أُورِيَّا إِلَى بَيْتِهِ. فَقَالَ دَاوُدُ لأُورِيَّا: أَمَا جِئْتَ مِنَ السَّفَرِ؟! فَلِمَاذَا لَمْ تَنْزِلْ إِلَى بَيْتِكَ؟! فَقَالَ أُورِيَّا لِدَاوُدَ: إِنَّ التَّابُوتَ وَإِسْرَائِيلَ وَيَهُوذَا سَاكِنُونَ فِي الْخِيَامِ، وَسَيِّدِي يُوآبُ وَعَبِيدُ سَيِّدِي نَازِلُونَ عَلَى وَجْهِ الصَّحْرَاءِ، وَأَنَا آتِي إِلَى بَيْتِي لآكُلَ وَأَشْرَبَ وَأَضْطَجِعَ مَعَ امْرَأَتِي؟! وَحَيَاتِكَ وَحَيَاةِ نَفْسِكَ، لاَ أَفْعَلُ هذَا الأَمْرَ. فَقَالَ دَاوُدُ لأُورِيَّا: أَقِمْ هُنَا الْيَوْمَ أَيْضًا، وَغَدًا أُطْلِقُكَ. فَأَقَامَ أُورِيَّا فِي أُورُشَلِيمَ ذلِكَ الْيَوْمَ وَغَدَهُ وَدَعَاهُ دَاوُدُ فَأَكَلَ أَمَامَهُ وَشَرِبَ وَأَسْكَرَهُ. وَخَرَجَ عِنْدَ الْمَسَاءِ لِيَضْطَجِعَ فِي مَضْجَعِهِ مَعَ عَبِيدِ سَيِّدِهِ، وَإِلَى بَيْتِهِ لَمْ يَنْزِلْ. وَفِي الصَّبَاحِ كَتَبَ دَاوُدُ مَكْتُوبًا إِلَى يُوآبَ وَأَرْسَلَهُ بِيَدِ أُورِيَّا. وَكَتَبَ فِي الْمَكْتُوبِ يَقُولُ: اجْعَلُوا أُورِيَّا فِي وَجْهِ الْحَرْبِ الشَّدِيدَةِ، وَارْجِعُوا مِنْ وَرَائِهِ فَيُضْرَبَ وَيَمُوتَ. وَكَانَ فِي مُحَاصَرَةِ يُوآبَ الْمَدِينَةَ أَنَّهُ جَعَلَ أُورِيَّا فِي الْمَوْضِعِ الَّذِي عَلِمَ أَنَّ رِجَالَ الْبَأْسِ فِيهِ. فَخَرَجَ رِجَالُ الْمَدِينَةِ وَحَارَبُوا يُوآبَ، فَسَقَطَ بَعْضُ الشَّعْبِ مِنْ عَبِيدِ دَاوُدَ، وَمَاتَ أُورِيَّا الْحِثِّيُّ أَيْضًا فَأَرْسَلَ يُوآبُ وَأَخْبَرَ دَاوُدَ بِجَمِيعِ أُمُورِ الْحَرْبِ".(197) "فَلَمَّا سَمِعَتِ امْرَأَةُ أُورِيَّا أَنَّهُ قَدْ مَاتَ أُورِيَّا رَجُلُهَا، نَدَبَتْ بَعْلَهَا. وَلَمَّا مَضَتِ الْمَنَاحَةُ أَرْسَلَ "دَاوُدُ وَضَمَّهَا إِلَى بَيْتِهِ، وَصَارَتْ لَهُ امْرَأَةً وَوَلَدَتْ لَهُ ابْنًا. وَأَمَّا الأَمْرُ الَّذِي فَعَلَهُ دَاوُدُ فَقَبُحَ فِي عَيْنَيِ الرَّبِّ".(198) "وَضَرَبَ الرَّبُّ الْوَلَدَ الَّذِي وَلَدَتْهُ امْرَأَةُ أُورِيَّا لِدَاوُدَ فَثَقِلَ. فَسَأَلَ دَاوُدُ اللهَ مِنْ أَجْلِ الصَّبِيِّ، وَصَامَ دَاوُدُ صَوْمًا، وَدَخَلَ وَبَاتَ مُضْطَجِعًا عَلَى الأَرْضِ. فَقَامَ شُيُوخُ بَيْتِهِ

(197) سفر صموئيل الثاني، 18-2:11.

(198) سفر صموئيل الثاني، 27-26:11.

عَلَيْهِ لِيُقِيمُوهُ عَنِ الأَرْضِ فَلَمْ يَشَأْ، وَلَمْ يَأْكُلْ مَعَهُمْ خُبْزًا وَكَانَ فِي الْيَوْمِ السَّابعِ أَنَّ الْوَلَدَ مَاتَ".(199) **"وَعَزَّى دَاوُدُ بَثْشَبَعَ امْرَأَتَهُ، وَدَخَلَ إِلَيْهَا وَاضْطَجَعَ مَعَهَا فَوَلَدَتِ ابْنًا، فَدَعَا اسْمَهُ سُلَيْمَانَ".**(200)

يعلق فقهاء المسلمين: ان مثل هذه الاقوال لا تحتفل بها الجامعة الإسلامية ولا يصح الجدل بها، وان التشبث بها انما هو من ضيق الخناق خصوصاً مع مصادمتها لحكم العقل بعصمة النبي.(201) ويزكي السيد الخوئي داود من خرافة زوجة أوريا والزنا بها، وحملها من الزنا وإرادة تمويه الحمل، والسعي في قتل أُوريا المؤمن المجاهد الناصح، ويتعجب السيد كيف يجتمع ذلك مع ما جاء في العهد القديم ان الله قال لداود: "**إِنَّ سُلَيْمَانَ ابْنَكَ هُوَ يَبْنِي بَيْتِي وَدِيَارِي، لأَنّني اخْتَرْتُهُ لِي ابْنًا، وَأَنَا أَكُونُ لَهُ أَبًا، وَأُثَبِّتُ مَمْلَكَتَهُ إِلَى الأَبَدِ إِذَا تَشَدَّدَ لِلْعَمَلِ حَسَبَ وَصَايَايَ وَأَحْكَامِي كَهذَا الْيَوْمِ**"؟!(202) (بنى سليمان بيت الرب لكن مملكته لم تثبت الى الأبد لأنه لم يلتزم بوصايا وأحكام الرب، كما سنرى) أو مع القرآن الذي وصف داود حامل زبور الله بحسن العبادة والاستقامة؟!(203)

---

(199) سفر صموئيل الثاني، 18-12:15.

(200) سفر صموئيل الثاني، 12:24.

(201) البلاغي، محمد جواد، الهدى الى دين المصطفى، مصدر سابق، ص 106.

(202) سفر أخبار الأيّام الأول، 7-28:6.

(203) الخوئي، أبو القاسم الموسوي، رسالة في نفحات الاعجاز، مصدر سابق، ص40.

وعلى الرغم من ان قصة زنا داود بامرأة جيرانه تشبه في أحداثها بعض أفلام هوليوُد الامريكية الخيالية، إلا أنها لا تخلو من حقائق واقعية منها: أن سليمان هو ابن داود، وان امه التي ولدته هي (بثشبع)، وكانت بثشبع بشهادة الجميع زوجة لـ(أوريا الحثي)، وقد كشف مؤامرة الزنا قائد الحرب الذي سأله داود في رسالته السرية ان يجعل أوريا في وجه الحرب الشديدة. ولو أن القائد ربما لم يدرك سر هذا القرار في البداية وكان عليه أن يطيع أمر سيده، لكنه قطعًا فهم ما وراء القرار عندما تزوج داود بامرأة الرجل بعد انقضاء فترة الحداد مباشرة، وقد واجه الملك حول هذا الموضوع كلاً من قائد الجيش ورسول الرب ناثان في تفاصيل لسنا بصددها.

الخلاصة ان (بثشبع) لم تكن امرأة زانية لأنها اجبرت على الفعل من قبل الملك (غُصبت)، وأن طفلها من الزنى مات بعد ولادته، كما ذكر في نص التوراة أعلاه، وأنها ولدت سليمان في إطار شرعي بعد ان تزوجها داود بعد مقتل زوجها وصارت امرأة شرعية له، وهذا ما تصرح به التوراة، وأن داود استغفر الله لذنبه السابق وتاب فعفا الله عنه وأنزل عليه الزبور.

يستفاد من الآيات القرآنية ان داود كان نبياً وملكاً على بني إسرائيل خلافاً لما هو مشهور بين عامة المسلمين كونه نبياً فقط ﴿ **وَقَتَلَ دَاوُودُ جَالُوتَ وَآتَاهُ اللَّهُ الْمُلْكَ وَالْحِكْمَةَ** ﴾،[204] ﴿ **إِنَّآ أَوْحَيْنَآ إِلَيْكَ كَمَآ أَوْحَيْنَآ إِلَى نُوحٍ وَالنَّبِيِّنَ مِن بَعْدِهِ وَأَوْحَيْنَآ إِلَى**

(204) البقرة، 251.

إِبْرَاهِيمَ وَإِسْمَعِيلَ وَإِسْحَقَ وَيَعْقُوبَ وَالأَسْبَاطِ وَعِيسَى وَأَيُّوبَ وَيُونُسَ وَهَرُونَ وَسُلَيْمَنَ وَءَاتَيْنَا دَاوُدَ زَبُوراً ﴾،[205] وانّه الملك الثاني على بني إسرائيل في سلسلة الملوك في سفر الملوك كما انه مدرج ضمن سلسلة الأنبياء الثمانية والأربعين في التلمود.

لماذا لم يرجم داود؟

سألني أحد السادة من الذين قرأوا مسودة كتابي: لماذا لم يرجم داود بسبب ارتكابه الزنا؟ أليس من العدل الإلهي ان يرجم داود كما نصت على ذلك الشريعة الموسوية؟ أم انه استثني كونه ملكاً؟ أم ان القصة لم تحصل؟

تذكر التوراة ان داود ندم على فعله كثيراً واستغفر الرب لذنبه وتاب، وصام صوماً، وبات مضطجعاً على الأرض، ولم يأكل خبزاً.[206] جاء استغفار داود وتوبته وزواجه الشرعي من بثشبع وولادة طفلهما قبل ان ينكشف سر زناه مع بثشبع وقبل ان يُدان. لكن الذي فعله داود قد قبح في عيني الرب[207] وجاءه رسول الرب ناثان ليكاشفه بفعله وليخبره بحكم الرب وبعض عقوباته، فبادر داود معتذراً وقال: قد أخطأتُ إلى الرّب. فَقَالَ نَاثَانُ لِدَاوُدَ: "**الرَّبُّ أَيْضًا قَدْ نَقَلَ**

---

(205) النساء، 163.
(206) 2 صموئيل، 17 - 16: 12.
(207) 2 صموئيل، 27:11.

عَنْكَ خَطِيَّتَكَ. لاَ تَمُوتُ"[208]. واضح ان الرب هو الذي استثنى داود من الموت، وتجاوز عن خطيئته، وتاب عليه وأنزل عليه الزبور.

ويبدو ان هذا العفو الإلهي شبيه بمثيله في عقوبة السارق في الإسلام، فإن مرتكب السرقة ان استغفر وتاب قبل ان تثبت سرقته في المحكمة يسقط عنه حد السرقة ﴿ **وَالسَّارِقُ وَالسَّارِقَةُ فَاقْطَعُوا أَيْدِيَهُمَا جَزَآءَ بِمَا كَسَبَا نَكَالا مِّنَ اللهِ وَاللهُ عَزِيزٌ حَكِيمٌ * فَمَن تَابَ مِن بَعْدِ ظُلْمِهِ وَأَصْلَحَ فَإِنَّ اللهَ يَتُوبُ عَلَيْهِ إِنَّ اللهَ غَفُورٌ رَّحِيمٌ** ﴾،[209] وهناك أحكام ظلم مشابهة أخرى مثل تحريم نكاح المؤمنين من الزاني والزانية حتى تعرف توبتهم ﴿ **الزَّانِى لاَ يَنكِحُ إِلاَّ زَانِيَةً أَوْ مُشْرِكَةً وَالزَّانِيَةُ لاَ يَنكِحُهَآ إِلاَّ زَانٍ أَوْ مُشْرِكٌ وَحُرِّمَ ذَلِكَ عَلَى الْمُؤْمِنِينَ** ﴾،[210] وتسبيح يونس الذي نجاه من العذاب الإلهي حين ظلم نفسه وفرّ من قومه ﴿ **وَذَا النُّونِ إِذ ذَّهَبَ مُغَضِباً فَظَنَّ أَن لَّن نَّقْدِرَ عَلَيْهِ** ﴾،[211] ﴿ **فَلَوْلَا أَنَّهُ كَانَ مِنَ الْمُسَبِّحِينَ لَلَبِثَ فِى بَطْنِهِ إِلَى يَوْمِ يُبْعَثُونَ** ﴾[212] يدل على ان تسبيحه كان السبب لنجاته، والمراد بتسبيحه نداؤه في الظلمات بقوله ﴿ **لاَّ إِلَـهَ إِلاَّ أَنتَ سُبْحَـنَكَ إِنِّى كُنتُ مِنَ الظَّـلِمِينَ** ﴾[213]، وهكذا بالاستغفار والتوبة والاعتراف

---

(208) 2 صموئيل، 12:13.

(209) المائدة، 39 - 38.

(210) النور، 3.

(211) الأنبياء، 87.

(212) الصافات، 143 - 142.

(213) الأنبياء، 87.

بالذنب يعفو سبحانه عن ظلم عباده المؤمنين ويتوب عليهم ﴿ **وَكَذَٰلِكَ نُجِي الْمُؤْمِنِينَ** ﴾[214] وهناك أحكام ظلم مماثلة.

8. القصص التي تنسب المعاصي والذنوب للانبياء: سليمان النبي الحكيم أخذ له ألف زوجة ومالَ قلبُه عن الرب

يقول الكتاب المُقدَس أن تَمتُّع سليمان بعطيَّة الحكمة السماويَّة الفائقة لم يُلزمه بالحياة التقويَّة، فبإرادته انحرف في أخطاء خطيرة وخطايا مفسدة. فقد أمالت محبَّة النساء الوثنيات قلب الملك الحكيم، فأخذ له ألف زوجة، وترك الله ربَّه وبنى مذابح لآلهة غريبة حيث قدَّمت الذبائح ورفع البخور، لكن لم يذكر الكتاب المُقدَس أنَّه اشترك في هذه العبادة أو قدَّم بنفسه ذبائح أو بخورًا. ان زوجات سليمان كنّ أميرات بنات أمراء وملوك وثنيين وكانوا هؤلاء يهدون بناتهم زوجاتٍ للملك سليمان لأجل التقرب الى سليمان وحكمته وسلطانه العظيم. وكما شهد سليمان في عظته التي قدَّم فيها توبته وندامته أنَّه لم يجد بينهن واحدة صالحة.

للأسف بعد بِنائه الهيكل الذي يُنظر إليه كأقدس موضع في العالم في ذلك الحين، أقام مرتفعات لآلهة غريبة فغضب الربّ عليه لأن قلبه مال عن الرب وانحرف الى الخطية، فمزق الرب مملكة إسرائيل الى مملكتين شمالية وجنوبية بسبب خطيته، هكذا يدمِّر

---

(214) الأنبياء، 88.

العصيان المملكة، وينزع عن العاصي سلطانه ومجده وغناه. لقد تراءى الله لسليمان مرَّتين، وأوصاه في هذا الأمر أن لا يتبع آلهة أخرى، فلم يحفظ ما أوصى به الرب وانحرف لكي يحذَر كل مؤمن وكل قائد لئلاَّ تنحرف عيناه عن رؤية الله المتجلّي في قلبه. سليمان الذي طلب من شعبه أن يحفظوا وصاياه، وأن يخضعوا له بالطاعة، لم يحفظ هو وصايا الرب ولا التزم بالطاعة له.

تمَّ تأجيل التأديب الالهي لسليمان ليعطيه الفرصة لكي يتوب ويُصلح ما قد أفسده، ولما لم يتب أثار الرب عليه خصوماً لم يقدر عليهم فهزموه ومكّنهم الرب من سلب مملكته وسلطانه. مات سليمان وهو صغير السن، وقد ترك آثاراً طيّبة فائقة وآثاراً رديئة إلى أبعد الحدود.

"وَأَحَبَّ الْمَلِكُ سُلَيْمَانُ نِسَاءً غَرِيبَةً كَثِيرَةً مَعَ بِنْتِ فِرْعَوْنَ: مُوآبِيَّاتٍ وَعَمُّونِيَّاتٍ وَأَدُومِيَّاتٍ وَصِيدُونِيَّاتٍ وَحِثِّيَّاتٍ مِنَ الأُمَمِ الَّذِينَ قَالَ عَنْهُمُ الرَّبُّ لِبَنِي إِسْرَائِيلَ: لاَ تَدْخُلُونَ إِلَيْهِمْ وَهُمْ لاَ يَدْخُلُونَ إِلَيْكُمْ، لأَنَّهُمْ يُمِيلُونَ قُلُوبَكُمْ وَرَاءَ آلِهَتِهِمْ. فَالْتَصَقَ سُلَيْمَانُ بِهؤُلاَءِ بِالْمَحَبَّةِ. وَكَانَتْ لَهُ سَبْعُ مِئَةٍ مِنَ النِّسَاءِ السَّيِّدَاتِ، وَثَلاَثُ مِئَةٍ مِنَ السَّرَارِيِّ، فَأَمَالَتْ نِسَاؤُهُ قَلْبَهُ. وَكَانَ فِي زَمَانِ شَيْخُوخَةِ سُلَيْمَانَ أَنَّ نِسَاءَهُ أَمَلْنَ قَلْبَهُ وَرَاءَ آلِهَةٍ أُخْرَى، وَلَمْ يَكُنْ قَلْبُهُ كَامِلًا مَعَ الرَّبِّ إِلهِهِ كَقَلْبِ دَاوُدَ أَبِيهِ. فَذَهَبَ سُلَيْمَانُ وَرَاءَ عَشْتُورَثَ إِلهَةِ الصِّيدُونِيِّينَ، وَمَلْكُومَ رِجْسِ الْعَمُّونِيِّينَ. وَعَمِلَ سُلَيْمَانُ الشَّرَّ فِي عَيْنَيِ الرَّبِّ، وَلَمْ يَتْبَعِ الرَّبَّ تَمَامًا كَدَاوُدَ أَبِيهِ. حِينَئِذٍ بَنَى سُلَيْمَانُ مُرْتَفَعَةً لِكَمُوشَ رِجْسِ الْمُوآبِيِّينَ عَلَى الْجَبَلِ الَّذِي تُجَاهَ أُورُشَلِيمَ، وَلِمُولَكَ رِجْسِ

بَنِي عَمُّونَ. وَهكَذَا فَعَلَ لِجَمِيعِ نِسَائِهِ الْغَرِيبَاتِ اللَّوَاتِي كُنَّ يُوقِدْنَ وَيَذْبَحْنَ لآلِهَتِهِنَّ. فَغَضِبَ الرَّبُّ عَلَى سُلَيْمَانَ لأَنَّ قَلْبَهُ مَالَ عَنِ الرَّبِّ إِلهِ إِسْرَائِيلَ الَّذِي تَرَاءَى لَهُ مَرَّتَيْنِ، وَأَوْصَاهُ فِي هذَا الأَمْرِ أَنْ لاَ يَتَّبعَ آلِهَةً أُخْرَى، فَلَمْ يَحْفَظْ مَا أَوْصَى بِهِ الرَّبُّ. فَقَالَ الرَّبُّ لِسُلَيْمَانَ: مِنْ أَجْلِ أَنَّ ذلِكَ عِنْدَكَ، وَلَمْ تَحْفَظْ عَهْدِي وَفَرَائِضِيَ الَّتِي أَوْصَيْتُكَ بِهَا، فَأنّني أُمَزِّقُ الْمَمْلَكَةَ عَنْكَ تَمْزِيقًا وَأُعْطِيهَا لِعَبْدِكَ. إِلاَّ أنّني لاَ أَفْعَلُ ذلِكَ فِي أَيَّامِكَ، مِنْ أَجْلِ دَاوُدَ أَبِيكَ، بَلْ مِنْ يَدِ ابْنِكَ أُمَزِّقُهَا عَلَى أنّني لاَ أُمَزِّقُ مِنْكَ الْمَمْلَكَةَ كُلَّهَا، بَلْ أُعْطِي سِبْطًا وَاحِدًا لابْنِكَ، لأَجْلِ دَاوُدَ عَبْدِي، وَلأَجْلِ أُورُشَلِيمَ الَّتِي اخْتَرْتُهَا".(215)

يتعجب الفقهاء المسلمون ويسألون: فلينظر العاقل أنّه هل يجوز في حكمة الله ولطفه من تُنسب اليه هذه الامور نبياً حكيماً بعث لإرشاد الخلق واختاره الله وأوحى له مثل كتاب الأمثال والجامعة؟!(216) نعم، كان سليمان حكيماً مشهوراً بفضل الله لكن قلبه زاغ عن الرب في أواخر عمره فنزع الرب عنه سلطانه ومجده.

ما يؤيد صحة القصة أن مملكة سليمان لم تثبت الى الابد كما جاء في الآية، بل مزّقها الرب لمخالفة سليمان وصايا وأحكام الرب، كما وهدم الرب الهيكل الذي بناه سليمان كما أنذره

---

(215) سفر ملوك الأول، 13-1:11.

(216) البلاغي، محمد جواد، الهدى الى دين المصطفى، مصدر سابق، ص 110.

مسبقاً، وسبى الرب بني إسرائيل الى يومنا هذا كما أنذرهم بسبب معاصيهم.

يستفاد من الآيات القرآنية ان سليمان كان نبياً وملكاً على بني إسرائيل ونسب اليه جيشاً خارقاً للعادة ومعاجز الهية، وقد أعطاه الله تعالى الحكمة والعلم ﴿ **وَحُشِرَ لِسُلَيْمَنَ جُنُودُهُ مِنَ الْجِنِّ وَالإِنْسِ وَالطَّيْرِ فَهُمْ يُوزَعُونَ** ﴾،[217] ﴿ **إِنَّآ أَوْحَيْنَآ إِلَيْكَ كَمَآ أَوْحَيْنَآ إِلَى نُوحٍ وَالنَّبِيِّنَ مِن بَعْدِهِ وَأَوْحَيْنَآ إِلَى إِبْرَاهِيمَ وَإِسْمَعِيلَ وَإِسْحَقَ وَيَعْقُوبَ وَالأَسْبَاطِ وَعِيسَى وَأَيُّوبَ وَيُونُسَ وَهَرُونَ وَسُلَيْمَنَ وَءَاتَيْنَا دَاوُدَ زَبُوراً** ﴾.[218] إنّ سليمان هو ثالث ملوك مملكة بني إسرائيل وقد ورث ذلك من أبيه داود الملك الثاني على بني إسرائيل حسب سفر الملوك وأنّه ضمن سلسة الأنبياء الثمانية والأربعين لبني إسرائيل حسب التلمود. وقد عاهد داود بثشبع قائلاً: "**إِنَّ سُلَيْمَانَ ابْنَكِ يَمْلِكُ بَعْدِي، وَهُوَ يَجْلِسُ عَلَى كُرْسِيِّي عِوَضًا عَنِّي**".[219]

انقسمت مملكة سليمان في عصر (رحبعام ابن سليمان) الى مملكتين: مملكة إسرائيل وملكها (يربعام) ومملكة يهودا وملكها رحبعام ابن سليمان. وتكررت معاصي نسله وأجيالهم مراراً فهدّم الرب هيكلهم على يد البابليين والرومان وسباهم الى يومنا هذا.

---

(217) النمل، 17.
(218) النساء، 163.
(219) سفر ملوك الأول، 1.30.

9. القصص التي تنسب المعاصي والذنوب للانبياء: أول ما عمل نوح النبي بعد الطوفان أنه شرب الخمر وسكر وتعرّى

"وَكَانَ بَنُو نُوحٍ الَّذِينَ خَرَجُوا مِنَ الْفُلْكِ سَامًا وَحَامًا وَيَافَثَ. وَحَامٌ هُوَ أَبُو كَنْعَانَ. هؤُلاَءِ الثَّلاَثَةُ هُمْ بَنُو نُوحٍ. وَمِنْ هؤُلاَءِ تَشَعَّبَتْ كُلُّ الأَرْضِ. وَابْتَدَأَ نُوحٌ يَكُونُ فَلاَّحًا وَغَرَسَ كَرْمًا. وَشَرِبَ مِنَ الْخَمْرِ فَسَكِرَ وَتَعَرَّى دَاخِلَ خِبَائِهِ. فَأَبْصَرَ حَامٌ أَبُو كَنْعَانَ عَوْرَةَ أَبِيهِ، وَأَخْبَرَ أَخَوَيْهِ خَارِجًا. فَأَخَذَ سَامٌ وَيَافَثُ الرِّدَاءَ وَوَضَعَاهُ عَلَى أَكْتَافِهِمَا وَمَشَيَا إِلَى الْوَرَاءِ، وَسَتَرَا عَوْرَةَ أَبِيهِمَا وَوَجْهَاهُمَا إِلَى الْوَرَاءِ. فَلَمْ يُبْصِرَا عَوْرَةَ أَبِيهِمَا. فَلَمَّا اسْتَيْقَظَ نُوحٌ مِنْ خَمْرِهِ، عَلِمَ مَا فَعَلَ بِهِ ابْنُهُ الصَّغِيرُ، فَقَالَ: مَلْعُونٌ كَنْعَانُ! عَبْدَ الْعَبِيدِ يَكُونُ لإِخْوَتِهِ. وَقَالَ: مُبَارَكٌ الرَّبُّ إِلهُ سَامٍ. وَلْيَكُنْ كَنْعَانُ عَبْدًا لَهُمْ. لِيَفْتَحِ اللهُ لِيَافَثَ فَيَسْكُنَ فِي مَسَاكِنِ سَامٍ، وَلْيَكُنْ كَنْعَانُ عَبْدًا لَهُمْ".(220)

أول ما عمل نوح بعد الطوفان أنه غرس كرماً، ثم شرب من الخمر وسكر وانكشفت عورته، لذا يرى بعض آباء التوراة في نوح أنه أول من اختبر المسكر. كشف لنا هذا الموقف خطورة السكر الذي يُفقد الإنسان سترته، ويعريه حتى أمام بنيه. ساعة واحدة سُكْر فينا عرّت (نوحًا) الذي ظل مستترًا طوال ستمائة عام بالوقار. يستبعد الفقهاء المسلمون شرب الخمر من قبل الانبياء ويدعون أن حادثة نوح لم تحصل بدون أي سند.

---

(220) سفر التكوين، 9:18-27.

هل فعلاً سكر نوح؟! تذكر التوراة نبوءة نوح بشأن أبنائه كبرهان لما حصل، حيث أبصر حام (أبو الكنعانيين) عورة أبيه حين كان ثملاً، وأخبر أخويه خارجا. فأخذ (سام ويافث) الرداء، وسترا عورة أبيهما. فلما استيقظ نوح من خمره، علم ما فعل به ابنه الصغير، فقال: ملعون كنعان! عبد العبيد يكون لإخوته. وقد حلّت اللعنة بالابن الذي مارس خطية أبيه وصار الكنعانيون عبداً للعبيد، أي نزولهم إلى أدنى صور العبيد إنما هي نبوءة عن الكنعانيين الذين عاندوا الله وانحرفوا إلى الرجاسات الوثنية مثل تقديم أبنائهم ذبائح للأصنام. وحين بارك سام (أبو اليهود)، باركهم الله ومن نسلهم خرج إبراهيم واسحاق ويعقوب. وجاءت النبوة عن "يافث" والذي يعني "توسع" أو "ملء" أن الله يفتح له فيها.

10. القصص التي تنسب المعاصي والذنوب للانبياء: المعجزة الاولى التي عملها السيد المسيح أنَّه صنع الخمر في عرس (قانا)

لمّا فرغت الخمر في مجلس العرس، صنع السيد المسيح معجزته الاولى بطلب من أمّه، بكونها أحد افراد عائلة العريس، وحوّل الماء الى خمر حتى لا يحدث حرج للعريس وعائلته، فشاع بين المسلمين أن السيد المسيح عمل خمراً في معجزته الاولى وسكّر الناس. الواقع ان الخمر الذي صنعه السيد في العرس كان غير مسكر، ولم يرد في نص الإصحاح أنَّ الخمر كان مسكراً، بل جيداً لذةً للشاربين، كما صرّح بذلك رئيس المتكأ.

"وَفِي الْيَوْمِ الثَّالِثِ كَانَ عُرْسٌ فِي قَانَا الْجَلِيلِ، وَكَانَتْ أُمُّ يَسُوعَ هُنَاكَ. وَدُعِيَ أَيْضًا يَسُوعُ وَتَلاَمِيذُهُ إِلَى الْعُرْسِ. وَلَمَّا فَرَغَتِ الْخَمْرُ، قَالَتْ أُمُّ يَسُوعَ لَهُ: لَيْسَ لَهُمْ خَمْرٌ. قَالَ لَهَا يَسُوعُ: مَا لِي وَلَكِ يَا امْرَأَةُ؟! لَمْ تَأْتِ سَاعَتِي بَعْدُ. قَالَتْ أُمُّهُ لِلْخُدَّامِ: مَهْمَا قَالَ لَكُمْ فَافْعَلُوهُ. وَكَانَتْ سِتَّةُ أَجْرَانٍ مِنْ حِجَارَةٍ مَوْضُوعَةً هُنَاكَ، حَسَبَ تَطْهِيرِ الْيَهُودِ، يَسَعُ كُلُّ وَاحِدٍ مِطْرَيْنِ أَوْ ثَلاَثَةً. قَالَ لَهُمْ يَسُوعُ: امْلأُوا الأَجْرَانَ مَاءً. فَمَلأُوهَا إِلَى فَوْقُ. ثُمَّ قَالَ لَهُمُ: اسْتَقُوا الآنَ وَقَدِّمُوا إِلَى رَئِيسِ الْمُتَّكَإِ. فَقَدَّمُوا. فَلَمَّا ذَاقَ رَئِيسُ الْمُتَّكَإِ الْمَاءَ الْمُتَحَوِّلَ خَمْرًا، وَلَمْ يَكُنْ يَعْلَمُ مِنْ أَيْنَ هِيَ، لكِنَّ الْخُدَّامَ الَّذِينَ كَانُوا قَدِ اسْتَقَوُا الْمَاءَ عَلِمُوا، دَعَا رَئِيسُ الْمُتَّكَإِ الْعَرِيسَ وَقَالَ لَهُ: كُلُّ إِنْسَانٍ إِنَّمَا يَضَعُ الْخَمْرَ الْجَيِّدَةَ أَوَّلاً، وَمَتَى سَكِرُوا فَحِينَئِذٍ الدُّونَ. أَمَّا أَنْتَ فَقَدْ أَبْقَيْتَ الْخَمْرَ الْجَيِّدَةَ إِلَى الآنَ. هذِهِ بِدَايَةُ الآيات فَعَلَهَا يَسُوعُ فِي قَانَا الْجَلِيلِ، وَأَظْهَرَ مَجْدَهُ، فَآمَنَ بِهِ تَلاَمِيذُهُ".(221)

ينفي الفقهاء المسلمون هذه الحادثة جملةً وتفصيلاً وبلا سند قائلين: "حاشا السيد المسيح أنه شرب خمر وحاشاه أنّه حضر وتلاميذه في قانا الجليل مجلس العرس الذي تشرب فيه الخمر.(222)

---

(221) إنجيل يوحنا، 2:1-11.

(222) البلاغي، محمد جواد، الهدى الى دين المصطفى، مصدر سابق، ص118.

11. القصص التي تنسب المعاصي والذنوب للانبياء : جرأة موسى النبي في تحدثه غير المألوف مع الله تعالى

عندما كلّف الله تعالى موسى النبي مهمة تحرير بني إسرائيل من قبضة فرعون، استغرب موسى من العرض الالهي وحاول ان يعتذر عن الخدمة بخطاب جريئ قائلاً: من أنا حتى أذهب إلى فرعون وحتى أُخرج بنى إسرائيل من مصر؟! أنا راعي غنم وفرعون ملك مصر ملك طاغية وقد يعتدي عليّ أو يقتلني خاصة وأني قتلت رجلاً منهم "**فَقَالَ مُوسَى للهِ مَنْ أَنَا حَتَّى أَذْهَبَ إِلَى فِرْعَوْنَ، وَحَتَّى أُخْرِجَ بَنِي إِسْرَائِيلَ مِنْ مِصْرَ؟!**"[223] فطمأنه الرب وقال له: "**أنّني أَكُونُ مَعَكَ**".[224] فأجاب موسى وقال: "**وَلكِنْ هَا هُمْ لَا يُصَدِّقُونَنِي وَلَا يَسْمَعُونَ لِقَوْلِي، بَلْ يَقُولُونَ: لَمْ يَظْهَرْ لَكَ الرَّبُّ**"،[225] فقال له الرب: "**مَا هذِهِ فِي يَدِكَ؟! فَقَالَ: عَصًا فَقَالَ: اطْرَحْهَا إِلَى الأَرْضِ. فَطَرَحَهَا إِلَى الأَرْضِ فَصَارَتْ حَيَّةً**".[226] ثم قال الرب لموسى: "**أَدْخِلْ يَدَكَ فِي عُبّكَ. فَأَدْخَلَ يَدَهُ فِي عُبِّهِ ثُمَّ أَخْرَجَهَا، وَإِذَا يَدُهُ بَرْصَاءُ مِثْلَ الثَّلْجِ، ثُمَّ قَالَ لَهُ: رُدَّ يَدَكَ إِلَى عُبِّكَ، فَرَدَّ يَدَهُ إِلَى عُبِّهِ ثُمَّ أَخْرَجَهَا مِنْ عُبِّهِ، وَإِذَا هِيَ قَدْ عَادَتْ مِثْلَ جَسَدِهِ، فَيَكُونُ إِذَا لَمْ يُصَدِّقُوكَ وَلَمْ يَسْمَعُوا لِصَوْتِ الآيَةِ الأُولَى، أَنَّهُمْ يُصَدِّقُونَ صَوْتَ الآيَةِ الأَخِيرَةِ**".[227] ثم

---

(223) سفر الخروج، 3:11.

(224) سفر الخروج، 3:12.

(225) سفر الخروج، 4:1.

(226) سفر الخروج، 3-4:2.

(227) سفر الخروج، 8-4:6.

اعتذر موسى مجدداً بسبب ثقل فمه ولسانه، وقال موسى للرب: انت تريد رجلاً ان يتفاوض مع فرعون، هذا الرجل يجب ان يكون لبق اللسان وأنا ثقيل اللسان: "**اسْتَمِعْ أَيُّهَا السَّيِّدُ، لَسْتُ أَنَا صَاحِبَ كَلاَمٍ مُنْذُ أَمْسِ وَلاَ أَوَّلِ مِنْ أَمْسِ، وَلاَ مِنْ حِينِ كَلَّمْتَ عَبْدَكَ، بَلْ أَنَا ثَقِيلُ الْفَمِ وَاللِّسَانِ**"،[228] فَقَالَ لَهُ الرَّبُّ: "**مَنْ صَنَعَ لِلإِنْسَانِ فَمًا؟! أَوْ مَنْ يَصْنَعُ أَخْرَسَ أَوْ أَصَمَّ أَوْ بَصِيرًا أَوْ أَعْمَى؟! أَمَا هُوَ أَنَا الرَّبُّ؟! فَالآنَ اذْهَبْ وَأَنَا أَكُونُ مَعَ فَمِكَ وَأُعَلِّمُكَ مَا تَتَكَلَّمُ بِهِ**".[229] وإذ لا يجد أي حجة، قال موسى للرب: "**اسْتَمِعْ أَيُّهَا السَّيِّدُ، أَرْسِلْ بِيَدِ مَنْ تُرْسِلُ**"،[230] وكأنه أراد ان يقول فتش عن واحد غيري، أنا لا أذهب. فحميَ غضب الرب على موسى، وقال اذهب ولا تتباطأ ولا تتوانَ، وأعطاه هارون شريكًا معه في الخدمة ليكلم الشعب عنه.

وجاء في التوراة ان موسى النبي في لقائه الاول مع فرعون نتج عنه غضب فرعون على بني اسرائيل واستعبدهم بقسوة أكثر، وبسبب ذلك لم يعد بنو إسرائيل يسمعوا لموسى النبي من صغر النفس، ومن العبودية القاسية، فعاتب موسى الرب بكلام جريئ وباسلوب أدب غير متعارف عليه. لم تذكر الكتب الإلهية كلاماً جريئاً لأي نبي آخر مع الرب مثل ما ذكرته التوراة بخصوص موسى النبي حيث قال: "**يَا سَيِّدُ، لِمَاذَا أَسَأْتَ إِلَى هذَا الشَّعْبِ؟! لِمَاذَا**

---

(228) سفر الخروج، 4:10.

(229) سفر الخروج، 12-4:11.

(230) سفر الخروج، 4:13.

أَرْسَلْتَنِي؟! فَإِنَّهُ مُنْذُ دَخَلْتُ إِلَى فِرْعَوْنَ لِأَتَكَلَّمَ بِاسْمِكَ، أَسَاءَ إِلَى هَذَا الشَّعْبِ. وَأَنْتَ لَمْ تُخَلِّصْ شَعْبَكَ،[231] وعندما بعث الله موسى ليكلم فرعون مجدداً، أجابه موسى: هُوَذَا بَنُو إِسْرَائِيلَ لَمْ يَسْمَعُوا لِي، فَكَيْفَ يَسْمَعُنِي فِرْعَوْنُ وَأَنَا أَغْلَفُ الشَّفَتَيْنِ؟!".[232]

وفي الصحراء تذكر بنو إسرائيل لحم مصر، والسمك، والقثاء والبطيخ والكراث والبصل والثوم فتذمروا على موسى النبي وناحوا وأزهقوا نفسه، الى درجة انه سأل الرب ان يقتله ويخلصه من مهمة تحرير بني إسرائيل، وان يمحوه من كتابه، وعاتب موسى الرب قائلاً: "لِمَاذَا أَسَأْتَ إِلَى عَبْدِكَ؟! وَلِمَاذَا لَمْ أَجِدْ نِعْمَةً فِي عَيْنَيْكَ حَتَّى أَنَّكَ وَضَعْتَ ثِقْلَ جَمِيعِ هَذَا الشَّعْبِ عَلَيَّ؟! أَلَعَلِّي حَبِلْتُ بِجَمِيعِ هَذَا الشَّعْبِ أَوْ لَعَلِّي وَلَدْتُهُ حَتَّى تَقُولُ لِي احْمِلْهُ فِي حِضْنِكَ كَمَا يَحْمِلُ المُرَبِّي الرَّضِيعَ إِلَى الأَرْضِ الَّتِي حَلَفْتَ لِآبَائِهِ؟! مِنْ أَيْنَ لِي لَحْمٌ حَتَّى أُعْطِيَ جَمِيعَ هَذَا الشَّعْبِ. لِأَنَّهُمْ يَبْكُونَ عَلَيَّ قَائِلِينَ: أَعْطِنَا لَحْمًا لِنَأْكُلَ. لَا أَقْدِرُ أَنَا وَحْدِي أَنْ أَحْمِلَ جَمِيعَ هَذَا الشَّعْبِ لِأَنَّهُ ثَقِيلٌ عَلَيَّ. فَإِنْ كُنْتَ تَفْعَلُ بِي هَكَذَا فَاقْتُلْنِي قَتْلًا إِنْ وَجَدْتُ نِعْمَةً فِي عَيْنَيْكَ فَلَا أَرَى بَلِيَّتِي".[233] وشكّ موسى في قدرة الله على إشباع بني إسرائيل من اللحم، وخاطب الله بما يشبه الانكار قائلاً: "سِتُّ مِئَةِ أَلْفِ مَاشٍ هُوَ الشَّعْبُ الَّذِي أَنَا فِي وَسَطِهِ، وَأَنْتَ قَدْ قُلْتَ: أُعْطِيهِمْ لَحْمًا لِيَأْكُلُوا شَهْرًا مِنَ الزَّمَانِ. أَيُذْبَحُ لَهُمْ غَنَمٌ وَبَقَرٌ لِيَكْفِيَهُمْ؟! أَمْ

---

(231) سفر الخروج، 5:22.

(232) سفر الخروج، 6:12.

(233) سفر العدد، 11:11.

يُجْمَعُ لَهُمْ كُلُّ سَمَكِ الْبَحْرِ لِيَكْفِيَهُمْ؟!".[234] وفي شأن عبدة العجل سأل موسى الرب أن يغفر خطيتهم أو يمحوه من كتابه: "**وَالآنَ إِنْ غَفَرْتَ خَطِيَّتَهُمْ، وَإِلاَّ فَامْحُنِي مِنْ كِتَابِكَ الَّذِي كَتَبْتَ**".[235]

وذكرت التوراة أن الرب وصف موسى وهارون بعدم الإيمان بقدرته ولم يصدقا احتمال انبثاق الماء من الصخرة كما قال الله لهما "**فَقَالَ الرَّبُّ لِمُوسَى وَهَارُونَ: مِنْ أَجْلِ أَنَّكُمَا لَمْ تُؤْمِنَا بِي حَتَّى تُقَدِّسَانِي أَمَامَ أَعْيُنِ بَنِي إِسْرَائِيلَ، لِذلِكَ لاَ تُدْخِلاَنِ هذِهِ الْجَمَاعَةَ إِلَى الأَرْضِ الَّتِي أَعْطَيْتُهُمْ إِيَّاهَا**".[236] كما ووصفهما بالعصيان "**أَنَّكُمَا فِي بَرِّيَّةِ صِينَ، عِنْدَ مُخَاصَمَةِ الْجَمَاعَةِ، عَصَيْتُمَا قَوْلِي أَنْ تُقَدِّسَانِي بِالْمَاءِ أَمَامَ أَعْيُنِهِمْ**".[237] والخيانة "**لأَنَّكُمَا خُنْتُمَانِي فِي وَسَطِ بَنِي إِسْرَائِيلَ عِنْدَ مَاءِ مَرِيبَةِ قَادَشَ فِي بَرِّيَّةِ صِينٍ**".[238] ولذلك حرّم عليهما الرب العبور الى أرض الموعد مع بني إسرائيل.

وملخص حادثة الماء من الصخرة أنّ الشعب تذمر مراراً اذ لم يجدوا ماءاً للشرب خلال مسيرتهم في البرية، وفي هذه المرة في منطقة (قادش)، قال الرب لموسى: خذ العصا واجمع الجماعة وَكَلِّمَا الصخرة أمام اعين الشعب فتعطي ماءها "**وَكَلَّمَ الرَّبُّ مُوسَى قَائِلاً خُذِ الْعَصَا وَاجْمَعِ الْجَمَاعَةَ أَنْتَ وَهَارُونُ أَخُوكَ، وَكَلِّمَا الصَّخْرَةَ**

---

(234) سفر العدد، 11:21.

(235) سفر الخروج، 32:32.

(236) سفر العدد، 20:12.

(237) سفر العدد، 27:14.

(238) سفر التثنية، 32:51.

أَمَامَ أَعْيُنِهِمْ أَنْ تُعْطِيَ مَاءَهَا، فَتُخْرِجُ لَهُمْ مَاءً مِنَ الصَّخْرَةِ وَتَسْقِي الْجَمَاعَةَ وَمَوَاشِيَهُمْ".[239] لكن موسى عِوَض أن يكلِّم الصخرة ويأمرها ان تعطي ماءاً ضربها بعصاه مرتين، وقال للشعب اسمعوا ايها المَرَدَة أمن هذه الصخرة نخرج لكم ماءً؟! لكنه اندهش لما خرج ماء غزير، فشربت الجماعة ومواشيها "**فَأَخَذَ مُوسَى الْعَصَا مِنْ أَمَامِ الرَّبِّ كَمَا أَمَرَهُ، وَجَمَعَ مُوسَى وَهَارُونُ الْجُمْهُورَ أَمَامَ الصَّخْرَةِ، فَقَالَ لَهُمُ اسْمَعُوا أَيُّهَا الْمَرَدَةُ، أَمِنْ هذِهِ الصَّخْرَةِ نُخْرِجُ لَكُمْ مَاءً؟! وَرَفَعَ مُوسَى يَدَهُ وَضَرَبَ الصَّخْرَةَ بِعَصَاهُ مَرَّتَيْنِ، فَخَرَجَ مَاءٌ غَزِيرٌ، فَشَرِبَتِ الْجَمَاعَةُ وَمَوَاشِيهَا".**[240]

ضرب موسى النبي الصخرة بعصاه مرتين بدل ان يكلّمها كما امره الرب، وكأنه كان غاضباً مع انه كان رجلاً حليماً أكثر من جميع الناس، كما جاء وصفه في التوراة "**وَأَمَّا الرَّجُلُ مُوسَى فَكَانَ حَلِيمًا جِدًّا أَكْثَرَ مِنْ جَمِيعِ النَّاسِ الَّذِينَ عَلَى وَجْهِ الأَرْضِ".**[241] فقال الرب لموسى وهرون: من أجل انكما لم تؤمنا بي وبقدرتي حتى تقدساني أمام أعين بني إسرائيل، لذلك لا تُدخِلان هذه الجماعة الى الارض التي أعطيتهم إياها "**فَقَالَ الرَّبُّ لِمُوسَى وَهَارُونَ مِنْ أَجْلِ أَنَّكُمَا لَمْ تُؤْمِنَا بِي حَتَّى تُقَدِّسَانِي أَمَامَ أَعْيُنِ بَنِي إِسْرَائِيلَ، لِذلِكَ لاَ تُدْخِلاَنِ هذِهِ الْجَمَاعَةَ إِلَى الأَرْضِ الَّتِي أَعْطَيْتُهُمْ إِيَّاهَا".**[242] وفي

(239) سفر العدد، 20:7.
(240) سفر العدد، 20:9.
(241) سفر العدد، 12:3.
(242) سفر العدد، 20:12.

موضع آخر قال لهما لأنكما خنتماني، ولأنكما عصيتما قولي. الله تعالى يخاطب أنبياءه موسى وهارون بكلمات عدم الايمان والعصيان والخيانة ولذلك منعهم من دخول الارض مع بني إسرائيل التي خدما من أجلها أربعين سنة.

ولا بأس أنْ أذكر ان قصة الماء من الصخرة في قادش هي غير تلك التي ذُكرت في القرآن، والتي هي بدورها أيضاً ذكرت في التوراة في موضع آخر، فقد تعدّدت قصص تذمّرات بني إسرائيل كثيراً في الصحراء، وخاصة حول الماء والأكل.

هل قصص الأنبياء التي تنسب لهم المعاصي والذنوب نسج خيال أم حقيقة ؟!

هل حقاً اقترف الأنبياء الزنا وشربوا الخمر، وعصوا أمر الله كما جاء عنهم في الكتاب المُقدَس وما هي شواهد صحتها؟! لقد فصّلنا سابقاً ما يؤيد صحة هذه القصص في نهاية كل قصة، ونذكر هنا ملخصها لإتمام الموضوع. تؤكد الشواهد التاريخية أفعال الزنا للأنبياء وأن نسلهم من الزنا ما زالوا يعيشون على الارض. اضطجعت ابنتا لوط مع أبيهما وأنجبتا ولدين، وزنى رأوبين بامرأة أبيه وفَقَد بركة البكورية، وزنى يهوذا بامرأة ابنه وأنجب منها توأمين، وزنى داود بامرأة جيرانه ثم تزوجها شرعاً ورزق منها ابنه سليمان، وأخذ سليمان له ألف زوجة ومالَ قلبه عن الرب فمزّق الرب مملكته وهدّم هيكله وسبى بني إسرائيل نسله. واختلس يعقوب النبي بمكر

البكورية والبركة من أخيه عيسو وصار أبو الاسباط، وشرب نوح الخمر وسكر وتعرى بعد الطوفان وأبصر حام عورة أبيه وأخبر أخويه مستهزئاً فدعا نوح على نسل حام باللعنة وقد تحققت نبؤته، وشهد تلاميذ السيد المسيح معجزته الاولى حين صنع الخمر في عرس قانا.

أما جرأة موسى النبي في تحدثه غير المألوف مع الله تعالى، فقد حاول موسى النبي ان يعتذر عن تكليفه مهمة تحرير بني إسرائيل، وعاتب الرب عدة مرات بعد مقابلته لفرعون واثناء المسيرة في الصحراء باسلوب غير متعارف عليه، وذكر القرآن نسيان موسى المتكرر، وقتله للقبطي، وغضبه وردة فعله العنيفة على أخيه، وكسره لألواح التوراة، واذا أضفنا لها حديثه الجريئ مع الله، وتلكؤه في قبول الرسالة، وحادثة ماء الصخرة في قادش، يتضح ان موسى النبي قد اقترف المعصية حتى في تنفيذ الأوامر الإلهية، وبسبب حادثة ماء قادش فقد حرّم الله عليه وعلى أخيه هارون الدخول مع بني إسرائيل الى الأرض بالرغم من توسل موسى للرب ان يسمح له بالدخول الى ارض الموعد، وتوفاهما الرب اليه في الاردن على أبواب أرض الموعد، ولم يدخلا الأرض مع بني إسرائيل التي خدما من أجلها أربعين سنة.

ويبدو أنّنا نحتاج الى توضيحات إسلامية أكثر من التمسك بمصطلحات المعصية المجازية ("ترك الأوْلى" أو "ترك الأفضل") ومخالفة الأمر الإستحبابي، والإرشادي، أو النهي التنزيهي أو الإرشادي، ومصطلحات لفظية جميلة أخرى للتوفيق بين تصرفات

وافعال بعض الرسل، وبين مقام العصمة، وبالأخص القول الثاني للعصمة الذي ينص على العصمة المطلقة للأنبياء! ثم ان هناك آيات قرآنية تتضمن استغفار الانبياء لذنوبهم ومعاصيهم ونسيانهم وظلمهم، الا ان بعض الفقهاء المسلمين يفسرون ذنوب الأنبياء ومعاصيهم ونسيانهم وظلمهم كونها واحدة من اثنتين إما انها حكايات كاذبة وأن الكتب التي تنقلها هي كتب مُحرّفة، أو أن افعالهم هذه تحمل على المعصية المجازية او التصورية، ولا حقيقة ولا واقع لها.

ومن مجمل تعليقات واعتراضات الفقهاء المسلمين على قصص الأنبياء المعنيين والأسئلة التي أثاروها يتجلى بوضوح ان وصفهم للكتاب المُقدَس بالتحريف ينحصر في سبب واحد وهو تقييمهم للأنبياء بمعيار قرآني ولكن بتفاسير وأسانيد باطلة واستنباطات ومفاهيم خاطئة. فاعتبروا الأنبياء كالملائكة ومنحوهم ميزات لا سند لها كالعصمة المطلقة. لقد اتبع الفقهاء المسلمون اسلوب المقايسة والمقارنة مع القرآن وهذا حسن، لكنهم تغافلوا وصف القرآن لطبيعة الأنبياء البشرية وسلبياتهم وأخطائهم، واقتصروا على ذكر الصفات الايجابية فقط وما يسند ادعاء التحريف في الكتاب المُقدَس، ولكنني لم أتوسع في تفاصيل هذه الأمور؛ لأن هذا البحث هو ليس دراسة مقارنة بين قصص الأنبياء وصفاتهم في القرآن والكتاب المُقدّس، إنما يبحث عن مدى صحة اقتراف الأنبياء المعنيين للذنوب التي نسبت اليهم وعلاقتها بالعصمة والتحريف في الكتاب المُقدَس، والا فإن الأنبياء المذكورين في القرآن هم عينهم في الكتاب المُقدَس وذات صفاتهم.

لم يذكر القرآن الكريم عن آدم النبي إلا خطية واحدة، ومع ذلك ترافق معها الطرد من الجنة والشقاء على الارض، ولم يذكر القرآن عن يونس النبي الا خطية واحدة فابتلعه الحوت، ولم يحرم موسى وهارون من دخول أرض الموعد التي خدما من أجلها أربعين سنة الا خطية ماء قادش. تأمل ما أشنع عواقب خطية واحدة! الخطية هي مخالفة لمرضاة الله، الخطية هي تحقيق لمطامع إبليس، فكيف ولماذا نخترع لها كل هذه المحاماة والتخريجات والتبريرات والتأويلات؟!

تعتبر المعاصي والذنوب ومنها الخمر والزنا رجس من عمل الشيطان فهل بمقدور الشيطان ان يوسوس الى الأنبياء؟ جاء في القرآن الكريم ان الشيطان وسوس إلى أبينا آدم ﴿ **فَوَسْوَسَ إِلَيْهِ الشَّيْطَٰنُ قَالَ يَٰٓـَٔادَمُ هَلْ أَدُلُّكَ عَلَىٰ شَجَرَةِ الْخُلْدِ وَمُلْكٍ لاَ يَبْلَىٰ** ﴾،[243] وإلى موسى النبي ﴿ **فَوَكَزَهُ مُوسَىٰ فَقَضَىٰ عَلَيْهِ قَالَ هَٰذَا مِنْ عَمَلِ الشَّيْطَٰنِ إِنَّهُ عَدُوٌّ مُّضِلٌّ مُّبِينٌ** ﴾،[244] وإلى أيوب ﴿ **وَاذْكُرْ عَبْدَنَآ أَيُّوبَ إِذْ نَادَىٰ رَبَّهُ أَنِّي مَسَّنِىَ الشَّيْطَٰنُ بِنُصْبٍ وَعَذَابٍ** ﴾،[245] وإلى يوسف ﴿ **مِن بَعْدِ أَن نَّزَغَ الشَّيْطَٰنُ بَيْنِى وَبَيْنَ إِخْوَتِى** ﴾،[246] وإلى رسل وأنبياء أخر ﴿ **وَمَا أَرْسَلْنَا مِن قَبْلِكَ مِن رَّسُولٍ وَلاَ نَبِيٍّ إِلاَّ إِذَا تَمَنَّىٰ أَلْقَى الشَّيْطَٰنُ فِى أُمْنِيَّتِهِ** ﴾،[247] واستُثني من وسوسته السيد المسيح ﴿ **وَإِنِّى أُعِيذُهَا بِكَ**

---

(243) طه: 120.

(244) القصص: 15.

(245) ص: 41.

(246) يوسف: 100.

(247) الحج: 52.

وَذُرِّيَّتَهَا مِنَ الشَّيْطَانِ الرَّجِيمِ ﴾،[248] وجاء في الحديث النبوي "**كُلُّ بَنِي آدَمَ يَطعَنُ الشَّيطانُ في جَنْبَيْهِ بِإصبَعِهِ حِينَ يُولَدُ غَيْرَ عِيسَى ابْنِ مَرْيَمَ ذَهَبَ يَطْعُنُ فَطَعَنَ فِي الحِجَابِ**"،[249] وبعد معموديته كان السيد المسيح في البرّية أربعين يوماً يُجرَّب من إبليس، ولما أكمل إبليس كل تجربة ولم يفلح في أي منها فارقه " **ثُمَّ تَرَكَهُ إِبْلِيسُ، وَإِذَا مَلاَئِكَةٌ قَدْ جَاءَتْ فَصَارَتْ تَخْدِمُهُ**".[250]

جاء في الحديث النبوي ان الله كتب على جميع البشر حظه من الزنا، بما فيهم الرسل كونهم من بني آدم "**إِنَّ اللَّهَ كَتَبَ عَلَى ابْنِ آدَمَ حَظَّهُ مِنَ الزِّنَا، أَدْرَكَ ذَلِكَ لاَ مَحَالَةَ، فَزِنَا العَيْنِ النَّظَرُ، وَزِنَا اللِّسَانِ المَنْطِقُ، وَالنَّفْسُ تَمَنَّى وَتَشْتَهِي، وَالفَرْجُ يُصَدِّقُ ذَلِكَ كُلَّهُ وَيُكَذِّبُهُ**".[251]

ما هو مفهوم العصمة عند أهل الكتاب؟!

هل الكتاب المُقدَس معصوم؟!

هل الأنبياء معصومون في المفهوم اليهودي والمسيحي؟!

كيف يفسّر أهل الكتاب القصص التي تنسب الفواحش لأنبيائهم والتحريف لكتبهم؟!

---

(248) آل عمران: 36.

(249) صحيح البخاري 3286.

(250) متى: 4:11.

(251) صحيح البحاري 6243.

شكّلت القصص التي نسبت المعاصي والذنوب للأنبياء السبب الرئيس الاول لاعتقاد الفقهاء المسلمين بالتحريف في الكتاب المُقدَس،(252)،(253)،(254) حيث اعتبرت الدراسات الإسلامية هذه القصص غير لائقة بمقامهم كأنبياء وقادة للناس استناداً الى مبدأ العصمة، بينما يعتقد أهل الكتاب أنها قصص حقيقية قد حصلت ولا تحريف في الكتاب، ولو كان همهم التحريف لحذفوا هذه القصص من الكتاب. الاختلاف في الحكم يكمن في ان العصمة مفهوم غير مألوف جداً في المعايير اليهودية والمسيحية، ولا توجد للعصمة عند أهل الكتاب معالم واضحة جداً، ولا يوجد إجماع آبائي على العصمة، ولا على محتواها، ولا على مفهومها، ولا على دلالاتها. الا أن العصمة هو أحد ثوابت الكتاب المُقدَس، كونه كلمة الله حتى أصغر ألفاظه، ولأن الله كامل، فلا يُمكن أن يصدر خطأ عنه، و بالتالى لا يُمكن أن يكون هناك خطأ فى الكتاب المُقدَس، وأن قداسته تعني عصمته. ودليل آخر أنّ الكتاب يتصف بعدم تعليم أي ضلال.(255)

أما بالنسبة لعصمة الأنبياء فإن الاعتقاد المسيحي الساري

---

(252) البلاغي، محمد جواد، الهدى الى دين المصطفى،مصدر سابق، ص92.

(253) الخوئي، ابو القاسم الموسوي، رسالة في نفحات الاعجاز، مصدر سابق، ص52.

(254) كاشف الغطاء، محمد حسين، التوضيح في باب حال الإنجيل والمسيح، ص42، 2020.

(255) اليسوعي، صبحي حموي، معجم الايمان المسيحي، الطبعة الثانية، ص329، دار المشرق، بيروت، لبنان، 1998.

هو تلوّث الجنس البشري بالخطيئة وتَعَذُّر تَطَهّرِهِ منها، فلم يسلم من هذه الخطيئة أحد من البشر سوى السيد المسيح وأمه القديسة، وأن جميع أبناء آدم خطّاؤون، وقد توارثوا الخطيئة عن أبيهم آدم الذي عصى أمر الله في الجنة. فقد صرحت النبوءات والملائكة والرسل على قدسية السيد المسيح (المولود من غير أب) وعصمته كما صرح السيد نفسه بطهارته من الخطية "**مَنْ مِنْكُمْ يُبَكِّتُنِي عَلَى خَطِيَّةٍ؟!**".[256] وأكّد القرآن الكريم على نقاوة السيد المسيح من قبل ولادته، فقال على لسان الملاك الذي بشّر أمه ﴿ **إِنَّمَا أَنَا رَسُولُ رَبِّكِ لأَهَبَ لَكِ غُلاَماً زَكِيّاً** ﴾،[257] كما شهد القرآن بطهارة أمه ﴿ **وَإِذْ قَالَتِ الْمَلاَئِكَةُ يَا مَرْيَمُ إِنَّ اللَّهَ اصْطَفَاكِ وَطَهَّرَكِ وَاصْطَفَاكِ عَلَىٰ نِسَاءِ الْعَالَمِينَ** ﴾.[258]

وقد ورد نفس معتقد انتشار الخطيئة بين البشر في الحديث "كل بني آدم خطاء وخير الخطائين التوابون" وفي النص القرآني ﴿ **هُوَ الَّذِى خَلَقَكُمْ مِّن نَّفْس وَاحِدَة وَجَعَلَ مِنْهَا زَوْجَهَا لِيَسْكُنَ إِلَيْهَا فَلَمَّا تَغَشَّـهَا حَمَلَتْ حَمْلا خَفِيفاً فَمَرَّتْ بِهِ فَلَمَّا أَثْقَلَتْ دَّعَوَا اللهَ رَبَّهُمَا لَئِنْ ءَاتَيْتَنَا صَلِحاً لَّنَكُونَنَّ مِنَ الشَّكِرِينَ فَلَمَّآ ءَاتَيهُمَا صَلِحاً جَعَلا لَهُ شُرَكَآءِ فِيمَآ ءَاتَهُمَا فَتَعَلى اللهُ عَمَّا يُشْرِكُونَ** ﴾.[259] ملخص معنى الآية ان الكثرة الإنسانية هي نتيجة أبوين يلدان ولدا، والتغشي

(256) إنجيل يوحنا، 8:46.
(257) مريم، 19.
(258) آل عمران، 42.
(259) الأعراف، 189 و 190.

"تَغَشَّهَا" يعني الجماع، ولما حملت الزوجة كان كل من الزوجين يتمنّى أن يهبه الله ولداً صالحاً، جميلاً وسالماً، وعندما استجاب الله دعاءهما، ورزقهما الولد كما تمنيا، نقضا عهدهما وأشركا بالله، ونسبا جماله وسلامته اليهما كأبوين. ولو إن هناك بين المفسّرين كلام في المراد من الزوجين اللذين تكلمت عنهما الآيتان الا ان جمهوراً من المفسرين قال إن المراد من "النفس الواحدة" وزوجها هو آدم وحواء والآيتان تخاطبان جميع أفراد البشر بدلالة قوله تعالى (**خَلَقَكُمْ مِّن نَّفْسٍ وَاحِدَةٍ**).[260]،[261]،[262] وهكذا علّلوا تنسيب الخطيئة الى آدم.

وفيما عدا السيد المسيح، لا يؤمن المسيحيون بعصمة الأنبياء والرسل في أعمالهم العمومية اليومية، لكنهم يؤمنون أنهم معصومون في تبليغ رسالة الله من غير أن يزيدوا عليها أو ينقصوا منها أو يلحقوا بها أقل تحريف، والعاصم لهم هو الروح القدس بشهادة السيد المسيح لتلاميذه "**لأَنْ لَسْتُمْ أَنْتُمُ الْمُتَكَلِّمِينَ بَلْ رُوحُ أَبِيكُمُ الَّذِي يَتَكَلَّمُ فِيكُمْ**".[263] وقال لهم أيضاً "... **الرُّوحُ الْقُدُسُ، الَّذِي سَيُرْسِلُهُ الآبُ بِاسْمِي، فَهُوَ يُعَلِّمُكُمْ كُلَّ شَيْءٍ، وَيُذَكِّرُكُمْ بِكُلِّ مَا قُلْتُهُ لَكُمْ**".[264] ولهذا يعتقد المسيحيون ان الإنجيل قد كتب من قبل الإنجيليين بإلهام من الروح القدس وأنه صحيح وغير مُحرّف وان الإنجيليين

(260) تفسير الأمثل، ج5، ص327.
(261) تفسير الميزان، ج9، ص378.
(262) تفسير القرطبي، ج7، ص337.
(263) إنجيل متى، 10:20.
(264) إنجيل يوحنا، 14:26.

معصومون من الخطأ والنسيان حين كتابتهم للأسفار وعند تبشيرهم بالتعاليم المسيحية.[265]

يعتقد الكاثوليك بالعصمة البابوية حيث تم اقرارها في المجمع الفاتيكاني الأول عام 1870 ميلادي، وأنه مؤيد من روح القدس ومعصوم من الخطأ استناداً الى ان السيد المسيح اختار الرسل وعلّمهم لمواصلة عمله، وأن روح القدس حل عليهم، وان الكنيسة الكاثوليكية الحالية هي استمرار للكنيسة التي اسسها السيد المسيح ووضع بطرس وخلفاءه الباباوات رؤساء عليها. لكن هذا الإعتقاد ينحصر في أطار الكنيسة الكاثوليكية ولم تعترف بها بقية الكنائس المسيحية الأرثوذكسية والبروتستانتية، بل اتخذت موقفاً سلبياً شديداً امام هذا الاعتقاد.

أما عقيدة العصمة عند الآباء اليهود فلم يكن لها معالم واضحة أيضاً، ولا نراها بوضوح عند أحد منهم، بل ولا تظهر عند الكثيرين من الآباء، لكن يؤمن اليهود انّ الأنبياء معصومون في تلقي وتبليغ رسالة الوحي الالهي، وهذا الاعتقاد هو احد المبادئ الثلاثة عشر التي تبتني عليها اليهودية.[266] ولكن تبقى طبيعة الأنبياء البشرية تدفعهم الى ارتكاب الذنوب، واخرى تسوقهم الى الخطأ والنسيان، ويؤيد هذا الإعتقاد ما ورد في التوراة، حيث نسبت

---

(265) يعقوب، القمص حلمي، مفهوم الوحي والعصمة في الكتاب المُقدَس، كنيسة القديسين مارمرقس الرسول، الإسكندرية. 2009.

(266) صعب، اديب، الأديان الحية، المجلد الثاني، دار النهار للنشر، 1995.

لهم مجموعة من الذنوب الصغيرة والكبيرة، التي منشأها طبيعتهم البشرية التي تميل وترغب للمعصية.

في العهد القديم كان تلقي الرسالة غالباً مباشراً من الله عن طريق السماع، التكلم مباشرة، الرؤيا والأحلام، والملاك وغيرها وأحياناً عن طريق الإلهام بالروح القدس فقد كتب عزرا النبي مثلاً التوراة بعد السبي ودمار الهيكل بإلهام من الروح القدس، وقد فصلنا هذا في الصفحة 228. أما في العهد الجديد فنلاحظ ان عمل الروح القدس شاهدٌ، و موجودٌ، و متداخلٌ مع كاتب الإنجيل، وقد فصلنا هذا في الصفحة 234.

هل يسند مفهوم العصمة الادعاء بالتحريف ؟!

هل ينطبق القول الاول لمفهوم العصمة الإسلامية على أفعال الانبياء في هذه القصص (الزنا وشرب الخمر)؟!

1. ينص القول الأول لمفهوم العصمة الإسلامية على العصمة في التلقي والتبليغ، وان القصص تَنسب الى الأنبياء الزنا وشرب خمر، وبما أن هذه الأفعال هي ليست بتلقٍ ولا تبليغ، إنما هي قضايا تخص حياتهم اليومية، فبالتالي لا تنطبق مخالفة العصمة على فاعليها، ولا تعكس قصصهم أي تحريف في التوراة أو الإنجيل بناءً على هذا السبب.

2. هي قصص غير لائقة بهم خُلقيّاً كمربّين ولا بمنزلتهم

كأنبياء، لكن حصر عدم لياقة افعالهم بسبب عصمتهم، يربك تقييمها كقصص مُحرّفة لأن تعريف العصمة لا ينطبق على طبيعة فعلهم في القصص (فعلهم في القصص لا يمثل تلقي أو تبليغ رسالة الوحي الإلهي). وعلينا ان لا نخلط بين الأمرين فهم معصومون في التلقي والتبليغ للرسالة الإلهية فقط، لكنهم غير معصومين في أوقات وأمور اخرى، وهذا لا ينافي نص القول الاول للعصمة الإسلامية. بكلمات أخرى، ان العصمة هي صفة لهم ولا يمكن نزعها عنهم بسبب فعلهم فيما يتعدى التلقي والتبليغ. مثل ما نقول أنه رجل مسلم لكنه كذّاب، ومنافق، وسفّاح للدماء ولكن لا يمكن لأحد ان ينفي عنه إسلامه بسبب ذنوبه. هو مسلم. ويبقى مسلماً وإن شرب الخمر أو اقترف الزنا. وكذلك هؤلاء الأنبياء هم معصومون في التلقي والتبليغ فقط، ولا يمكن لأحد ان ينفي عنهم ملكة العصمة بسبب ذنوبهم الأخرى، والشاهد على عصمتهم هو صدقهم في تلقي وتبليغ الرسالة الإلهية. لكنّ عصمتَهم "مقصورة" على التلقي والتبليغ، وليست عصمة مطلقة.

لكن فقهاء الشيعة الإمامية يعتقدون ان التفكيك بين المعاصي فرضية محضة، ولا يمكن التفكيك بين الكذب مثلاً وسائر المعاصي، لان العوامل التي ساقت الإنسان الى ارتكاب المعاصي هي نفسها التي تسوقه الى اقتراف الكذب، كذلك لا يصلح لزوم النبي اقتراف المعاصي علناً في المجتمع وعاصياً ومقترفاً للذنوب كالزنا وشرب الخمر في الخلوات[267].

---

(267) جعفر السبحاني، عصمة الأنبياء في القرآن الكريم، دار الولاء، بيروت، 2004.

وبناءاً على معتقد الإمامية في عدم التفكيك بين المعاصي هذا، فان الإنسان المذنب هو في حقيقته مقترف لسلسلة من أنواع الذنوب لأن عوامل ذنبه الأول تسوقه الى اقتراف ذنوباً متتالية! هذا يعني ان الإنسان إما أن يكون معصوماً مطلقاً وخالٍ من أي ذنب يذكر، أو أنه حقيبة خطايا لأن ذنبه الأول يسوقه الى ذنوب أخرى! وهذا المعتقد عسر الهضم عقلياً، فلابد من الاعتقاد بالتفكيك بين المعاصي، والأمثلة كثيرة في واقعنا: إنسان سمته الكذب لكنه لم يشرب الخمر في حياته، إنسان يزني لكنه لم يقتل في حياته إنساناً، ويمكن تطبيق هذه الحقيقة على أنفسنا، فكل واحد منا يقترف ذنباً بين حين وآخر لأننا لسنا معصومين، لكننا لسنا بحقيبة ذنوب كما هو اعتقاد أصحاب عقيدة عدم التفكيك بين الذنوب! لان ذنبنا الأول لم يسقنا الى ذنوب أخرى.

ان الإعتقاد بعدم التفكيك بين المعاصي ينفي دور العقل والإرادة في تجنب بعض المعاصي، والحقيقة ان لكل إنسان عادي حتى وان لم يكن مؤمنا درجةً من درجات العصمة تجنبه بعض المعاصي بحكم سيطرة عقله وارادته وادراك ما يضره وينفعه وجدانياً. ايضاً اذا كان الإنسان مجبلاً على المعصية فان عقابه يصبح خلاف للعدل الإلهي.

هل الأنبياء معصومون في التلقي والتبليغ؟!

يعتبر تكليف موسى النبي مهمة تحرير بني إسرائيل هو بداية تلقي رسالته، وأن حديثه مع الرب في هذا الشأن خالف العصمة في

التلقي؛ لأن موسى حاول الاعتذار عن التلقي في البداية، وقدّم أعذاراً لإعفائه وأخيراً رفض المهمة صراحة "**اسْتَمِعْ أَيُّهَا السَّيِّدُ، أَرْسِلْ بِيَدِ مَنْ تُرْسِلُ**"،[268] وقد فصّلنا هذا في الصفحة 115. وكذلك نلمس مخالفة العصمة في التبليغ في قصة يونس النبي العظيم حيث يئس من هداية قومه فهجرهم وهو غاضب عليهم ﴿ **وَذَا النُّونِ إِذ ذَّهَبَ مُغَضِباً فَظَنَّ أَن لَّن نَّقْدِرَ عَلَيْهِ فَنَادَى فِي الظُّلُمَتِ أَن لاَّ إِلَـهَ إِلاَّ أَنتَ سُبْحَنَكَ إِنِّى كُنتُ مِنَ الظَّلِمِينَ** ﴾.[269]

يعلّق الفقهاء المسلمون حول حديث موسى الجريئ مع الرب قائلين: هذا حديث غير ممكن، وأدب غير مألوف، وينافي العصمة، وانه دليل آخر على التحريف في التوراة.[270] لكن قصة لقاء موسى وحديثه الأول مع الرب ورد في القرآن الكريم أيضاً، وبتعابير متشابهة حيث صرح القرآن على لسان موسى النبي انه يخاف ان يقابل فرعون لأنه ملك طاغ وربما يعتدي عليه ﴿ **قَالَا رَبَّنَا إِنَّنَا نَخَافُ أَن يَفْرُطَ عَلَيْنَا أَوْ أَن يَطْغَى** ﴾،[271] وخاف من فرعون ان يقتله ﴿ **قَالَ رَبِّ أَنّني قَتَلْتُ مِنْهُمْ نَفْسًا فَأَخَافُ أَن يَقْتُلُونِ** ﴾،[272] وخاف ان يكذبوه خاصة وانه ثقيل اللسان ﴿ **وَأَخِي هَارُونُ هُوَ أَفْصَحُ مِنِّي لِسَانًا**

---

(268) سفر الخروج، 4:13.
(269) الانبياء، 87.
(270) الخوئي، ابو القاسم الموسوي، رسالة في نفحات الاعجاز، مصدر سابق، ص37.
(271) طه، 45.
(272) القصص، 33.

فَأَرْسِلْهُ مَعِيَ رِدْءًا يُصَدِّقُنِي أَنِّي أَخَافُ أَن يُكَذِّبُونِ﴾،(273) وقبل أن ينطق بقول رابع، أمره تعالى بالذهاب وعدم التباطؤ بالمهمة ﴿ **اذْهَبْ أَنتَ وَأَخُوكَ بِآيَاتِي وَلَا تَنِيَا فِي ذِكْرِي** ﴾.(274) يعلق الفقهاء المسلمون: "ليس في هذه الآيات القرآنية شيء من الدلالة على إعتذار موسى عن التوجه الى ما أُرسل اليه".(275)

هل يسند مفهوم العصمة الادعاء بالتحريف ؟!

هل ينطبق القول الثاني لمفهوم العصمة الإسلامي على الانبياء (العصمة المطلقة)؟!

هل يمتاز الأنبياء في القصص بعصمة مطلقة في كل أمور الحياة أم انها عصمة تقتصر على التلقي والتبليغ فقط ؟! ذكرنا ان القول الثاني لمفهوم العصمة الإسلامي ينص على العصمة المطلقة عن صدور المعاصي، الكبائر منها والصغائر، عمداً أو سهواً، في تلقي الرسالة الإلهية أو في تبليغها، أي إن الأنبياء معصومون عن الخطأ والسهو، ومصونون عن النسيان، لا في قضايا الأحكام وحدها، بل حتى في القضايا العادية أيضاً.

الا اننا نلاحظ من تدبر آيات القرآن الكريم ان الانبياء هم

---

(273) القصص، 34.

(274) طه، 42.

(275) البلاغي، محمد جواد، الهدى الى دين المصطفى، مصدر سابق، ص 91.

كسائر البشر قد يفعلون الخطأ، ويصابون بالنسيان، وقد ينفعلون بعصبية، ويقترفون الظلم والعصيان عكس ما ينص عليه القول الثاني لمفهوم العصمة المطلق. فقد نسب القرآن الكريم النسيان إلى آدم ﴿ **وَلَقَدْ عَهِدْنَا إِلَى آدَمَ مِنْ قَبْلُ فَنَسِيَ** ﴾،[276] وإلى موسى ﴿ **قَالَ لَاتُؤَاخِذْنِي بِمَا نَسِيتُ** ﴾،[277] وإلى يوشع بن نون النبي خادم موسى النبي وخليفته من بعده ﴿ **وَمَا أَنسَانِيهُ إِلاَّ الشَّيْطَانُ أَنْ أَذْكُرَهُ** ﴾[278]*، ونسب القرآن الغضب الى يونس النبي ﴿ **وَذَا النُّونِ إِذ ذَّهَبَ مُغَاضِبًا** ﴾،[279] ونسب العصيان الى آدم ﴿ **وَعَصَى ءَادَمُ رَبَّهُ فَغَوَى** ﴾،[280] وربما الشرك ﴿ **هُوَ الَّذِى خَلَقَكُمْ مِّن نَّفْس وَاحِدَة وَجَعَلَ مِنْهَا زَوْجَهَا لِيَسْكُنَ إِلَيْهَا فَلَمَّا تَغَشَّهَا حَمَلَتْ حَمْلا خَفِيفاً**

---

(276) طه، 115.

(277) الكهف، 73.

(278) الكهف، 63.

* هارون هو خليفة موسى النبي على بني إسرائيل حين كان موسى على الجبل في لقاءٍ مع الله، وأن هارون مات قبل موسى، فصار يوشع خليفة لموسى كنبيّ "وَكَلَّمَ الرَّبُّ مُوسَى وَهَارُونَ فِي جَبَلِ هُورٍ عَلَى تُخُمِ أَرْضِ أَدُومَ قَائِلًا: يُضَمُّ هَارُونُ إِلَى قَوْمِهِ لأَنَّهُ لاَ يَدْخُلُ الأَرْضَ الَّتِي أَعْطَيْتُ لِبَنِي إِسْرَائِيلَ، لأَنَّكُمْ عَصَيْتُمْ قَوْلِي عِنْدَ مَاءِ مَرِيبَةَ. خُذْ هَارُونَ وَأَلِعَازَارَ ابْنَهُ وَاصْعَدْ بِهِمَا إِلَى جَبَلِ هُورٍ، وَاخْلَعْ عَنْ هَارُونَ ثِيَابَهُ، وَأَلْبِسْ أَلِعَازَارَ ابْنَهُ إِيَّاهَا. فَيُضَمُّ هَارُونُ وَيَمُوتُ هُنَاكَ. فَفَعَلَ مُوسَى كَمَا أَمَرَ الرَّبُّ، وَصَعِدُوا إِلَى جَبَلِ هُورٍ أَمَامَ أَعْيُنِ كُلِّ الْجَمَاعَةِ. فَخَلَعَ مُوسَى عَنْ هَارُونَ ثِيَابَهُ وَأَلْبَسَ أَلِعَازَارَ ابْنَهُ إِيَّاهَا. فَمَاتَ هَارُونُ هُنَاكَ عَلَى رَأْسِ الْجَبَلِ، ثُمَّ انْحَدَرَ مُوسَى وَأَلِعَازَارُ عَنِ الْجَبَلِ. فَلَمَّا رَأَى كُلُّ الْجَمَاعَةِ أَنَّ هَارُونَ قَدْ مَاتَ، بَكَى جَمِيعُ بَيْتِ إِسْرَائِيلَ عَلَى هَارُونَ ثَلاَثِينَ يَوْمًا" (عدد، 29-20:23).

(279) الانبياء، 87.

(280) طه، 121.

فَمَرَّتْ بِهِ فَلَمَّا أَثْقَلَت دَّعَوَا اللهَ رَبَّهُمَا لَئِنْ ءَاتَيْتَنَا صَلِحاً لَّنَكُونَنَّ مِنَ الشَّكِرِينَ فَلَمَّآ ءَاتَيهُمَا صَلِحاً جَعَلا لَهُ، شُرِكَآءِ فِيمَآ ءَاتَهُمَا فَتَعَلى اللهُ عَمَّا يُشْرِكُونَ ﴾.[281] وقد بينا تفسير هذه الآية سابقاً، الصفحة 126.

اضف الى هذا ان حضور الرسل عند مقام الرب ملازم للأمن المطلق ﴿ **يَمُوسَى لاَتَخَفْ إِنِّى لاَيَخافُ لَدَىَّ الْمُرْسَلُونَ** ﴾،[282] الا أن في هذه الآية استثناء ﴿ **إلاَّ مَنْ ظَلَمَ** ﴾،[283] ولو أن هذا الاستثناء فسر على أوجه، الا أن أحد معانيه هو: الا من أتى ذنباً من الرسل فهو غير آمن من حساب الله وعقوبته.

وقد جاء التصريح بالظلم على لسان يونس ﴿ **وَذَا النُّونِ إِذ ذَّهَبَ مُغَضِباً فَظَنَّ أَن لَّن نَّقْدِرَ عَلَيْهِ فَنَادَى فِى الظُّلُمَتِ أَن لاَّ إِلَـهَ إِلاَّ أَنتَ سُبْحَنَكَ إِنِّى كُنتُ مِنَ الظَّلِمِينَ** ﴾،[284] وموسى ﴿ **قَالَ رَبِّ إِنِّى ظَلَمْتُ نَفْسِى فَاغْفِر لِى** ﴾،[285] وآدم وزوجه ﴿ **قَالاَ رَبَّنَا ظَلَمْنَآ أَنفُسَنَا وَإِن لَّمْ تَغْفِرْ لَنَا وَتَرْحَمْنَا لَنَكُونَنَّ مِنَ الْخَسِرِينَ** ﴾،[286] وغضب موسى على أخيه وقومه ﴿ **وَلَمَّا رَجَعَ مُوسَى إِلَى قَوْمِهِ**

---

(281) الأعراف، 189 و 190.
(282) النمل، 10.
(283) النمل، 11.
(284) الانبياء، 87.
(285) القصص، 16.
(286) الاعراف، 23.

غَضْبَنَ أَسِفاً ﴾.[287]

هل يمكن ان يصاب الأنبياء بالنسيان؟! يعتقد بعض الفقهاء المسلمين أن المسَلَّم به أنَّ النبي لا يُصاب بالنسيان في أصل دعوة النبوة، ولا يخطأ أو يشتبه في التبليغ، حيث إن عناية الله تعصمهُ في مثل هذه الأُمور، لكنه قد يقع في النسيان في حياته اليومية. اذن الأنبياء لا يمتازون بالعصمة المطلقة تبعاً لاعتقاد هؤلاء الفقهاء.

واحتمل بعض المفسّرين المسلمين أن يكون النسيان هنا بمعنى مجازي، وذهب آخرون الى أبعد من ذلك وادعوا أنَّ موسى المذكور في القصة الذي نسيَ ليسَ هو موسى بن عمران النبي، بل هو شخص آخر،[288] كل هذا من أجل نفي النسيان عن الأنبياء لأنه يتعارض مع العصمة المطلقة للأنبياء، لكن هذا لا يتسق مع الآيات القرآنية التي تصرح بوقوعهم في النسيان. يعلق الفقهاء المسلمون بخصوص عصيان آدم أن النهي الإلهي قد يكون مولوياً تحريمياً مما يستحق الذم والعقاب على مخالفة مولاه وقد يكون مولوياً على وجه الكراهة والتنزيه مرخصاً في مخالفته[289] وان عصيان آدم للرب في الجنة كان من النوع الثاني[290] أي مرخصاً في مخالفته أو ترك الأولى.

---

(287) الأعراف، 150.

(288) تفسير الأمثل، ج9، ص322.

(289) البلاغي، محمد جواد، الهدى الى دين المصطفى، مصدر سابق، ص 59.

(290) البلاغي، محمد جواد، الهدى الى دين المصطفى، مصدر سابق، ص 60.

والسؤال الذي يطرح نفسه اذا كان مرخصاً في مخالفته فلماذا اخرجه الله من الجنة بسببه؟! الرب الذي أمر الملائكة بالسجود لآدم أهبطه من الجنة الى الأرض. هل أن معصيته كانت مرخصة كما يعتقد الفقهاء المسلمون؟! أم أن الاكل من الشجرة كانت خطيئة وعصيان تستحق العقاب؟! ولهذا طرده! أن فاعل القبيح ظالم لنفسه، والظالم في القليل ظالم في الكثير "**الظَّالِمُ فِي الْقَلِيلِ ظَالِمٌ أَيْضًا فِي الْكَثِيرِ**".[291]

وأن القرآن الكريم ذكر قتل موسى للقبطي ﴿ **فَوَكَزَهُۥ مُوسَىٰ فَقَضَىٰ عَلَيْهِ** ﴾،[292] كما ذكر نسيانه ثلاث مرات عندَ مُرافقته للرجل العالم ﴿ **قَالَ إِن سَأَلْتُكَ عَن شَيْءٍ بَعْدَهَا فَلَا تُصَاحِبْنِي قَدْ بَلَغْتَ مِن لَّدُنِّي عُذْرًا** ﴾.[293] وقد استعرض القرآن ردّة فعل موسى العنيفة وغضبه المفرط على أخيه هارون بخصوص العجل الذهبي، إذ يقول: إنّ موسى ألقى ألواح التوراة وكسرها، وعمد إلى أخيه هارون، الذي هو أكبر منه سناً، وخليفته في قيادة الشعب، وأخذ برأسه يجره إلى ناحيته ساخطاً غاضباً عليه أمام بني إسرائيل ﴿ **وَلَمَّا رَجَعَ مُوسَىٰ إِلَىٰ قَوْمِهِ غَضْبَانَ أَسِفًا قَالَ بِئْسَمَا خَلَفْتُمُونِي مِن بَعْدِي أَعَجِلْتُمْ أَمْرَ رَبِّكُمْ وَأَلْقَى الْأَلْوَاحَ وَأَخَذَ بِرَأْسِ أَخِيهِ يَجُرُّهُ إِلَيْهِ** ﴾،[294] وقبل ان يسمع رأي أخيه هارون في الحادث، وكان هارون يستعطفه بكلمات رقيقة ﴿ **قَالَ ابْنَ أُمَّ إِنَّ الْقَوْمَ اسْتَضْعَفُونِي وَكَادُوا يَقْتُلُونَنِي**

(291) إنجيل لوقا، 16:10.
(292) القصص، 15.
(293) الكهف، 76.
(294) الأعراف، 150.

فَلَا تُشْمِتْ بِيَ الْأَعْدَاءَ وَلَا تَجْعَلْنِي مَعَ الْقَوْمِ الظَّالِمِينَ ﴾.[295] كان عمر موسى النبي حين كلف بالرسالة ثمانين سنة وهارون ثلاث وثمانين سنة. وربما يضاف اليها حادثة ماء قادش، التي فصلناها سابقاً، الصفحة 118، كبرهان آخر على ان المعصوم قد يقترف الخطأ والعصيان حتى في تنفيذ الاوامر الإلهية، ناهيك عن الأخطاء في حياتهم الشخصية اليومية.

يعلق (الشيخ البلاغي) في كتابه "الهدى الى دين المصطفى" الذي بيّن فيه دراسته الموسعة للكتاب المُقدَس، على هذه الأحداث الثلاثة، قائلاً: "... لم يعيّن القرآن أن أخذ موسى رأس أخيه وجرّه اليه كان على وجه الاهانة والإذلال"،[296] "وأن قتله للقبطي كان خطأً؛ حيث لم يتبين من الآية ان موسى وكزه ليقتله بل أراد به مجرد الضرب للدفاع"، ويضيف الشيخ الفاضل فرضية أخرى "أنه يجوز أن يكون قتله جائزاً خصوصاً والعادة تقضي ان يكون القبطي هو الظالم المعتدي"[297] وفرضية الشيخ في تجويز قتل إنسان هي عكس ما اعترف به موسى قائلاً: ان قتله القبطي كان عملاً شيطانياً وانه قد ظلم نفسه وطلب لأجله المغفرة من الله، كما وفكّر بعاقبة فعله "القصاص" ولهذا فرّ منهم خوفاً. وبخصوص

(295) الأعراف، 150، تتمة الآية السابقة.

(296) البلاغي، محمد جواد، الهدى الى دين المصطفى. مصدر سابق، ص96.

(297) البلاغي، محمد جواد، الهدى الى دين المصطفى. مصدر سابق، ص86.

مرافقة موسى للعالم يفترض الشيخ البلاغي "لم يظهر من القرآن ان ذلك الرجل العالم، كان رسولاً واجب العصمة... ويجوز ان يكون اعتراض موسى على وجه الاستعلام عن الحقيقة والاستكشاف لغيبها".[298] وسواءً كان الرجل العالم رسولًا أم لا، معصوما أم غير ذلك، فقد أهمل الشيخ الفاضل ان مرافقة موسى للرجل العالم كانت مشروطة بشرط وضّحه القرآن وحدده بصيغة لا تقبل التأويل ﴿ **قَالَ فَإِن اتَّبَعْتَنِى فَلاَ تَسْئَلْنِى عَنْ شَىْء حَتَّى أُحْدِثَ لَكَ مِنْهُ ذِكْراً** ﴾،[299] وأنّ موسى النبي نقض تعهده ثلاث مرات. إضافة الى هذا فإنَّ هذه التفاسير والفرضيات لا تتسق مع ظواهر الآيات، حيث نفهم من القصة أن موسى النبي ما كان يتوقع أنه سيرافق رجلاً جاهلاً إنّما ذهب ليقابل حكيماً عالماً، ليتعلم منه، وهو الغرض من المقابلة.

ولتوضيح القصة للقارئ الكريم نذكر ان موسى النبي بكل وعيه ومكانته في زمانه كان يعيش محدودية في علمه، وأن معرفته كانت مقتصرة على الظواهر والضوابط الشرعية (علم تشريعي)، إلا أنه يقال إنه ادعى كونه الأعلم حسب القصة، وقد أمره تعالى أن يذهب إلى عالم، يقال إنه الخضر، ليدرس ويتعلم على يديه بواطن الامور (علم تكويني). ومع أن العالم أخبر موسى من البداية انه لا يطيق رفقته؛ لأنه لا يمتلك الأوليات التي تخص أسرار وبواطن

---

(298) البلاغي، محمد جواد، الهدى الى دين المصطفى. مصدر سابق، ص94.

(299) الكهف، 70.

الأحداث، الا انه وافق أخيراً على مصاحبته ولكن بشرط عدم السؤال مهما كان الحدث منكراً، وافق موسى على الشرط وتعهد بأن يصبر مع استاذه لكنه أخلّ بتعهده ثلاث مرات، واصبح الفراق بينهما أمراً حتمياً. واذا أخذنا بعين الاعتبار ان الله تعالى هو الذي بعث موسى ليتعلم من ذلك العالم، وأن العالم وافق على مرافقة موسى بشرط كما ذكرنا، لم يبق لموسى النبي أي عذر للإعتراض على الرجل العالم والشك في أفعاله سوى النسيان بتعهداته، وجهله بتأويل ما لم يستطع عليه صبرا من أفعال العالم. لا عيب في النسيان، الا ان موسى بنسيانه المتكرر وعدم طاقته على الصبر كشف أن نص القول الثاني للعصمة المطلقة لا ينطبق عليه واقّر واعترف أنه يقع في النسيان ﴿**قَالَ لَاتُؤَاخِذْنِى بِمَا نَسِيتُ**﴾،[300] وتسبب في فراقهما.

وفي حادثة (ماء قادش) وصف الله موسى وهارون بعدم الايمان بقدرته، وعصيان أوامره، وخيانته كما بيّنا سابقاً، وبسبب حادثة ماء قادش حُرما من العبور الى أرض الموعد "**فَقَالَ الرَّبُّ لِمُوسَى وَهَارُونَ: مِنْ أَجْلِ أَنَّكُمَا لَمْ تُؤْمِنَا بِي حَتَّى تُقَدِّسَانِي أَمَامَ أَعْيُنِ بَنِي إِسْرَائِيلَ، لِذلِكَ لاَ تُدْخِلاَنِ هذِهِ الْجَمَاعَةَ إِلَى الأَرْضِ الَّتِي أَعْطَيْتُهُمْ إِيَّاهَا**"،[301] وهذا ما حصل فعلًا، فبالرغم من توسل موسى للرب ان يسمح له بالدخول الى ارض الموعد، فقد حرّم الله عليه وعلى أخيه هارون الدخول، وتوفاهما الرب اليه في الاردن على أبواب أرض الموعد، ولم يدخلا الارض مع بني إسرائيل التي خدما

(300) الكهف، 73.

(301) سفر العدد، 20:12.

من أجلها أربعين سنة.

اذن أصبح واضحاً أن الأنبياء المذكورون في قصص الكتاب المُقدَس لا يمتازون بالعصمة المطلقة بسبب تنوع ذنوبهم التي صرح بها القرآن ناهيك عن أنهم اقترفوا الزنا وشربوا الخمر التي صُرّح بها في التوراة والإنجيل. وبما أنهم قاموا بدورهم في تبليغ الرسالة الإلهية على أحسنه فهم اذن يمتازون بالعصمة لكن العصمة المقيدة أي في التلقي والتبليغ فقط.

هل يسند مفهوم العصمة الادعاء بالتحريف ؟!

هل ينطبق القول الثالث والرابع لمفهوم العصمة الإسلامية على الانبياء الذين نُسبت اليهم المعاصي والذنوب؟!

يعتبر الزنا من الكبائر، وهذا يؤكد مخالفة الانبياء المذكورين في القصص للقول الرابع للعصمة، ويظهر من قصصهم أنهم لم يقترفوا الزنا سهواً وإنما عمداً، ولم نسمع بالزنا سهواً وبهذا يضيف القول الثالث لمفهوم العصمة تأكيداً على عدم عصمتهم المطلقة.

الخمر في الكتاب المُقدَس

ليس في التعاليم المسيحية طعام أو شراب يقال عنه أنه نجس **"لَيْسَ مَا يَدْخُلُ الْفَمَ يُنَجِّسُ الإِنْسَانَ، بَلْ مَا يَخْرُجُ مِنَ الْفَمِ هذَا**

يُنَجِّسُ الإِنْسَانَ".[302] لأن ما يدخل الفم يمضي إلى الجوف ويندفع إلى المخرج، وأما ما يخرج من الفم فمن القلب يصدر، وذاك ينجس الإنسان، لأن من القلب تخرج أفكار شريرة: قتل، زنى، فسق، سرقة، شهادة زور، تجديف وأمثالها. لا يحرّم الكتاب المُقدس شرب الخمر باعتدال أي دون السكر، ولكن أن يكون الإنسان في حالة سكر فهذا هو المحرّم، بل يمنع من دخول الملكوت.

ان الشريعة اليهودية، سيّما شريعة المسموحات والمحظورات من الطعام والشراب لم تتطرق الى ذكر الخمر فيها، إلا أن التشريع مَنَعَ من نَذَرَ نفسه لخدمة الرب من شرب الخمر خلال فترة نذره، لئلا يشتت ذهنه خلال فترة النذر حيث يقضي وقته في دراسة الشريعة وممارسة العبادة وأعمال المحبة للآخرين، لكن بامكانه شرب الخمر بعد اكمال فترة نذره "**وَيُرَدِّدُهَا الكَاهِنُ تَرْدِيداً أَمَامَ الرَّبِّ. إِنَّهُ قُدْسٌ لِلكَاهِنِ مَعَ صَدْرِ التَّرْدِيدِ وَسَاقِ الرَّفِيعَةِ. وَبَعْدَ ذَلِكَ يَشْرَبُ النَّذِيرُ خَمْراً**".[303] أما من نذر حياته بكاملها لخدمة الرب، الكهنة مثلاً، فحرّم عليهم شرب الخمر "**فَتَرَاءَى مَلاَكُ الرَّبِّ لِلْمَرْأَةِ وَقَالَ لَهَا: هَا أَنْتِ عَاقِرٌ لَمْ تَلِدِي، وَلَكِنَّكِ تَحْبَلِينَ وَتَلِدِينَ ابْناً وَالآنَ فَاحْذَرِي وَلاَ تَشْرَبِي خَمْراً وَلاَ مُسْكِراً وَلاَ تَأْكُلِي شَيْئاً نَجِساً. فَهَا إِنَّكِ تَحْبَلِينَ وَتَلِدِينَ ابْناً، وَلاَ يَعْلُ مُوسَى رَأْسَهُ، لأَنَّ الصَّبِيَّ يَكُونُ نَذِيراً لِلَّهِ مِنَ الْبَطْنِ، وَهُوَ يَبْدَأُ يُخَلِّصُ إِسْرَائِيلَ مِنْ يَدِ الْفِلِسْطِينِيِّينَ**".[304]

(302) إنجيل متى، 15:11.
(303) سفر العدد، 6:20.
(304) سفر القضاه، 13:3.

وكذلك منع شرب الخمر خلال فترة الصوم على لسان (استير) زوجة الملك "**اذْهَبِ اجْمَعْ جَمِيعَ الْيَهُودِ الْمَوْجُودِينَ فِي شُوشَنَ وَصُومُوا مِنْ جِهَتِي وَلاَ تَأْكُلُوا وَلاَ تَشْرَبُوا ثَلاَثَةَ أَيَّامٍ لَيْلاً وَنَهاراً. وَأَنَا أَيْضاً وَجَوَارِيَّ نَصُومُ كَذلِكَ**".[305] وسوى هذه النصوص لا يوجد (تحريم) مطلق للخمور، بل هناك عدة آيات تدل على أن الشعب اليهودي قد اعتاد شرب الخمر خصوصًا في احتفالات عيد الفصح اليهودي "**وَلَمَّا انْتَهَى دَاوُدُ مِنْ إِصْعَادِ الْمُحْرَقَاتِ وَذَبَائِحِ السَّلاَمَةِ بَارَكَ الشَّعْبَ بِاسْمِ الرَّبِّ. وَقَسَمَ عَلَى كُلِّ آلِ إِسْرَائِيلَ مِنَ الرِّجَالِ وَالنِّسَاءِ، عَلَى كُلِّ إِنْسَانٍ، رَغِيفَ خُبْزٍ وَكَأْسَ خَمْرٍ وَقُرْصَ زَبِيبٍ**"،[306] "**وَأَنْفِقِ ٱلْفِضَّةَ فِي كُلِّ مَا تَشْتَهِي نَفْسُكَ فِي ٱلْبَقَرِ وَٱلْغَنَمِ وَٱلْخَمْرِ وَٱلْمُسْكِرِ وَكُلِّ مَا تَطْلُبُ مِنْكَ نَفْسُكَ، وَكُلْ هُنَاكَ أَمَامَ ٱلرَّبِّ إِلَهِكَ وَٱفْرَحْ أَنْتَ وَبَيْتُكَ**".[307] اما بخصوص الكهنة فجاءت الوصية بعدم شرب الخمر موجهة إلى هارون والكهنة عند دخولهم خيمة الاجتماع فقط "وقال الرَّب لهارون: "**خَمْرًا وَمُسْكِرًا لاَ تَشْرَبْ أَنْتَ وَبَنُوكَ مَعَكَ عِنْدَ دُخُولِكُمْ إِلَى خَيْمَةِ الاجْتِمَاعِ لِكَيْ لاَ تَمُوتُوا. فَرْضًا دَهْرِيًّا فِي أَجْيَالِكُمْ**".[308]

لقد حرّمت الخمور كمسكر تفقد الكاهن اتزانه وتعقله فلا يعرف أن يميز بين الطاهر والنجس، ويفقد قدرته على تعليم الشعب الوصايا الإلهية. إذ يليق بالكهنة أن لا يشربوا خمرًا بل يكونوا

---

(305) سفر استير، 4:16.
(306) سفر اخبار اليوم الاول، 16:3.
(307) سفر التثنية، 14:26.
(308) سفر اللاويين، 10:8.

متزنين. فإن كان التعقل هو أم الفضائل فالسكر هو أم كل الرذائل. "ليس للملوك أن يشربوا خمرا، ولا للعظماء المسكر لئلا يشربوا وينسوا المفروض ويغيروا حجة كل بني المذلة"،[309] أي لئلا يكون حكمهم خطأ وبدون عدل. لكن الكتاب لا يحرم استعمال الخمر.

لم تحرّم الشريعة الإسلامية الخمر الا بعد سنوات عديدة من ظهور الإسلام وعلى مراحل، فلماذا نقول ان كتب السابقين مُحرّفة لأنها صرحت أن أنبياءهم شربوا الخمر؟! المسلمون أيضاً شربوا الخمر، وكانوا يقيمون الصلاة وهم سكارى لحين جاء النهي عن ذلك ثم الحرمة! ﴿ **يَا أَيُّهَا الَّذِينَ آمَنُوا لَا تَقْرَبُوا الصَّلَاةَ وَأَنتُمْ سُكَارَىٰ** ﴾،[310] وان آية تحريم الخمر وردت في سورة المائدة وهي مدنية نزلت في أوائل الهجرة، أي بعد ثلاث عشرة سنة على الأقل من إنبثاق الإسلام، ﴿ **يَا أَيُّهَا الَّذِينَ آمَنُواْ إِنَّمَا الْخَمْرُ وَالْمَيْسِرُ وَالأَنصَابُ وَالأَزْلاَمُ رِجْسٌ مِّنْ عَمَلِ الشَّيْطَانِ فَاجْتَنِبُوهُ لَعَلَّكُمْ تُفْلِحُونَ** ﴾،[311] فلماذا نفرض الحرمة على المسيحيين واليهود الذين سبقوا الإسلام بقرون عديدة؟! ثم هل يجوز ان نطبق شريعة لاحقة على قوم عاشوا قبلها بقرون عديدة؟! وهل يجوز ان نعتبر الآيات القرآنية التي سبقت تحريم الخمر في الإسلام كونها آيات مُحرّفة؟! فلماذا ندعي ان التوراة والإنجيل السابقة للقرآن مُحرّفة لنفس السبب ؟! وهل طبق أو يطبق المسلمون حرمة الخمر فعلاً في البلدان الإسلامية ؟!

---

(309) سفر الأمثال، 5-4:31.

(310) النساء، 43.

(311)المائده، 90.

لماذا العصمة المطلقة ضرورية للأنبياء والرسل في المفهوم الشيعي؟!

يأمر سبحانه وتعالى المؤمنين بطاعته وطاعة رسله وأولي الأمر أي قادة الأمة (هناك خلاف بين المفسرين حول من هم أُولي الأمر) ويعتقد الشيعة الإمامية بأحقية أئمة أهل البيت في ولاية الأمة بعد وفاة النبي ﴿ **يَا أَيُّهَا الَّذِينَ آمَنُوا أَطِيعُوا اللَّهَ وَأَطِيعُوا الرَّسُولَ وَأُولِي الْأَمْرِ مِنْكُمْ** ﴾،[312] فالذي لا يطيع الرسول والقائد فقد خالف أمر الله، والذي يطيع الرسول والقائد المذنب والعاصي فقد خالف أمر الله تعالى أيضاً؛ اذن وجب ان يكون الرسول والقائد معصومَين. ولكن هل تجب عصمتهم المطلقة، أم يكفي عصمة الرسل والأنبياء في التلقي والتبليغ فقط ويكفي شرط العدالة فقط للقادة؟! نقول يجب ان يمتازوا بالعصمة المطلقة وإلا فاننا سنواجه حالة دَوْرْ. اذن لزم ان يكون الرسول وقائد الامة معصومين عصمة مطلقة لأجل استمرارية اطاعة الله والرسول واولي الأمر حسب معتقد الشيعة الإمامية، وفي لزوم "العصمة المطلقة" خلاف بين الطوائف الإسلامية كما وانه لا يطابق واقع المسلمين، على الأقل منذ وفاة الخليفة الرابع، حيث فرض القادة ولايتهم على الناس بالقوة، وفي عصرنا الراهن يتم اختيارهم ديمقراطياً عن طريق الانتخابات مع مجهولية الكثير عن شخصياتهم وأخلاقهم وتقواهم وورعهم ولا تشترط عصمتهم والنص بولايتهم. ولعدم توفر شرط العصمة المطلقة يرفض أبناء الشيعة

(312) النساء، 59.

الإمامية تقلد مناصب قيادة الأمة منذ حوالي 1300 سنة والى وقت قريب بعد تأسيس الجمهورية الإسلامية الإيرانية، وما زال الخلاف قائما بين الطوائف الشيعية حول ولاية الفقيه.

وعلى الرغم من أن موسى النبي تردّد في تلقّي رسالته الإلهية، وأن يونس النبي خالف مقام العصمة في التبليغ، لكن موسى النبي أكمل مهمته الرسالية وحرّر بني إسرائيل من قبضة فرعون، وأن يونس النبي عاد الى قومه فزادهم إيماناً ومتّعه الله وقومه الى حين، وأن الله قبل توبة داود النبي وأوحى اليه زبوره. وأنّ اليهود عموماً يسمون داود وسليمان ملوكاً، وكذلك أبناء يعقوب رأوبين ويهوذا هم ليسوا أنبياء ولا أصحاب رسالات إلهية، وأن لوطاً النبي لم يقترف الزنا من نفسه وإنما كان ذلك بتخطيط من إبنتيه وهو ثمل، وأن رفقة والدة يعقوب هي التي خططت لتصرف ابنها يعقوب مع أبيه إسحق بشأن البركة وتعهدت في تحمّل عواقب تصرفها، كما مدوّن في القصة.

يتضح أن الأنبياء الذين ورد ذكرهم في القصص التي تنسب إليهم المعاصي والذنوب في الكتاب المُقدَس، هم معصومون في التلقي والتبليغ وغير معصومين في حياتهم اليومية الخاصّة أي لا ينطبق عليهم مفهوم العصمة المطلقة وذلك بسبب ذنوبهم الأخرى التي صُرّح بها في القرآن، ناهيك عن الزنا وشرب الخمر اللذين صُرّح بهما في التوراة والإنجيل، وعليه فان قصصهم في الكتاب المُقدَس صارت راجحة وليست من نسج الخيال، وان الكتاب المُقدَس غير مُحرّف بسبب هذه القصص، بل، صحيح وسليم.

لماذا تذكر الكتب الإلهية ذنوب وأخطاء الانبياء؟!

لم تتفرد التوراة بذكر ذنوب بعض الأنبياء فقد ذكر القرآن الكريم أخطاء بعضهم لعدة أسباب: كأمانة تاريخية، وأن الجميع تحت الضعف، وأن هؤلاء الأنبياء كانوا من نفس عجينة البشرية، ولكي يتعلم الانسان أنه مهما بلغت قامته الروحية فإنه معرض للسهو واقتراف الذنب، ولكي يتعلم الانسان أن اقتراف الذنب ليس نهاية المطاف، إنما التوبة وإعادة التآلف بين رغبات الجسد ورغبات الروح تعيد الإنسان إلى مرتبته الأولى. إذن، لم تقصد الكتب الإلهية التشهير بهؤلاء الأنبياء القديسين، ولم تذكر خطاياهم لتشجع الإنسان على ارتكاب المعصية، إنما لتحذّر الإنسان، ومن أجل تعليمنا سماحة الوحي الالهي بتسجيل خطايا هؤلاء العظماء ومنجزاتهم الفذة.

كانت حياة داود ملطخة بالخطية ومع ذلك كتب (بعد توبته) أروع المزامير التي أعطاه الله إياها. وبالاجمال فقد اختلفت آراء علماء الطوائف الإسلامية حول عصمة الانبياء وتعددت أقوالهم فيها ومفاهيمهم حولها وقد أشرنا الى هذا في الصفحة 79.

الخلاصة: أن "القصص التي تنسب المعاصي والذنوب للأنبياء" لا تسند الادعاء بالتحريف في الكتاب المُقدَس. لقد اقتصرت الدراسات الإسلامية في تعليل عدم لياقة هذه القصص على مفهوم العصمة المطلقة للأنبياء فقط، وأنَّ القرآن الكريم لا يؤيد ولا يسند العصمة المطلقة للأنبياء، ولا توجد آية في القرآن الكريم تصرح على عصمة الأنبياء المطلقة. أن الله تعالى وحده هو الكمال المطلق، ولا

يوجد من لا ينسى الا الله، ولا يوجد من لا يخطأ الا الله، وإن وجد من لا ينسى ولا يخطأ، وإن كان نبياً أو رسولاً، كما ينص على ذلك القول الثاني للعصمة، فهو شبيه لله، وهذا هو الكفر بعينه.

ملخص رأي المسلمين الشيعة حول القصص التي تنسب المعاصي والذنوب الى الأنبياء في التوراة والإنجيل

يصرح القرآن الكريم أنّ الهدف من بعث الأنبياء هو تزكية نفوس الناس وتصفيتهم من الرذائل وغرس الفضائل وهذا يتحقق من خلال عمل المربي بما يقوله ويعمله والا فلو كان هناك انفكاك بين القول والفعل، لزال الوثوق بصدق قول المربي، وبالتالي تفقد التربية أثرها، ولا تتحقق حينئذ الغاية من البعث. فالأنبياء هم القدوة من الأُمة. ولهذا ترفض بعض المذاهب الإسلامية وخاصة المذهب الشيعي الاثنا عشري قصص الأنبياء في التوراة والإنجيل التي تنسب الذنوب اليهم وتصرح بعدم صحتها لاعتقادهم أن الأنبياء معصومون من الذنوب عصمة مطلقة.

ويضيف الفقهاء الشيعة، نعم يمكن تجويز بعض الذنوب الصغيرة كالكذب عن غير عمد ولكن ان يقترف النبي الزنا وهو من الكبائر مثل ما نسب الى داود النبي وغيره من الأنبياء الذين اصطفاهم الله تعالى لتبليغ رسالاته فهذا مرفوض عقلاً في عرف الشيعة الإمامية. كيف يمكن ان يكون الزاني قدوة؟ كيف يمكن ان يكون الزاني قائداً؟ الزنا تصرف منبوذ ولا تقبله الفطرة السليمة حتى من قِبَل الإنسان العادي فكيف اذا كان مبعوثاً؟ ثم أنّ التوراة تنص

على رجم الزاني فلم لم يرجم داود؟ وتضيف التوراة أنّ داود خطط في مقتل أوريا رجل بثشبع وهذا في عرف الإنسان العاقل جريمة! والشيعة الإمامية تبرئ داود النبي من هذا الإفتراء. فقد روي عن الإمام علي أنّه قال من حدثكم بحديث داود في الزنا جلدته مائة وستون جلدة وهي حد الفرية على الأنبياء.[313]

وللتوضيح نذكّر ان الأنبياء الذين نسب الزنا اليهم في التوراة لم يكونوا أصحاب رسالات إلهية، فهناك فرق بين النبي والرسول.

ويقول فقهاء الشيعة الإمامية أن المخلصين من الأنبياء مثل يعقوب النبي قد شهدت الآيات على تنزهه من غواية الشيطان الملازم لنزاهته عن العصيان والخلاف، فكيف يمكن ان نتقبل ما ذكر عنه في التوراة؟ وأما نسيان آدم وعصيانه ووسوسة الشيطان له واعترافه بالظلم كما ورد عنه في بعض الآيات القرآنية فان الشيعة الإمامية لا تفسر هذه الأوصاف القرآنية حسب ظاهرها، وأن نهي الله تعالى لآدم عن الأكل من الشجرة المحرمة لم يكن أمراً مولوياً بل كان أمراً إرشادياً أو نهياً تنزيهياً، وبتعبير آخر لم تكن الجنة دار تشريع وتكليف حتى تعد مخالفته عصياناً بل كانت مرحلة تجريبية للإستعداد للحياة على الأرض حسب مفهوم الشيعة الإمامية. وكذلك فان النبي يونس (ذا النون) لم يرتكب معصية حين فرّ من قومه وإنما ترك الأولى فاستعجل في تصرفه الا أنه استغفر الله لذنبه فتاب عليه

(313) البلاغي، محمد جواد، الهدى الى دين المصطفى، مصدر سابق، ص 106.

ورجع الى قومه.

وهكذا هو اعتقاد الشيعة الإمامية في جميع الأنبياء كونهم مطهرون، لا يذنبون ولا يزيغون، ولا يرتكبون ذنباً صغيراً ولا كبيراً، سهواً أو عمداً، ولا يعصون الله في أمر ولا يريدون العصيان ولا يفكرون فيه طيلة حياتهم قبل بعثتهم أو بعدها. وبالإجمال لا تعتقد الشيعة الإمامية بصحة قصص الأنبياء هذه في التوراة والإنجيل ولا تقبل ان تكون هي كلام الله عن أنبيائه ورسله، وأنها قصص تشجع على الرذائل الخلاقية.

وللإنصاف والحيادية يطرح السؤال نفسه: ماهو غرض اليهود والنصارى من وراء تدوين هذه القصص "الملفقة" التي تمس كرامة أنبيائهم وقادتهم؟ هل كان غرضهم ترك أثر التحريف في نفوس قراء الكتاب المُقدَس خاصة وأنهم يصرون على صحة هذه القصص؟ ألا يرى أهل الكتاب أنّ قادتهم الأنبياء يقولون ما لا يفعلون؟ فكيف يتخذونهم قدوة؟ المعروف أنّ أهل الكتاب يوقرون آبائهم الأولون وأنبيائهم، فماذا ترك هؤلاء الأنبياء في نفوس أفراد مجتمعهم لدرجة أنهم يوقرونهم ويقدسونهم؟ أم أنّ هناك تفسير آخر وهو أن معايير الذنوب لها مفهوم مغاير عند أهل الكتاب؟ وأنّ العصمة المزعومة مفهوم مثالي لا وجود له واقعياً في الإنسان حسب إعتقادهم؟ وان الإنسان خطّاء مهما علت منزلته!

وأذكّر مرة أخرى بالحديث النبوي ان الله كتب على جميع البشر حظه من الزنا، بما فيهم الرسل كونهم من بني آدم " **إِنَّ اللَّهَ**

كَتَبَ عَلَى ابْنِ آدَمَ حَظَّهُ مِنَ الزِّنَا، أَدْرَكَ ذَلِكَ لاَ مَحَالَةَ، فَزِنَا العَيْنِ النَّظَرُ، وَزِنَا اللِّسَانِ المَنْطِقُ، وَالنَّفْسُ تَمَنَّى وَتَشْتَهِي، وَالفَرْجُ يُصَدِّقُ ذَلِكَ كُلَّهُ وَيُكَذِّبُهُ".[314]

ملخص الفصل الثاني (القصص التي تنسب المعاصي والذنوب الى الانبياء)

1. اعتبرت الدراسات الإسلامية قصص الأنبياء في الكتاب المُقدَس والتي نسبت الذنوب والمعاصي للأنبياء السبب الرئيس الأول للادعاء بالتحريف في الكتاب المُقدَس لعدم لياقتها مع مركزهم كأنبياء ومربّين وأسوات حسنة، وأوعزت عدم لياقة القصص الى العصمة المطلقة للأنبياء، لكن بلا سند. إن أراد المعصوم ان يقترف المعصية فبإمكانه ذلك، ولا تمنعه العصمة. ان العصمة لا تقيّد حريَّة المعصوم ان اختار مخالفتها، لا إجبار في العصمة. اذا نظرنا الى الأنبياء كأصحاب رسالات فإننا عقلاً لا نحتمل صدور المعصية منهم لأن ذلك لا يليق بهم، وإذا نظرنا اليهم كبشر وهم كذلك، حينئذٍ نحتمل الذنوب والمعاصي منهم. ولابد من ذكر ان الأنبياء الذين نسبت اليهم معاصي الزنا في الكتاب المقدس لم يكونوا أصحاب رسالات سماوية وإنما كانوا بمنزلة أنبياء فقط.

2. القرآن الكريم لم يسند العصمة المطلقة للأنبياء. وأن الله تعالى وحده هو الكمال المطلق.

---

(314) صحيح البخاري 6243.

3. الانبياء بشر، وقد يقترفون الخطأ، ويقعون في النسيان، وقد ينفعلون ويغضبون ويفعلون الظلم، وهذا ما نفهمه من الآيات القرآنية، وهم بذلك لا يملكون العصمة المطلقة، ناهيك عن الذنوب والمعاصي التي نسبت اليهم في التوراة والإنجيل كالزنا وشرب الخمر.

4. لا يوجد انسان لا ينسى، ولا يوجد انسان لا يخطأ في حياته اليومية، وإن كان نبياً أو رسولاً، وإنْ وجد فهو شبيه بالله، وهذا هو عين الكفر.

5. اذن الأنبياء المعنيون في القصص هم معصومون في التلقي والتبليغ فقط ولا يمتازون بالعصمة المطلقة، ولا يمكن اعتبار الكتاب المُقدَس مُحرّفاً بسبب ذنوبهم كالزنا وشرب الخمر، وقد ذكرنا شواهد تاريخية تؤكد اقترافهم لهذه الأفعال وان نسلهم من الزنا ما زالوا يعيشون بيننا.

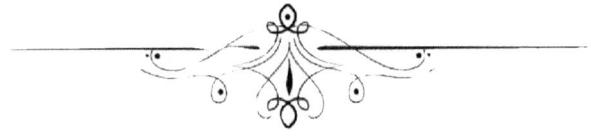

الفصل الثالث

لماذا يعتقد المسلمون أنّ التوراة والإنجيل مُحرّفة؟!
السبب الثالث: الاختلافات بين تعابير
أسفار الكتاب المُقدَس

شكّلت الاختلافات بين تعابير الاسفار السبب الرئيس الثاني وراء القول بالتحريف في التوراة والإنجيل في الدراسات الإسلامية بعد القصص التي نسبت المعاصي والذنوب للانبياء. (315)،(316)،(317) والمقصود بالاختلافات بين التعابير هو أننا نقرأ تفاصيل حدثٍ معين في إصحاح معين ونقرأ نفس الحدث في إصحاح آخر لكن بكلمات مختلفة أو حتى متضادة ظاهرياً. وأن الدراسات الإسلامية اعتبرت هذه الاختلافات تناقضات، وحكمت على الكتاب بالتحريف؛ لعدم امكانية صدور التناقض من الله الحكيم. ولا بد من توضيح نقطة جوهريّة هي أن هناك في الكتاب المُقدّس وصايا وتعاليم إلهية وهناك تفاصيل لمعاجز وأحداث ومحاورات قام بها السيد المسيح، وأنّ التباين ورد

---

(315) الخوئي، ابو القاسم الموسوي، رسالة في نفحات الاعجاز، مصدر سابق.

(316) كاشف الغطاء، محمد حسين، التوضيح في باب حال الإنجيل والمسيح، مصدر سابق.

(317) البلاغي، محمد جواد، الهدى الى دين المصطفى، مصدر سابق.

في سرد تفاصيل الأحداث والمعاجز والمحاورات، أما الوصايا الإلهية فهي متشابهة في الأناجيل الأربعة. يضاف إلى ذلك أن الإنجيل ليس إملاءً لكلام الله بالنص الحرفي كالقرآن، إنما كتب بالهام من الروح القدس، والمشكلة المربكة الأخرى ان الدراسات الإسلامية اعتبرت هذه الاختلافات تناقضات بناءً على معناها الظاهري دون الرجوع الى تفاسيرها. وسيتوضح الموضوع أكثر بعد قراءة بعض مصاديق الإختلافات أدناه.

ولقد ذكرت الدراسات الإسلامية ما بين عشرين الى أربعين تعبيراً مختلفاً في كتب موسى الخمسة والأناجيل الأربعة، أمّا في هذه الدراسة فقد ميّزتُ اثنين وتسعين موضعاً مختلفاً، وأن الجديد الذي أضفته في هذه الدراسة هو اللجوء الى تفاسير هذه التعابير والاختلافات لتبيان حقيقة معانيها والمراد منها دون الاقتصار على ما يوحي ظاهرها، وقد وضّحتْ هذه التفسيرات حقائق جوهرية ونفت أي تناقض بينها، وبيّنت أنها اختلافات لفظية تحتفظ بذات المعنى.

دَوَنتُ تفاسير علماء أهل الكتاب تحت التعابير المختلفة كلاً في موضعه، لتلافي التكرار. وعند تقييم هذه التعابير اتضح أيضاً أنَّ اياً من هذه الاختلافات لا يرتقي الى مستوى التحريف؛ لأن موضوع العبارات المختلفة لا يستدعي التحريف، ولا يفيد في ذلك، وأن هذه الاختلافات لم تظهر في مسائل جوهرية وان تعاليم السيد المسيح جاءت متطابقة في الكتب الأربعة،[318] إنّما ظهرت التباينات في

(318) علي، الشيخ، الصحيح من انجيل المسيح، في أناجيل العهد الجديد، مؤسسة الكوثر للمعارف الإسلامية، ص13، 2004.

مسائل ثانوية غير اساسية لا مصلحة ولا منفعة في تحريفها. وقد ذكرتُ أسباباً أخرى في تنوع العبارات بين التعابير تحت: لماذا التباين بين تعابير أسفار الكتاب المُقدَس المتداولة؟! في نهاية هذا الفصل.

مما لا شك فيه أنّ ما نطق به السيد المسيح هو كلام الله قطعاً، وأنّ الاختلافات بين تعابير الأناجيل سببه اختلاف اسلوب نقل المعلومات، ولهذا لا يمكن إطلاق مصطلح التحريف عليها، كما استنتجتْ الدراسات الإسلامية، والاصح وصفه بالتباين في وصف الأحداث، ويشكل الاعتماد على المعنى الظاهري للتعابير بدلاً من فهم تفاسيرها السبب الجوهري للإدعاء بالاختلاف. قال السيد المسيح ان الكلام الذي أعطيتني قد أعطيتهم وكأنه يتحدث مع الله تعالى "**أَنَا قَدْ أَعْطَيْتُهُمْ كَلاَمَكَ**"،[319] وورد نظير هذا التصريح في القرآن الكريم ﴿ **مَا قُلْتُ لَهُمْ إِلَّا مَا أَمَرْتَنِي بِهِ** ﴾.[320] وبما ان الأناجيل الاربعة كتبت بأيادي بشرية وبالهام من الروح القدس، فان أقرب وصف للأناجيل كونها كلام الله باسلوب وتعابير بشرية، وقد تحدثنا عن كيفية تكليم الله مع البشر ومفهوم الإلهام، في الصفحة 228، وعمل روح القدس في الصفحة 234.

دوّنَ الأناجيل عددٌ من الكتّاب على مدى سنين متباعدة وتنوعت مهنة كل كاتب وظروف الكتابة، ومع ذلك خرج الكتاب

(319) إنجيل يوحنا، 17:14.
(320) المائدة، 117.

المُقدَس في وحدة كاملة وتناسق. إنَّ الأناجيل الاربعة ليست نسخة طبق الاصل فيما بينها فقد اشترك كتّابها على جوانب معينه من تعاليم السيد وأفعاله فتشابهت، وركّز بعضهم على جوانب أخرى فاختلفت، وتبعاً لذلك تنوّعت الأناجيل في أسلوب كتابتها وعدد اصحاحاتها وصفحاتها، وهذا يؤكد أن الوحي في المسيحية لا يعني على الإطلاق الوحي اللفظي، فالروح القدس هنا لا يُملي على الكاتب كلمةً كلمة وحرفاً حرفاً، إنما يلهم الوحيُ الكاتبَ وتكون النتيجة عملاً مشتركاً، إلهياً وإنسانياً في آن واحد.

مصاديق الاختلافات بين تعابير اسفار الكتاب المُقدَس، وتفاسيرها

1. متى قال الله لآدم انه سيموت إنْ أكل من الشجرة المحرمة؟!

أ. يوم يأكل منها. "**وَأَمَّا شَجَرَةُ مَعْرِفَةِ الْخَيْرِ وَالشَّرِّ فَلاَ تَأْكُلْ مِنْهَا، لأَنَّكَ يَوْمَ تَأْكُلُ مِنْهَا مَوْتًا تَمُوتُ**" – تكوين: 2:17.

ب. لكن آدم عاش 930 سنة. "**فَكَانَتْ كُلُّ أَيَّامِ آدَمَ الَّتِي عَاشَهَا تِسْعَ مِئَةٍ وَثَلاَثِينَ سَنَةً، وَمَاتَ**" – تكوين: 5:5.

يقول مفسّرو التوراة من الواضح أن آدم لم يكن ليموت بمجرد أن يأكل من الشجرة، بدلا من ذلك، انه يصبح عرضة للموت، في حين أنه إذا لم يخطئ فانه يبقى على قيد الحياة إلى الأبد، فكان

قول الله لآدم بمثابة وعد وانذار. وورد مفهوم آخر للموت في العقيدة الكتابية وهو أن انفصال الانسان عن الله والطرد من حضرته هو موت في حد ذاته ... وأن ادم قد مات وتم فيه وعد الله وحكمه يوم أكل من الشجرة لأنه طرد من الجنة ومن مقام الحضرة الإلهية في ذلك اليوم.

2. كم زوجاً من الحيوانات قال الله لنوح ان يدخل في الفلك؟!

أ. اثنين. "**وَمِنْ كُلِّ حَيٍّ مِنْ كُلِّ ذِي جَسَدٍ، اثْنَيْنِ مِنْ كُلّ تُدْخِلُ إِلَى الْفُلْكِ لاسْتِبْقَائِهَا مَعَكَ. تَكُونُ ذَكَرًا وَأُنْثَى**" – تكوين: 6:19.

ب. سبعة. "**مِنْ جَمِيعِ الْبَهَائِمِ الطَّاهِرَةِ تَأْخُذُ مَعَكَ سَبْعَةً سَبْعَةً ذَكَرًا وَأُنْثَى**" – تكوين: 7:2.

لا يوجد تناقض بين الوصيتين اذا عرفنا تفسير الوصيتين. يقول مفسّرو التوراة أن الله سأل نوحاً ان يحمل اثنين من كل نوع من الحيوانات ذكراً وانثى لغرض استبقائها أي تجديد الأنواع بعد الطوفان، وسأله تعالى في موضع آخر ان يحمل سبعة أزواج من الحيوانات الطاهرة؛ حتى يستخدم بعضها لتقديم المحرقات وذبائح سلامة الوصول بعد الطوفان، ولإطعام من في الفلك.

3. حدد الله تعالى عمر الانسان المولود بعد الطوفان بمئة وعشرين سنة.

أ. "**فَقَالَ الرَّبُّ: لاَ يَدِينُ رُوحِي فِي الإِنْسَانِ إِلَى الأَبَدِ، لِزَيَغَانِهِ، هُوَ بَشَرٌ. وَتَكُونُ أَيَّامُهُ مِئَةً وَعِشْرِينَ سَنَةً**" – تكوين: 6:3.

ب. "**وَعَاشَ شَالَحُ بَعْدَ مَا وَلَدَ عَابِرَ أَرْبَعَ مِئَةٍ وَثَلاَثَ سِنِينَ ... وَعَاشَ عَابِرُ بَعْدَ مَا وَلَدَ فَالَجَ أَرْبَعَ مِئَةٍ وَثَلاَثِينَ سَنَةً... وَعَاشَ فَالَجُ بَعْدَ مَا وَلَدَ رَعُوَ مِئَتَيْنِ وَتِسْعَ سِنِينَ**" – تكوين: 19-15:11.

ان المقصود حسب مفسري التوراة ان عمر الإنسان سينخفض تدريجيا لا فجأة بعد الطوفان حتى يكون الحد الأقصى 120 سنة، وهذا ما حصل، ولا يوجد تناقض بين العبارتين.

4. لمن باع المديانيون يوسف؟!

أ. للاسماعيليين. "**وَاجْتَازَ رِجَالٌ مِدْيَانِيُّونَ تُجَّارٌ، فَسَحَبُوا يُوسُفَ وَأَصْعَدُوهُ مِنَ الْبِئْرِ، وَبَاعُوا يُوسُفَ لِلإِسْمَاعِيلِيِّينَ بِعِشْرِينَ مِنَ الْفِضَّةِ**" – تكوين: 37:28.

ب. لفوطيفار. "**وَأَمَّا الْمِدْيَانِيُّونَ فَبَاعُوهُ فِي مِصْرَ لِفُوطِيفَارَ خَصِيِّ فِرْعَوْنَ، رَئِيسِ الشُّرَطِ**" – تكوين: 37:36.

يقول مفسّرو التوراة أن يوسف اشتريَ وبيعَ عدة مرات. ان الاسماعيليين هم أول من اصعدوه من البئر، واشتروه، وأتوا به الى مصر، وهناك باعوه للمديانيين الذين بدورهم باعوه لفوطيفار، ولا يوجد تناقض بين العبارتين.

5. من الذي جلب يوسف الى مصر ؟!

أ. الاسماعيليون. "**وَبَاعُوا يُوسُفَ لِلإِسْمَاعِيلِيِّينَ بِعِشْرِينَ مِنَ الْفِضَّةِ. فَأَتَوْا بِيُوسُفَ إِلَى مِصْرَ**" – تكوين: 37:28.

ب. المديانيون. "**وَأَمَّا الْمِدْيَانِيُّونَ فَبَاعُوهُ فِي مِصْرَ لِفُوطِيفَارَ خَصِيِّ فِرْعَوْنَ، رَئِيسِ الشُّرَطِ**" – تكوين: 37:36.

يقول مفسّرو التوراة أن يوسف اشتري وبيع عدة مرات. ان الاسماعيليين هم أول من اشتروه وأتوا به الى مصر، وهناك باعوه للمديانيين الذين بدورهم باعوه لفوطيفار، ولا يوجد تناقض بين العبارتين.

6. هل حوّل عرّافو مصر الماءَ الى دم؟!

أ. "**رَفَعَ الْعَصَا وَضَرَبَ الْمَاءَ الَّذِي فِي النَّهْرِ أَمَامَ عَيْنَيْ فِرْعَوْنَ وَأَمَامَ عُيُونِ عَبِيدِهِ، فَتَحَوَّلَ كُلُّ الْمَاءِ الَّذِي فِي النَّهْرِ دَمًا وَمَاتَ السَّمَكُ الَّذِي فِي النَّهْرِ وَأَنْتَنَ النَّهْرُ، فَلَمْ يَقْدِرِ الْمِصْرِيُّونَ أَنْ يَشْرَبُوا مَاءً مِنَ النَّهْرِ. وَكَانَ الدَّمُ فِي كُلِّ أَرْضِ مِصْرَ**" – خروج: 7:20.

ب. "**وَفَعَلَ عَرَّافُو مِصْرَ كَذلِكَ بِسِحْرِهِمْ**" – خروج: 7:22.

يبدو منطقياً انه من غير الممكن ان يحوّل العرافون الماء الى دم لأنه لم يبق ماء ليحولوه الى دم. لكن يقول مفسّرو التوراة ان

موسى حول الماء الى دم في ارض مصر فقط ولم يتأثر الماء في أرض (جاسان) حيث يسكن بنو إسرائيل، مما يعبّر عن الاعجاز الالهي، وأن الماء الذي حوله العرافون الى دم هو ماء جلبوه من أرض جاسان، أرض بني إسرائيل، ولا يوجد تناقض بين النصين.

7. من هو ابن داود الذي يرجع اليه نسب يسوع المسيح؟!

أ. سليمان. "**وَيَسَّى وَلَدَ دَاوُدَ الْمَلِكَ. وَدَاوُدُ الْمَلِكُ وَلَدَ سُلَيْمَانَ مِنَ الَّتِي لأُورِيَّا**" – متى: 1:6.

ب. ناثان. "**بْنِ نَاثَانَ، بْنِ دَاوُدَ، بْنِ يَسَّى**" – لوقا: 3:31.

ان سلسلة نسب المسيح في (إنجيل متى) تختلف عن تلك في (لوقا)؛ لان البشير متّى كتب إنجيله لليهود فأرجع سلسلة نسب المسيح الى (يوسف النجار) الاب الشرعي (لا الجسدي) الذي تبنى السيد المسيح ويعود بدوره نسب يوسف النجار الى سليمان ابن داود. اما لوقا فكتب إنجيله لليونانيين وذكر فيه نسل السيد المسيح من العذراء مريم التي يعود نسبها الى ناثان ابن داود ابن يسى، ولا يوجد تناقض بين العبارتين. (يوسف النجار هو غير يوسف الصديق بن يعقوب (إسرائيل) اذ بينما حوالي 1500 سنة)

8. من هو والد يوسف النجار خطيب مريم؟!

أ. يعقوب. "**وَيَعْقُوبُ وَلَدَ يُوسُفَ رَجُلَ مَرْيَمَ الَّتِي وُلِدَ مِنْهَا يَسُوعُ الَّذِي يُدْعَى الْمَسِيحَ**" – متى: 1:16.

ب. هالي. "**وَلَمَّا ابْتَدَأَ يَسُوعُ كَانَ لَهُ نَحْوُ ثَلاَثِينَ سَنَةً، وَهُوَ عَلَى مَا كَانَ يُظَنُّ ابْنَ يُوسُفَ، بْنِ هَالِي**" – لوقا: 3:23.

كان القدّيس يوسف النجار ابنًا ليعقوب جسديًا، لكنّه ابن هالي شرعًا، لأن هالي مات دون أن ينجب ابنا، فتزوّج يعقوب امرأة أخيه لينجب له نسلًا فلا يُمحى اسمه من إسرائيل حسب الوصية الموسوية في واجب أخ الزوج نحو أرملة أخيه – تثنية: 25:5.

9. هل عرف (يوحنا المعمدان) السيد المسيح حين جاءه ليعتمد منه؟!

أ. نعم. "**حِينَئِذٍ جَاءَ يَسُوعُ مِنَ الْجَلِيلِ إِلَى الأُرْدُنِّ إِلَى يُوحَنَّا لِيَعْتَمِدَ مِنْهُ، وَلكِنْ يُوحَنَّا مَنَعَهُ قَائِلًا: أَنَا مُحْتَاجٌ أَنْ أَعْتَمِدَ مِنْكَ، وَأَنْتَ تَأْتِي إِلَيَّ**" – متى: 3:13.

ب. كلا. "**وَشَهِدَ يُوحَنَّا قَائلًا: أنّني قَدْ رَأَيْتُ الرُّوحَ نَازِلًا مِثْلَ حَمَامَةٍ مِنَ السَّمَاءِ فَاسْتَقَرَّ عَلَيْهِ. وَأَنَا لَمْ أَكُنْ أَعْرِفُهُ، لكِنَّ الَّذِي أَرْسَلَنِي لأُعَمِّدَ بِالْمَاءِ، ذَاكَ قَالَ لِي: الَّذِي تَرَى الرُّوحَ نَازِلًا وَمُسْتَقِرًّا عَلَيْهِ، فَهذَا هُوَ الَّذِي يُعَمِّدُ بِالرُّوحِ الْقُدُسِ**" – يوحنا: 1:32.

عرف يوحنا المعمدان السيد المسيح حين جاء ليعتمد منه بدليل انه قال له "**أَنَا مُحْتَاجٌ أَنْ أَعْتَمِدَ مِنْكَ وَأَنْتَ تَأْتِي إِلَيَّ**" لكن يوحنا لم يعرفه حسب قوله "**وَأَنَا لَمْ أَكُنْ أَعْرِفُهُ**"، فكيف إذًا يمكن الجمع بين هذين النصين؟!

عرف يوحنا السيد المسيح حال قدومه على الاعتماد منه أنه المسيح المنتظر بإلهام من الله وبحاسته الروحية العالية، وقد أكد الله ليوحنا هذا الإلهام بتلك العلامة المحسوسة التي دلَّ عليها وهيَ حلول الروح القدس على المسيح بشكل حمامة، لأن يوحنا وإن كان قد علم بوجود المسيح قبل أن يدنو إليه ويأتي ليعتمد غير أنه كان يجهل شخصيته إذ لم يعاشره ولم تسبق له معرفة به قبل ذلك الحين. فقول يوحنا لليهود وأنا لم أعرفه.. إلخ يؤكد لهم به أنه لم يدفعه إلى الشهادة له سبق معرفة به أو صداقة أو عِشرة إذ لم يكن رآه ولا خاطبه، بل أن معرفته به هيَ بنت وقتها وبوحي خصوصي مؤكد ببرهان محسوس.

وفي الحقيقة فانّ هذا كان اللقاء الثاني بين يوحنا والسيد المسيح وان اللقاء الاول قد تم عندما كان يوحنا جنينًا في بطن أمه، وجاءت العذراء مريم وهيَ حامل بالسيد المسيح إلى أليصابات أم يوحنا، فارتكض الجنين (يوحنا) بإبتهاج في بطن أمه حين تحدثت العذراء مريم مع امه، وكان يوحنا يعرف وظيفته أنه مُرسَل ليعد الطريق أمام المسيح، وعرف أن المسيح قائم في وسطهم ولكنه لم يقابله بعد لحين مجيئه ليعتمد منه.

10. هل استيقّن السيد يوحنا المعمدان أن يسوعاً هو المسيح الموعود؟!

أ. نعم. "**وَشَهِدَ يُوحَنَّا قَائلًا: أَنّني قَدْ رَأَيْتُ الرُّوحَ نَازِلًا مِثْلَ حَمَامَةٍ مِنَ السَّمَاءِ فَاسْتَقَرَّ عَلَيْهِ. وَأَنَا لَمْ أَكُنْ أَعْرِفُهُ،**

لكِنَّ الَّذِي أَرْسَلَنِي لأُعَمِّدَ بِالْمَاءِ، ذَاكَ قَالَ لِي: الَّذِي تَرَى الرُّوحَ نَازِلًا وَمُسْتَقِرًّا عَلَيْهِ، فَهذَا هُوَ الَّذِي يُعَمِّدُ بِالرُّوحِ الْقُدُسِ" – يوحنا: 1:32.

ب. كلا. "**أَمَّا يُوحَنَّا فَلَمَّا سَمِعَ فِي السِّجْنِ بِأَعْمَالِ الْمَسِيحِ، أَرْسَلَ اثْنَيْنِ مِنْ تَلاَمِيذِهِ، وَقَالَ لَهُ: أَنْتَ هُوَ الآتِي أَمْ نَنْتَظِرُ آخَرَ؟!**" – متى: 11:2.

يوحنا أرسل هذين التلميذين وهو في السجن، لما سمع بأعمال المسيح المعجزية. وكان يوحنا يعرف أن رسالته قد انتهت وموته قريب. فأراد قبل موته أن يسلّم تلاميذه للسيد المسيح. فأرسلهم بهذه الرسالة، ليسمعوا ويروا بأنفسهم، وينضموا إلى الرب ... وهذا ما حصل. لهذا قال السيد المسيح للتلميذين: اذهبا واخبرا يوحنا بما تسمعان وتنظران: ألعُمي يبصرون، والعُرج يمشون، والصُم يسمعون، والموتى يقومون... وطوبى لمن لا يعثر فيَّ، وكانت هذه الرسالة للتلميذين أكثر مما ليوحنا.

11. أين قضى السيد المسيح الأيام الثلاثة بعد معموديته؟!

أ. فِي الْبَرِّيَّةِ. "**وَفِي تِلْكَ الأَيَّامِ جَاءَ يَسُوعُ مِنْ نَاصِرَةِ الْجَلِيلِ وَاعْتَمَدَ مِنْ يُوحَنَّا فِي الأُرْدُنِّ. وَلِلْوَقْتِ وَهُوَ صَاعِدٌ مِنَ الْمَاءِ رَأَى السَّمَاوَاتِ قَدِ انْشَقَّتْ، وَالرُّوحَ مِثْلَ حَمَامَةٍ نَازِلًا عَلَيْهِ. وَكَانَ صَوْتٌ مِنَ السَّمَاوَاتِ: أَنْتَ ابْنِي الْحَبِيبُ الَّذِي بِهِ سُرِرْتُ. وَلِلْوَقْتِ أَخْرَجَهُ الرُّوحُ إِلَى الْبَرِّيَّةِ، وَكَانَ**

هُنَاكَ فِي الْبَرِّيَّةِ أَرْبَعِينَ يَوْمًا يُجَرَّبُ مِنَ الشَّيْطَانِ. وَكَانَ مَعَ الْوُحُوشِ. وَصَارَتِ الْمَلاَئِكَةُ تَخْدِمُهُ" – مرقس: 1:9-13.

ب. في أماكن متفرقة. "**وَفِي الْغَدِ أَيْضًا كَانَ يُوحَنَّا وَاقِفًا هُوَ وَاثْنَانِ مِنْ تَلاَمِيذِهِ، فَنَظَرَ إِلَى يَسُوعَ مَاشِيًا، فَقَالَ: هُوَذَا حَمَلُ اللهِ فَسَمِعَهُ التِّلْمِيذَانِ يَتَكَلَّمُ، فَتَبِعَا يَسُوعَ**" –يوحنا: 1:35.

"**فِي الْغَدِ أَرَادَ يَسُوعُ أَنْ يَخْرُجَ إِلَى الْجَلِيلِ، فَوَجَدَ فِيلُبُّسَ فَقَالَ لَهُ: اتْبَعْنِي**" – يوحنا: 1:43.

"**وَفِي الْيَوْمِ الثَّالِثِ كَانَ عُرْسٌ فِي قَانَا الْجَلِيلِ، وَكَانَتْ أُمُّ يَسُوعَ هُنَاكَ. وَدُعِيَ أَيْضًا يَسُوعُ وَتَلاَمِيذُهُ إِلَى الْعُرْسِ**" – يوحنا: 2:1.

بعد معمودية السيد المسيح ركّز البشير مرقس على صراع السيد في البرية مع الشيطان. بينما ركّز يوحنا على جوانب اخرى مثل اختيار التلاميذ والعرس في قانا، فهو اختلاف في اسلوب الكتابة وما يراه الكاتب مهماً، ولا يوجد تناقض بين العبارتين.

12. ما اسم الرجل الذي رآه السيد المسيح جالساً عند مكان الجباية وقال له اتبعني؟!

أ. لاوي. "**وَفِيمَا هُوَ مُجْتَازٌ رَأَى لاَوِيَ بْنَ حَلْفَى جَالِسًا عِنْدَ**

مَكَانِ الْجِبَايَةِ، فَقَالَ لَهُ: اتْبَعْنِي. فَقَامَ وَتَبِعَهُ" – مرقس: 2:14.

ب. متى. "**وَفِيمَا يَسُوعُ مُجْتَازٌ مِنْ هُنَاكَ، رَأَى إِنْسَانًا جَالِسًا عِنْدَ مَكَانِ الْجِبَايَةِ، اسْمُهُ مَتَّى. فَقَالَ لَهُ: اتْبَعْنِي. فَقَامَ وَتَبِعَهُ**" – متى: 9:9.

(متى) هو الاسم الإنجيلي وأن (لاوي بن حلفي) هو اسمه اليهودي بالولادة.

13. كيف عرف سمعان ان يسوع هو السيد المسيح؟!

أ. بطريق الالهام. "**فَأَجَابَ يَسُوعُ وَقَالَ لَهُ: طُوبَى لَكَ يَا سِمْعَانُ بْنَ يُونَا، إِنَّ لَحْمًا وَدَمًا لَمْ يُعْلِنْ لَكَ، لكِنَّ أَبِي الَّذِي فِي السَّمَاوَاتِ**" – متى: 16:17.

ب. عن طريق أَخيه (أندراوس). "**فَقَالَ لَهُ: قَدْ وَجَدْنَا مَسِيَّا الَّذِي تَفْسِيرُهُ: الْمَسِيحُ**" – يوحنا: 1:41.

كِلا الجوابين صحيح لأن أندراوس سمع من يوحنا المعمدان ان يسوع هو المسيح، وأنّ الله قد أنبأ يوحنا بذلك "**كَانَ أَنْدَرَاوُسُ أَخُو سِمْعَانَ بُطْرُسَ وَاحِدًا مِنَ الاثْنَيْنِ اللَّذَيْنِ سَمِعَا يُوحَنَّا وَتَبِعَاه**ُ" – يوحنا: 1:40.

14. مَنْ مِنَ الإنجيليين ذكر حديث السيد المسيح مع تلاميذه

في العشاء الاخير ؟!

أ. يوحنا فقط. قدم السيد المسيح لتلاميذه خطبة طويلة بإرشادات ووصايا روحية مهمة في العشاء الأخير مفصلة في أربعة اصحاحات – يوحنا: اصحاح 14، 15، 16، 17.

ب. رغم أهمية الإرشادات والوصايا الروحية الا أن يوحنا انفرد بتفاصيلها ولم يرد ذكرها في الأناجيل الثلاثة الاخرى.

كل من يقرأ الأناجيل الاربعة يميز بوضوح ان البشير يوحنا يكتب بطريقه لاهوتيه وعظيّه وليس سرداً قصصياً تاريخياً مثل الأناجيل الاخرى لذلك يركز يوحنا على ايات ومعجزات معينه واحداث معينه ليبني عليه عظته اللاهوتيه، ولذلك يسمى بـ"الإنجيل اللاهوتي".

15. هل غسل السيد أرجل الحواريين قبل العشاء الاخير؟!

أ. **"ثُمَّ صَبَّ مَاءً فِي مِغْسَل، وَابْتَدَأَ يَغْسِلُ أَرْجُلَ التَّلاَمِيذِ وَيَمْسَحُهَا بِالْمِنْشَفَةِ الَّتِي كَانَ مُتَّزِرًا بِهَا"** – يوحنا: 13:5.

ب. لم تذكر هذه القصة في أي من الأناجيل الثلاثة الاخرى.

يحدثنا الإنجيلي (يوحنا) عن غسل الأرجل كخدمة حب ودرس في التواضع. فقد كان من عادة اليهود غسل الأقدام قبل

العشاء. وإذ كانت الشوارع والأزقة أغلبها ترابية، والأحذية عبارة عن صنادل مفتوحة، ولم تُعرف الجوارب في ذلك الحين، يمكننا أن ندرك كيف كانت الأقدام متسخة، وكيف تكون رائحتها، خاصة في الحرّ أو مع السير لمدة طويلة. لهذا كان غسل الأقدام من عمل العبيد أو أقل الحاضرين كرامة. واضح أن التلاميذ كانوا في حالة شبه ذهول لما قام به السيد بدور العبد الذي يغسل الاقدام. فلما أكمل قال لهم: أتفهمون ما قد صنعت بكم؟! أنتم تدعونني معلمًا وسيدًا، وحسنًا تقولون، لأنّني أنا كذلك. فإن كنت وأنا السيد والمعلم قد غسلت أرجلكم، فأنتم يجب عليكم أن يغسل بعضكم أرجل بعض. لأنّني أعطيتكم مثالًا، حتى كما صنعت أنا بكم تصنعون أنتم أيضًا. عندما ينحني أحدكم عند قدمي أخيه، فإن الشعور بالتواضع يستيقظ في القلب أو يتقوى إن كان بالفعل موجودًا.

اما من جهة ان باقي الإنجيليين لم يذكروا هذه القصة فلا يعتبر دليلاً على تحريف الإنجيل وقد اثبت السيد المسيح في أكثر من موقف وداعة قلبه وتواضعه وحبه للآخرين. وكانت وصية التواضع والحب هذه اخر وصايا المسيح قبل ان يصعد للسماء.

16. يُعدّ تناول القربان المُقدَس (عشاء الرب)(الافخارستيا) ركناً أساسياً من أركان المسيحية لا يقل أهمية عن التعميد في الماء المُقدَس، بل هو أهم الطقوس المسيحية، وقد تحدث عنه السيد المسيح في العشاء الاخير، فكيف فُصّل هذا الطقس في الأناجيل المتداولة ومن أغفل عن ذكره في انجيله؟!

أ. "وَفِيمَا هُمْ يَأْكُلُونَ أَخَذَ يَسُوعُ الْخُبْزَ، وَبَارَكَ وَكَسَّرَ وَأَعْطَى التَّلاَمِيذَ وَقَالَ: خُذُوا كُلُوا. هذَا هُوَ جَسَدِي وَأَخَذَ الْكَأْسَ وَشَكَرَ وَأَعْطَاهُمْ قَائِلًا: اشْرَبُوا مِنْهَا كُلُّكُمْ، لأَنَّ هذَا هُوَ دَمِي الَّذِي لِلْعَهْدِ الْجَدِيدِ الَّذِي يُسْفَكُ مِنْ أَجْلِ كَثِيرِينَ لِمَغْفِرَةِ الْخَطَايَا" متى: 28-26:26.

ب. "وَفِيمَا هُمْ يَأْكُلُونَ، أَخَذَ يَسُوعُ خُبْزًا وَبَارَكَ وَكَسَّرَ، وَأَعْطَاهُمْ وَقَالَ: خُذُوا كُلُوا، هذَا هُوَ جَسَدِي. ثُمَّ أَخَذَ الْكَأْسَ وَشَكَرَ وَأَعْطَاهُمْ، فَشَرِبُوا مِنْهَا كُلُّهُمْ. وَقَالَ لَهُمْ: هذَا هُوَ دَمِي الَّذِي لِلْعَهْدِ الْجَدِيدِ، الَّذِي يُسْفَكُ مِنْ أَجْلِ كَثِيرِينَ" – مرقس: 24-22:14.

ج. "وَأَخَذَ خُبْزًا وَشَكَرَ وَكَسَّرَ وَأَعْطَاهُمْ قَائِلًا: هذَا هُوَ جَسَدِي الَّذِي يُبْذَلُ عَنْكُمْ. اِصْنَعُوا هذَا لِذِكْرِي. وَكَذلِكَ الْكَأْسَ أَيْضًا بَعْدَ الْعَشَاءِ قَائِلًا: هذِهِ الْكَأْسُ هِيَ الْعَهْدُ الْجَدِيدُ بِدَمِي الَّذِي يُسْفَكُ عَنْكُمْ" – لوقا: 20-14:22.

د. لا نجد أي إشارة للعشاء الرباني في إنجيل يوحنا.

ينفرد القديس يوحنا باسلوب مختلف في كتاباته لأنه لا يسرد تاريخياً ولكن يكتب عظات لاهوتيه لذلك سمي يوحنا اللاهوتي

17. هل ظهر السيد المسيح للتلاميذ عند بحر طبرية بعد ان قام من الاموات؟!

أ. "**بَعْدَ هذَا أَظْهَرَ أَيْضًا يَسُوعُ نَفْسَهُ لِلتَّلاَمِيذِ عَلَى بَحْرِ طَبَرِيَّةَ**" – يوحنا: 21:1.

ب. لم تذكر أحداث هذه القصة في أي من الأناجيل الثلاثة الاخرى

نعم ظهر السيد للتلاميذ عند بحر طبرية ولم يميزوه في البداية "وَقَفَ يَسُوعُ عَلَى الشَّاطِئِ وَلكِنَّ التَّلاَمِيذَ لَمْ يَكُونُوا يَعْلَمُونَ أَنَّهُ يَسُوعُ" – يوحنا: 21:4. يقدم لنا القديس يوحنا أحد ظهورات السيد المسيح بعد قيامه من بين الأموات، ولم يكن الظهور في يوم العبادة، ولا في داخل الهيكل، ولا حين كانوا مجتمعين للصلاة، وإنما ظهر لهم في أحد أيام العمل وهم منهمكون في عملهم: صيد السمك. وكأن الموضع الطبيعي للسيد المسيح بعد قيامته هو في العالم الآخر، وأن هذه الظهورات هي إعلان عن نفسه لتلاميذه وغيرهم ليتأكدوا من قيامته. يكشف هذا الفعل عن حالة ربنا يسوع السامية حيث لا يعود الالتقاء به في هذا العالم. فهو الذي يجعل ذاته حاضرًا فيه حين يشاء. وهو الذي يصير إذ ذاك منظورًا حسب ظروف الزمان والمكان. لم يأتِ إلى هذا الشاطئ ماشيًا كمن انطلق من موضع إلى آخر، كما في بدء خدمته، بل وقف على الشاطئ فجأة وظهر للتلاميذ هكذا. ولم يعد يبقَ معهم على الدوام، ولا بنفس الطريقة التي كانت قبلًا؟! لقد ظهر إلى لحظات، في المساء ثم اختفى، بعد ذلك ظهر مرة أخرى بعد ثمانية أيام واختفى أيضًا، وبعد هذه الأمور ظهر عند البحر، مرة أخرى في مهابة عظيمة. وتدوين هذا الظهور يتساير مع اسلوب يوحنا في الكتابة ذات الطابع اللاهوتي، ولا يدل اغفال

سرد الحدث من قبل باقي الإنجيليين على عدم حصول الحدث.

18. هل أوصى السيد المسيح تلاميذه ان يحملوا عصا للطريق عندما أرسلهم للكرازة؟!

أ. نعم. "**وَأَوْصَاهُمْ أَنْ لاَ يَحْمِلُوا شَيْئًا لِلطَّرِيقِ غَيْرَ عَصًا فَقَطْ، لاَ مِزْوَدًا وَلاَ خُبْزًا وَلاَ نُحَاسًا فِي الْمِنْطَقَةِ**" – مرقس: 6:8.

ب. كلا. "**لاَ تَقْتَنُوا ذَهَبًا وَلاَ فِضَّةً وَلاَ نُحَاسًا فِي مَنَاطِقِكُمْ، وَلاَ مِزْوَدًا لِلطَّرِيقِ وَلاَ ثَوْبَيْنِ وَلاَ أَحْذِيَةً وَلاَ عَصًا**" – متى: 10:9.

لا يوجد تناقض بين النصين. في (انجيل مرقس) وردت كلمة لا "تحملوا" معكم غير عصا تستندون عليها في الطريق الوعر. في (انجيل متى) وردت عبارة لا "تقتنوا" ذهباً ولا فضه ولا ... ولا ... ولا عصا، أي لا تهتموا بهذه الامور التي تشغل. النقود كانت من الذهب والفضة والنحاس. وكان مراد السيد المسيح أن المهم هو الشعور الداخلي بالاتكال الكامل عليه في كل شيء وأن يلقوا كل همهم عليه وهو يعولهم ويحميهم وأن عليهم ان يهتموا فقط بالكرازة.

19. ماذا كانت ردود فعل التلاميذ عندما أبصروا السيد المسيح ماشياً على الماء؟!

أ. سَجَدُوا لَهُ. "**وَالَّذِينَ فِي السَّفِينَةِ جَاءُوا وَسَجَدُوا لَهُ قَائِلِينَ:**

بِالْحَقِيقَةِ أَنْتَ ابْنُ اللهِ" – متى: 14:33.

ب. لم يميزوه. **"فَلَمَّا رَأَوْهُ مَاشِيًا عَلَى الْبَحْرِ ظَنُّوهُ خَيَالًا، فَصَرَخُوا لأَنَّ الْجَمِيعَ رَأَوْهُ وَاضْطَرَبُوا. فَلِلْوَقْتِ كَلَّمَهُمْ وَقَالَ لَهُمْ: ثِقُوا! أَنَا هُوَ. لاَ تَخَافُوا. فَصَعِدَ إِلَيْهِمْ إِلَى السَّفِينَةِ فَسَكَنَتِ الرِّيحُ، فَبُهِتُوا وَتَعَجَّبُوا فِي أَنْفُسِهِمْ جِدًّا إِلَى الْغَايَةِ، ... فَلَمَّا عَبَرُوا جَاءُوا إِلَى أَرْضِ جَنِّيسَارَتَ وَأَرْسَوْا. وَلَمَّا خَرَجُوا مِنَ السَّفِينَةِ لِلْوَقْتِ عَرَفُوهُ"** – مرقس: 6:49.

اختلاف في اسلوب الكتابة ولا يوجد تناقض بين النصين. (البشير متى) كتب خلاصة القول ان التلاميذ سجدوا له بعد هذه المعجزه واعترفوا انه ابن الله، اما (مرقس) فيروي القصه بتفصيل أكثر وكيف انهم بسبب الظلام والخوف، لم يستطيعوا أن يميزوا ملامحه، فظنوه شبحا أو خيالا، فزاد خوفهم حتى الصراخ، الى أن كلمهم وطمأنهم وأسكن الريح، وتفاصيل أخرى لم يتطرق اليها متى.

20. عندما لعن السيد المسيح شجرة التين، هل يبست الشجرة في الحال؟!

أ. نعم. **"فَنَظَرَ شَجَرَةَ تِينٍ عَلَى الطَّرِيقِ، وَجَاءَ إِلَيْهَا فَلَمْ يَجِدْ فِيهَا شَيْئًا إِلاَّ وَرَقًا فَقَطْ. فَقَالَ لَهَا: لاَ يَكُنْ مِنْكِ ثَمَرٌ بَعْدُ إِلَى الأَبَدِ!. فَيَبِسَتِ التِّينَةُ فِي الْحَالِ"** – متى: 21:19.

ب. كلا. **"وَفِي الصَّبَاحِ إِذْ كَانُوا مُجْتَازِينَ رَأَوْا التِّينَةَ قَدْ يَبِسَتْ مِنَ الأُصُولِ"** – مرقس: 11:20.

لا يوجد تناقض بين النصين، فورق التينة جف في الحال، وفي الصباح وجدوا ان اليبوسه وصلت الى الاصول او الجذور.

21. في أي كورة استقبل المجانين السيد المسيح؟!

أ. كورة الجرجسيين. "وَلَمَّا جَاءَ إِلَى الْعَبْرِ إِلَى كُورَةِ الْجِرْجَسِيِّينَ، اسْتَقْبَلَهُ مَجْنُونَانِ خَارِجَانِ مِنَ الْقُبُورِ هَائِجَانِ جِدًّا" – متى: 8:28.

ب. كورة الجدريين. "وَجَاءُوا إِلَى عَبْرِ الْبَحْرِ إِلَى كُورَةِ الْجَدَرِيِّينَ. وَلَمَّا خَرَجَ مِنَ السَّفِينَةِ لِلْوَقْتِ اسْتَقْبَلَهُ مِنَ الْقُبُورِ إِنْسَانٌ بِهِ رُوحٌ نَجِسٌ" – مرقس: 5:1.

أن العارف بجغرافية أرض فلسطين لا يرى تناقضاً بين العبارتين. ان المقاطعة تدعى كورة الجدريين، وهي الاكثر شهرة، أما كورة الجرجسيين فهي المدينة التي حدثت فيها المعجزة والتي تقع في نطاق كورة الجدريين. مثل ما أقول ان فلاناً يسكن في سان فرانسسكو، ومرة أخرى أقول انه يسكن في كاليفورنيا.

22. كم مجنوناً استقبل السيد المسيح في كورة الجرجسيين؟!

أ. واحداً. "وَجَاءُوا إِلَى عَبْرِ الْبَحْرِ إِلَى كُورَةِ وَلَمَّا خَرَجَ مِنَ السَّفِينَةِ لِلْوَقْتِ اسْتَقْبَلَهُ مِنَ الْقُبُورِ إِنْسَانٌ بِهِ رُوحٌ نَجِسٌ" – مرقس: 5:1.

ب. اثنين. "**وَلَمَّا جَاءَ إِلَى الْعَبْرِ إِلَى كُورَةِ الْجِرْجَسِيِّينَ، اسْتَقْبَلَهُ مَجْنُونَانِ خَارِجَانِ مِنَ الْقُبُورِ هَائِجَانِ جِدًّا**" – متى: 8:28.

لا يوجد تناقض بين الجوابين، فالتناقض يتحقق اذا قال أحدهم: ان المسيح قابل مجنونين، ثم قال الاخر: ان المسيح لم يقابل أي مجنون، وهناك معجزات كثيره صنعها السيد المسيح ولكن بعض شهود العيان من كتبة الإنجيل يركزون على شخص واحد في المعجزه. يذكر الإنجيلي متّى أنهما مجنونان، أما مرقس فيذكر شخصًا واحدًا، وأن من يشفي شخصًا يشفي الآخر أيضًا، إذ هدفهما لا سرد القصة كحدثٍ تاريخيٍ، وإنما إعلان إمكانية الشفاء.

23. كم أعمى فتح السيد المسيح أعينهما في أريحا؟!

أ. واحد. "**وَفِيمَا هُوَ خَارِجٌ مِنْ أَرِيحَا مَعَ تَلاَمِيذِهِ وَجَمْعٍ غَفِيرٍ، كَانَ بَارْتِيمَاوُسُ الأَعْمَى ابْنُ تِيمَاوُسَ جَالِسًا عَلَى الطَّرِيقِ يَسْتَعْطِي. فَلَمَّا سَمِعَ أَنَّهُ يَسُوعُ النَّاصِرِيُّ، ابْتَدَأَ يَصْرُخُ وَيَقُولُ: يَا يَسُوعُ ابْنَ دَاوُدَ، ارْحَمْنِي**" – مرقس: 10:46.

ب. اثنان. "**وَفِيمَا هُمْ خَارِجُونَ مِنْ أَرِيحَا تَبِعَهُ جَمْعٌ كَثِيرٌ، وَإِذَا أَعْمَيَانِ جَالِسَانِ عَلَى الطَّرِيقِ. فَلَمَّا سَمِعَا أَنَّ يَسُوعَ مُجْتَازٌ صَرَخَا قَائِلَيْنِ: ارْحَمْنَا يَا سَيِّدُ، يَا ابْنَ دَاوُدَ**" – متى: 20:29.

لا يوجد تناقض في الجواب مطلقاً، فالتناقض يتحقق اذا قال أحدهم: ان المسيح فتح عيني الاعمى، ثم نفاه الاخر، وقال: ان المسيح لم يفتح عيني الاعمى. ولا أهمية لإختلاف عدد العميان في الجواب فيما يتعلق بقدرة السيد على فتح عيون العميان!

24. عندما دخل السيد المسيح (كفرناحوم)، من طلب منه ان يشفي ابن قائد المئة؟!

أ. قَائِدُ مِئَةٍ. "**وَلَمَّا دَخَلَ يَسُوعُ كَفْرَنَاحُومَ، جَاءَ إِلَيْهِ قَائِدُ مِئَةٍ يَطْلُبُ إِلَيْهِ وَيَقُولُ: يَا سَيِّدُ، غُلاَمِي مَطْرُوحٌ فِي الْبَيْتِ مَفْلُوجًا مُتَعَذِّبًا جِدًّا**" – متى: 8:5.

ب. شُيُوخَ الْيَهُودِ. "**فَلَمَّا سَمِعَ عَنْ يَسُوعَ، أَرْسَلَ إِلَيْهِ شُيُوخَ الْيَهُودِ يَسْأَلُهُ أَنْ يَأْتِيَ وَيَشْفِيَ عَبْدَهُ. فَلَمَّا جَاءُوا إِلَى يَسُوعَ طَلَبُوا إِلَيْهِ بِاجْتِهَادٍ قَائِلِينَ: إِنَّهُ مُسْتَحِقٌ أَنْ يُفْعَلَ لَهُ هذَا، لأَنَّهُ يُحِبُّ أُمَّتَنَا، وَهُوَ بَنَى لَنَا الْمَجْمَعَ**" – لوقا: 7:3.

كان (لوقا) مؤرخاً وكان يكتب تاريخ سيرة السيد المسيح بتفاصيل، أما (متى) فيكتب مجمل القصه. كان قائد المئة قريبا من اليهود ومحباً لهم رغم انه كان امميأً. فارسل قائد المئة الى المسيح ليستعطفه عن طريق اليهود حسب لوقا، ولكن الإنجيلي متى كتب باختصار وقال ان قائد المئة جاء اليه يطلب. فسرد جوهر القصة ليس مختلفاً ولكن باساليب وتفاصيل مختلفه، ولا يوجد تناقض بين

العبارتين.

25. عندما جاء الرئيس ليلتمس السيد المسيح بخصوص ابنته، هل كانت بنتُ الرئيس وقتئذٍ قد ماتت؟!

أ. نعم. "وَفِيمَا هُوَ يُكَلِّمُهُمْ بِهذَا، إِذَا رَئِيسٌ قَدْ جَاءَ فَسَجَدَ لَهُ قَائِلًا: إِنَّ ابْنَتِي الآنَ مَاتَتْ، لكِنْ تَعَالَ وَضَعْ يَدَكَ عَلَيْهَا فَتَحْيَا" – متى: 9:18.

ب. كلا. "ابْنَتِي الصَّغِيرَةُ عَلَى آخِرِ نَسَمَةٍ. لَيْتَكَ تَأْتِي وَتَضَعُ يَدَكَ عَلَيْهَا لِتُشْفَى فَتَحْيَا" – مرقس: 5:23.

لا يوجد تناقض بين النصين. عندما جاء رئيس المجمع ليلتمس السيد المسيح بخصوص ابنته، كانت الطفلة على وشك الموت فطلب من السيد ان يأتي ويضع يده عليها لتشفى، فتحيا. وفيما هو يتكلم مع السيد ماتت الطفلة فعلاً "وَبَيْنَمَا هُوَ يَتَكَلَّمُ، جَاءَ وَاحِدٌ مِنْ دَارِ رَئِيسِ الْمَجْمَعِ قَائِلًا لَهُ: قَدْ مَاتَتِ ابْنَتُكَ. لاَ تُتْعِبِ الْمُعَلِّمَ" – لوقا: 8:49، الا ان السيد طمأنه وقال له: "لا تخف، آمن فقط" وبمعجزة أقامها من الموت.

26. ماذا كان جواب السيد المسيح للفريسيين حين طلبوا منه آية؟!

أ. "اَلْحَقَّ أَقُولُ لَكُمْ: لَنْ يُعْطَى هذَا الْجِيلُ آيَةً" – مرقس: 8:11.

ب. "جِيلٌ شِرِّيرٌ وَفَاسِقٌ يَطْلُبُ آيَةً، وَلاَ تُعْطَى لَهُ آيَةٌ إِلاَّ آيَةَ يُونَانَ النَّبِيِّ" – متى: 12:39.

لا يوجد تناقض بين النصين. رفض السيّد المسيح تقديم آية لهم لأنهم طلبوا ذلك بمكر ، فقد قدّم لهم قبل ذلك آيات فاتهموه أنه برئيس الشيّاطين يخرج شيّاطين، لذا لم يستحقّوا التمتّع بآياته. إذ كيف يستحق هؤلاء الذين قدّموا افتراءات مُرّة على المعجزات التي تمت أن يتمتّعوا برؤية معجزات أخرى؟! لذا قال لهم: لن تعطي لكم ايات الا اية يونان النبي ... وهي اشاره الى السيد المسيح نفسه الذي سيموت ويدفن في باطن القبر مثل يونان في بطن الحوت.

27. هل توافقت الأناجيل على قصة المرأة الزانية؟!

أ. انفرد انجيل يوحنا في قصة أمرأة أمسكت في زنا وقدّمت الى السيد المسيح من قبل مقاوميه من الكتبة والفريسيين ليحكم عليها

"وَقَدَّمَ إِلَيْهِ الْكَتَبَةُ وَالْفَرِّيسِيُّونَ امْرَأَةً أُمْسِكَتْ فِي زِنًا" – يوحنا: 8:3.

ب. لم يرد ذكر هذه القصة في أي من الأناجيل الثلاثة الاخرى

كما ذكرنا ان (القديس يوحنا) يختار احداثاً معيّنه من المعجزات الكثيره جدا جدا التي صنعها السيد المسيح والتي شهد

يوحنا أن كتبت واحدة واحدة، فلست أظن ان العالم يسعها. وعند اختياره لقصه المرأه الزانية أراد ان يقدم مقارنة بين موسى النبي والسيد المسيح. فانجيل يوحنا كله مكتوب ليفصل المسيحية عن اليهوديه بدءاً من الاصحاح الاول اذ قال الناموس بموسى أُعطيَ، اما النعمة والحق فبيسوع المسيح صارا، وفي الاصحاح الثاني حوّل المسيح الماء الى خمر ليس كموسى الذي حول الماء الى دم، وفي الاصحاح الثالث رفع موسى الحية في البريّة اما المسيح فانه رُفع على الصليب، وهكذا نرى ان انجيل يوحنا يقدم مقارنةً قويّة بين موسى النبي والسيد المسيح فاختار هذه القصة ليشرح لليهود وجهة نظر موسى النبي في رجم الزانية، ووجهة نظر السيد المسيح في جهة الرحمة وان كلّ البشر خطاؤون.

وان عدم ذكر القصة في الأناجيل الثلاثة الاخرى لا ينفي الحدث ولا يعني التحريف في الكتاب المُقدَس.

28. هل طهّر السيد المسيح الهيكل في نفس اليوم الذي دخل فيه أورشليم والهيكل؟!

أ. نعم. "**وَدَخَلَ يَسُوعُ إِلَى هَيْكَلِ اللهِ وَأَخْرَجَ جَمِيعَ الَّذِينَ كَانُوا يَبِيعُونَ وَيَشْتَرُونَ فِي الْهَيْكَلِ، وَقَلَّبَ مَوَائِدَ الصَّيَارِفَةِ وَكَرَاسِيَّ بَاعَةِ الْحَمَامِ**" – متى: 21:12.

ب. كلا. "**فَدَخَلَ يَسُوعُ أُورُشَلِيمَ وَالْهَيْكَلَ، وَلَمَّا نَظَرَ حَوْلَهُ إِلَى كُلِّ شَيْءٍ إِذْ كَانَ الْوَقْتُ قَدْ أَمْسَى، خَرَجَ إِلَى بَيْتِ عَنْيَا مَعَ**

الاثْنَيْ عَشَرَ" – مرقس: 11:11.

ليس هناك تناقض بين النصين فلا يوجد نص ينفي آخر، وانما هو اختلاف في أسلوب الكتابة والاختصار والتفصيل. (البشير متى) كتب حصيلة زيارة الهيكل أما (مرقس) ففصّل لكن النتيجة واحدة، فكتب مرقس نفس ما كتبه متى **"وَلَمَّا دَخَلَ يَسُوعُ الْهَيْكَلَ ابْتَدَأَ يُخْرِجُ الَّذِينَ كَانُوا يَبِيعُونَ وَيَشْتَرُونَ فِي الْهَيْكَلِ، وَقَلَّبَ مَوَائِدَ الصَّيَارِفَةِ وَكَرَاسِيَّ بَاعَةِ الْحَمَامِ وَلَمْ يَدَعْ أَحَدًا يَجْتَازُ الْهَيْكَلَ بِمَتَاعٍ"** – مرقس: 11:15.

29. هل تعتبر شهادة السيد المسيح لنفسه شهادة حق؟!

أ. نعم. **"وَإِنْ كُنْتُ أَشْهَدُ لِنَفْسِي فَشَهَادَتِي حَقٌّ"** – يوحنا: 8:14.

ب. كلا. **"إِنْ كُنْتُ أَشْهَدُ لِنَفْسِي فَشَهَادَتِي لَيْسَتْ حَقًّا"** – يوحنا: 5:31.

مرةً يشير لليهود الى ان شهادته لنفسه ليست حقاً (بالنسبة لهم) لأنه بحسب الناموس اليهودي تقبل الشهادة على فم شاهدين، ومرةً أخرى قال إنها شهادة حق وعللها **"لأَنِّي أَعْلَمُ مِنْ أَيْنَ أَتَيْتُ وَإِلَى أَيْنَ أَذْهَبُ"** – يوحنا: 8:14 أي يكفي يقينه من جهة معرفته بنفسه وعن علاقته بالأب ورسالته. وثالثة يؤكد شهادته لنفسه بشهادة اثنين آخرين: **"الآب الَّذِي يَشْهَدُ لِي هُوَ آخَرُ، وَأَنَا أَعْلَمُ أَنَّ شَهَادَتَهُ الَّتِي يَشْهَدُهَا لِي هِيَ حَقٌّ"** – يوحنا: 5:32، ويوحنا المعمدان **"أَنْتُمْ**

أَرْسَلْتُمْ إِلَى يُوحَنَّا فَشَهِدَ لِلْحَقِّ" – يوحنا: 5:33، ولا يوجد تناقض بين العبارتين.

30. هل ينفي السيد المسيح عن نفسه الصلاح؟!

أ. نعم. "**لِمَاذَا تَدْعُونِي صَالِحًا؟! لَيْسَ أَحَدٌ صَالِحًا إِلاَّ وَاحِدٌ وَهُوَ اللهُ**" – متى: 19:17.

ب. كلا. "**أَنَا هُوَ الرَّاعِي الصَّالِحُ**" – يوحنا: 10:11.

لم يقل السيد "لا تدعوني صالحًا"، ولم يَنفِ السيد عن نفسه صفة الصلاح ولم يقل "أنا لست صالحاً"، وقد أكّد السيّد نفسه أنه صالح، فقال: "**أَنَا هُوَ الرَّاعِي الصَّالِحُ**" – يوحنا: 10:11 كما قال: "**مَنْ مِنْكُمْ يُبَكِّتُنِي عَلَى خَطِيَّةٍ؟!**" – يوحنا: 8:46، لقد أراد يسوع أن يصحح تناقض الشاب لأنه خاطبه "أيها المعلم" معتقداً أن المسيح مجرد إنسان وفي نفس الوقت خاطبه "الصالح" الصفة الخاصة بالله وفي جمعهما "أيها المعلم الصالح" تناقض، كأن المسيح قال: إما ان أكون انا الله فينطبق عليّ وصف "الصالح" أو أنا مجرد إنسان فلا ينطبق عليّ وصف "الصالح"، بمعنى خاطبني إما يا "صالح" أو يا "معلم". ونحن نعلم أن يسوع صالح، فإذن هو والأب واحد. لقد إعتاد اليهود دعوة رجال الدين بلقب "المعلم الصالح" وهذا لقب لا يليق بهم في اعتقاد السيد، لذلك أجاب الشاب: إن كنت تعتقد أنني مجرد معلّم، فاعلم أنه ليس هناك معلم صالح على الإطلاق. فهل تدعوني صالحاً بمقياس الصلاح البشري كما تدعون بعضكم البعض وتلقبون

معلميكم؟! أم بمقياس الصلاح الإلهي، فإن كنت تعترف بصلاحي بالمقياس الإلهي وجب عليك أن تعترف بأنّني الله وتؤمن بي.

31. دخل السيد المسيح أورشليم راكباً على كم حيوان؟!

أ. واحد. "**وَأَتَيَا بِهِ إِلَى يَسُوعَ، وَطَرَحَا ثِيَابَهُمَا عَلَى الْجَحْشِ، وَأَرْكَبَا يَسُوعَ**" – لوقا: 19:35.

ب. اثنين. "**وَأَتَيَا بِالأَتَانِ وَالْجَحْشِ، وَوَضَعَا عَلَيْهِمَا ثِيَابَهُمَا فَجَلَسَ عَلَيْهِمَا**" – متى: 21:7.

لا يوجد تناقض بين النصين. ركب السيد على الجحش والأتان في فترتين متعاقبتين. فقد دخل السيد أورشليم جالساً على الأتان اولاً (الأتان أنثى الحمار أُم الجحش) فترة من الوقت، ثم ركب السيد على الجحش فترة من الوقت، وجاءت هذه البشارة تتميماً للنبوه الوارده في سفر زكريا: 9:9 "**اِبْتَهِجِي جِدًّا يَا ابْنَةَ صِهْيَوْنَ، اهْتِفِي يَا بِنْتَ أُورُشَلِيمَ. هُوَذَا مَلِكُكِ يَأْتِي إِلَيْكِ. هُوَ عَادِلٌ وَمَنْصُورٌ وَدِيعٌ، وَرَاكِبٌ عَلَى حِمَارٍ وَعَلَى جَحْشٍ ابْنِ أَتَانٍ**" فالحدث ورد ذكره لا في الإنجيل فقط بل وفي كتب العهد القديم بنفس النص (لم يدخل السيد بمركبات حربية كبقية ملوك العالم، ولا راكباً على حصان، ولا يطرد اناسًا، ولا يطلب حراسًا، إنما سلك بوداعته العظيمة)، بمعنى دخل متواضعاً. أيضاً القارئ للإنجيل بتدبر يلاحظ أن السيد المسيح كان دائمًا يسير على رجليه ويقطع المسافات الطويلة مشيًا على قدميه، وأن المرة الوحيدة التي ذكر الإنجيل عنه أنه ركب فيها دابة، كانت

هذه المرة الوحيدة التي دخل فيها أورشليم، متممًا نبوءة الوحي المُقدَس مبينًا أنه هو بالذات المقصود بنبوءة النبي زكريا.

32. هل سَردَ كلُّ الإنجيليين تفاصيلَ صلاة السيد المسيح في (جشيماني) كحدث أخير قبل صلبه؟!

أ. سردت تفاصيل الصلاة في أناجيل: متى: 46-26:36، مرقس: 42-14:32، ولوقا: 46-22:39.

ب. لم يُشرْ (إنجيل يوحنا) الى الصلاة في جشيماني.

كما ذكرنا – أكثر من مرة – ان اسلوب القديس يوحنا مختلف فهو يكتب عظات لاهوتية مرتبطة بمعجزات او كما يسميها ايات، وأن هدف يوحنا من انجيله هو ان يثبت ان المسيح هو ابن الله وان كل من يؤمن به تكون له الحياة الابدية ولم يكن هدفه ابدا سرد احداث تاريخية لقصة حياة المسيح.

33. هل طلب السيد المسيح من الاب أن يعفيه من الصلب؟!

أ. نعم. "**ثُمَّ تَقَدَّمَ قَلِيلًا وَخَرَّ عَلَى وَجْهِهِ، وَكَانَ يُصَلِّي قَائِلًا: يَا أَبَتَاهُ، إِنْ أَمْكَنَ فَلْتَعْبُرْ عَنِّي هذِهِ الْكَأْسُ، وَلكِنْ لَيْسَ كَمَا أُرِيدُ أَنَا بَلْ كَمَا تُرِيدُ أَنْتَ**" – متى: 26:39.

ب. كلا. "**وَلكِنْ لأَجْلِ هذَا أَتَيْتُ إِلَى هذِهِ السَّاعَةِ**" – يوحنا: 12:27.

ردد السيد المسيح في صلاته الاخيرة في (جشيماني) "نفسي حزينة جدًا حتى الموت"، وقال أيضاً "الآن نفسي قد اضطربت"، أمّا سِرّ حزنه واضطراب نفسه فهو ليس الخوف من الآلام الجسديّة، فهذه أيضاً كنت مزعجة جداً، إنّما بسبب الآلام الروحية، بسبب ثقل سحابة خطايا البشرية التي لا تطاق كما تراءت له، والتي سيحملها السيد على كتفيه، لكنّه من أجل هذا جاء، ونيابة عنّا خضع في طاعة للآب ليحمل موت الخطيّة فيه، ولا يوجد تناقض بين النصين.

34. كيف ميّز الجند الرومان يسوع في (جشيماني) حين ألقوا القبض عليه؟!

أ. يهوذا اعطاهم علامة. "**وَفِيمَا هُوَ يَتَكَلَّمُ، إِذَا يَهُوذَا أَحَدُ الاثْنَيْ عَشَرَ قَدْ جَاءَ وَمَعَهُ جَمْعٌ كَثِيرٌ بِسُيُوفٍ وَعِصِيٍّ مِنْ عِنْدِ رُؤَسَاءِ الْكَهَنَةِ وَشُيُوخِ الشَّعْبِ. وَالَّذِي أَسْلَمَهُ أَعْطَاهُمْ عَلاَمَةً قَائِلًا: الَّذِي أُقَبِّلُهُ هُوَ هُوَ. أَمْسِكُوهُ. فَلِلْوَقْتِ تَقَدَّمَ إِلَى يَسُوعَ وَقَالَ: السَّلاَمُ يَا سَيِّدِي! وَقَبَّلَهُ. فَقَالَ لَهُ يَسُوعُ: يَا صَاحِبُ، لِمَاذَا جِئْتَ؟! حِينَئِذٍ تَقَدَّمُوا وَأَلْقَوْا الأَيَادِيَ عَلَى يَسُوعَ وَأَمْسَكُوهُ**" – متى: 26:47.

ب. يسوع عرّف نفسه لهم. "**فَأَخَذَ يَهُوذَا الْجُنْدَ وَخُدَّامًا مِنْ عِنْدِ رُؤَسَاءِ الْكَهَنَةِ وَالْفَرِّيسِيِّينَ، وَجَاءَ إِلَى هُنَاكَ بِمَشَاعِلَ وَمَصَابِيحَ وَسِلاَحٍ. فَخَرَجَ يَسُوعُ وَهُوَ عَالِمٌ بِكُلِّ مَا يَأْتِي عَلَيْهِ، وَقَالَ لَهُمْ: مَنْ تَطْلُبُونَ؟! أَجَابُوهُ: يَسُوعَ النَّاصِرِيَّ. قَالَ لَهُمْ: أَنَا هُوَ**" – يوحنا: 18:1.

ليس هناك تناقض في سرد جوهر الحدث وهو إلقاء القبض على السيد المسيح، ولكن بتفاصيل مختلفه من كاتب لآخر. يهوذا عرّف السيد بقبله، ثم سرد يوحنا تفاصيل أكثر لم تذكر في الأناجيل الاخرى ليعبر ان المسيح هو صاحب السلطان ولا يخاف من السلطات الارضية ... فقال المسيح للجند والكهنة: "**مَنْ تَطْلُبُونَ؟! أَجَابُوهُ: يَسُوعَ النَّاصِرِيَّ. قَالَ لَهُمْ: أَنَا هُوَ. وَكَانَ يَهُوذَا مُسَلِّمُهُ أَيْضًا وَاقِفًا مَعَهُمْ. فَلَمَّا قَالَ لَهُمْ: أنّني أَنَا هُوَ، رَجَعُوا إِلَى الْوَرَاءِ وَسَقَطُوا عَلَى الأَرْضِ**" – يوحنا: 18:5، كمن هزّهم رعد شديد أو صعقهم برق، بهذا أكد للكل أنه سلم نفسه للموت بكامل إرادته ، فيوحنا البشير يكتب انجيله باسلوب وعظي يريد ان يبرهن فيه على ان المسيح هو صاحب الكلمة العليا في مسألة تسليم نفسه للرومان.

35. ماذا قال قائد المئة حين أسلم السيد المسيح الروح؟!

أ. هذَا الإِنْسَانُ بَارًّا. "**فَلَمَّا رَأَى قَائِدُ الْمِئَةِ مَا كَانَ، مَجَّدَ اللهَ قَائِلًا: بِالْحَقِيقَةِ كَانَ هذَا الإِنْسَانُ بَارًّا**" – لوقا: 23:47.

ب. هذَا الإِنْسَانُ ابْنَ اللهِ. "**وَلَمَّا رَأَى قَائِدُ الْمِئَةِ الْوَاقِفُ مُقَابِلَهُ أَنَّهُ صَرَخَ هكَذَا وَأَسْلَمَ الرُّوحَ، قَالَ: حَقًّا كَانَ هذَا الإِنْسَانُ ابْنَ اللهِ**" – مرقس: 15:39.

لا يوجد تناقض بين الحقيقتين، وعندما نعود الى القصة في بشارة متّى نجد انه يعطي تفاصيل اكثر توضح الامر، وان متى لم ينقل كلام قائد المئة فقط، بل وكلام الذين كانوا يحرسون معه لذلك

جاءت العبارة "**وَأَمَّا قَائِدُ الْمِئَةِ وَالَّذِينَ مَعَهُ يَحْرُسُونَ يَسُوعَ فَلَمَّا رَأَوُا الزَّلْزَلَةَ وَمَا كَانَ، خَافُوا جِدًّا وَقَالُوا: حَقًّا كَانَ هذَا ابْنَ اللهِ**" – متى: 27:54.

36. ما هي آخر الكلمات التي نطق بها السيد المسيح قبل تسليم الروح؟!

أ. يَا أَبَتَاهُ، فِي يَدَيْكَ أَسْتَوْدِعُ رُوحِي. "**وَنَادَى يَسُوعُ بِصَوْتٍ عَظِيمٍ وَقَالَ: يَا أَبَتَاهُ، فِي يَدَيْكَ أَسْتَوْدِعُ رُوحِي. وَلَمَّا قَالَ هذَا أَسْلَمَ الرُّوحَ**" – لوقا: 23:46.

ب. قَالَ: قَدْ أُكْمِلَ. "**فَلَمَّا أَخَذَ يَسُوعُ الْخَلَّ قَالَ: قَدْ أُكْمِلَ. وَنَكَّسَ رَأْسَهُ وَأَسْلَمَ الرُّوحَ**" – يوحنا: 19:30.

ليس بين العبارتين تناقض، بل تكامل فالمسيح بعد ان قال قد اكمل، نكس رأسه، وقال يا ابتاه في يديك استودع روحي، وان يوحنا كان قريبا جدا من احداث الصلب. لابد ان ندرك ان بشارة الإنجيل والتي سجلها متى ومرقس ولوقا ويوحنا باساليب مختلفة واوقات مختلفة جوهرها واحد واحداثها واحدة ولكن كل كاتب كتب ماسمعه أو ما رآه وعندما نقرأ الأناجيل الاربعة نستطيع ان نحصل على صورة كاملة للحقائق والاحداث التي تمت في ذلك الوقت.

37. هل أسلم السيد المسيح روحَه قبل ان ينشقّ حجاب الهيكل؟!

أ. نعم. "**فَصَرَخَ يَسُوعُ أَيْضًا بِصَوْتٍ عَظِيمٍ، وَأَسْلَمَ الرُّوحَ وَإِذَا حِجَابُ الْهَيْكَلِ قَدِ انْشَقَّ إِلَى اثْنَيْنِ، مِنْ فَوْقُ إِلَى أَسْفَلُ. وَالأَرْضُ تَزَلْزَلَتْ، وَالصُّخُورُ تَشَقَّقَتْ**" – متى: 27:50.

ب. كلا. "**وَأَظْلَمَتِ الشَّمْسُ، وَانْشَقَّ حِجَابُ الْهَيْكَلِ مِنْ وَسْطِهِ وَنَادَى يَسُوعُ بِصَوْتٍ عَظِيمٍ وَقَالَ: يَا أَبَتَاهُ، فِي يَدَيْكَ أَسْتَوْدِعُ رُوحِي. وَلَمَّا قَالَ هذَا أَسْلَمَ الرُّوحَ**" – لوقا: 23:45.

الترتيب الزمني للاحداث قد يختلف من كاتب لآخر ولكن الحدث ثابت فالحجاب قد انشق والمسيح اسلم الروح وفي الحقيقه ان انشقاق حجاب الهيكل وتسليم المسيح لروحه قد حدثا في نفس الوقت وهذه حقيقة لاهوتية، ولا يوجد تناقض بين النصين.

38. ماهي الاحداث المهمّة التي واكبت موتَ السيد المسيح على الصليب؟!

أ. "**وَإِذَا حِجَابُ الْهَيْكَلِ قَدِ انْشَقَّ إِلَى اثْنَيْنِ، مِنْ فَوْقُ إِلَى أَسْفَلُ. وَالأَرْضُ تَزَلْزَلَتْ، وَالصُّخُورُ تَشَقَّقَتْ، وَالْقُبُورُ تَفَتَّحَتْ، وَقَامَ كَثِيرٌ مِنْ أَجْسَادِ الْقِدِّيسِينَ الرَّاقِدِينَ وَخَرَجُوا مِنَ الْقُبُورِ بَعْدَ قِيَامَتِهِ، وَدَخَلُوا الْمَدِينَةَ الْمُقَدَسةَ، وَظَهَرُوا لِكَثِيرِينَ**" – متى: 27:51.

ب. "**وَأَظْلَمَتِ الشَّمْسُ، وَانْشَقَّ حِجَابُ الْهَيْكَلِ مِنْ وَسْطِهِ**" – لوقا: 23:45.

ج. ولم يذكر مرقس ويوحنا شيئاً عن هذه الاحداث العظيمة.

كان الهيكل المُقدَس في أورشليم هو مركز الحياة الدينية لليهود ففيه كانت تتم العبادات وفيه تقدم الذبائح الحيوانية. أما الحجاب في الهيكل، فكان يفصل قدس الأقداس – حيث يسكن حضور الله – عن باقي الهيكل حيث يسكن البشر. وكان رئيس الكهنة هو الوحيد الذي يسمح له أن يعبر هذا الحجاب مرة واحدة في السنة ليدخل إلى محضر الله نيابة عن كل شعب إسرائيل ليكفّر عن خطاياهم. إن الحجاب مصنوع من قماش اسمانجوني كان سمكه 4 بوصات وأنه لو تم ربط حصانين على طرفيه لما أمكنهما تمزيقه. "فَصَرَخَ يَسُوعُ أَيْضاً بِصَوْتٍ عَظِيمٍ وَأَسْلَمَ الرُّوحَ. وَإِذَا حِجَابُ الْهَيْكَلِ قَدِ انْشَقَّ إِلَى اثْنَيْنِ مِنْ فَوْقُ إِلَى أَسْفَلُ" – متى: 27:50. يعتقد بعض المسيحيين ان تمزق الحجاب يعني ان الله هجر الهيكل ولم يعد يسكن فيه، وتركه للخراب، وهذا ما حصل فيما بعد على يدي الرومان، كما تنبأ السيد المسيح ذلك. كما ويعتقد المسيحيون ان توقيت انشقاق الهيكل مع الصلب يعني إعلان نهاية العهد القديم، وان قيام السيد المسيح من الاموات اعلان لبدء العهد الجديد.

اما من جهة ان مرقس ويوحنا لم يذكرا هذه الاحداث فلا يدل هذا ان الإنجيل مُحرّف، وأن كل بشير كتب ما سمعه وما رآه دون ان يناقض الآخر وان زادت التفاصيل او نقصت.

39. هل حمل السيد المسيح صليبه بنفسه؟!

أ. نعم. "**فَخَرَجَ وَهُوَ حَامِلٌ صَلِيبَهُ إِلَى الْمَوْضِعِ الَّذِي يُقَالُ لَهُ مَوْضِعُ الْجُمْجُمَةِ وَيُقَالُ لَهُ بِالْعِبْرَانِيَّةِ جُلْجُثَةُ**" – يوحنا: 19:17.

ب. كلا. "**وَفِيمَا هُمْ خَارِجُونَ وَجَدُوا إِنْسَانًا قَيْرَوَانِيًّا اسْمُهُ سِمْعَانُ، فَسَخَّرُوهُ لِيَحْمِلَ صَلِيبَهُ**" – متى: 27:31.

عندما نقرأ القصة في البشائر الاربعة نحصل على صورة كاملة فالمسيح خرج من المحكمة وهو حامل صليبه وبسبب التعب وثقل الصليب لم يكن قادرا ان يستكمل المسيره للجلجثة، وفي الطريق وجدوا سمعان القيرواني وطلبوا منه ان يحمل صليب المسيح نيابة عنه، ولا يوجد تناقض بين النصين.

40. هل كُفّن السيد المسيح وطُيّب جسده قبل وضعه في القبر؟!

أ. نعم. "**وَجَاءَ أَيْضًا نِيقُودِيمُوسُ، الَّذِي أَتَى أَوَّلًا إِلَى يَسُوعَ لَيْلًا، وَهُوَ حَامِلٌ مَزِيجَ مُرّ وَعُودٍ نَحْوَ مِئَةِ مَنًا. فَأَخَذَا جَسَدَ يَسُوعَ، وَلَفَّاهُ بِأَكْفَانٍ مَعَ الأَطْيَابِ، كَمَا لِلْيَهُودِ عَادَةٌ أَنْ يُكَفِّنُوا**" – يوحنا: 19:39.

ب. كلا. "**وَبَعْدَمَا مَضَى السَّبْتُ، اشْتَرَتْ مَرْيَمُ الْمَجْدَلِيَّةُ وَمَرْيَمُ أُمُّ يَعْقُوبَ وَسَالُومَةُ، حَنُوطًا لِيَأْتِينَ وَيَدْهَنَّهُ**" – مرقس: 16:1.

لا تناقض بين النصين. تختلف عادات وتقاليد الشعوب من جهة غسل الميت والدفن ووضع الأطياب ففي بعض التقاليد كانت الأطياب توضع أيضاً على جسد الميت حتى بعد وفاته بايام وهو في القبر. ولا بأس من ذكر ان السيد المسيح لم يدفن تحت التراب وإنما وضع جسده في غار ووضع حجر على فتحة الغار.

41. متى جاءت النساء لزيارة قبر السيد المسيح؟!

أ. عِنْدَ الفَجْرِ. "**وَبَعْدَ السَّبْتِ، عِنْدَ فَجْرِ أَوَّلِ الأُسْبُوعِ، جَاءَتْ مَرْيَمُ الْمَجْدَلِيَّةُ وَمَرْيَمُ الأُخْرَى لِتَنْظُرَا الْقَبْرَ**" – متى: 28:1.

ب. إِذْ طَلَعَتِ الشَّمْسُ. "**وَبَاكِرًا جِدًّا فِي أَوَّلِ الأُسْبُوعِ أَتَيْنَ إِلَى الْقَبْرِ إِذْ طَلَعَتِ الشَّمْسُ**" – مرقس: 16:2.

لا يوجد تناقض بين النصين، فقد وُصفت مريم المجدلية عند القبر في هذين النصيين في وقتين مختلفين وبرفقة مختلفة: الوصف الاول في فجر أحد القيامة، باكراً جداً، وكانت معها مريم الاخرى (متى)، والوصف الثاني وقت طلوع الشمس وكانت معها مريم أم يعقوب وسالومة (مرقس). وواضحٌ ان الوصفين لمريم هما في وقتين مختلفين وفي زيارتين مختلفتين؛ لأن مريم المجدلية ومريم الاخرى خرجتا سريعاً من القبر بخوف وفرح بعد الزيارة الاولى راكضتين لتخبرا التلاميذ ثم رجعتا اذ طلعت الشمس، وان القبر يبعد عن أورشليم حوالي خمس دقائق سيراً على الاقدام، عن طريق ما سمي فيما بعد "طريق الآلام" وان الفاصلة بين الفجر وطلوع الشمس

تقريباً ساعة.

42. هل توافقت الروايات الإنجيلية على أسماء النساء اللاتي زرن قبر السيد فجر الأحد؟!

أ. ان ملاكا اخبر مريم المجدلية ومريم الاخرى: "**إِنَّهُ قَدْ قَامَ مِنَ الأَمْوَاتِ، هَا هُوَ يَسْبِقُكُمْ إِلَى الْجَلِيلِ**" – متى: 28:7.

ب. ان ملاكا اخبر مريم المجدلية ومريم أم يعقوب وسالومة: "**قَدْ قَامَ! لَيسَ هُوَ ههُنَا.. إِنَّهُ يَسْبِقُكُمْ إِلَى الْجَلِيلِ هُنَاكَ تَرَوْنَهُ كَمَا قَالَ لَكُمْ**" – مرقس: 16:6.

ج. ان ملاكين خاطبا مريم المجدلية ومريم أم يعقوب ويونا والباقيات معهن: "**لِمَاذَا تَطْلُبْنَ الْحَيَّ بَيْنَ الأَمْوَاتِ؟!**"– لوقا: 24:5.

د. ان مريم المجدلية كانت لوحدها حين اكتشفت ان القبر كان فارغاً فركضت واخبرت التلميذين: "**فَرَكَضَتْ وَجَاءَتْ إِلَى سِمْعَانَ بُطْرُسَ وَإِلَى التِّلْمِيذِ الآخَرِ الَّذِي كَانَ يَسُوعُ يُحِبُّهُ، وَقَالَتْ لَهُمَا: أَخَذُوا السَّيِّدَ مِنَ الْقَبْرِ، وَلَسْنَا نَعْلَمُ أَيْنَ وَضَعُوهُ!** " – يوحنا: 20:1.

لا يوجد تناقض بين النصوص وجميعها صحيحة وهي تفاصيل مختلفة لحال مريم المجدلية عند القبر في أوقات مختلفة في فجر أحّد القيامة: مرة وحدها (يوحنا)، ومرة ثانية مع مريم الاخرى

(متى)، وثالثة مع مريم أم يعقوب وسالومة (مرقس)، ورابعة مع مريم أم يعقوب ويونا والباقيات معهن (لوقا). لقد وصف الإنجيليون حالة مريم المجدلية عند القبر في أوقات مختلفة وأحد الدلائل على هذا اختلاف المشاهد في كل وقت: مرة لوحدها حين اكتشفت القبر فارغاً فركضت واخبرت التلاميذ (يوحنا)، ومرة حين رأت ملاك الرب جالساً على الحجر خارج القبر وكانت بصحبة مريم الاخرى (متى) ، وثالثة عندما دخلت القبر ورأت شاباً جالساً عن اليمين وكانت مع مريم أم يعقوب وسالومة (مرقس) ورابعة عندما رأت رجلين بثياب براقة ومعها نساء أخريات (لوقا).

والدليل الاخر على زيارة مريم المجدلية للقبر في أوقات مختلفة ان الزيارة الأولى لمريم كانت في فجر أحد القيامة، باكراً جداً (متى)، والزيارة الأخرى كانت وقت طلوع الشمس (مرقس). واضح أيضاً ان مريم المجدلية زارت القبر أكثر من مرة؛ لأن مريم المجدلية ومريم الاخرى خرجتا سريعاً من القبر بخوف وفرح بعد الزيارة الاولى راكضتين لتخبرا التلاميذ (متى)، وان القبر يبعد عن أورشليم حوالي خمس دقائق سيراً على الاقدام، وان الفاصلة بين الفجر وطلوع الشمس تقريباً ساعة.

43. هل ظن هيرودس ان السيد المسيح حين قام من الاموات هو يوحنا المعمدان؟!

أ. نعم. "فَقَالَ لِغِلْمَانِهِ: هذَا هُوَ يُوحَنَّا الْمَعْمَدَانُ قَدْ قَامَ مِنَ الأَمْوَاتِ" – متى: 14:2.

ب. كلا. "**فَقَالَ هِيرُودُسُ: يُوحَنَّا أَنَا قَطَعْتُ رَأْسَهُ. فَمَنْ هُوَ هذَا الَّذِي أَسْمَعُ عَنْهُ مِثْلَ هذَا؟!**" – لوقا: 9:9.

قراءة النصين تباعاً يوضح عدم وجود أي تناقض بينهما، ففي النص الاول ظن هيرودس ان يوحنا المعمدان قد قام من الاموات، ومع كونه صدُّوقيًا لا يعترف بالقيامة من الأموات إلا أنه أمام الاحداث بدأ يتشكَّك في الأمر وبدأ يفكِّر فيما يقوله الناس ألعلَّه يوحنا أو إيليَّا أو واحدًا من الأنبياء القُدامى قد قام؟! وبدأ يتساءل في النص الثاني لكن انا قطعت رأس يوحنا، فمن هو هذا؟!

44. هل مكث السيد المسيح في القبر ثلاثة أيام وثلاث ليالٍ؟!

أ. دفن السيد المسيح يوم الجمعة ليلًا، وبقى في القبر يوم السبت وليل يوم السبت، وقام من الاموات فجر يوم الأحد، فيكون مجموع الوقت الذي قضاه يسوع في القبر، هو يوم واحد وليلتان.

ب. "**قَالَ لَهُمْ يَسُوعُ: ابْنُ الإِنْسَانِ سَوْفَ يُسَلَّمُ إِلَى أَيْدِي النَّاسِ فَيَقْتُلُونَهُ، وَفِي الْيَوْمِ الثَّالِثِ يَقُومُ**" – متى: 17:22.

ج. "**جِيلٌ شِرِّيرٌ وَفَاسِقٌ يَطْلُبُ آيَةً، وَلاَ تُعْطَى لَهُ آيَةٌ إِلاَّ آيَةَ يُونَانَ النَّبِيِّ. لأَنَّهُ كَمَا كَانَ يُونَانُ فِي بَطْنِ الْحُوتِ ثَلاَثَةَ أَيَّامٍ وَثَلاَثَ لَيَال، هكَذَا يَكُونُ ابْنُ الإِنْسَانِ فِي قَلْبِ الأَرْضِ ثَلاَثَةَ أَيَّامٍ وَثَلاَثَ لَيَال**" – متى: 12:39

نعم السيد المسيح لم يمكث في القبر اثنين وسبعين ساعة كاملة ، ولو أمضى هذه المدة لقام في اليوم الرابع، بينما هو أكّد قيامته أنها ستكون في اليوم الثالث. ولكي نفهم صدق ما قاله السيد علينا أن نعي حقيقتين: أولاً: ان اليوم اليهودي يبدأ بعد غروب شمس اليوم الذي يسبقه وينتهي بعد غروب هذا اليوم، فيوم الجمعة مثلًا يبدأ بعد غروب شمس الخميس وينتهي بغروب شمس الجمعة. ثانياً: ان أي جزء من اليوم يعتبر يومًا كاملًا، بحسب ناموس اليهود القائل إن إضافة ساعة إلى يوم تُحسب يومًا آخَر، وإضافة يوم إلى سنة تُحسَب سنة أخرى. وحيث إن السيد المسيح أمضى جزءاً من يوم الجمعة الذي يُحسب شرعًا يومًا كاملًا، والسبت أي ليلة السبت ونهار السبت، والأحد أي ليلة الأحد وفجر الأحد، فهو بذلك يكون قد أمضى في القبر ثلاثة أيام وثلاث ليالٍ. بحسب ناموس اليهود يعتبر أي جزء من اليوم يومًا كاملًا.. فإذا وُلِدَ طفل في الساعة الأخيرة من اليوم، بل في البضعة دقائق الأخيرة فيه يُحسب ذلك اليوم يومًا كاملًا بحيث يُختن بحسبه بموجب تعريف اليهود.

45. هل توافقت الروايات الإنجيلية على صعود السيد المسيح الى السماء في نفس يوم قيامته؟!

أ. "**ثُمَّ إِنَّ الرَّبَّ بَعْدَمَا كَلَّمَهُمُ ارْتَفَعَ إِلَى السَّمَاءِ، وَجَلَسَ عَنْ يَمِينِ اللهِ**" – مرقس: 16:19.

ب. "**وَأَخْرَجَهُمْ خَارِجًا إِلَى بَيْتِ عَنْيَا، وَرَفَعَ يَدَيْهِ وَبَارَكَهُمْ. وَفِيمَا هُوَ يُبَارِكُهُمُ، انْفَرَدَ عَنْهُمْ وَأُصْعِدَ إِلَى السَّمَاءِ**" –

لوقا: 24:50.

ج. تغافل البشيران متى ويوحنا عن ذكر الصعود.

ان عدم سرد الحدث في بعض البشائر لاينفي حدوث الحدث.. ولا يناقضه.. وكما ذكرنا ان كل كاتب كتب بأٍسلوب مختلف عن الاخر. لا نفهم جلوسه بمعنى جلوس أعضائه الجسدية كما لو أن الله عن اليسار والسيد عن اليمين، إنما نفهم اليمين بمعنى السلطان.

46. هل واعد السيد المسيح تلاميذه ان يرسل لهم معزياً (مرشداً) يمكث معهم الى الابد؟!

أ. يذكر يوحنا وصية في مواضع ثلاثة في اصحاحات ثلاثة تتحدث عن معزّي (روح القدس) ياتي بعده ويمكث مع التلاميذ الى الابد "**وَأَنَا أَطْلُبُ مِنَ الآبِ فَيُعْطِيكُمْ مُعَزِّيًا آخَرَ لِيَمْكُثَ مَعَكُمْ إِلَى الأَبَدِ**" – يوحنا: 14:16.

"**وَمَتَى جَاءَ الْمُعَزِّي الَّذِي سَأُرْسِلُهُ أَنَا إِلَيْكُمْ مِنَ الآبِ، رُوحُ الْحَقِّ، الَّذِي مِنْ عِنْدِ الآبِ يَنْبَثِقُ، فَهُوَ يَشْهَدُ لِي**" – يوحنا: 15:26.

"**لكِنِّي أَقُولُ لَكُمُ الْحَقَّ: إِنَّهُ خَيْرٌ لَكُم أَنْ أَنْطَلِقَ، لأَنَّهُ إِنْ لَمْ أَنْطَلِقْ لاَ يَأْتِيكُمُ الْمُعَزِّي، وَلكِنْ إِنْ ذَهَبْتُ أُرْسِلُهُ إِلَيْكُمْ**" – يوحنا: 16:7 .

ب. ويذكر لوقا وعداً مشابهاً "**وَهَا أَنَا أُرْسِلُ إِلَيْكُمْ مَوْعِدَ أَبِي. فَأَقِيمُوا فِي مَدِينَةِ أُورُشَلِيمَ إِلَى أَنْ تُلْبَسُوا قُوَّةً مِنَ الأَعَالِي**" – لوقا: 24:49.

ج. لم يرد ذكر هذا الوعد في إنجيل متى ومرقس.

ان عدم سرد الوعد في إنجيل متّى ومرقس لا يعني التناقض ولا يعني التحريف في الكتاب المُقدَس وكل إنجيلي يكتب بأسلوبه.

لماذا التباين بين تعابير أسفار الكتاب المُقدَس؟! وما هي "قصة الكتاب الأصيل" ؟!

يدعي المسلمون أنه لولا التحريف لما حصل الاختلاف بين تعابير الكتاب المُقدَس، ويتساءل أخرون إذا كانت هي كلمة الله، فلماذا الاختلاف بينها؟! كثيراً ما تطرح هذه التساؤلات، فما هي اسباب التباين بين اسفار الكتاب المُقدَس المتداول؟! وهل ينطبق مصطلح التحريف على وصفها؟! وهل يختلف الكتاب المُقدَس المتداول عن الكتاب الذي كان بين يدي نبي الإسلام؟! وهل أنزل الله إنجيلاً واحداً أم أربعة ؟! فقد استنتجت الدراسات الإسلامية أنّ القرآن الكريم إنّما صدّق التوراة والإنجيل الحقيقيّين دون الرائجين اللذين مُلئا بأغلاط الكفر والخرافات والاختلافات الكبيرة،[321]،[322] وقد

(321) البلاغي، محمد جواد: الوجيز في معرفة الكتاب العزيز، مصدر سابق، ص 33 – 32.

(322) الخوئي، ابو القاسم الموسوي، رسالة في نفحات الاعجاز، مصدر سابق، ص47.

اطلق عليهما المسلمون تسمية "التوراة الاصيلة" و"الإنجيل الاصيل"، وإجمالاً الكتاب الأصيل.

ان أوجه التشابه والتباين بين الاناجيل الاربعة هي في بعض أوجهها تشبه نظيرتها في القرآن الكريم. ففي القرآن نقرأ وصايا وتعاليم الهية معينة تشترك بها السور القرآنية المختلفة كالتي تتحدث عن التوحيد والمعاد مثلاً، كما نقرأ آيات عن نفس الموضوع لكن بتفاصيل منوّعة، فمثلا ذُكر موسى النبي في عدة سور، وتصف كل سورة جانباً مختلفاً عن قصته فتنوعت السور. الاناجيل الاربعة أيضاً فيها وصايا وتعاليم مشتركة، وفيها أحداث منوّعة انشد اليها الإنجيليون من زوايا مختلفة فتنوعت الاناجيل. اضافة الى هذا وردت آيات قرآنية يُستشف من ظاهرها التناقض كما وردت عبارات في الكتاب المُقدَس يُستشف من ظاهرها التناقض وحقيقةُ جميعها ليست كذلك، وأن معاني ألفاظها ومدلولاتها تتضح بعد قراءة تفاسيرها: ﴿ **إِذْ قَالَ اللهُ يَا عِيسَى أَنّني مُتَوَفِّيكَ وَرَافِعُكَ إِلَيَّ** ﴾،[323] وقوله تعالى: ﴿ **وَإِنْ مِنْ أَهْلِ الْكِتَابِ إِلا لَيُؤْمِنَنَّ بِهِ قَبْلَ مَوْتِهِ** ﴾،[324] وجاء على لسان السيد المسيح: ﴿ **وَالسَّلاَمُ عَلَيَّ يَوْمَ وُلِدْتُ ويَوْمَ أَمُوتُ وَيَوْمَ أُبْعَثُ حَيّا** ﴾،[325] فهذا كله يظهر أنه منقوض بقوله تعالى: ﴿ **وَمَا قَتَلُوهُ**

(323) آل عمران، 55.
(324) النساء. 159.
(325) مريم، 33.

وَمَا صَلَبُوهُ وَلَٰكِن شُبِّهَ لَهُمْ ﴾،[326] لأنه في المواضع الثلاثة الأولى يثبت موته وفي الموضع الأخير ينفيه، ويضيف تعالى: ﴿ **بَل رَّفَعَهُ اللَّهُ إِلَيْهِ وَكَانَ اللَّهُ عَزِيزًا حَكِيمًا** ﴾.[327]

أولاً: ما هي قصة "الكتاب الأصيل" ؟!

لو سألتَ ايَّ مسلم عن التوراة والإنجيل المتداولة لجاء الجواب أنها كتب مُحرّفة وما كان عند موسى النبي والسيد المسيح هي النسخ ألأصيلة لكنها اندثرت. وما يؤكد هذا الادعاء هو اعتقاد الفقهاء المسلمين ان الآية الكريمة: ﴿ **وَأَنزَلْنَا إِلَيْكَ الْكِتَابَ بِالْحَقِّ مُصَدِّقًا لِّمَا بَيْنَ يَدَيْهِ مِنَ الْكِتَابِ وَمُهَيْمِنًا عَلَيْهِ** ﴾،[328] تدل على ان الله تعالى صدّق على توراة وإنجيل غير المتداولة بين أيدينا لتناقض بعض نصوص التوراة والإنجيل المتداولة مع معتقدات المسلمين مثل بنوة السيد المسيح، وصلبه، وعقيدة الثالوث، وعقيدة الخلاص وغيرها، وقد اطلق عليها المسلمون تسمية "التوراة الاصيلة" و"الإنجيل الاصيل"، وهذا هو الاعتقاد الشائع بين جمهور الفقهاء وعامة المسلمين، ولكنه إدعاء بلا دليل ولا يستند الى نص قرآني أو تفسير صحيح للآية القرآنية. فعندما تسأل ما هو الفرق بين الكتاب الاصيل والمتداول؟! يأتي الجواب بقاطعيّة ان الكتاب الاصيل ضاع! ... نعم ... لكن ما فرقُه عن المتداول؟! كيف نعرف بوجود كتاب بين

---

(326) النساء، 157.

(327) النساء، 158.

(328) المائدة، 48.

يدي السيد المسيح ؟! هنا تهدأ الريح ويعمّ الهدوء. ألم تبقَ من الكتاب الاصيل ولو نسخة واحدة تشهد بالتحريف؟! وإن لم توجد النسخة غير المُحَرَّفة فكلام هؤلاء يحتاج إلى دليل على صدق قولهم! وإن عجزوا على إتيان الدليل تصبح تهمة التحريف باطلة، وادعاءً لا دليل عليه.

ولقد شرح لي أحد العلماء الافاضل الكبار مشكوراً الفرق بين الكتاب الاصيل والمتداول قائلاً: يملك المسلمون القناعة التامة ان التوراة والإنجيل منّزلة من الله، لكن ليست الكتب المتداولة، بل الأصيلة، اذ ان الكتب الاصيلة تحوي على كلام الله فقط، أما الكتب المتداولة فإنها تحوي على خليط من كلام الله متمثلاً بالوصايا والتعاليم الإلهية وكلام البشر متمثلاً بالحديث عن سيرة السيد المسيح وموسى النبي وأفعالهم اليومية أمام الناس، وان الله لا يتحدث في كتبه عن سيرة رسله. وأضاف العالم الجليل، نعم، ممكن ان يذكر الله رسله في كتابه بصفة معينه واحدة أو أكثر، هنا وهناك، لإيصال عبرة أو درس، لكن لا بقصد سرد سيرتهم وأفعالهم اليومية بالتفصيل كما جاء في التوراة والإنجيل، فهذا ليس من شأن الله؛ لأنها كتب هدى وليست كتب تاريخية. وعليه فإن سيرة السيد المسيح وموسى النبي وأفعالهم المذكورة في الإنجيل والتوراة هي جهد بشري يمثل ذكريات الكتبة للأحداث، وأنها قابلة للخطأ والصواب والنقد والمناقشة. واضاف العالم الفاضل قائلاً: ان كتب التوراة والإنجيل المتداولة تشبه كتب الحديث النبوية، فنحن لا نعتبر كتب الحديث كتباً مقدسة لأنها وان كانت تحوي على أقوال النبي وافعاله إلا أنها أيضاً تحوي على كلام الرواة، وهذا بدوره يجعلها قابلة للخطأ والصواب والنقد والمناقشة.

الا أني، ومع فائق احترامي للعالم الفاضل، لم اتفق معه على هذه المناظرة لتناقضها عما جاء في القرآن، فأجبته قائلاً: تُعرّف السيرة على أنها حياة الشخص من يوم ولادته الى يوم وفاته مروراً بأعماله وأفعاله وأقواله، وهذا متفق عليه. لقد وردت عبارات تتحدث عن ولادة السيد المسيح وطفولته، وميلاد أمه القديسة بتفاصيل في القرآن أكثر بكثير مما ورد في الإنجيل، في سورة سميت باسم أمه «مريم» وفي سورة أخرى سميت باسم آبائها «آلِ عِمران» اضافة الى ذكر السيد وأمه بصورة متناثرة في آيات عديدة في القرآن الكريم، وأن القديسة مريم هي السيدة الوحيدة التي ذكرت بإسمها الصريح «مريم» في القرآن، أما باقي نساء الانبياء وبضمنهن نساء نبي الإسلام فقد ورد ذكرهن مقروناً باسم رجالهن أمثال امرأة نوح، وامرأة لوط، وامرأة عمران، وامرأة فرعون، ونساء النبي، وتارة أم موسى وأخت موسى، علماً بأنّ القديسة مريم لم تذكر في الإنجيل ولو من قريب نسبةً الى كثرة ذكرها في القرآن.

لقد ورد ذكر السيد المسيح في سور قرآنية متفرقة نحو خمس وعشرين مرة ليحلّ بذلك ثالثاً من حيث عدد المرات التي ذكر بها الانبياء في القرآن الكريم بعد ابراهيم، وموسى، أما القديسة مريم فقد جاء ذكرها في القرآن الكريم احدى وثلاثين مرة. وقد فصّل القرآن الكريم سيرة السيد المسيح والنعم التي أسبغها عليه وعلى امه، بدءاً من خلقه وولادته الاعجازية، ومروراً بمعاجزه الخارقة في احياء الموتى وشفاء المرضى، وتواضعه، ووداعته، وحنانه وحبه للجميع، ثم رَفْعِه الى الملك الاعلى في نهاية مهمته على الارض.

أما قصة ميلاد القديسة مريم ومناجاة امها لله وتقديمها للمعبد، وقصة القرعة على كفالتها فقد وردت مفصلاً في القرآن. كما وجسّد القرآن سيرة حياتها في المعبد، وطعامها اليومي من مائدة الله، وتكاملها اخلاقياً وروحياً ومحادثتها مع الملائكة وبشارتها بولادة المسيح، وان الله اصطفاها كنموذج وقدوة للطهارة والعفة والتقوى والورع ومثالاً في الزهد في العبادة والعبودية لله، فقد نشأت السيدة مريم العذراء في بيت الله برعاية الله وتربيته لها، في جوّ يعبق بالايمان والاخلاص والعبادة بعيدة عن الرذائل الخلقية والمفاسد الروحية.

أما سيرة موسى النبي فقد جاءت أيضاً بالتفصيل في القرآن الكريم بدءاً بولادته وظروفها الصعبة حيث كان فرعون يقتّل ذكور العبرانيين، ثم القاء موسى في النهر من قبل أمّه، وانتشاله من النهر من قِبل آل فرعون، وتحريم المراضع عليه وردّه الى أمّه، ومن ثم تربيته ونشأته في بيت فرعون، وقتله للقبطي، وهروبه الى مَديَن وخدمته لشعيب النبي، وزواجه من بنت شعيب، وتكليفه الالهي بتحرير بني إسرائيل من مصر، ومعاجزه الخارقة في مصر وخارجها، وانتهاءً بوفاته. ولابد من ذكر ان موسى النبي قد ذُكِرَ في القرآن أكثر من أي نبي آخر، فقد ورد اسمه الصريح في أكثر من مائة وستة وثلاثين موضعاً في القرآن وقليلةٌ هي السور القرآنية التي تخلو من ذكر موسى النبي، بينما لم يذكر الاسم الصريح لنبي الإسلام في أكثر من أربع آيات في القرآن بأكمله.

هذا من جانب سيرتهما فيما يخص الولادة والوفاة، اما فيما يخص الانسال فقد ذكرت أنسالهما الاعجازية في القرآن والتوراة

والإنجيل، مع فارق انها جاءت مفصلة كاملةً في التوراة والإنجيل، لسبب أن أعمال السيد المسيح وموسى النبي في الكتاب المُقدَس هي معاجزهما وهي الآيات التي أيدهما الله بها. وقد ذكرت التوراة والإنجيل هذه الأعمال الخارقة وتحليلها والتعليق عليها بقصد الافادة بما فيها من ميزات وتجارب في الحياة ومواعظ ودروس في الهداية.

ان التوراة والإنجيل لم يتطرقا الى أعمال موسى والسيد المسيح الشخصية، فإننا لا نعرف شيئاً عن حياة موسى النبي والسيد المسيح الشخصية من قراءتنا للتوراة والإنجيل، لا أحد يعرف كم كان طولهما؟! او وزنهما؟! ما لون بشرتهما؟! ما لون شعرهما وعيونهما؟! ماذا كان طعامهما المفضل؟! هل كانا يبتسمان؟! كم ساعة كانا ينامان؟! وما هي أحوال أطفال موسى وعائلته؟! وغيرها من الامور الشخصية. لم تتحدث التوراة والإنجيل عن حياة السيد المسيح وموسى النبي الشخصية. إن أعمال موسى والسيد المسيح التي فُصّلت في التوراة والإنجيل ليست جهداً بشرياً كما أدلى العالم الفاضل وإنما هي آيات الله، ومعاجزه ليثبتا للناس صدق بلاغهما عن الله.

وباختصار أولى القرآن الكريم عناية خاصة بسرد سيرة السيد المسيح وامه، وموسى النبي وسيرته مما قد لا نرى لها مثيلاً في قصص باقي الأنبياء العظام، بل وفاقت بتفاصيلها قصصهم في الإنجيل والتوراة. أما قصّة يوسف النبي فقد وردت كاملةً في القرآن (سورة يوسف) وبجميع تفاصيلها من الولادة حتى تحقق رؤياه بلقاء أهله.

يقابل ذلك ان القرآن الكريم لم يحدثنا عن سيرة النبي محمد وحياته الذاتية في القرآن، فلم يذكر لنا شيئاً عن ولادته ونشأته ومهنته وظروف وفاته، ولم يتحدث عن ظروفه الشخصية الصعبة بعد البعثة وهجرته وأموره العائلية الأخرى، بقدر ما حدثنا تعالى عن سيرة موسى والسيد المسيح في القرآن، بل ركز تعالى بخصوص نبي الإسلام على معجزته التي هي منهجه في آن واحد، فجاء القرآن وثيقة واحدة تؤيد بعثته وهي وسيلة هدايته للناس التي توازي معاجز موسى النبي والسيد المسيح في التوراة والإنجيل. اي ان القرآن يتميز عن التوراة والإنجيل بانه جمع المعجزة والمنهج في كتاب واحد، أما في التوراة والإنجيل فأقوال الله ومنهج هدايته فيهما منفصل عن المعجزة.

أما القول بان كتب التوراة والإنجيل المتداولة هي بمثابة ذكريات تلاميذ السيد المسيح وأنها تشبه كتب الحديث النبوية، وأن كتب الحديث لا تعتبر كتباً الهية مقدسة؛ لأنها وان كانت تحوي على أقوال النبي وافعاله إلا أنها أيضاً تحوي على كلام رواة الحديث، وهذا بدوره جعلها قابلة للخطأ والصواب، فهذا القول والتشبيه وهذه المقارنة غير صحيحة بتاتاً لأسباب:

ان كتب الحديث تنقل قول النبي وفعله وتقريره الشخصي، بينما كتب التوراة والإنجيل تنقل آيات الله وكلامه الذي نطق به موسى النبي والسيد المسيح ولا تمثل كلامهم وفلسفتهم الشخصية. ان رواة الحديث بشر وقد نقلوا كلاماً بشرياً، ويفتقر كثير من رواة الحديث الى الثقة والحجية في نقلهم، كما اثبتت ذلك كتب رجال الحديث الإسلامية، بينما نقل الحواريان (متى ويوحنا) آيات الله

ومعاجزه وأقواله بإلهام من الروح القدس، وبشهادة السيد المسيح: ان روح القدس هو الذي يتكلم فيكم "**أَنْ لَسْتُمْ أَنْتُمُ الْمُتَكَلِّمِينَ بَلْ رُوحُ أَبِيكُمُ الَّذِي يَتَكَلَّمُ فِيكُمْ**"،(329) وقد صدّق الله تعالى على كتب الإنجيل والتوراة، وأثنى القرآن الكريم على الحواريين كتبة الإنجيل، كما ذكرنا في الصفحة 233، كونهم أنصار الله وأنهم أسلموا أمرهم الى الله لنشر كلمة التوحيد وإخلاص العبادة لله سبحانه، ونشر رسالة السيد المسيح وطاعته فيما يأمر وينهى، ولا شبه للحواريين ولا مقارنة بينهم وبين رواة الحديث. اضافة الى هذا فان الإنجيليين (مرقس ولوقا) لم يرافقا السيد ولم يشهدا أعماله واقواله وإنما نقلا عن شهود عيان ممن عاصر الاحداث، فيصبح ادعاء كون الإنجيل ذكريات بالنسبة لهما كما تفضل العالم الفاضل ادعاءً لا صحة له.

إضافة الى كل هذا، لا بد من معرفة حقيقة أخرى وهي أنه مع بداية المسيحية لم يكن هناك إنجيل مكتوب، وقد تداول الاتباعُ أحداث وتعاليم الإنجيل شفاهةً، وانتشر الإيمان عن طريق التلمذة للآباء الرسل، وان هذه التقاليد هي الانطلاقة الاولى للدعوة المسيحية وهي المصدر الاساس لمعرفة اقوال وافعال السيد المسيح. وقد أكدت تصريحات السيد المسيح في مواضع متعددة عدم وجود أي كتاب للإنجيل، فقال: "**أَتَكَلَّمُ بِهذَا كَمَا عَلَّمَنِي أَبِي**"،(330) وفي موضع آخر قال: "**وَأَنَا إِنْسَانٌ قَدْ كَلَّمَكُمْ بِالْحَقِّ الَّذِي سَمِعَهُ مِنَ اللهِ**"،(331) وقال

(329) إنجيل متى، 10:20.
(330) إنجيل يوحنا، 8:28.
(331) إنجيل يوحنا، 8:40.

أيضاً: ان الكلام الذي أعطيتني قد أعطيتهم، وكأنه يتحدث مع الله تعالى "**أَنَا قَدْ أَعْطَيْتُهُمْ كَلاَمَكَ**"،[332] وورد نظير هذا التصريح في القرآن الكريم ﴿ **مَا قُلْتُ لَهُمْ إِلَّا مَا أَمَرْتَنِي بِهِ** ﴾.[333]

هذه التصريحات تؤكد ان السيد المسيح سمع، وتعلم، ونقل، وقال كلامَ الله ولم يقل أنه قرأ، ولم يرد ذكر لنزول أي كتاب على السيد المسيح من الله. اضافة الى هذا يؤكد آباء الكنيسة أن السيد المسيح لم يبشر بكتاب أو إنجيل أوحي اليه، ولم يطلب السيد المسيح من تلاميذه أن يبشروا بإنجيل مكتوب، وإنما قال: "**فَاذْهَبُوا وَتَلْمِذُوا جَمِيعَ الأُمَمِ وَعَمِّدُوهُمْ ... وَعَلِّمُوهُمْ أَنْ يَحْفَظُوا جَمِيعَ مَا أَوْصَيْتُكُمْ بِهِ. وَهَا أَنَا مَعَكُمْ كُلَّ الأَيَّامِ إِلَى انْقِضَاءِ الدَّهْرِ**"،[334] فكانت البشارة الشفهية هي نقطة الانطلاق لرسل السيد المسيح وهي المصدر الأساسي لمعرفة أقوال وأفعال السيد المسيح، وأن التقليد الشفوي يعتبر الينبوع الذي نهل منه رسل السيد وتلاميذ الرسل ليدونوا أسفار العهد الجديد. وهذا التقليد الشفوي هو أوسع أفقاً من التقليد الكتابي، فانّ ما كتب بعد ذلك من هذا التقليد لا يمثل كل ما جاء في التقاليد الشفهية، وهذا ما صرح به يوحنا الإنجيلي: "**وَأَشْيَاءُ أُخَرُ كَثِيرَةٌ صَنَعَهَا يَسُوعُ، إِنْ كُتِبَتْ وَاحِدَةً وَاحِدَةً، فَلَسْتُ أَظُنُّ أَنَّ الْعَالَمَ نَفْسَهُ يَسَعُ الْكُتُبَ الْمَكْتُوبَةَ**".[335] بكلمات أخرى أن ما كتب التلاميذ عن السيد المسيح،

---

(332) إنجيل يوحنا، 17:14.

(333) المائدة، 117.

(334) إنجيل متى، 28:19.

(335) إنجيل يوحنا، 21:25.

إنما هي مقتطفات من تعاليمه ومعجزاته لإيصال فكرة الإيمان بالسيد المسيح ولم يكتبوا تفاصيل كل ما قاله وفعله السيد المسيح. ويجادل أهل الكتاب قائلين إن المسلمين لا يملكون دليلاً قاطعاً ان كتبة القرآن قد دونوا كل ما قاله النبي للحفظة، ولهذا السبب اختلفت الروايات الإسلامية بشأن تدوين القرآن وظهرت القراءات السبع وعدم تطابق نسخ القرآن مع بعضها.

ومع مرور الزمن، وبعد صعود السيد المسيح، دونت البشارة الشفهية التي نطق بها السيد المسيح؛ لأسباب منها تقدم السن بالرسل الأولين، وتضخّم الاضطهادات التي كانت تحيط بهم من قبل اليهود، ولحفظ الإنجيل من التحريف بالعقائد الباطلة والنسيان، وسمي كل من تلك البشارات باسم إنجيل، يطلق عليه في تقليد الكنيسة: (إنجيل ربنا يسوع كما دوّنه متى ... أو كما دوّنه مرقس ... أو كما دوّنه لوقا ... أو كما دوّنه يوحنا). هو إنجيل واحد وليس أربعة، العدد أربعة يرجع الى كتبة الوحي وليس الى الإنجيل، أربعة انجيليين كتبوا قصص الإنجيل من زوايا مختلفة، الا أن الوصايا الإلهية التي نطق بها السيد المسيح واحدة في جميعها.

المعروف أن (إنجيل مرقس) هو أول إنجيل وقد دوّن سنة 65 ميلادية أي بعد 32 سنة من صعود السيد المسيح (صعد السيد عندما كان عمره 33 سنة، أي بعد ثلاث سنوات من التبشير). فلو فرضنا ان السيد المسيح كان فعلاً يبشّر من كتاب منزل اليه من السماء، فهل يعقل أن هذا الكتاب الذي أوحي به لهداية الناس قد حُرّف ثم اختفى الى الأبد بعد 32 سنة فقط من نزوله حسب اعتقاد المسلمين ؟!! ما هو المنطق والحكمة من ان ينزّل الله كتاباً ورسالة

ويبعث رسولاً ليحرّف ويختفي بعد سنوات قليلة ؟! يتضح أنّ هذا الإدعاء اتهام موجه لله تعالى نفسه لأنه لم يستطع ان يحفظ كتابه ومنهاجه وشريعته التي أرادها لهداية البشر والتي من أجلها بعث السيد المسيح ومكّنه من عمل المعجزات، بينما نجح تلاميذ السيد وهم بشر ضعفاء من كتابة إنجيل مُحرّف استمر الى يومنا هذا قروناً بعد تدوينه، هل هذا يعقل؟!

متى صارت الاناجيل الاربعة قانونية؟!

اصبحت (الأناجيل الاربعة) مع بقية أسفار العهد الجديد (أعمال الرسل ورسائلهم) الكتاب المُقدَس والاعلان الرسمي القانوني لإنجيل المسيح في (مجمع نيقية) في بداية القرن الرابع الميلادي، على يد الكنيسة، أي قبلتها الكنيسة باعتبارها كتبت بوحي والهام سماوي، ولكنها كانت مدوّنة ومعروفة ومتداولة من النصف الثاني من القرن الاول على نطاق واسع (آخرها دوّن حوالي سنة 90 ميلادي)، وهذا يعني أن المسيحيين الاوائل كانوا ينظرون إلى هذه الاسفار والكتب على انها مؤلفات تنقل ما عمله السيد المسيح ومعجزاته وتعاليمه كما نقلها التقليد الشفوي، لكن تمييزها باعطائها الصفة القانونية تم لاحقاً، وقد جمعت الأناجيل الاربعة معاً في انجيل واحد رباعي حوالي سنة 140 ميلادي عندما جمع (ماركيون) عدداً من الكتب المسيحية لاستئصال نفوذ العهد القديم، وايجاد معادل للعهد القديم، سمي بالعهد الجديد.[336]

---

(336) علي، الشيخ، لاهوت المسيح في المسيحية والإسلام- دراسة مقارنة، مركز الابحاث العقائدية، ص32، 2005.

وأما نسخ العهد القديم فان أقدم متن عبراني موجود اليوم هو النسخة التي وُجدت في مصر وتشتمل على الوصايا العشر والقانون العبراني الوارد في (سفر الخروج) و (سفر التثنية) وقد كتبت ما بين 220 و 250 للميلاد. وإن نسخة العهد القديم اليونانية المستعملة اليوم طبعت عن هذه النسخ القديمة المذكورة، وبمراجعتها مع الأصل العبراني إتضح أنه لا يوجد فرق ولا في تعليم واحد.

كيف استلم السيد المسيح التعاليم الإلهية؟!

ولا بأس ان نتحدث باختصار عن كيفية استلام السيد المسيح التعاليم الإلهية لتكوين صورة كاملة عن نفي مقولة الكتاب الاصيل. نصّ القرآن الكريم على إتيان الإنجيل للسيد المسيح ﴿ **وَقَفَّيْنَا عَلَى آثَارِهِم بِعَيسَى ابْنِ مَرْيَمَ مُصَدِّقًا لِّمَا بَيْنَ يَدَيْهِ مِنَ التوراة وَآتَيْنَاهُ الإنجيل فِيهِ هُدًى وَنُورٌ وَمُصَدِّقًا لِّمَا بَيْنَ يَدَيْهِ مِنَ التوراة وَهُدًى وَمَوْعِظَةً لِّلْمُتَّقِينَ** ﴾،[337] غير أن الله سبحانه لم يفصّل القول في الآية في كيفية "اتيان أي اعطاء" الإنجيل الى السيد المسيح كما جاء بخصوص التوراة، والقرآن الكريم، حيث نفهم أنّ موسى النبي استلم ألواح التوراة من الله تعالى على جبل سيناء "**وَقَالَ الرَّبُّ لِمُوسَى: اصْعَدْ إِلَيَّ إِلَى الْجَبَلِ، وَكُنْ هُنَاكَ، فَأُعْطِيَكَ لَوْحَيِ الْحِجَارَةِ وَالشَّرِيعَةِ وَالْوَصِيَّةِ الَّتِي كَتَبْتُهَا لِتَعْلِيمِهِمْ. فَقَامَ مُوسَى وَيَشُوعُ خَادِمُهُ. وَصَعِدَ**

(337) المائدة، 46.

مُوسَى إِلَى جَبَلِ اللهِ"،[338] وقد كُتب مسبقاً على الالواح تفصيل كل شيء ﴿ **وَكَتَبْنَا لَهُ فِى الْأَلْوَاحِ مِن كُلِّ شَيْء مَّوْعِظَةً وَتَفْصِيلا لِّكُلِّ شَيْء** ﴾،[339] ونفهم أيضاً ان القرآن الكريم نزل عن طريق الوحي ﴿ **وَإِنَّهُ لَتَنزِيلُ رَبِّ الْعَالَمِينَ نَزَلَ بِهِ الرُّوحُ الْأَمِينُ عَلَىٰ قَلْبِكَ لِتَكُونَ مِنَ الْمُنذِرِينَ** ﴾.[340] اذن موسى النبي استلم ألواح التوراة وأن القرآن نزل على النبي، والتنزيل يعني ان القرآن كان مكتوباً في اللوح المحفوظ ونزل على النبي عن طريق الوحي.

أما الإنجيل فهو كلام الله بلا جدل وهذا ما صرّح به القرآن " وَآتَيْنَاهُ الإنجيل"، وان المعاجز الخارقة التي قام بها السيد المسيح تؤيد بوضوح انه مرسل من الله، الا انه لا يوجد نصٌ صريحٌ وواضحٌ في الاناجيل الاربعة عن كيفية تلقي السيد المسيح تعاليمه الإلهية، فلم يرد فيها ذكر الوحي الالهي واكتفت بما قاله السيد المسيح للجموع انه مرسل من الله "**الْكَلاَمُ الَّذِي أُكَلِّمُكُمْ بِهِ لَسْتُ أَتَكَلَّمُ بِهِ مِنْ نَفْسِي**"،[341] وفي موضع آخر وردت عبارة ان الكلام الذي أعطيتني قد أعطيتهم، وكأنه يتحدث مع الله تعالى "**أَنَا قَدْ أَعْطَيْتُهُمْ كَلاَمَكَ**".[342] وبعبارة مختصرة لم يذكر الإنجيل كيف تلقى السيد المسيح كلام الله، ولم يجب السيد المسيح على أسئلة رؤساء الكهنة والكتبة اليهود المتكررة

(338) سفر الخروج، 24:12.
(339) الأعراف، 145.
(340) الشعراء، 192.
(341) إنجيل يوحنا، 14:10.
(342) إنجيل يوحنا، 17:14.

عن مصدر سلطانه؛ لأنه أحسّ منهم المكر والمعارضة وعدم الجديّة.

أيضاً لا يوجد في الإنجيل اشارة أو تصريح انه كلام الله، إلا ما صرح به السيد المسيح. فللمقارنة نقرأ بخصوص القرآن الكريم آيات عديدة تصرح انه كلام الله موحى الى النبي مثل: "**إِنَّا أَنزَلْنَاهُ**"، "**أَوْحَيْنَا إِلَيْكَ هَٰذَا الْقُرْآنَ**"، "**نَحْنُ نَقُصُّ عَلَيْكَ**"، "**قُلِ**" وأمثالها، والمخاطب هو النبي محمد والمتكلم هو الله تعالى، لكننا لا نجد مثل هذه الدلالات في الإنجيل. وبناءً على عدم ورود ذكر الوحي في الإنجيل استدلت بعض الطوائف المسيحية على ان الإنجيل هو أقوال السيد المسيح الشخصية، وقد سطرها الإنجيليون، وهذا يتوافق مع اعتقاد هذه الطوائف بألوهية السيد المسيح، إذ لا يليق بالإله أن يؤتى كتابًا عن طريق الوحي فهذا هو حال الأنبياء ولكنّ السيد المسيح ليس نبياً – من وجهة نظر هؤلاء – وإنما هو نفسه الإله في اعتقادهم، وان اسمه (يسوع) الذي سماه به ملاك الرب يتضمن اسم الإله وكونه المخلّص، لاحظ حاشية الصفحة 210.

أليس الله على كل شئ قدير؟ يعتقد المسيحيون ان الله تعالى أظهر ذاته للبشرية في صورة إنسان، وأن السيد المسيح هو الله المتجسد، وعليه فإن الوحي في هذه الحالة لا معنى له لأنه لا يوجد موحي وموحى اليه. السيد المسيح هو الكلمة، هو الوحي، هو الإنجيل.

وان ظهوره في صورة انسان على الأرض لا يعني تحديد ذاته في جسم ولا يعني غياب قدرته تعالى من مكان آخر فهو يملأ السماوات والأرض في كل آن. وقد ظهر الله لموسى من وسط عُلَّيقة

بلهيب نار، وظهر لبني إسرائيل على رأس جبل سيناء وسط دخان، وسار معهم في الصحراء كسحاب مظللاً عليهم من حرِّ الشمس وأمثالها من الشواهد مما يدل على قدرة الله على الظهور للبشر كيفما يشاء.

الخلاصة، بقيت الوسيلة التي تلقى بها السيد المسيح كلام الله تعالى غير واضحة وغير صريحة في الإنجيل، هل كانت الهاماً أم وحياً أم رؤيا، أم أنّ الله تعالى كلمّه مباشرة، أم موحى به من الروح القدس أو غير ذلك؟! وعلى الرغم من أنّ الوسيلة التي تلقى بها السيد المسيح الإنجيل غير واضحة في الإنجيل، لكن يبقى الإنجيل هو كلام الله بناءً على تصريح القرآن والسيد المسيح بذلك. اذن هل الإنجيل موحى به من الله؟! نعم. لمن أوحي به؟! الى تلاميذ السيد المسيح. هل أوحي به مثل تنزيل القرآن عن طريق الوحي وبصوت مسموع؟! كلا، بل أوحي به عن طريق الايحاء بالإلهام.

ولا بأس من توضيح حقيقة أخرى قد لا يعرفها الكثيرون، هي اننا عندما نسمع لفظ "الإنجيل" تتبادر الى أذهاننا صورة كتاب الإنجيل، فهل فعلاً كان الإنجيل كتاباً منزلاً على السيد المسيح ؟! هل انزل الله تشريعات للسيد المسيح وجمعت فيما بعد في كتاب كالقرآن والتوراة ؟! هل يمكن ان نثبت تاريخياً ان السيد المسيح كان يعلّم من كتاب انزله الله اليه؟!

كلا، هذا لا تعتقد به اي فرقة مسيحية على الإطلاق منذ بداية المسيحية والى يومنا هذا. ان كلمة "الإنجيل" معربة من اليونانية "ايفانجليون" وتعني الخبر السار أو الخبر المفرح. ما هو

الخبر السار؟! الخبر السار يعلن "قد جاء الخلاص" عن طريق السيد المسيح. اذن، أنّ السيد هو نفسه "ايفانجليون" ، هو نفسه الخبر السار، هو نفسه الإنجيل، هو نفسه الذي نزل الى الارض "**لأَنّي قَدْ نَزَلْتُ مِنَ السَّمَاءِ**"،[343] كفادي لخطايا الناس من يؤمن به وتمثلت في صلبه وموته ولهذا قال السيد: إني جئتكم كمنقذ، لأخلص الخطاة.[344] وأن الإنجيليين دوّنوا أحداث هذا الخبر السار أي حياة السيد وكلامه في كتاب سموه "الإنجيل" لأنه يحمل بين طياته الخبر السار، ولم يكتب السيد المسيح كتاباً ولم يكن هناك أي كتاب بين يدي السيد يعلّم منه. المُخلّص يسوع هو اسم السيد المسيح الذي سمّاه به ملاك الرب قبل ولادته* والمسيح هو صفته.

هل الإنجيل واحد أم أربعة؟! ان الإنجيل هو بشارة واحدة، إنجيل واحد، لكن بشّر به متى ومرقس ولوقا ويوحنا عن حياة السيد المسيح وتعاليمه ومعجزاته، أي لا توجد أربع بشارات، إنما هي بشارة واحدة للعالم أجمع، لكن الكتبة أربعة كتبوها من زوايا مختلفة: متى ركز على النبوءات وكتبه لليهود، مرقس كتبه باختصار للرومان،

---

(343) إنجيل يوحنا، 6:38.

(344) اليسوعي، صبحي حموي، معجم الايمان المسيحي، الطبعة الثانية، دار المشرق، بيروت، لبنان، 1998، ص107.

* (يسوع) معناه "الله يخلّص" هو اسم عبري مكوّن من كلمتين: (يهوه) وتعني الإله و (سوع) وتعني المُخلّص. "وَلكِنْ فِيمَا هُوَ مُتَفَكِّرٌ فِي هذِهِ الأُمُورِ، إِذَا مَلاَكُ الرَّبِّ قَدْ ظَهَرَ لَهُ فِي حُلْمٍ قَائِلًا: يَا يُوسُفُ ابْنَ دَاوُدَ، لاَ تَخَفْ أَنْ تَأْخُذَ مَرْيَمَ امْرَأَتَكَ. لأَنَّ الَّذِي حُبِلَ بِهِ فِيهَا هُوَ مِنَ الرُّوحِ الْقُدُسِ، فَسَتَلِدُ ابْنًا وَتَدْعُو اسْمَهُ يَسُوعَ لأَنَّهُ يُخَلِّصُ شَعْبَهُ مِنْ خَطَايَاهُمْ" (متى: 1:20)

لوقا كتبه للأمم من زاوية تأريخية، ويوحنا دوّنه من زاوية روحية، سجّلوا نفس حياة السيد المسيح وتعاليمه من زوايا متنوعة، هي كأربع صور لحقيقة واحدة تتضمن الإيمان بالسيد المسيح.

هل أُنزل "كتاب إنجيل" على السيد المسيح بشهادة القرآن "وآتيناه الإنجيل..."؟

الإنجيل في المفهوم الإسلامي هو "كتاب" أُنزل من الله الى السيد المسيح، فقد ورد في الخطاب القرآني لفظ "يا أهل الكتاب" بخصوص اليهود غالباً وقليلاً بخصوص المسيحيين كما في الآيتين: ﴿ **يَأَهْلَ الْكِتَبِ لاَ تَغْلُوا فِى دِينِكُمْ وَلاَ تَقُولُوا عَلَى اللهِ إِلاَّ الْحَقَّ إِنَّمَا الْمَسِيحُ عِيسَى ابْنُ مَرْيَمَ رَسُولُ اللهِ وَكَلِمَتُهُ أَلْقَهَآ إِلَى مَرْيَمَ وَرُوحٌ مِّنْهُ فَأَمِنُوا بِاللهِ وَرُسُلِهِ وَلاَ تَقُولُوا ثَلَثَةٌ انتَهُوا خَيْراً لَّكُمْ إِنَّمَا اللهُ إِلَهٌ وَحِدٌ سُبْحَنَهُ أَن يَكُونَ لَهُ وَلَدٌ لَّهُ مَا فِى يالْسَّمَاوَاتِ وَمَا فِى الأَرْضِ وَكَفَى بِاللهِ وَكِيلاً** ﴾.[345] وقوله تعالى: ﴿ **قُلْ يَأَهْلَ الْكِتَابِ تَعَالَوْاْ إِلَى كَلِمَة سَوَآءِ بَيْنَنَا وَبَيْنَكُمْ أَلاَّ نَعْبُدَ إِلاَّ اللهَ وَلاَ نُشْرِكَ بِهِ شَيْئاً وَلاَ يَتَّخِذَ بَعْضُنَا بَعْضاً أَرْبَاباً مِّن دُونِ اللهِ فَإِن تَوَلَّوْاْ فَقُولُواْ اشْهَدُواْ بِأَنَّا مُسْلِمُونَ** ﴾.[346]

فكيف نوفق بين المفهوم الإسلامي للإنجيل كونه "كتاباً" نزل على السيد المسيح وبين الاعتقاد المسيحي كونه بشارة شفهية؟ يجيب

(345) النساء، 171.
(346) آل عمران، 64.

آباء الكنيسة ان المسلمين ينظرون للسيد المسيح أنه مجرد نبي، نزل عليه إنجيل من السماء، فحفظه ونطق به وسلّمه لتلاميذه، أما في المعتقد المسيحي فالسيد المسيح وإن كان نبيًا لأنه أنبأ بأمور ستحدث في المستقبل مثل خراب أورشليم والهيكل وعلامات المجيء الثاني وغيرها، إلاَّ أنه ليس نبيًا فحسب، بل هو الله المتجسد في صورة إنسان من أجل خلاص البشرية من خطاياهم، حسب اعتقادهم. والحال هذا، فهل هو في حاجة الى كتاب إنجيل ينزل عليه من السماء وهو الساكن في السماء؟ وهل هو في حاجة الى ملاك يُملي عليه ما لا يعرفه وهو العارف بكل شئ ويخبرهم بما يأكلون وما يدَّخرون في بيوتهم؟ وهل هو في حاجة الى كتاب وهو القادر على ان يحيي الموتى ويشفي المرضى؟

يعتقد المسيحيون إن الإنجيل ليس رسالة ولا نصوصًا نزلت على السيد المسيح من السماء، كما يتصوره المسلمون، إنما هيَ أقواله وتعاليمه التي نطق بها وأعماله ومعجزاته التي صنعها أمام الجموع، لم يتلقاها من أحد بل هيَ منبعثة من ذاته. وقبل أن يُكتب الإنجيل من قِبَل تلاميذه أرسلهم السيد المسيح وقال لهم: "**اذْهَبُوا إِلَى الْعَالَمِ أَجْمَعَ وَاكْرِزُوا بِالإِنْجِيلِ لِلْخَلِيقَةِ كُلِّهَا**"،[347] فكيف يكرزون بإنجيل لم يُكتب بعد..؟! لقد كانت الكرازة في البداية شفاهية. كتبت الأناجيل 60 – 30 سنة بعد صعود السيد المسيح.

فانه لم يكن مع السيد المسيح إنجيل مكتوب نزل عليه

(347) مرقس، 16:16.

من السماء، ولم يكتب هو إنجيلًا، ولم يوص تلاميذه أن يكتبوا
إنجيلًا، إنما أمرهم بالكرازة بالإنجيل أي بالبشارة المفرِحة بحلول
ملكوت الله، للخليقة كلها، حتى أن المؤمنين كانوا ينتظرون عودة
السيد المسيح سريعًا ولذلك تباطئوا في تدوين الأحداث، ومع مرور
الوقت راحوا يخشون من ضياع هذه الكنوز، فبدأوا بجمع أقوال
السيد المسيح وتعاليمه، ودوَّنوا معجزاته لتُحفظ في ذاكرة التاريخ على
البردي لعدم توفر الورق الا قروناً بعد ذلك، راجع صفحة 217.

لقد اعتقد المسلمون أن السيد المسيح كان معه إنجيل، وهذا
الإنجيل قد فُقد، ولكن لم يأتِ أحد بدليل واحد من الإنجيل أو الوثائق
الأخرى على وجود هذا الكتاب. ولفك هذه الاشتباكات بكلمات بسيطة
يكرر الآباء أن السيد المسيح لم يكن معه إنجيل، وبالتالي فإن
هذا الإنجيل المزعوم لم يُفقَد ولم يُخفَ عن قصد، ولم يترك السيد
المسيح لا إنجيلًا ولا فصلًا واحدًا ولا آية واحدة مكتوبة، ولم يذكر
الإنجيل أن السيد المسيح كتب إلاَّ مرة واحدة عندما انحنى وبدأ يكتب
بإصبعه على الأرض خطايا كل إنسان مسك بحجر وأراد رجم المرأة
الخاطئة،(348) إنما كرز السيد المسيح بإنجيل شفاهي، وما سمعه
التلاميذ كرزوا به بدون زيادة ولا حذف ولا تبديل ولا تغيير.

وأخيراً، فانه لم يعرف بين العرب في الجزيرة العربية سوى
إنجيل واحد بالعربية، وهو (إنجيل متى)، وان القس (ورقة بن نوفل)

---

(348) إنجيل يوحنا، 8:8.

هو الذي قام بترجمة هذا الإنجيل من العبرية الى العربية، وجاء عنه في (صحيح البخاري) و (مسلم) منسوباً الى متى وليس الى السيد المسيح، وهذا دليل آخر ان السيد المسيح لم يكتب إنجيلاً ولم يكن معه كتاب.

ملخص "قصة الكتاب الاصيل"

1. استنتجت الدراسات الإسلامية القائلة بالتحريف في الكتاب المُقدَس ان الله تعالى صدّق على توراة وإنجيل غير المتداولة بين أيدينا، وقد اطلق عليها المسلمون "التوراة الاصيلة" و"الإنجيل الاصيل". أما كتب التوراة والإنجيل المتداولة فانها محرفة لعدم تطابق بعض نصوصها مع القرآن.

2. لا أحد يعرف الفرق بين الكتاب الاصيل والمتداول، ولا يوجد أدنى أثر للكتاب الاصيل ولم يعترض عليه نبي الإسلام بسبب غياب التبشير فيه على نبوته أو ذكر اسمه وعلاماته.

3. يعتقد بعض المسلمين ان الكتب الاصيلة تحوي على كلام الله فقط، أما الكتب المتداولة فإنها تحوي على خليط من كلام الله وسيرة السيد المسيح وموسى النبي وأفعالهم اليومية، وان الكتب المتداولة هي جهد بشري يمثل ذكريات الكَتبة للأحداث، وانها تشبه كتب الحديث النبوية كونها كتباً غير مقدسة لأنها وان كانت تحوي على أقوال النبي وافعاله إلا أنها أيضاً تحوي على كلام الرواة.

4. إلا ان حقيقة الامر أنّ أوصافاً وردت تتحدث عن سيرة السيد المسيح وموسى النبي بتفاصيل في القرآن أكثر بكثير مما ورد في الإنجيل والتوراة، ولا تمثل كتب الاناجيل المتداولة ذكريات الكتبة كما انها ليست جهداً بشرياً انّما هي آيات الله ومعاجزه لغرض هداية الناس. ان كتب التوراة والإنجيل المتداولة لا تشبه كتب الحديث النبوية من عدة أوجه حيث ان رواة الحديث بشر وقد نقلوا كلاماً بشرياً، وكثير من رواة الحديث يفتقر الى الثقة والحجية في نقلهم، بينما نقل الإنجيليون آيات الله ومعاجزه وأقواله بإلهام من الروح القدس، وقد صدّق الله تعالى على الإنجيل والتوراة، وزكى الله تعالى الحواريين كتبة الإنجيل في القرآن وأثنى عليهم، راجع صفحة 233.

5. انّ السيد المسيح لم يُعلِّم من كتاب اسمه "الإنجيل"، ولم يكتب شيئا ولم يأمر أحداً من تلاميذه بتدوين أقواله وأعماله، ولكنه طلب منهم أن يشهدوا ويبشروا بما رأوا وسمعوا فكانت البشارة الشفهية هي نقطة الانطلاق لرسل السيد المسيح.

6. ان لفظ "الإنجيل" لا يعني كتاب الإنجيل، وإنما يعني الخبر السار أو البشارة السارة، وان السيد هو نفسه الخبر السار والبشارة، هو نفسه الإنجيل، وقد نزل الى العالم كبشارة ليخلص الخطاة "لأنـي قَدْ نَزَلْتُ مِنَ السَّمَاءِ"،[349] هو نفسه كتاب شفهي.

---

(349) إنجيل يوحنا، 6:38.

ثانياً: لماذا التباين بين تعابير أسفار الكتاب المُقدَس؟!

شكّلت الاختلافات بين تفاصيل اسفار التوراة والإنجيل السبب الرئيس الثاني بعد القصص التي نسبت المعاصي والذنوب للأنبياء، للاعتقاد بالتحريف في الكتاب المُقدَس في الدراسات الإسلامية. وقد شخّصتُ في دراستي هذه عدداً من الاختلافات بين تعابير الكتاب المُقدَس، ونسبتُ التباين بينها الى الكتبة، وبذلك توافقت نتائج دراستي جزئياً مع الدراسات الإسلامية لكنها افترقت عنها في استنباط حكم التحريف. مما لا شك فيه ان الكتبة الأربعة نقلوا ماسمعوه وفهموه من السيد المسيح، وقد أثنى القرآن الكريم على الحواريين كتبة الإنجيل وزكّاهم من التحريف، وبناءً على ذلك فإنّ تباين الالفاظ بين الأناجيل في بعض المواضع لا يقال عنه تحريف أو تناقض بل تنوّع في اسلوب النقل والكتابة.

ان مدونات الإنجيليين ليست جهداً بشرياً بل هي كتب موحاة، ولم يكن غرض الإنجيلي الكاتب من تنوع كلمات التعابير هو التحريف كما استنتجت الدراسات الإسلامية. وبالأساس فان تفاسير هذه التعابير ينفي التناقض بينها، إضافة الى هذا فان هذه الاختلافات لا تفيد التحريف ولا تسمو الى ذلك الغرض، خاصة وأن مواضع ورودها وطبيعتها لا يفيد التحريف، وأن المعنى المقصود من العبارات بقى واحداً في الأناجيل الاربعة. وقد ذكرنا، في الصفحة 242، آيات قرآنية وردت بأساليب متعددة اختلف فيها ترتيب الكلمات من تقديم وتأخير وإضافة ونقصان لكن بقي المعنى المطلوب منها واحداً، ومع هذا فاننا لا نقول ان القرآن مُحرّف بينما يدّعي بعضهم

ان الكتاب المُقدَس مُحرّف لنفس السبب.

وعندما تعمقتُ في دراسة الإنجيل وركّزت على البحث عن أسباب الاختلافات استنبطتُ عوامل عديدة أخرى للتباين بين التعابير، قسّمتها الى مجاميع ثلاث:

أولاً: لماذا التباين بين تعابير الأسفار - عوامل تتعلق بالطباعة والورق

كان نقل المعلومات في القرون القديمة يتم عن طريق السماع، ويتم خزنها عن طريق الحفظ شفهياً، واستمر هذا التراث لقرون مديدة. أما الكتابة فكانت نادرة. لقد كان هناك كتبة لتدوين الأحداث والمعلومات، ولكن تدوينها كان أمراً نادراً لأسباب منها ان عدد الذين يجيدون القراءة في أي مجتمع في ذلك الوقت كانوا يُحصَوْن بعدد أصابع اليد، وأقل من ذلك عدد القادرين على الكتابة. فلو كُتب شيءٌ فمن سيقرأه ؟! ولهذا بقيت المخطوطات كوثائق تاريخية. أضف الى هذا صعوبة الكتابة في ذلك الوقت حيث أنها كانت تتم بالحفر على الصخر، ثم تطورت الى النقش على ألواح من الطين والخشب، ثم الكتابة على صفائح المعادن والقماش وجلود الحيوانات، ثم انتشر استعمال البردي لقرون عديدة، ولم يكتشف الورق الا بعد ميلاد السيد المسيح بأكثر من مئة سنة، ولم ينتشر استعماله لقرون بعد ذلك، وهذا أيضاً يؤكد عدم وجود كتاب إنجيل "أصيل" بين يدي السيد المسيح في أيام خدمته، كما يدعي البعض.

انتقلت صناعة الورق من الصين إلى العرب سنة 705م، وقد أنشئت أول ورشة لصناعة الورق في بغداد حوالي سنة 775م. ولم تشع الكتابة على الورق إلا بعد زيادة عدد الذين يعرفون القراءة والكتابة، حيث كانت أعدادهم قليلة جداً، والأمّية تكاد تكون عامّة. ثم انتقلت صناعة الورق من بغداد الى بلاد الشام ومنها الى مصر وليبيا واستقرت في المغرب التي أصبحت مركزاً مشعاً انتقلت منه صناعة الورق إلى أوروبا في القرن الثاني عشر.

فكانت عملية كتابة المعلومات مكلفة، ومرهقة، وغير عملية لغرض نشر المعلومات؛ لعدم توفر وسائل الطباعة والورق ولأن ما ينتج منها قليل نسبياً مقابل النشر الشفهي، اضافة الى تكاليف لوازم ومعدات الكتابة، وأخيراً تضييق اليهود واضطهادهم للتلاميذ وكل من يبشر بالمسيحية. ان ادراك هذه الصعوبات يعطينا فكرة عن العالم القديم في عصر التبشير بالإنجيل وإمكانياته المحدودة بشأن الكتابة لأخذها بالحسبان لتقدير ما نتوقع منهم.

تسلّم موسى لَوحيْ الشريعة التي كتبها الله لتعليم قومه على جبل سيناء، وفيما بعد كتب موسى النبي على المطويات (ملفوفات من الجلد) كلام الله الذي كلّمه به أثناء مسيرة بني إسرائيل، وأحداث المسيرة في الصحراء كنزول المن والسلوى، وانبثاق الماء من الصخرة، والحروب التي خاضوها مع سكان القبائل في الطريق، وتذمرات بني إسرائيل. كان موسى النبي يجيد القراءة والكتابة منذ أيام نشأته في قصر فرعون. أما أقوال السيد المسيح ومواعظه فقد تناقلتها ألالسن شفهيًا لسنين عديدة (التبشير الشفاهي).

ورد في الإنجيل ان السيد المسيح صُلب سنة 33 ميلادية. ويعتبر (الرسول بولس) اول من كتب الرسائل التبشيرية وكان ذلك سنة 48 ميلادية وكتب (يوحنا اللاهوتي) آخر سفر للعهد الجديد وهو سفر الرؤيا سنة 92 ميلادية، وبين هذين التأريخين كُتبت الأناجيل الأربعة، حيث كَتب مرقس إنجيله سنة 65 ميلادي، ولوقا سنة 69 ميلادي، ومتى سنة 70 ميلادي، وكان إنجيل البشير يوحنا آخر الأناجيل حيث كتب حوالي سنة 90 ميلادي.

كتب التلاميذ أناجيلهم وما زال العديد من شهود العيان ممن شهد معاجز السيد المسيح وسمع تعاليمه على قيد الحياة. كان المبشرون أصحاب الأناجيل يكرزون في بداية الأمر شفهياً، لعدم توفر وسائل الطباعة وان السيد المسيح لم يأمرهم أن يكتبوا الإنجيل. طبع أول كتاب مقدس عام 1535 ميلادي في انجلترا، وكانت الكتابات قبل ذلك مخطوطة يدوياً على الرق، والبردي والجلود، لذلك تعرضت المخطوطات الأصلية للتلف على مر الزمن وكثرة الاستعمال واستُبدلت محلها نسخ طبق الأصل مدونة يدوياً، وأقدم مخطوطة اليوم للعهد الجديد محفوظة في (مكتبة مانجستر) في انجلترا، وترجع الى عام 130 ميلادي وفيها اصحاح 18 لإنجيل يوحنا. أما النسخة الفاتيكانية، المحفوظة في الفاتيكان، فهي مدونة على الجلد وتحوي على كل كتب العهد الجديد ويرجع تأريخها الى 350 ميلادية.

ثانياً: لماذا التباين بين تعابير الأسفار - عوامل تتعلق بالترجمة

إن أقدم المخطوطات المتوفّرة للعهد الجديد (الإنجيل) كانت قد كتبت بالسريانية (الآرامية القديمة) وبعضها بالعبرية وأخرى بالآرامية الجليلية ثم ترجمت الى اليونانية، وحفظت الى عصر الطباعة. بكلمات اخرى ان المخطوطات الإنجيلية اليونانية التي وصلتنا ما هي الا ترجمة للأناجيل التي كانت قد كتبت باللغة العبرية أو السريانية أو الآرامية الأصيلة، ثم ترجمت لاحقاً الى العربية، ولا يمكن تجاهل عوامل الترجمة في نقل الكلمات وكفاءة العاملين في حصول الاختلاف بين التعابير والمصطلحات لاختلاف قواعد النحو ولعدم وجود كلمات مكافئة تفيد نفس المعنى بالضبط في جميع اللغات. ونلاحظ في اللغات ان هناك بعض كلمات تحتمل معنيين وكل واحد من المترجمين اختار معنىً يختلف عن الاخر. وهذا الاختلاف نفسه يلاحظ في نسخ القرآن الكريم المترجمة الى اللغات الاخرى كالفارسية والإنجليزية والفرنسية وغيرها، فهل نقول ان القرآن بهذه اللغات مُحرّف؟! وعليه فقد ينشأ الاختلاف بين الكتب ليس بسبب ما قاله السيد أو ما نقله تلاميذه عنه، وإنما من عوامل أخرى كالترجمة، وإلا فهي العبارة نفسها بنفسها ونصها وتمامها وقد اتفقت في المعنى واختلفت باللفظ بسبب الترجمة. فهل بعد كل هذا تتوقع أن تأتي جميع الترجمات في شتي أنحاء العالم وفي الأزمنة المختلفة تحمل نفس الألفاظ؟! ان اختلاف الألفاظ في الترجمات هو أمر وارد ومتوقع ومقبول. الألفاظ في الترجمات المختلفة تتفاوت ولكن المعنى يظل واحدًا.

ثالثاً: لماذا التباين بين تعابير الأسفار – عوامل تتعلق بكتبة الأناجيل

وإذ نسبت الدراسات الإسلامية الاختلافات بين تعابير ومصطلحات الأناجيل الى سببٍ واحدٍ وهو التحريف بسبب الكتبة، تمكنتُ – من خلال دراستي لكتب الإنجيل الاربعة – من استنباط عدة عوامل مهمة تتعلق بالكتبة والتي لا يمكن تجاهل دورها في خلق الاختلاف في اسلوب الكتابة بين الأناجيل.

1. اختلاف المستوى الثقافي للانجيليين الذي انعكس على اسلوب كتاباتهم، وما عدا (لوقا) فإني لا أستطيع ان أجزم انّ باقي التلاميذ كانوا يجيدون القراءة والكتابة في زمن السيد. كان لوقا طبيباً وكاتباً وروائياً مشهوراً ، بينما كان الإنجيلي (متى) عشاراً يجبي الضرائب (العشور) والإنجيليان (يوحنا ومرقس) كانا صيادي سمك، وقد عاشوا جميعاً في عصر يندر فيه من يجيد القراءة والكتابة. وفي كثير من الاحيان ما كان التلاميذ يفهمون مراد السيد المسيح من اقواله كما نصّت الأناجيل على ذلك في مواضع متعددة.

2. ان الإنجيليين كتبوا تعاليم السيد ومعجزاته في فترات متباعدة، وبعد سنين طويلة بعد صعود السيد المسيح تتراوح ما بين ثلاثين الى ستين سنة. ولم يدّعوا ان السيد المسيح هو الذي كتبها، او انها كتبت في حضوره. وقد تفشّت فكرة المجي الثاني للسيد المسيح بين أتباعه، أي عودته ليقيم مملكته على الارض، لذلك تباطأوا في كتابة الإنجيل وركزوا على الحفظ الشفهي.

3. ان مرقس ولوقا لم يكونا من تلاميذ السيد ولم يسمعا أو يشهدا أقوال السيد المسيح وأفعاله مباشرة وانما نقلا عن شهود عيان ودوّنا كتابيهما تحت إشراف ممن عاصر الاحداث.

4. لم يكن القصد من كتابة الأناجيل الاربعة ان تكون نسخاً طبق الاصل، فقد اقتصر كتّابها على تدوين جوانب مشتركة من وصايا السيد وتعاليمه وأفعاله فتشابهت كتاباتهم، وركّز كلٌ منهم على جوانب أخرى فاختلفت، وتبعاً لذلك تنوعت الأناجيل في عدد إصحاحاتها وعدد صفحاتها. لم يكن حديث السيد مع المستمعين بصيغة إملائية. والشائع ان مرقس هو أول إنجيل كتب من بين الأناجيل الاربعة ويظهر من التشابه الشديد في الكتابة ان متّى ولوقا ربما استنسخا بعضاً من انجيل مرقس، ولهذا سميت هذه الأناجيل الثلاثة بالأناجيل المتوافقة أو الإزائية كونها متشابهة إلى حد كبير.

كان (يوحنا) صياد سمك وقد كتب انجيله باسلوب أدبي رفيع، الا انه يعتقد ان مؤلفين آخرين، ربما تلاميذه، أو رفقاؤه شاركوه في الكتابة، وأن انجيل يوحنا هو آخر الأناجيل القانونية المكتوبة، وقد كتب بعد سنين قد تطول الى أكثر من ثلاثين سنة بعد كتابة آخر الأناجيل، أو ستين سنة بعد صعود السيد المسيح، فالمشهور انه كتب إنجيله مابين سنة (91-88) ميلادية، وقد كتب باللغة اليونانية، وأصبح من الواضح ان إنجيل يوحنا قد كتب في ظروف مختلفة وثقافة مختلفة وجيل مختلف عن الأناجيل الاخرى.

5. فرق آخر يلاحظ في طريقة تدوين القرآن والإنجيل، انّ

القرآن أوحى من الله على نبيه، بكلام وحي مسموع، وأنّ الآيات حفظت شفهياً لحظة نزولها من قبل النبي ثم من قبل عدد من الحفظة الذين اختيروا لهذه المهمة، وفي وقت لاحق كتبت الآيات، ثم جمعت في قرآن واحد بالشكل الذي نراه اليوم. السيد المسيح أيضاً نطق بكلام الله دون أدنى شك ﴿ مَا قُلْتُ لَهُمْ إِلَّا مَا أَمَرْتَنِي بِهِ ﴾،(350) ولكن لم يكتب أحد أقوال السيد وتعاليمه في حينها، ثم كتب الإنجيليون تعاليم السيد ووصاياه بإلهام من الروح القدس، باسلوبهم بعد مرور سنين عديدة (الروح القدس يلهم فكر الإنجيلي وقلبه بما يريده الله ويعصمه من الخطأ أثناء الكتابة، لكنه إيحاء بالإلهام وليس إملاءً كالوحي). أضف الى هذا ان حجم الكتاب المُقدَس أضعاف حجم القرآن، وإنه كُتِبَ بثلاث لغات: العبرية واليونانية والآرامية بينما كتب القرآن بلغة واحدة وهي العربية، ولا يخفى دور الترجمة والمترجمين في حصول الاختلاف بالرغم من عدم كونه اختلافاً جوهرياً، كما ذكرنا سابقاً.

6. بالرغم من التفاوت بين بعض الفاظ التعابير الإنجيلية وسرد قصص السيد المسيح سعة وضيقاً، والغفلة عن ذكر حدث معين في أحدها، أو انفراد آخر بذكر حدث مهم، فإن هذه الاختلافات، لم تدوّن بقصد التزوير أو التحريف للكتاب المُقدَس، وان المعنى المقصود منها بقي واحداً، وإنّ القصص الإنجيلية في المخطوطات القديمة تطابق ما في الكتب المتداولة. فلو ذكر إنجيل متى ان السيد المسيح تحدث عن الافخارستيا مثلاً في عشائه الاخير ولم يذكره انجيل يوحنا، فان عدم الذكر هذا لا يدل على التحريف. نعم هو

---

(350) المائدة، 117.

اختلاف بين تفاصيل الكتب لكن لم يقصد من اغفال ذكر الحدث التحريف أو التضليل، وإنما يعكس رغبة الإنجيلي في التركيز على جانب معيّن من حياة السيد وأقواله وأفعاله. وقد وردت في الأناجيل أمثلة عديدة جداً من هذا النوع، فمثلاً ولادة السيد المسيح ونسبه وختانه وهروبه الى مصر ومعجزته الاولى والكثير من امثال هذه المواضيع لم يرد ذكرها في كل الأناجيل. ومثال آخر ألفاظ الدعاء في إنجيل متى "**وَاغْفِرْ لَنَا ذُنُوبَنَا كَمَا نَغْفِرُ نَحْنُ أَيْضًا لِلْمُذْنِبِينَ إِلَيْنَا**"،[351] تختلف عن ألفاظها في إنجيل لوقا "**وَاغْفِرْ لَنَا خَطَايَانَا لأَنَّنَا نَحْنُ أَيْضًا نَغْفِرُ لِكُلِّ مَنْ يُذْنِبُ إِلَيْنَا**"،[352] لكن هذا الاختلاف في الفاظ الدعاء لا يفيد التحريف؛ لأن المعنى المراد بقي واحداً. نعم إنه ليس إملاءً لكلام الله بالنص الحرفي، بل كونه مطعّماً باسلوب وتعابير بشرية، لكن المعنى المقصود منها بقي واحداً، وهناك نماذج كثيرة مماثلة كما بيّنت في الامثلة أعلاه. وعليه لا يمكن أن يقول أحد إن العصمة تتطلب بالضرورة عرض الآية بنفس الصورة، مادام من الثابت أن الحق الوارد فيها في شتّى الصور هو هو لا يتغير.[353] أيضاً نسمع ان تنقيحات تمت على الإنجيل وعلى فترات متقطعة منذ ان ترجم الى العربية، الا ان هذا لا يعني إضافة معلومات جديدة أو حذف اخرى، وتحليل حرام أو تحريم حلال، كما يدعي بعضهم.

إن الأمر ليس بهذه الفوضى والسذاجة، فليس كل كاهن

---

(351) إنجيل متى، 6:12.

(352) إنجيل لوقا، 11:4.

(353) مقار، أصالة الكتاب المُقدَس، ص 139 و 140، 1990.

تسوّل له نفسه أن يضيف ويحذف ما يشاء. نعم، قد تُبدّل كلمة بدل أخرى لتوضح المعنى المراد أو قد يُغيّر تركيب الجملة النحوي ليبيّن تركيبها اللغوي بفصاحة أتم، لكن المعنى المراد لم يتغير وهذا هو المهم. علينا ان نتذكر ان الأناجيل ترجمت من لغات مختلفة ذات قواعد نحوية مختلفة: يونانية، عبرانية، أرامية، وكان السيد المسيح يتحدث بالارامية مع الاميين وأحياناً باليونانية لغة العصر وبالعبرانية مع اليهود، خاصة مع الصدوقيين الذين يعتزون بلغتهم.

ان بعض المصطلحات مثل (نقّحوا ، وبدّلوا، وغيّروا) لها صيت سئ وعند سماعها قد تقفز مخيلة السامع مباشرة الى التحريف، لكن حقيقة هذه التنقيحات لا تفيد ذلك. إن تنقيح الترجمة لم يؤثر على أي عقيدة مسيحية، وذلك لسبب بسيط هو أن الألفاظ والقراءات المختلفة لم تغير في العقيدة المسيحية، بل نقول إن كثيراً من الألفاظ في نفس اللغة تتطوَّر مع الزمن، وتدخل اللغة مصطلحات لم تكن تُستخدم من قبل، ولك أن تقرأ كتاباً كُتب باللغة العربية منذ ثلثمائة عام فقط لتجد صعوبة في بعض الألفاظ، فتتفهمها من سياق الكلام، ولو جاءت منفردة ما كان يمكنك التعرُّف عليها؛ لأن فيها مفردات غريبة لا تستعمل في عصرنا الحالي.

7. تتوضح صورة التباين بين تعابير الأسفار أكثر بعد قراءة مصاديق الاختلافات بين اسفار الكتاب المُقدَس التي ادرجتها فيما سبق، خاصة وانها حوت على الاختلافات التي ذُكرت في الدراسات الإسلامية بل وزادت عليها، وبالرغم من كثرة الاختلافات التي أدرجتها إلا أنها ربما لا تمثل جميع التباينات بين الاسفار ، ولمن

يرغب في المزيد من التحري في هذا المجال انصح بقراءة الأناجيل بصورة أفقية (لا عمودية)، فعلى سبيل المثال لكشف الاختلاف بين عبارات "تطهير الهيكل" اقرأ نفس هذا العنوان في الأناجيل الاربعة بصورة متتالية، حتى يسهل تتبع اختلاف التعابير بينها.

8. أما عقيدة الصلب، وقيامة السيد المسيح من الاموات، وعقيدة الخلاص ، وسر الفداء، وعقيدة الثالوث، وبنوة السيد المسيح والوهيته فقد تطرقنا اليها باختصار في مواضع متفرقة.

هل يعتبر الإنجيل محرّفاً بسبب ذكر صلب السيد المسيح؟

يجزم القرآن الكريم ان السيد المسيح لم يقتل ولم يصلب ولكن شبّه لهم ﴿ **وَقَوْلِهِمْ إِنَّا قَتَلْنَا الْمَسِيحَ عِيسَى ابْنَ مَرْيَمَ رَسُولَ اللهِ وَمَا قَتَلُوهُ وَمَا صَلَبُوهُ وَلَكِن شُبِّهَ لَهُمْ وَإِنَّ الَّذِينَ اخْتَلَفُوا فِيهِ لَفِي شَكٍّ مِّنْهُ مَا لَهُمْ بِهِ مِنْ عِلْمٍ إِلاَّ اتِّبَاعَ الظَّنِّ وَمَا قَتَلُوهُ يَقِيناً** ﴾،[354] بينما تصف الأناجيل تفاصيل دقيقة لصلب السيد المسيح بدءاً من لحظة إلقاء القبض عليه في (ضيعة جشيماني) ومروراً بمحاكماته ثم صلبه ودفنه وقيامه من الأموات وظهوره للتلاميذ وتحدثه معهم، فكيف نوفق بين القصتين؟ وهل يعتبر الإنجيل محرفاً بسبب التباين بين القصتين؟

يجزم القرآن الكريم أن السيد المسيح لم يقتل ولم يصلب ولكن شُبّه لهم، يعني ان الشخص الذي شهدوا صلبه لم يكن السيد المسيح

(354) النساء، 157.

وإنما آخر يشبهه.

لكن الذين حضروا الصلب كثيرون وبضمنهم أم السيد المسيح، وخالته، ومريم المجدلية وبعض تلاميذه وكثير من أتباعه، وكثير من الذين طالبوا بصلبه، وصديقه الذي كفنّه ودفنه ولم يميّز أحد من كل هؤلاء أن الذي صُلب هو رجل يشبه السيد المسيح. شاهد آخر لما رأى السيد المسيح تلميذه يوحنا الحبيب بين الحضور، وهو ابن خالته، قال على الصليب لأمه هذا ابنك، ثم قال للتلميذ هذه أمك، ومن تلك الساعة أخذ التلميذ القديسة الى خاصته ليرعاها " **وَكَانَتْ وَاقِفَاتٍ عِنْدَ صَلِيبِ يَسُوعَ، أُمُّهُ، وَأُخْتُ أُمِّهِ، مَرْيَمُ زَوْجَةُ كِلُوبَا ، وَمَرْيَمُ ٱلْمَجْدَلِيَّةُ، فَلَمَّا رَأَى يَسُوعُ أُمَّهُ، وَٱلتِّلْمِيذَ ٱلَّذِي كَانَ يُحِبُّهُ وَاقِفًا، قَالَ لِأُمِّهِ: يَا ٱمْرَأَةُ ، هُوَذَا ٱبْنُكِ، ثُمَّ قَالَ لِلتِّلْمِيذِ: هُوَذَا أُمُّكَ. وَمِنْ تِلْكَ ٱلسَّاعَةِ أَخَذَهَا ٱلتِّلْمِيذُ إِلَى خَاصَّتِهِ** ".(355) أيضاً قال السيد المسيح على الصليب سبع نبوءات عن صلبه كما وردت في العهد القديم.

يجد المسيحيون صعوبة في تقبل رفض القرآن لصلب السيد المسيح في آية واحدة بلا برهان أو سند تاريخي مقابل تجاهل كل البراهين وشهود العيان والأدلة التاريخية ونبوءات العهد القديم على حقيقة صلب السيد المسيح.

---

(355) إنجيل يوحنا، 26-19:25.

يصدّق المسيحيون ما أراهم الله على الصليب ان السيد المسيح قُتل وصُلب حقيقة ولكن لو ان الله شبّه ذلك لهم خفية فهذا أمرٌ يخّص الله، هم يصدّقون صلبه في كلا الحالتين سواءاً كان صلبه حقيقة أو ، جدلاً، تشبيهاً بتدخل من الله.

يعتقد المسيحيون ان السيد المسيح هو الله المتجسد في صورة إنسان، فهل الله يموت؟ ومن كان يدير الكون حين مات المسيح وكان في القبر؟ الله لا يموت فهو الحي دائماً وأبداً منذ الأزل الى الأبد وهذا هو جوهر المعتقد المسيحي. الله لم يمت على الصليب بل مات الناسوت (الإنسان الذي ظهر فيه المسيح) أما جانبه الإلهي (اللاهوت) فهذا لا يموت، وبالتالي بقي السيد المسيح حياً طول الوقت وبقي الكون تحت تصرفه وسلطانه وهو في القبر، وبقدرته وسلطانه قام من الأموات.

مفهوم الوحي الإلهي في القرآن الكريم والكتاب المُقدَس

يذكر القرآن الكريم والكتاب المُقدَس كيفية تكليم الله للبشر ﴿ **وَمَا كَانَ لِبَشَرٍ أَن يُكَلِّمَهُ اللَّهُ إِلَّا وَحْيًا أَوْ مِن وَرَاءِ حِجَابٍ أَوْ يُرْسِلَ رَسُولًا فَيُوحِيَ بِإِذْنِهِ مَا يَشَاءُ إِنَّهُ عَلِيٌّ حَكِيمٌ** ﴾.[356] أي يتم كلام الله للبشر بواحدة من ثلاث طرق وهي الالهام (الايحاء بالإلهام)، او ان يبعث رسولا (الإيحاء بالوحي)، و (الكلام مباشرة من وراء حجاب).

(356) الشورى، 51.

الإلهام أو الايحاء بالإلهام هو صوت خالٍ من التراكيب الكلامية، هو اعلام بخفاء بفكرة تلهم العقل والقلب، كما اوحى (ألهم) الله تعالى لنوح النبي في صنع الفلك ﴿ **فَأَوْحَيْنَا إِلَيْهِ أَنِ اصْنَعِ الْفُلْكَ بِأَعْيُنِنَا وَوَحْيِنَا** ﴾،[357] أو كما ألهم أم موسى بخصوص ولدها ﴿ **وَأَوْحَيْنَا إِلَىٰ أُمِّ مُوسَىٰ أَنْ أَرْضِعِيهِ فَإِذَا خِفْتِ عَلَيْهِ فَأَلْقِيهِ فِي الْيَمِّ وَلَا تَخَافِي وَلَا تَحْزَنِي إِنَّا رَادُّوهُ إِلَيْكِ وَجَاعِلُوهُ مِنَ الْمُرْسَلِينَ** ﴾،[358] أو كما أوحى تعالى الى النحل ﴿ **وَأَوْحَىٰ رَبُّكَ إِلَى النَّحْلِ أَنِ اتَّخِذِي مِنَ الْجِبَالِ بُيُوتًا وَمِنَ الشَّجَرِ وَمِمَّا يَعْرِشُونَ** ﴾،[359] أو الى الارض أو الى السماء ﴿ **وَقِيلَ يَا أَرْضُ ابْلَعِي مَاءَكِ وَيَا سَمَاءُ أَقْلِعِي** ﴾.[360] وقال داود النبي "**رُوحُ الرَّبِّ تَكَلَّمَ بِي وَكَلِمَتُهُ عَلَى لِسَانِي**"،[361] (فالمتكلم هو الروح القدس من خلال فم أبينا داود)، وقال (ميخا ابن يمله) "**حَيٌّ هُوَ الرَّبُّ، إِنَّ مَا يَقُولُهُ لِيَ الرَّبُّ بِهِ أَتَكَلَّمُ**" .[362] "**أَنَّهُ لَمْ تَأْتِ نُبُوَّةٌ قَطُّ بِمَشِيئَةِ إِنْسَانٍ، بَلْ تَكَلَّمَ أُنَاسُ اللهِ الْقِدِّيسُونَ مَسُوقِينَ مِنَ الرُّوحِ الْقُدُسِ**".[363]

أما الايحاء بالوحي فيبعث الله الوحي ليكلّم النبي بإذن الله

---

(357) المؤمنون، 27.

(358) القصص، 7.

(359) النحل، 68.

(360) هود، 44.

(361) سفر صموئيل الثاني، 23:2.

(362) سفر ملوك الاول، 22:14.

(363) رسالة بطرس الرسول الثانية، 1:21.

ما يريده الله ، بصوت مسموع كما كان يقوم به جبرائيل الأمين للنبي محمد عندما يقرأ عليه آيات القرآن ﴿ **أَوْ يُرْسِلَ رَسُولًا فَيُوحِيَ بِإِذْنِهِ مَا يَشَاءُ إِنَّهُ عَلِيٌّ حَكِيمٌ** ﴾.[364] أو (يستعلن له في الرؤيا والأحلام) كما قال الله لهارون ومريم "**اسْمَعَا كَلاَمِي. إِنْ كَانَ مِنْكُمْ نَبِيٌّ لِلرَّبِّ، فَبِالرُّؤْيَا أَسْتَعْلِنُ لَهُ. فِي الْحُلْمِ أُكَلِّمُهُ**"،[365] وكما تكلم الله مع ابراهيم في الرؤيا.

الإيحاء بالوحي هو وحي إملائي يكتبه أو يحفظه النبي المتلقي للوحي بالنص ولا دخل للنبي في صياغة ما يملي عليه الوحي. أما الإيحاء بالإلهام (الإلهام الداخلي) فان الملهم يستلم الفكرة الإلهية من الوحي ويصيغ التفاصيل باسلوبه ليعكس ما تشعر به بصيرته وعقله، ولهذا يَحس القارئ أو يستشعر بصمات الكاتب وشخصيته من خلال اسلوبه في الكتابة، وبسببه أيضاً يمكن للسامع المتمعن ان يعرف من هو كاتب ذلك الإنجيل حين سماع بعض نصوصه. اذا قدّرنا ان الإيحاء بالوحي يشكل 100% في تسلّم القرآن، فإن الإيحاء بالإلهام يشكل 98% من تدوين الإنجيل وبنسبة 2% فقط عن طريق الإيحاء بالوحي. بكلمات أخرى أن القرآن هو كلام الله 100% بينما الكتاب المُقدَس هو خليط من كلام الله بتعابير ملهمة ومدونة باسلوب الكاتب. لذلك نجد فرقاً بين القرآن والكتاب المُقدَس في اسلوب الكتابة وسرد الأحداث. فيبدو الإنجيل وكأنه سيرة للسيد المسيح

(364) الشورى، 51.
(365) سفر العدد، 12:6.

ومجموعة قصص مفصلة. ويتوضح الفرق أكثر عند قراءة قصص الأنبياء مثلاً في القرآن وأوصافهم في الكتاب المُقدَس. الوصف في كلا الكتابين صحيح لكن اسلوب تدوينه مختلف، وقد يستفهم القارئ هل الأنبياء المذكورون في القرآن هم نفسهم المذكورون في الكتاب المُقدَس بسبب اختلاف أوصافهم ؟! وهل الله الذي أوحى القرآن هو نفسه الذي أوحى الإنجيل؟!

المفهوم الآخر للوحي أن يكلّم الله النبي تكليماً صراحةً وبصورة مباشرة دون واسطة، فماً لأذن، مثلما كلّم الله موسى "**وَأَمَّا عَبْدِي مُوسَى فَلَيْسَ هكَذَا، بَلْ هُوَ أَمِينٌ فِي كُلِّ بَيْتِي. فَمًا إِلَى فَمٍ وَعَيَانًا أَتَكَلَّمُ مَعَهُ، لاَ بِالأَلْغَازِ. وَشِبْهَ الرَّبِّ يُعَايِنُ**" ،[366] ومثلما كلم كثيراً من الأنبياء في العهد القديم، وتحاور معهم، وكلفهم بتوصيل رسائله للشعب، فمثلًا قال الله لأرميا: "**خُذْ لِنَفْسِكَ دَرْجَ سِفْرٍ، وَاكْتُبْ فِيهِ كُلَّ الْكَلاَمِ الَّذِي كَلَّمْتُكَ بِهِ عَلَى إِسْرَائِيلَ وَعَلَى يَهُوذَا وَعَلَى كُلِّ الشُّعُوبِ، مِنَ الْيَوْمِ الَّذِي كَلَّمْتُكَ فِيهِ، مِنْ أَيَّامِ يُوشِيَّا إِلَى هذَا الْيَوْمِ**".[367]

يؤمن المسيحيون ان الإنجيل موحى من الله الى المؤلف مباشرة عن طريق الإيحاء بالالهام وهو من عمل الروح القدس، وليس عن طريق الايحاء بالوحي بصوت مسموع، وأن المؤلف الملهم يكتب الأفكار والحقائق الملهمة التي يريدها الله بأسلوبه الخاص، وتفكيره،

---

(366) سفر العدد، 12:7-8.

(367) سفر أرميا، 36:2.

وبالصيغ الأدبية والثقافية الخاصة التي كانت سائدة في زمانه. ان الوحي في المسيحية ليس وحياً إملائياً وإنما إيحائياً بالإلهام. الالهام عمل الهي يرشد كتّاب الإنجيل الى الكتابة لكل ما هو حق ويعصمهم من كل خطأ اثناء الكتابة، ولكن ذلك كله يتم مع احترام حرية واستقلالية الكاتب ليكتب باسلوبه الخاص،[368] ولهذا فان الكتاب عن طريق الايحاء بالالهام يمثل عمل الله والانسان معا.[369] ولهذا لا نتوقع تطابق الأناجيل الأربعة في جميع الفاظها وتعابيرها ومصطلحاتها، لكن نصوص تعاليم السيد المسيح جاءت فيها واحدة متطابقة.

وعلى الرغم من انه يصعب فهم كيفية عمل الإلهام في الكاتب، لكن يمكن تصوره على شكل إرشاد وجداني داخلي أو متابعة عقلية مستمرة طيلة أداء الكاتب لدوره. انها ليست عملية إملائية، وإنما هي إحلال لجوهر فكر الله فى كلمات الكاتب. وكأن الله هو الذى حدد الكلمات واختارها، فى نفس الوقت، لا نقول إن الله أملى على الكتبة هذه الكلمات، بل ترك الكاتب يصل اليها ويكتبها ويصوغها بأسلوبه، وبحسب ثقافته، وبحسب مصطلحات المجتمع الذى يعيش فيه. وان الروح القدس لا يقيّد حريَّة الإنسان، ولا يعصمه من الخطأ في حياته اليومية لكنه يعصمه في الكتابة والتبليغ.

(368) يعقوب، حلمي، مفهوم الوحي والعصمة في الكتاب المُقدَس، مصدر سابق.

(369) اليسوعي، معجم الايمان المسيحي، مصدر سابق، ص62.

وعليه فإن في الكتاب المُقدَس عنصرين: عنصر إلهي وعنصر بشري، وأن الإيحاء بالإلهام يشتمل على ثلاثة عناصر: عنصر المُلقى هو الله، وعنصر المتلقّى هو الكاتب، وعنصر الوسيط بينهما، وهو الروح القدس، وبالحقيقة فان هذه العناصر الثلاثة هي مشتركة بين كافة أنواع الوحي الإلهي، باستثناء الكلام المباشر.

ولتقريب فكرة الإلهام، فإن الإنسان العادي يصيبه الإلهام احياناً فيطرأ فجأة على ذهنه فكرة أو أمر يبهره فيقوم الإنسان الملهم بدوره بكتابة تفاصيل تلك الفكرة أو القيام بإداء ذلك العمل حسب ما تملي عليه فطنته وثقافته، فالفكرة جاءت له بالإلهام وتفاصيل كيفية إنجازها جاءت من جانبه.

يصف القرآن الكريم الحواريين كونهم رجالاً أعربوا عن منتهى إيمانهم وإسلامهم لله ولرسوله، ولهذا فان التحريف ليس من سيماهم أو هدفهم ﴿ **وَإِذْ أَوْحَيْتُ إِلَى الْحَوَارِيِّنَ أَنْ ءَامِنُوا بِى وَبِرَسُولِى قَالُوا ءَامَنَّا وَاشْهَدْ بِأَنَّنَا مُسْلِمُونَ** ﴾،[370] وقد لبّوا نداء المسيح ولم يبخلوا بشيء في سبيل نشر أهدافه المُقدَسة، وأكّدوا إخلاصهم ونصرتهم لله، وللسيد المسيح ﴿ **فَلَمَّآ أَحَسَّ عِيسَى مِنْهُمُ الْكُفْرَ قَالَ مَنْ أَنصَارِي إِلَى اللهِ قَالَ الْحَوَارِيُّونَ نَحْنُ أَنصَارُ اللهِ ءَامَنَّا بِاللهِ وَاشْهَدْ بِأَنَّا مُسْلِمُونَ** ﴾،[371] في نشر كلمة التوحيد و إخلاص العبادة لله سبحانه ونشر رسالة السيد المسيح وطاعته فيما يأمر وينهى ﴿ **يَـأَيُّهَا**

(370) المائدة، 111.

(371) عمران، 52.

الَّذِينَ ءَامَنُوا كُونُوا أَنصَارَ اللهِ كَمَا قَالَ عِيسَى ابْنُ مَرْيَمَ لِلْحَوَارِيِّنَ مَنْ أَنصَارِى إِلَى اللهِ قَالَ الْحَوَارِيُّونَ نَحْنُ أَنصَارُ اللهِ ﴾.(372) وبعد هذا الوصف الالهي للحواريين لم يبقَ مجال لأحد ان ينتقد الحواريين كتبة الإنجيل ويشكك في كتاباتهم. ولا بأس من ذكر ان (يهوذا الأسخربوطي) الذي خان السيد المسيح لم يكن من الحواريين ولم يكن من كتبة الإنجيل ولم يحل عليه الروح القدس بعد قبل ان شنق نفسه.

ما هو مفهوم الروح القدس؟!

أ. الرّوح القدس في المفهوم الإسلامي

الروح القدس هو غير الروح الإلهية التي تمدنا بالطاقة الإلهية لديمومة حياتنا (الروح الإنسانية) لكنه من جنسها، وكما ان الروح الإنسانية تعيننا على المشي والركض والنطق والسمع والبصر وغيرها من الفعاليات، فإن غرض الروح القدس منح القدرة على المعرفة والهداية والإيمان والتزكية والتقديس والإلهام والتأييد والقدرة على الشفاء والنصر والقدرة على تنبؤ أحداث المستقبل وأمثالها من القدرات.

فالروح القدس هو القوة التي أيّد الله بها نبيه السيد المسيح ﴿ وَءَاتَيْنَا عِيسَى ابْنَ مَرْيَمَ الْبَيِّنَتِ وَأَيَّدْنَهُ بِرُوحِ الْقُدُسِ ﴾(373)

---

(372) الصف، 14.

(373) البقرة، 253.

فمكنته من التنبؤ والقيام بمعاجزه الخارقة ﴿ **أَنِّي قَدْ جِئْتُكُم بِآيَةٍ مِن رَّبِّكُمْ أَنِّي أَخْلُقُ لَكُم مِّنَ الطِّينِ كَهَيْئَةِ الطَّيْرِ فَأَنفُخُ فِيهِ فَيَكُونُ طَيْراً بِإِذْنِ اللهِ وَأُبْرِىءُ الأَكْمَهَ وَالأَبْرَصَ وَأُحْيِ الْمَوْتَى بِإِذْنِ اللهِ وَأُنَبِّئُكُم بِمَا تَأْكُلُونَ وَمَا تَدَّخِرُونَ فِي بُيُوتِكُمْ** ﴾،[374] وهو القوة التي ألهمت آدم بإذن الله ﴿ **وَعَلَّمَ ءَادَمَ الْأَسْمَآءَ كُلَّهَا** ﴾،[375] وهو القوة التي تؤيد قلوب المؤمنين بالإيمان ﴿ **أُوْلَئِكَ كَتَبَ فِى قُلُوبِهِمُ الإِيمَنَ وَأَيَّدَهُم بِرُوحٍ مِّنْهُ** ﴾[376] وتعين عباد الله الصالحين على أداء مهماتهم وعمل المعجزات، ومن مصاديق ذلك ما ذكر في القرآن الكريم بخصّوص معلم موسى (الخضر) وذو القرنين. فقد أوتي الأول علماً لدنّياً ومكّن الثاني في الأرض بمستوى يفوق مهمة الأنبياء التشريعية. فبينما كانت مهمة موسى النبي تعني بالظاهر والنظام التشريعي كان معلمه العالم الرباني (الخضر) عبداً ملهماً بوافر من علم بواطن الأسباب، والنظام التكويني للعالم، وعلم الأسرار التي لا يعلمها سوى الله تعالى ﴿ **عَبْداً مِّنْ عِبَادِنَآ ءَاتَيْنَـهُ رَحْمَةً مِّنْ عِنْدِنَا وَعَلَّمْنَـهُ مِن لَّدُنَّا** ﴾،[377] مما سمح له بالقيام بأعمال تعتبر ظاهرياً "منكرة" مثل ثقب السفينة وقتل الغلام وأخرى تعتبر "صالحة" مثل اقامة الجدار بدون أجر. كما مكنته من التنبؤ بقدرات وأسرار موسى لحظة مقابلته ﴿ **قَالَ إِنَّكَ لَن تَسْتَطِيعَ مَعِىَ صَبْراً** ﴾.[378] أما ذو القرنين فقد مَكّنَ لهُ الله تعالى في

---

(374) آل عمران، 49.

(375) البقرة، 31.

(376) المجادلة، 22.

(377) الكهف، 65.

(378) الكهف، 67.

الأرض ومنحه كل أسباب القوّة ومقدمات الانتصار، وجعلها تحت تصرفه وفي مُتناول يده، يجول بها في شرق الأرض وغربها ﴿ **إِنَّا مَكَّنَّا لَهُ فِى الأَرْضِ وَءَاتَيْنَـهُ مِن كُلِّ شَىْء سَبَباً**﴾.[379] ويُعتقد أنَّهُما عبدان صالحان ألهم الرب قلبيهما بروح القدس وهيأ لهما أسباب العلم والقدرة والنجاح.

ب. الروح القدس في المفهوم اليهودي

يؤمن أهل الكتاب بالرّوح القدس على أنّه "روحُ اللهِ".[380] يتنزّل الروح القدس على الانسان الصادق أي الذي يمتلك المزايا الروحية العالية، الانسان الذي نذر حياته في سبيل خدمة الله وطاعة وصاياه. يمكّن الروح القدس الانسان الصادق من رؤية وإدراك الأشياء التي لا يمكن ان تراها عيون عامة الناس أو تدركها عقولهم وانها بمثابة طريقة أخرى للكشف عن التقوى والروح الالهية في عالم الدنيا.[381]

يتم الالهام الإلهي في المفهوم اليهودي بمعونة الروح القدس والالهام يشبه التنبؤ عند الأنبياء، الا أن الملهم ليس من الضروري ان يكون نبياً، وهناك فوارق أخرى.[382]

---

(379) سفر التكوين، 2:1.

(380) الكهف، 84.

(381) Shloma Majeski, Prophecy and Ruach Hadodesh. Chabad.org

(382) Yehuda Shurpin, The difference between divine inspiration and prophecy, Chabad.org

في الرؤية أو الحلم، يسمع بعض الأنبياء ملاكا يتحدث إليهم، وقد يرونه بشكل رجل، أو قد يسمعون صوت الرب نفسه يتحدث إليهم، وقد لا يرى النبي أي شيء بل يسمع فقط الكلمات الموجهة إليه بصوت مسموع وواضح. يرتبط عقل النبي أثناء التنبؤ بالحكمة والمعرفة الإلهية التي تتجاوز مستوى تحمل العقل البشري، مما ينتج في ضعف جسد النبي أثناء التنبؤ واصابته بالرعشة والخمول العام الى درجة الارتخاء التام والغفوة أو النوم، وفقدان الشعور والاحساس.

أما الذين يتنزّل عليهم الروح القدس فيشعرون باكتساب قوة جديدة في أنفسهم تمكنهم من القيام بأعمال منوعة مثل شفاء المرضى، وعمل المعاجز، أو التحدث بالحكمة، أو تأليف التراتيل، أو تمكنهم من القدرة على رؤية المستقبل أو الماضي، أو امكانية قراءة ذهنية الشخص المقابل وما يدور في خلجات نفسه وبدقة وقدرة لا يتمكن منها الانسان العادي، وكل هذا يتم والشخص الملهم في كامل وعيه ويمتلك حواسه بالكامل عكس ما قد يحصل في رؤى الأنبياء.

صحيح أن الإلهام قد يأتي أحيانا في شكل حلم ، كما هو الحال مع رؤى الأنبياء، ولكن هناك فرق بين الرؤى التي يراها الأنبياء في المنام وتلك التي تأتي من خلال الروح القدس. عندما يتنبأ الأنبياء، يتم إبلاغهم بأن الرؤية كانت نبوءة ، وعند الاستيقاظ، يذكرون بالتأكيد أنها كانت تجربة نبوية وبمقدورهم وصف أحداثها وما رأوه، أما الملهم نبياً كان أم لا فانه يدرك في ذهنه ما اكتسبه من معلومات من الروح القدس وليس بمقدوره وصف الأحداث كما في

رؤيا النبوة، لان الملهم لا يسمع ولا يرى شيئاً عند الهامه بل يدرك الحقائق بذهنه فقط. الإلهام هو صوت خالٍ من التراكيب الكلامية، هو اعلام بخفاء بفكرة تلهم العقل والقلب.

ج. الرّوح القدس في المفهوم المسيحي

يؤمن المسيحيون بالرّوح القدس على أنّه "روحُ اللهِ" (Holy Spirit)(383)، وأنه الأقنوم الثّالث، واحد مع الآب والابن، وهو كلّي العلم والمعرفة والقدرة " وَأَمَّا الْمُعَزِّي، الرُّوحُ الْقُدُسُ، الَّذِي سَيُرْسِلُهُ الآبُ بِاسْمِي، فَهُوَ يُعَلِّمُكُمْ كُلَّ شَيْءٍ، وَيُذَكِّرُكُمْ بِكُلِّ مَا قُلْتُهُ لَكُمْ ". (384) يؤكّد الكتاب المقدّس أنّ روح القدس هو قوة روح الله يمنح المؤمنين والأنبياء القدرات الإلهية المنوعة، الروح القدس هو لطفٌ يهبه الله تعالى لعباده حسب مشيئته " فَأَنْوَاعُ مَوَاهِبَ مَوْجُودَةٌ، وَلكِنَّ الرُّوحَ وَاحِدٌ "،(385) فيهب العلم لواحد والحكمة لآخر والقدرة على الشفاء لثالث وهكذا. وضّح السيد المسيح لتلاميذه في العشاء الأخير حقائق كثيرة عن الرّوح القدس كمقدمة لرحيله عنهم منها:

1. يرشد الروح القدس المؤمنين الى الحق، ولهذا أيضاً يسمى روح الحق (Spirit of Truth)، لأنه لا يتكلم من نفسه، بل كل ما يسمع يتكلم به. يقول السيد المسيح مخاطباً تلاميذه: " إِنَّهُ

---

(383) سفر التكوين، 1:2.

(384) إنجيل يوحنا، 14:26.

(385) رسالة كورنثوس الأولى، 12:4.

يأخُذُ مِمّا لي ويُخبِرُكُمْ ".(386)

تعتبر الحقيقة غامضة وما لم نعشق البحث عنها، لا يمكننا التوصل اليها، ولكن متى ما بحثنا عنها بحب خالص وعزم فالروح القدس روح الحق يقوّي عزيمة الباحثين عن الحق ويربط قلوبهم مع روح الله القدس منبع العلم والمعرفة.(387)

2. يجدِّد الروح القدس حياة الإنسان روحيّاً (الولادة الجديدة في المسيح– بالتعميد او التقديس). لا يمكن ان يدخل أحد ملكوت الله الا اذا ولد من الماء والروح. " **أَجَابَ يَسُوعُ: الْحَقَّ الْحَقَّ أَقُولُ لَكَ: إِنْ كَانَ أَحَدٌ لاَ يُولَدُ مِنَ الْمَاءِ وَالرُّوحِ لاَ يَقْدِرُ أَنْ يَدْخُلَ مَلَكُوتَ اللهِ. الْمَوْلُودُ مِنَ الْجَسَدِ جَسَدٌ هُوَ، وَالْمَوْلُودُ مِنَ الرُّوحِ هُوَ رُوحٌ ".**(388)

3. يُقدّس الروح القدس نفوسنا المؤمنة جزاءاً لحبنا للرب وحفظ وصاياه، وعندما يحل الروح القدس فينا فانه يسكن في قلوبنا ويمكننا من العيش حياة مقدسة محررة من عبودية الشيطان " **إِنْ كُنْتُمْ تُحِبُّونَنِي فَٱحْفَظُوا وَصَايَايَ ، وَأَنَا أَطْلُبُ مِنَ ٱلْآبِ فَيُعْطِيكُمْ مُعَزِّيًا آخَرَ لِيَمْكُثَ مَعَكُمْ إِلَى ٱلْأَبَدِ، رُوحُ ٱلْحَقِّ ٱلَّذِي لَا يَسْتَطِيعُ ٱلْعَالَمُ أَنْ يَقْبَلَهُ ، لِأَنَّهُ لَا يَرَاهُ وَلَا يَعْرِفُهُ، وَأَمَّا أَنْتُمْ فَتَعْرِفُونَهُ لِأَنَّهُ مَاكِثٌ مَعَكُمْ**

---

(386) إنجيل يوحنا، 16:16.

(387) Spirit of Truth, The Garden Training Center, Inc., Garden Publishing Company, USA, 2020.

(388) إنجيل يوحنا، 3:5-6.

وَيَكُونُ فِيكُمْ ".(389)

4. علّم الروح القدس تلاميذ السيد المسيح وذكّرهم بكل ما قاله لهم " **وَأَمَّا ٱلْمُعَزِّي ، ٱلرُّوحُ ٱلْقُدُسُ، ٱلَّذِي سَيُرْسِلُهُ ٱلْآبُ بِٱسْمِي، فَهُوَ يُعَلِّمُكُمْ كُلَّ شَيْءٍ ، وَيُذَكِّرُكُمْ بِكُلِّ مَا قُلْتُهُ لَكُمْ** ".(390) الروح القدس هو الذي الهمهم تدوين الكتاب المقدس " **كُلُّ الْكِتَابِ هُوَ مُوحًى بِهِ مِنَ اللهِ** ".(391) أصبح واضحاً أن الوحي في الكتاب المقدس لا يعني صوتاً مسموعاً وإنما إلهاماً من الروح القدس يسوقهم للكلام بما هو حق " **لَمْ تَأْتِ نُبُوَّةٌ قَطُّ بِمَشِيئَةِ إِنْسَانٍ، بَلْ تَكَلَّمَ أُنَاسُ اللهِ الْقِدِّيسُونَ مَسُوقِينَ مِنَ الرُّوحِ الْقُدُسِ** ".(392) أيضاً ان الوحي في الكتاب المقدس ليس وحياً إملائياً كما هو في القرآن وإنما إيحائياً بالإلهام. الالهام عمل الهي بواسطة الروح القدس فيُلهم كتبة الإنجيل تدوين كل ما هو حق ويعصمهم من كل خطأ اثناء الكتابة، ولكن ذلك كله يتم مع احترام حرية واستقلالية الكاتب ليكتب بإسلوبه الخاص.(393) ولهذا فان تدوين تلاميذ السيد للإنجيل بالالهام كان عملًا مزدوجًا يمثل عمل الله والانسان معا.(394) على سبيل المثال، قال الله: " **هَا**

---

(389) إنجيل يوحنا، 16-14:15.

(390) إنجيل يوحنا، 14:26.

(391) رسالة 2 تيموثاوس، 3:16.

(392) 2 بطرس، 1: 21.

(393) يعقوب، حلمي، مفهوم الوحي والعصمة في الكتاب المُقدَس. مصدر سابق.

(394) حموي، الأب صبحي اليسوعي، معجم الايمان المسيحي، مصدر سابق، ص 62.

قَدْ جَعَلْتُ كَلاَمِي فِي فَمِكَ ".[395] لقد فعل تعالى ذلك دون انتهاك شخصيَّة إرميا المُميَّزة، ثم كتب إرميا كلمة الله ذاتها.

5. الروح القدس هو واحد لكنه يمنح مواهب روحيّة منوّعة للمؤمنين " **فَإِنَّهُ لِوَاحِدٍ يُعْطَى بِالرُّوحِ كَلاَمُ حِكْمَةٍ، وَلآخَرَ كَلاَمُ عِلْمٍ بِحَسَبِ الرُّوحِ الْوَاحِدِ، وَلآخَرَ إِيمَانٌ بِالرُّوحِ الْوَاحِدِ، وَلآخَرَ مَوَاهِبُ شِفَاءٍ بِالرُّوحِ الْوَاحِدِ، وَلآخَرَ عَمَلُ قُوَّاتٍ، وَلآخَرَ نُبُوَّةٌ، وَلآخَرَ تَمْيِيزُ الأَرْوَاحِ، وَلآخَرَ أَنْوَاعُ أَلْسِنَةٍ، وَلآخَرَ تَرْجَمَةُ أَلْسِنَةٍ، وَلكِنَّ هذِهِ كُلَّهَا يَعْمَلُهَا الرُّوحُ الْوَاحِدُ بِعَيْنِهِ، قَاسِمًا لِكُلِّ وَاحِدٍ بِمُفْرَدِهِ، كَمَا يَشَاءُ** " .[396]

6. يبعث الروح القدس الحياة في الأجساد الميتة " **وَإِنْ كَانَ رُوحُ الَّذِي أَقَامَ يَسُوعَ مِنَ الأَمْوَاتِ سَاكِنًا فِيكُمْ، فَالَّذِي أَقَامَ الْمَسِيحَ مِنَ الأَمْوَاتِ سَيُحْيِي أَجْسَادَكُمُ الْمَائِتَةَ أَيْضًا بِرُوحِهِ السَّاكِنِ فِيكُمْ** ".[397]

7. يمنح الروح القدس المؤمن القدرة على إخراج الشياطين وشفاء المرضى " **بِرُوحِ اللهِ أُخْرِجُ الشَّيَاطِينَ** ".[398] فبعد تأييد التلاميذ بالروح القدس تمكن التلاميذ من اخراج شياطين كثيرة وشفاء المرضى[399]،[400].

---

(395) سفر إرميا، 1:9.

(396) رسالة كورنثوس الأولى، 9–12:8.

(397) رسالة رومية، 8:11.

(398) إنجيل متى، 12:28.

(399) إنجيل مرقس، 6:13.

(400) إنجيل لوقا، 10:17.

وهناك أفعال عديدة يقوم بها الروح القدس، وما ذكرته أعلاه هو نماذج لتلك الأفعال لأخذ الفكرة عن مفهوم الروح القدس.

هل ورد التباين في آيات القرآن مثلما ورد في تعابير أسفار الكتاب المُقدَس؟!

لقد وردت في القرآن الكريم آيات متعددة إختلف فيها ترتيب الكلمات من تقديم وتأخير وإضافة ونقصان. وبالرغم من هذا لا نشك ان هذه التباينات والتبديلات تتعارض مع قوله تعالى ﴿ **لاَ تَبْدِيلَ لِكَلِمَتِ اللهِ** ﴾،[401] ولا نقول ان القرآن مُحرّف بسببها بينما يدعي بعض المسلمين ان الكتاب المُقدَس مُحرّف لتباينات مماثلة.

﴿ **إِنَّ الَّذِينَ ءَامَنُواْ وَالَّذِينَ هَادُواْ وَالنَّصَرَى وَالصَّبِئِينَ مَنْ ءَامَنَ بِاللهِ وَالْيَوْمِ الآخِرِ وَعَمِلَ صَلِحاً فَلَهُمْ أَجْرُهُمْ عِندَ رَبِّهِمْ وَلاَ خَوْفٌ عَلَيْهِمْ وَلاَ هُمْ يَحْزَنُونَ** ﴾.[402]

﴿ **إِنَّ الَّذِينَ ءَامَنُوا وَالَّذِينَ هَادُوا وَالصَّبِئُونَ وَالنَّصَرَى مَن ءَامَنَ بِاللهِ وَالْيَوْمِ الآخِرِ وَعَمِلَ صَلِحاً فَلاَ خَوْفٌ عَلَيْهِمْ وَلاَهُمْ يَحْزَنُونَ** ﴾.[403]

﴿ **إِنَّ الَّذِينَ ءَامَنُوا وَالَّذِينَ هَادُوا وَالصَّبِئِينَ وَالنَّصَرَى وَالْمَجُوسَ**

(401) يونس، 64.
(402) البقرة، 62.
(403) المائدة، 69.

وَالَّذِينَ أَشْرَكُوا إِنَّ اللَّهَ يَفْصِلُ بَيْنَهُمْ يَوْمَ الْقِيَـٰمَةِ إِنَّ اللَّهَ عَلَىٰ كُلِّ شَيْءٍ شَهِيدٌ ﴾.(404)

﴿ وَلُوطاً إِذْ قَالَ لِقَوْمِهِ أَتَأْتُونَ الْفَـٰحِشَةَ وَأَنْتُمْ تُبْصِرُونَ ﴾.(405)

﴿ وَلُوطاً إِذْ قَالَ لِقَومِهِ أَتَأْتُونَ الْفَـٰحِشَةَ مَا سَبَقَكُم بِهَا مِنْ أَحَد مِّنَ الْعَـٰلَمِينَ ﴾.(406)

﴿ وَلُوطًا إِذْ قَالَ لِقَوْمِهِ إِنَّكُمْ لَتَأْتُونَ الْفَاحِشَةَ مَا سَبَقَكُم بِهَا مِنْ أَحَدٍ مِّنَ الْعَالَمِينَ ﴾.(407)

﴿ أَئِنَّكُمْ لَتَأْتُونَ الرِّجَالَ شَهْوَةً مِّنْ دُونِ النِّسَآءِ بَلْ أَنْتُمْ قَومٌ تَجْهَلُونَ ﴾.(408)

﴿ إِنَّكُمْ لَتَأْتُونَ الرِّجَالَ شَهْوَةً مِّن دُونِ النِّسآءِ بَلْ أَنْتُمْ قَومٌ مُّسْرِفُونَ ﴾.(409)

﴿ أَئِنَّكُمْ لَتَأْتُونَ الرِّجَالَ وَتَقْطَعُونَ السَّبِيلَ وَتَأْتُونَ فِي نَادِيكُمُ الْمُنكَرَ فَمَا كَانَ جَوَابَ قَوْمِهِ إِلَّا أَن قَالُوا ائْتِنَا بِعَذَابِ اللَّهِ إِن كُنتَ مِنَ

---

(404) الحج، 17.
(405) النمل، 54.
(406) الأعراف، 80.
(407) العنكبوت، 28.
(408) النمل، 55.
(409) الأعراف، 81.

الصَّادِقِينَ ﴾.(410)

﴿ فَمَا كَانَ جَوَابَ قَوْمِهِ إِلاَّ أَنْ قَالُوٓا أَخْرِجُوا ءَالَ لُوطٍ مِّنْ قَرْيَتِكُمْ إِنَّهُمْ أُنَاسٌ يَتَطَهَّرُونَ ﴾.(411)

﴿ وَمَا كَانَ جَوابَ قَومِهِ إِلاَّ أَنْ قَالُوا أَخْرِجُوهُم مِّن قَرْيَتِكُمْ إِنَّهُمْ أُنَاسٌ يَتَطَهَّرُونَ ﴾.(412)

﴿ فَمَا كَانَ جَوَابَ قَوْمِهِ إِلَّا أَن قَالُوا اقْتُلُوهُ أَوْ حَرِّقُوهُ فَأَنجَاهُ اللَّهُ مِنَ النَّارِ إِنَّ فِي ذَٰلِكَ لَآيَاتٍ لِّقَوْمٍ يُؤْمِنُونَ﴾.(413)

﴿ فَأَنْجَيْنَـٰهُ وَأَهْلَهُ إِلاَّ امْرَأَتَهُ قَدَّرْنَـٰهَا مِنَ الْغَـٰبِرِينَ ﴾.(414)

﴿ فَأَنْجَيْنَـٰهُ وَأَهْلَهُ إِلاَّ امْرَأَتَهُ كَانَتْ مِنَ الْغَـٰبِرِينَ ﴾.(415)

﴿ لَنُنَجِّيَنَّهُ وَأَهْلَهُ إِلَّا امْرَأَتَهُ كَانَتْ مِنَ الْغَـٰبِرِينَ ﴾.(416)

﴿ وَأَمْطَرْنَا عَلَيْهِمْ مَّطَراً فَسَآءَ مَطَرُ الْمُنْذَرِينَ ﴾.(417)

---

(410) العنكبوت، 29.
(411) النمل، 56.
(412) الأعراف، 82.
(413) العنكبوت، 24.
(414) النمل، 57.
(415) الأعراف، 83.
(416) العنكبوت، 32.
(417) النمل، 58.

﴿ وَأَمْطَرْنَا عَلَيْهِم مَّطَراً فَانْظُرْ كَيْفَ كَانَ عَقِبَةُ الْمُجْرِمِينَ ﴾.[418]

﴿ وَأَمْطَرْنَا عَلَيْهِم مَّطَرًا فَسَاء مَطَرُ الْمُنذَرِينَ ﴾.[419]

إضافة الى التبديل والتغيير والتباين في ترتيب كلمات الآيات أعلاه، وردت اختلافات واضحة بين النصوص القرآنية المتداولة والمصاحف القديمة والمخطوطات التي اكتشفت حديثاً والتي تتراوح ما بين كلمات زائدة او ناقصة او كلمات مكتوبة بطريقة مختلفة، ومع كل هذا لم يثر السؤال لو كان القرآن كلام الله وانه حافظه فلماذا كل هذا التباين مثلما أثير بخصوص التوراة والإنجيل؟ علماً بان القرآن الكريم موحى به من الله ومدوّن املائياً خلافاً للإنجيل.

أيضاً ظهرت في عهد الخليفة الثالث عثمان مصاحف تختلف عن المصحف الرسمي للدولة وكل ادعى ان مصحفه هو الصحيح وكثر النزاع بين الناس بسبب ذلك، فخشي الخليفة من تفاقم الأمر فجَمَعَ المصاحف التي في أيدي الناس ووحدّها في مصحف واحد عرف بمصحف عثمان وأمر بحرق باقي المصاحف، وكان ذلك في عهد خلافته سنة (23 هجرية – 35 هجرية) (656-644 م) أي بعد حوالي 48 سنة من نزول القرآن. وبالرغم من كل هذه الجهود استمر ظهور المصاحف المختلفة الى عصر الأمويين والعباسيين فقد قام الخليفة الأموي عبدالملك بن مروان بمحاولة أخرى لتوحيد

---

(418) الأعراف، 84.

(419) الشعراء، 173.

المصاحف كما تم ادخال التنقيط والتشكيل على الأحرف القرآنية وإضافة بعض الحروف مثل الألف المقصورة وغيرها على يد الحجاج بن يوسف الثقفي في أواخر العهد الأموي. ولا يخفى على أحد ظهور القراءات السبع بما يوافق لهجات العرب بل وأضيفت عليها قراءات جديدة حديثاً. كما اختلفت المصاحف في بعض كلماتها حسب الرواة مثلاً حفص ووَرْش مما أثار تساؤلات البعض اذا كان القرآن محفوظاً في الصدور فلماذا كل هذه الإختلافات؟ أصبح واضحاً أن القرآن الكريم أيضاً مرّ بمراحل في تدوينه وجمعه واظهاره بشكله المتداول ولم تكن النصوص في جميع المصاحف كلمة واحدة كما هو الشائع بين عامة المسلمين بل واستمر الاختلاف بينها الى يومنا هذا.[420]

ومما ساهم في الإختلافات بين النصوص القرآنية بين المصاحف غياب التنقيط في العصور الأولى مما سبب في تنوع قراءة بعض الكلمات. فمثلاً كلمة "عبد" بدون النقطة قد تقرأ "عند" أو "عباد" باضافة الألف المقصورة والفرق واسع بين هذين المعنيين. فقد وردت الآية الكريمة "الزخرف 19" في المصحف الكريم حسب رواية حفص كالتالي:

﴿ **وَجَعَلُواْ الْمَلَٰٓئِكَةَ الَّذِينَ هُمْ عِبَٰدُ الرَّحْمَٰنِ إِنَٰثاً** ﴾،[421] بينما وردت نفس الآية في المصحف الكريم حسب رواية ورش بمعنى

(420) محمد المسيح، مخطوطات القرآن، مدخل لدراسة المخطوطات القديمة، مطبعة ووتر لايف، 2017.

(421) الزخرف، 19.

مختلف ﴿ وَجَعَلُواْ ٱلْمَلَٰٓئِكَةَ ٱلَّذِينَ هُمْ عِبَٰدُ ٱلرَّحْمَٰنِ إِنَٰثًا ﴾.

ملخص الفصل الثالث (الاختلافات بين تعابير ومصطلحات أسفار الكتاب المُقدَس)

1. حكمت الدراسات الإسلامية على الاختلافات بين تعابير وتفاصيل الكتاب المُقدَس كونها تناقضات استناداً الى معناها الظاهري، وادّعت لو كان الكتاب المُقدَس من عند الله لما حصل هذا التباين. أما الدراسة التي بين يديك فقد لجأت الى كتب التفسير واتضح عدم وجود أي تناقض بين التعابير والنصوص وإنما هو تنوّع في اسلوب النقل والكتابة. وكما وضّحنا ان الكتاب المُقدَس ليس إملاءً لكلام الله بالنص الحرفي لكي نتوقع التطابق بين الأناجيل.

2. ان التباين بين تعابير الكتاب المُقدَس لا يدل على التحريف ولا يسنده وقد ورد التباين بين آيات القرأن الكريم أيضاً.

3. انَّ الاختلافات بين تعابير ومصطلحات الكتاب المُقدَس، كما بيناها في أمثلة عديدة، لا ترتقي الى مستوى التحريف؛ لأنها ظهرت في مسائل ثانوية غير اساسية لا مصلحة ولا منفعة في تحريفها، وأن المعنى المراد منها بقي ثابتاً.

4. استنتجت الدراسات الإسلامية القائلة بالتحريف في الكتاب المُقدَس ان الله تعالى صدّق على توراة وإنجيل غير المتداولة بين أيدينا، اطلق عليها المسلمون "التوراة الاصيلة" و"الإنجيل الاصيل". لا أحد يعرف الفرق بين الكتاب الاصيل والمتداول، ولا يوجد أدنى

أثر للكتاب الاصيل، ولم يره أحد، ولا استشهد به أحد، ولم يرد به نص قرآني أو حديث نبوي، إنما "اختلقه" الفقهاء المسلمون حفظاً وسنداً لمعتقدهم في عصمة الأنبياء المطلقة الذي لا أساس ولا سند له في أي كتاب ولا في القرآن الكريم.

5. هل أنزل الله إنجيلاً واحداً أم أربعة؟! أين هو إنجيل السيد المسيح؟! يعتقد المسلمون ان وجود أربعة أناجيل هو خير دليل على التحريف في الإنجيل. ويعود سبب إدعائهم هذا الى عدم التمييز بين مفهوم الوحي الإسلامي والوحي المسيحي. فحسب المفهوم الإسلامي أوحي القرآن الى النبي بواسطة جبرائيل، وهكذا يعتقدون أن الله أوحى الإنجيل الى السيد المسيح، وأن السيد كتب الإنجيل وتركه لاتباعه كما ترك نبي الإسلام القرآن لاتباعه. ولذلك يعتبرون وجود أربعة أناجيل دليل على أن إنجيل السيد المسيح ضاع وقد كَتب تلاميذه من بعده أربعة أناجيل، وهذه فكرة خاطئة تماماً.

إن السيد المسيح لم يبشر بكتاب أو إنجيل أوحي اليه، ولم يطلب السيد المسيح من تلاميذه أن يبشروا بإنجيل مكتوب، فكانت البشارة الشفهية هي نقطة الانطلاق لرسل السيد المسيح وهي المصدر الأساسي لمعرفة أقوال وأفعال السيد المسيح.

ومع مرور الزمن، وبعد صعود السيد المسيح، دونت البشارة الشفهية التي نطق بها السيد المسيح بإلهام من الروح القدس، وسمي كل من تلك البشارات باسم إنجيل، يطلق عليه: (إنجيل ربنا يسوع كما دوّنه متى ... أو كما دوّنه مرقس ... أو كما دوّنه لوقا ... أو كما دوّنه يوحنا).

الفصل الرابع

لماذا يعتقد المسلمون أنّ التوراة والإنجيل مُحرّفة؟!
السبب الرابع: الاعتقاد بحذف نصوص التبشير بظهور نبي الإسلام من التوراة والإنجيل

صرّح القرآن الكريم ان نبي الإسلام مكتوب في التوراة والإنجيل ﴿ **الَّذِينَ يَتَّبِعُونَ الرَّسُولَ النَّبِيَّ الأُمِّيَّ الَّذِي يَجِدُونَهُ مَكْتُوبًا عِندَهُمْ فِي التوراة وَالإنجيل** ﴾،[422] لكنه لم يحدّد في أي سفر أو إصحاح أو آية قد كتب ؟! كما ورد في القرآن تصريحٌ على لسان السيد المسيح مبشّراً برسول الإسلام باسمه الصريح ﴿ **وَإِذْ قَالَ عِيسَى ابْنُ مَرْيَمَ يَا بَنِي إِسْرَائِيلَ أَنِّي رَسُولُ اللَّهِ إِلَيْكُم مُّصَدِّقًا لِّمَا بَيْنَ يَدَيَّ مِنَ التوراة وَمُبَشِّرًا بِرَسُولٍ يَأْتِي مِن بَعْدِي اسْمُهُ أَحْمَدُ** ﴾.[423] إلّا أنّ التصريح كسابقه لم يوضّح موضع البشارة. والمعروف أنّ السيد المسيح لم يقرأ من كتاب ولم يكتب كتاباً ولم يأمر تلاميذه ان يكتبوا أقواله، وإنما كان تبشير السيد وتلاميذه شفاهياً. وان المسيحيين لم يتوقعوا ولم ينتظروا نبياً آخر، على العكس قال المسيح لهم لا نبي بعدي: "**أَنَا هُوَ الأَلِفُ وَالْيَاءُ، الْبِدَايَةُ وَالنِّهَايَةُ**".[424]

---

(422) الاعراف، 157.

(423) الصف، 6.

(424) سفر رؤيا يوحنا اللاهوتي، 1:8.

وان واقع الحال لا البشارة بظهور النبي التي نطق بها السيد المسيح ولا اسم نبي الإسلام الصريح أو علاماته وردت في التوراة أو الإنجيل ﴿ **الَّذِينَ آتَيْنَاهُمُ الْكِتَابَ يَعْرِفُونَهُ كَمَا يَعْرِفُونَ أَبْنَاءَهُمْ** ﴾.(425) فأصبحت هذه التصريحات في معتقد أهل الكتاب إدعاءات بلا دليل، ومن جانب آخر لا يعتقد الفقهاء المسلمين أن التوراة والإنجيل التي بأيدي اليهود والمسيحيين اليوم هي نفسها التي نزلت على موسى وعيسى، لتناقضهما مع تصريحات القرآن الكريم بهذا الخصوص. وصار للمسلمين أكثر من ألف وأربعمائة سنة يبحثون في الكتاب المُقدَس عن هذه الآيات القرآنية، فحين لم يجدوها تم تعزية الامر بتحريف قد حصل في هذه الكتب.

ولقد قرأت نصّاً مسيحياً قديماً للراهب (بحيرا) يكشف عن وجود مقولة مسيحية للقديس (متاديوس) تنص على أنّ السيد المسيح بشّر بالنبي الذي يأتي من بعده واسمه محمد، أو أحمد، أو يحمد، ويرجع تأريخ المقولة الى ما قبل ظهور الإسلام بأكثر من ثلاثة قرون ونصف. القديس (متاديوس) هو أسقف مدينة (أولمبوس) في سوريا، وادعى الراهب بحيرا ان البشارة مدونة في كتاب متاديوس الذي يحتوي على مجموعة نبوءاته، ورؤياه، وأقواله التي نقلها عن السيد المسيح والآباء الذين سبقوه.(426) ويضيف الراهب بحيرا أنه

---

(425) البقرة، 146.

(426) البعاج، وليد، الاسطورة المسيحية للراهب بحيرا في النصوص العربية والسريانية، دراسة في أقدم مخطوطة عن الراهب بحيرا، ومضات للترجمة والنشر، ص130، 2020.

قرأ بنفسه مقولة متاديوس، وعندما التقى بحيرا بمحمد اعتقد أنّه هو المقصود بالمقولة. وملخص القصة أن محمداً رافق عمّه ابا طالب في إحدى رحلاته التجارية الى بلاد الشام وكان عمره 12 عاماً. ولما وصلوا (مدينة بُصرى) في محافظة درعا، جنوب سوريا، كان حِبر من على صومعة الدير ينظر اليهم، اسمه "بحيرا" فنزل اليهم، ودعاهم لوجبة طعام وكان من بين الحضور محمد. فقال بحيرا لأبي طالب: ماهذا منك ؟! فقد رأيت هذا الغلام عجباً، ما نام تحت هذه الشجرة بشر وسلم من الهلاك، أما الغلام فكان نائماً تحتها وجميع ما تحتها من الحيّات والعقارب تحرسه في نومه، ولهذا السبب دعوتكم لوجبة الطعام لأكشف سر هذا الصبي.⁽⁴²⁷⁾

فقال أبو طالب: هذا ابن أخي. قال له: ما فعل أبوه؟! قال: مات. قال: ما فعلت أمه؟! قال: ماتت. قال: ما اسمه؟! قال: محمد. قال: هل له اسم غير هذا؟! قال: أحمد. قال: هل له اسم غير هذا؟! قال: الامين. قال بحيرا: لمحمد، اكشف لي عن كتفك، فكشف فنظر بحيرا الى خاتم النبوة بين كتفيه. فلما رآه قبّل فوق الخاتم، وقال: ان ابن أخيك هذا نبي ورسول، ولا تذهب الايام والليالي حتى يوحي اليه الله. فاتق عليه خاصة من قريش واليهود فانهم أعداءٌ له من بين الناس. فتعجب ابو طالب من الخبر. فقال بحيرا: لقد والله اخبرتك عن أمره.

وعلى الرغم من أني فرحت عندما قرأت هذا الخبر وشعرت

(427) البعاج، الاسطورة المسيحية للراهب بحيرا في النصوص العربية والسريانية، مصدر سابق، ص137.

أنّني اكتشفت موضع البشارة إلا أني انصدمت فيما بعد عندما فهمت ان مخطوطة بحيرا يعوزها التوثيق والإثبات وقد وصفها الباحثون المسلمون وغير المسلمين بالأسطورة.[428]

لقد لاحظ المسلمون في ثنايا كتب التوراة والإنجيل كلمات اعتقدوا أنها آثار لعبارات تشير الى ظهور نبي الإسلام منها:

هل توجد آثار لنصوص التبشير بنبي الإسلام في الكتاب المُقدَس ؟!

1. آثار نصوص التبشير بنبي الإسلام في التوراة

ورد في الخطاب الوداعي لموسى النبي الموجّه الى بني إسرائيل: "**يُقِيمُ لَكَ الرَّبُّ إِلهُكَ نَبِيًّا مِنْ وَسَطِكَ مِنْ إِخْوَتِكَ مِثْلِي. لَهُ تَسْمَعُونَ**".[429] يعتقد المسلمون أنّ كلمة "إِخْوَتِكَ" الواردة في الخطاب تعني من أقربائك، وبالذات أولاد عمومتك وهم بنو إسماعيل (إسماعيل هو عم يعقوب) وقصد بها موسى النبي التبشير بنبي الإسلام لأن نسله يرجع الى إسماعيل. يجيب مفسّرو التوراة: ان موسى كان يخاطب بني إسرائيل، ولو كان قصد موسى النبي من كلمة " إِخْوَتِكَ" هم الاخوة بالقرابة فحينئذٍ كان على المسلمين أن

---

(428) البعاج، الاسطورة المسيحية للراهب بحيرا في النصوص العربية والسريانية، مصدر سابق.

(429) سفر التثنية، 18:15.

يفكّروا بأخٍ يعقوب "عيسو" بدلاً من أبناء عمه. الا ان المسلمين يردّون عليهم: انه لم يدّعِ أحد من أبناء عيسو النبوة.

وأضاف مفسّرو التوراة أن كلمة "إِخْوَتِكَ" لازمت جميع ملوك بني إسرائيل من شاوُل، وداود، وسليمان وغيرهم لأن "الاخوة" هي أحد الشروط في اختيار الملك حسب الوصية الإلهية: **"مَتَى أَتَيْتَ إِلَى الأَرْضِ الَّتِي يُعْطِيكَ الرَّبُّ إِلهُكَ، وَامْتَلَكْتَهَا وَسَكَنْتَ فِيهَا، فَإِنْ قُلْتَ: أَجْعَلُ عَلَيَّ مَلِكًا كَجَمِيعِ الأُمَمِ الَّذِينَ حَوْلِي. فَإِنَّكَ تَجْعَلُ عَلَيْكَ مَلِكًا الَّذِي يَخْتَارُهُ الرَّبُّ إِلهُكَ. مِنْ وَسَطِ إِخْوَتِكَ تَجْعَلُ عَلَيْكَ مَلِكًا. لاَ يَحِلُّ لَكَ أَنْ تَجْعَلَ عَلَيْكَ رَجُلًا أَجْنَبِيًّا لَيْسَ هُوَ أَخَاكَ. وَلكِنْ لاَ يُكَثِّرْ لَهُ الْخَيْلَ، وَلاَ يَرُدُّ الشَّعْبَ إِلَى مِصْرَ لِكَيْ يُكَثِّرَ الْخَيْلَ، وَالرَّبُّ قَدْ قَالَ لَكُمْ: لاَ تَعُودُوا تَرْجِعُونَ فِي هذِهِ الطَّرِيقِ أَيْضًا. وَلاَ يُكَثِّرْ لَهُ نِسَاءً لِئَلاَّ يَزِيغَ قَلْبُهُ. وَفِضَّةً وَذَهَبًا لاَ يُكَثِّرْ لَهُ كَثِيرًا. وَعِنْدَمَا يَجْلِسُ عَلَى كُرْسِيِّ مَمْلَكَتِهِ، يَكْتُبُ لِنَفْسِهِ نُسْخَةً مِنْ هذِهِ الشَّرِيعَةِ فِي كِتَابٍ مِنْ عِنْدِ الْكَهَنَةِ اللاَّوِيِّينَ".**(430)

يضيف مفسّرو التوراة ان هذه الآيات بيّنت مواصفات الملك المؤهل وهي التي ذكرها موسى لبني إسرائيل، ويلاحظ أن بعضها وخاصة الجزء الاخير منها الذي يخص كتابة الشريعة الموسوية لا ينطبق على نبي الإسلام. يجيب المسلمون ان هذه التعليقات تخص إقامة الملك لا النبي. ويردّ اليهود ان الذين حكموا بني إسرائيل بعد موسى النبي وخليفته يشوع النبي هم القضاة والملوك، وأنّ اليهود

(430) سفر التثنية، 17:14-18.

عموماً يسمون داود وسليمان ملوكاً (الا أنهما ضمن سلسلة الثمانية والاربعين نبياً في التلمود، ونصّت الآيات القرآنية على أنهما من الملوك والأنبياء، راجع الصفحات 105 و111).

ويضيف اليهود ان مشكلتنا الرئيسة في قبول محمد نبياً ليس لكونه من العرب، أو لأنه ينتسب الى إسماعيل، وإنما أيضاً لإختلاف تعاليمه عن وصايا التوراة. كيف؟! عندما خرج بنو إسرائيل من مصر، عقد الرب عهداً غليظاً مع بني إسرائيل على جبل سيناء، وقد تضمنت بنود العهد الوصايا العشر، وبموجبه وُجب على بني إسرائيل الالتزام ببنود العهد على مدى الاجيال ولا يمكن نقضها؛ لكونها بنود عهد أبدي، منها مثلاً حفظ يوم السبت وليس يوم الجمعة كما هو في التعاليم الإسلامية "**وَأَنْتَ تُكَلِّمُ بَنِي إِسْرَائِيلَ قَائِلًا: سُبُوتِي تَحْفَظُونَهَا، لأَنَّهُ عَلاَمَةٌ بَيْنِي وَبَيْنَكُمْ فِي أَجْيَالِكُمْ لِتَعْلَمُوا أَنِّي أَنَا الرَّبُّ الَّذِي يُقَدِّسُكُمْ، فَتَحْفَظُونَ السَّبْتَ لأَنَّهُ مُقَدَّسٌ لَكُمْ. مَنْ دَنَّسَهُ يُقْتَلُ قَتْلًا. إِنَّ كُلَّ مَنْ صَنَعَ فِيهِ عَمَلًا تُقْطَعُ تِلْكَ النَّفْسُ مِنْ بَيْنِ شَعْبِهَا. سِتَّةَ أَيَّامٍ يُصْنَعُ عَمَلٌ، وَأَمَّا الْيَوْمُ السَّابِعُ فَفِيهِ سَبْتُ عُطْلَةٍ مُقَدَّسٌ لِلرَّبِّ. كُلُّ مَنْ صَنَعَ عَمَلًا فِي يَوْمِ السَّبْتِ يُقْتَلُ قَتْلًا. فَيَحْفَظُ بَنُو إِسْرَائِيلَ السَّبْتَ لِيَصْنَعُوا السَّبْتَ فِي أَجْيَالِهِمْ عَهْدًا أَبَدِيًّا. هُوَ بَيْنِي وَبَيْنَ بَنِي إِسْرَائِيلَ عَلاَمَةٌ إِلَى الأَبَدِ. لأَنَّهُ فِي سِتَّةِ أَيَّامٍ صَنَعَ الرَّبُّ السَّمَاءَ وَالأَرْضَ، وَفِي الْيَوْمِ السَّابعِ اسْتَرَاحَ وَتَنَفَّسَ**".[431]

وقد جاء التأكيد الإلهي على تقديس يوم السبت في النص

(431) سفر الخروج، 31:13-17.

القرآني أيضاً ﴿ **وَلَقَدْ عَلِمْتُمُ الَّذِينَ اعْتَدَوْاْ مِنْكُم فِي السَّبْتِ فَقُلْنَا لَهُمْ كُونُواْ قِرَدَةً خَسِئِينَ** ﴾.(432)

كما فرضت التوراة شريعة الاطعمة الطاهرة والنجسة. ومع ان معظم الاطعمة المحللة في اليهودية تشبه نظيرتها في الشريعة الإسلامية الا أن بعض اللحوم مثل لحم الجمل محرّم تناولها في الشريعة اليهودية لكنها محللة في الشريعة الإسلامية، كما ان لحم الارنب محرّم في اليهودية لكن تُحلل أكلَه بعض الطوائف الإسلامية "**وَكَلَّمَ الرَّبُّ مُوسَى وَهَارُونَ قَائِلًا لَهُمَا: كَلِّمَا بَنِي إِسْرَائِيلَ قَائِلَيْنِ: هذِهِ هِيَ الْحَيَوَانَاتُ الَّتِي تَأْكُلُونَهَا مِنْ جَمِيعِ الْبَهَائِمِ الَّتِي عَلَى الأَرْضِ: كُلُّ مَا شَقَّ ظِلْفًا وَقَسَمَهُ ظِلْفَيْنِ، وَيَجْتَرُّ مِنَ الْبَهَائِمِ، فَإِيَّاهُ تَأْكُلُونَ. إِلاَّ هذِهِ فَلاَ تَأْكُلُوهَا مِمَّا يَجْتَرُّ وَمِمَّا يَشُقُّ الظِّلْفَ: الْجَمَلَ، لأَنَّهُ يَجْتَرُّ لكِنَّهُ لاَ يَشُقُّ ظِلْفًا، فَهُوَ نَجِسٌ لَكُمْ. وَالْوَبْرَ، لأَنَّهُ يَجْتَرُّ لكِنَّهُ لاَ يَشُقُّ ظِلْفًا، فَهُوَ نَجِسٌ لَكُمْ. وَالأَرْنَبَ، لأَنَّهُ يَجْتَرُّ لكِنَّهُ لاَ يَشُقُّ ظِلْفًا، فَهُوَ نَجِسٌ لَكُمْ. وَالْخِنْزِيرَ، لأَنَّهُ يَشُقُّ ظِلْفًا وَيَقْسِمُهُ ظِلْفَيْنِ، لكِنَّهُ لاَ يَجْتَرُّ، فَهُوَ نَجِسٌ لَكُمْ. مِنْ لَحْمِهَا لاَ تَأْكُلُوا وَجُثَثَهَا لاَ تَلْمِسُوا. إِنَّهَا نَجِسَةٌ لَكُمْ**".(433) وهناك أمثلة لوصايا عديدة من هذا القبيل، وبسبب هذه التعليمات المغايرة لوصايا التوراة لا يمكن لليهودي الملتزم أن يعتنق الإسلام، وإلا فيعتبر اعتناقه نقضاً للعهد الالهي المعقود في سيناء لأنه سيلتزم بوصايا غير التي عاهد الله عليها. باختصار دعا النبي محمد الى شريعة جديدة ودعوات مغايرة

---

(432) البقرة، 65.

(433) سفر اللاويين، 8-1:11.

لوصايا التوراة.

وكان تغيير الوصايا أحد الاسباب التي بها رفض اليهود السيد المسيح. وعلى الرغم من أن السيد المسيح لم يأت بشريعة جديدة إلا أنه غيّر في بعض الوصايا العشر وأضاف عليها وأنّه لا يحق لأحد تغييرها الا الله في اعتقادهم، حيث قال السيد المسيح "**مَا جِئْتُ لأَنْقُضَ بَلْ لأُكَمِّلَ**".[434] وجاء في القرآن الكريم على لسان السيد المسيح: ﴿ **وَلِأُحِلَّ لَكُم بَعْضَ الَّذِي حُرِّمَ عَلَيْكُمْ** ﴾،[435] وهناك اسباب اخرى بخصوص رفضهم للسيد المسيح، سيأتي ذكرها.

اضافة الى هذا فقد وردت في التوراة معايير وضوابط لتمييز من يدّعي النبوة، منها أنّ أحد أهم الطرق لإدراك حقّانية الرسل، هو التحقّق والإطلاع على محتوى دعواتهم بشكل دقيق، الأمر الذي يؤكّد دائماً أنّها متوافقة ومنسجمة مع وصايا التوراة "**وَأَمَّا النَّبِيُّ الَّذِي يُطْغِي، فَيَتَكَلَّمُ بِاسْمِي كَلاَمًا لَمْ أُوصِهِ أَنْ يَتَكَلَّمَ بِهِ، أَوِ الَّذِي يَتَكَلَّمُ بِاسْمِ آلِهَةٍ أُخْرَى، فَيَمُوتُ ذلِكَ النَّبِيُّ**".[436]

يوضح علماء التوراة في هذا الخصوص مبدأً عاماً في تمييز من يدّعي النبوة ملخّصه: هل ما يدعو إليه هذا النبي يتفق مع وصايا التوراة أم هي تعاليم جديدة؟! فإن كانت لا تتفق فلا تخف منه "**وَإِنْ قُلْتَ فِي قَلْبِكَ: كَيْفَ نَعْرِفُ الْكَلاَمَ الَّذِي لَمْ يَتَكَلَّمْ بِهِ الرَّبُّ؟! فَمَا**

---

(434) إنجيل متى، 5:17.

(435) آل عمران، 50.

(436) سفر التثنية، 18:20.

تَكَلَّمَ بِهِ النَّبِيُّ بِاسْمِ الرَّبِّ وَلَمْ يَحْدُثْ وَلَمْ يَصِرْ، فَهُوَ الْكَلاَمُ الَّذِي لَمْ يَتَكَلَّمْ بِهِ الرَّبُّ، بَلْ بِطُغْيَانٍ تَكَلَّمَ بِهِ النَّبِيُّ، فَلاَ تَخَفْ مِنْهُ".(437) بعث الله لبني إسرائيل أنبياء كُثراً، الا انه لم يحصل قط أن أياً من هؤلاء الأنبياء جاء بتعليم يخالف وصايا موسى النبي. اضافة الى هذا، هناك اختبارات مختلفة أخرى للتحقيق من هوية من يدعي النبوة.

رفض علماء اليهود نبي الإسلام لاختلاف تعاليمه عن التوراة كما ذكرنا في ما سبق، بخصوص يوم السبت والاطعمة، وهناك أسبابٌ عديدة أخرى منها أنه ليس من بني إسرائيل وأنه لا يتكلم العبرية ولم يعمل معاجز مثل موسى وأنه لم يكلم الله مباشرة، كما وأنهم اتخذوا من "قصة الغرانيق" ذريعة اخرى، وقالوا إن نبي الإسلام تكلّم باسم الرب بكلام لم يوص الربّ به "**وَأَمَّا النَّبِيُّ الَّذِي يُطْغِي، فَيَتَكَلَّمُ بِاسْمِي كَلاَمًا لَمْ أُوصِهِ أَنْ يَتَكَلَّمَ بِهِ، فَيَمُوتُ ذلِكَ النَّبِيُّ**"،(438) وان نبي الإسلام لم يكن بمقدوره التمييز بين الوحي الالهي والشيطان، وبهذا فإنّ كلا صفتيْ النبي الكاذب في الوصية أعلاه انطبقت عليه، ويقولون إنّ محمداً لو كان في عصر موسى لحكم عليه بالرجم، وسنزيد في تفاصيل أخرى عند الحديث عن فلسفة النبوة في اليهودية والمسيحية في نهاية هذا الفصل.

اختلف فقهاء الإسلام في توثيق سند حديث الغرانيق، بعضهم وثقه وبعضهم الآخر قال إنّه حديث مختلق، يبغي النيل من القرآن ورسول الله. وقيل انه بسبب هذه الحادثة اختلفت آراء الطوائف

---

(437) سفر التثنية، 18:21.

(438) سفر التثنيه، 18:20.

الإسلامية حول عصمة الانبياء. ان قصة الغرانيق جاءت في بعض كتب المسلمين كرواية تنسب إلى ابن عبّاس، مفادها أنّ النّبي كان يتلو سورة "النجم" في صلاته في مكّة المكرّمة، وعندما بلغ الآيات التي جاء فيها ذكر أسماء أصنام المشركين (أفرأيتم اللات والعزّى ومناة الثّالثة الأُخرى) ألقى الشيطان على النّبي هاتين الجملتين وجعلهما على لسانه: (تلك الغرانيق العلى وإنّ شفاعتهنّ لترتجى)، أي إنّهن طيور جميلة ذات منزلة رفيعة ومنها ترتجى الشفاعة! وقد فرح المشركون لسماع ذلك. وعندما سجد محمّد سجد المشركون أيضاً، فنزل جبرائيل على الرّسول محذّراً من أنّه لم ينزل هاتين الآيتين وأنّهما من إلقاءات الشيطان، ونزلت الآيات محذّرة الرّسول والمؤمنين ﴿ **وَمَا أَرْسَلْنَا مِن قَبْلِكَ مِن رَّسُولٍ وَلاَ نَبِيٍّ إِلاَّ إِذَا تَمَنَّى أَلْقَى الشَّيْطَنُ فِى أُمْنِيَّتِهِ فَيَنسَخُ اللهُ مَا يُلْقِى الشَّيْطَنُ ثُمَّ يُحْكِمُ اللهُ ءَايَتِهِ وَاللهُ عَلِيمٌ حَكِيمٌ * لِّيَجْعَلَ مَا يُلْقِى الشَّيْطَنُ فِتْنَةً لِّلَّذِينَ فِى قُلُوبِهِم مَّرَضٌ وَالْقَاسِيَةِ قُلُوبُهُمْ وَإِنَّ الظَّلِمِينَ لَفِى شِقَاقٍ بَعِيدٍ * وَلِيَعْلَمَ الَّذِينَ أُوتُوا الْعِلْمَ أَنَّهُ الْحَقُّ مِن رَّبِّكَ فَيُؤْمِنُوا بِهِ فَتُخْبِتَ لَهُ قُلُوبُهُمْ وَإِنَّ اللهَ لَهَادِ الَّذِينَ ءَامَنُوا إِلَى صِرَطٍ مُّسْتَقِيمٍ** ﴾.[439]

وبعد أن استلم الشعب الشريعة الموسوية، لم يكن من الصعب عليهم التمييز بين الأنبياء؛ فالوصايا الإلهية هي التي تفرز النبي الحق من النبي الكذّاب، أمّا صنع الآيات والعجائب فليس معيارًا في حساب اليهود والمسيحيين لصدق الانبياء أو كذبهم، لأنَّ العجائب قد تخدع، وقد جاء أنبياء كثيرون لم تكن لهم معجزات، وجاء أناس

---

(439) الحج، 54 - 52.

آخرون لم تكن لهم الرسالة الإلهية وأتوا بما يشبه المعجزات. ففي عصر موسى مثلاً فعل سحرة مصر أعمالاً ظهرت كأنها عجائب مثل أعمال موسى "**فَدَخَلَ مُوسَى وَهَارُونُ إِلَى فِرْعَوْنَ وَفَعَلاَ هكَذَا كَمَا أَمَرَ الرَّبُّ. طَرَحَ هَارُونُ عَصَاهُ أَمَامَ فِرْعَوْنَ وَأَمَامَ عَبِيدِهِ فَصَارَتْ ثُعْبَانًا. فَدَعَا فِرْعَوْنُ أَيْضًا الْحُكَمَاءَ وَالسَّحَرَةَ، فَفَعَلَ عَرَّافُو مِصْرَ أَيْضًا بِسِحْرِهِمْ كَذلِكَ**"،[440] وأخبرنا الإنجيل عن أنبياء كذبة سيفعلون معجزات "**لأَنَّهُ سَيَقُومُ مُسَحَاءُ كَذَبَةٌ وَأَنْبِيَاءُ كَذَبَةٌ وَيُعْطُونَ آيَاتٍ عَظِيمَةً وَعَجَائِبَ، حَتَّى يُضِلُّوا لَوْ أَمْكَنَ الْمُخْتَارِينَ أَيْضًا**".[441] ولم يخبرنا الكتاب إن داود أو إرميا أو غيرهما من الأنبياء الكبار كانت لهم قوة المعجزات. فـ(يوحنا المعمدان) الذي كان أعظم نبي إلى وقته قال عنه اليهود بحق "**يُوحَنَّا لَمْ يَفْعَلْ آيَةً وَاحِدَةً**".[442]

وكان في زمن السيد المسيح من يشفي المصابين بامراض مستعصية "**فَأَجَابَهُ يُوحَنَّا قِائِلًا: يَا مُعَلِّمُ، رَأَيْنَا وَاحِدًا يُخْرِجُ شَيَاطِينَ بِاسْمِكَ وَهُوَ لَيْسَ يَتْبَعُنَا، فَمَنَعْنَاهُ لأَنَّهُ لَيْسَ يَتْبَعُنَا. فَقَالَ يَسُوعُ: لاَ تَمْنَعُوهُ، لأَنَّهُ لَيْسَ أَحَدٌ يَصْنَعُ قُوَّةً بِاسْمِي وَيَسْتَطِيعُ سَرِيعًا أَنْ يَقُولَ عَلَيَّ شَرًّا لأَنَّ مَنْ لَيْسَ عَلَيْنَا فَهُوَ مَعَنَا**".[443] وقد صرّح السيد المسيح: من يؤمن بي فالأعمال التي أنا أعملها يعملها هو أيضاً، ويعمل أعظم منها "**اَلْحَقَّ الْحَقَّ أَقُولُ لَكُمْ: مَنْ يُؤْمِنُ بِي فَالأَعْمَالُ**

---

(440) سفر الخروج، 7:10-11.
(441) إنجيل متى، 24:24.
(442) إنجيل يوحنا، 10:41.
(443) إنجيل مرقس، 9:38.

الَّتِي أَنَا أَعْمَلُهَا يَعْمَلُهَا هُوَ أَيْضًا، وَيَعْمَلُ أَعْظَمَ مِنْهَا".(444)

لكن السيد المسيح حذّر من الأنبياء الكذبة "**اِحْتَرِزُوا مِنَ الأَنْبِيَاءِ الْكَذَبَةِ الَّذِينَ يَأْتُونَكُمْ بِثِيَابِ الْحُمْلاَنِ، وَلكِنَّهُمْ مِنْ دَاخِل ذِئَابٌ خَاطِفَةٌ**".(445) من يصرخ بما هو لله بصوت التواضع الحقيقي والاعتراف الحق للإيمان فهو حَمل، أمّا من ينطق بتجاديف ضدّ الحق وعداوة ضدّ الله فهو ذئب، كيف تعرفهم ؟! قال من أعمالهم ومن ثمار أجيالهم تعرفونهم "**مِنْ ثِمَارِهِمْ تَعْرِفُونَهُمْ. هَلْ يَجْتَنُونَ مِنَ الشَّوْكِ عِنَبًا، أَوْ مِنَ الْحَسَكِ تِينًا؟! هكَذَا كُلُّ شَجَرَةٍ جَيِّدَةٍ تَصْنَعُ أَثْمَارًا جَيِّدَةً، وَأَمَّا الشَّجَرَةُ الرَّدِيَّةُ فَتَصْنَعُ أَثْمَارًا رَدِيَّةً، لاَ تَقْدِرُ شَجَرَةٌ جَيِّدَةٌ أَنْ تَصْنَعَ أَثْمَارًا رَدِيَّةً، وَلاَ شَجَرَةٌ رَدِيَّةٌ أَنْ تَصْنَعَ أَثْمَارًا جَيِّدَةً**".(446) من طبيعة أعمالهم وأعمال أجيالهم تعرفونهم.

يعلّق علماء اليهود انه مثلما ينسب بعض الناس التحريف الى التوراة بناءً على معتقداتهم، فان اليهود واعتماداً على معايير التوراة ونصوصها يستطيعون ان يصفوا كتب الآخرين وأنبيائهم بالتحريف والكذب. ولو حاول أي شخص في زمن موسى النبي اضافة أو تعديل الوصايا الإلهية أو تغييرها لحكم عليه بالرجم حسب الوصية الإلهية "**فَيَمُوتُ ذلِكَ النَّبِيُّ**".(447) ولهذا ترفض اليهودية الاعتراف بالسيد المسيح ونبي الإسلام، واكتفت بهذا القدر، ولا تملك الرغبة في

---

(444) إنجيل يوحنا، 14:12.

(445) إنجيل متى، 7:15.

(446) إنجيل متى، 7:16-18.

(447) سفر التثنية، 18:20.

انتقاد الاخرين، وكأنها تقول لكم دينكم وليَ دين.

هل يمكن أن يقال ان حقانية الرسل هي مسؤولية الله عز وجل في توضيح الحق وفضح الباطل وفقاً لحكمته، وإلاّ كيف يعقل ان الله تعالى يسمح لشخص بالكذب عليه وفي نفس الوقت ينصره ؟! ﴿ **أَمْ يَقُولُونَ افْتَرَى عَلَى اللهِ كَذِباً فَإِن يَشَإِ اللهُ يَخْتِمْ عَلَى قَلْبِكَ وَيَمْحُ اللهُ الْبَطِلَ وَيُحِقُّ الْحَقَّ بِكَلِمَتِهِ إِنَّهُ عَلِيمٌ بِذَاتِ الصُّدُورِ** ﴾.(448) فإن الحكمة الإلهية تقتضي فضحه وعدم حمايته ﴿ **وَلَوْ تَقَوَّلَ عَلَيْنَا بَعْضَ الْأَقَاوِيلِ * لَأَخَذْنَا مِنْهُ بِالْيَمِينِ * ثُمَّ لَقَطَعْنَا مِنْهُ الْوَتِينَ * فَمَا مِنكُم مِّنْ أَحَد عَنْهُ حَجِزِينَ** ﴾.(449) تقول الآية لو أن النبي نسب معتقداً باطلاً الى الله تعالى لعاقبه العلي القدير وقطع وتينه (شريان قلبه) وأماته ولا يستطيع أحد الدفاع عنه، لأنّه يكون سبباً لضياع الرسالة وضلال الناس.

يضيف المسلمون مواضع أخرى لآثار نبي الإسلام في التوراة، حيث تعتقد طوائف الشيعة الإسلامية ان التوراة تشير الى أوصياء نبي الإسلام الاثني عشر إماماً من بعده "**وَأَمَّا إِسْمَاعِيلُ فَقَدْ سَمِعْتُ لَكَ فِيهِ. هَا أَنَا أُبَارِكُهُ وَأُثْمِرُهُ وَأُكَثِّرُهُ كَثِيرًا جِدًّا. اِثْنَيْ عَشَرَ رَئِيسًا يَلِدُ، وَأَجْعَلُهُ أُمَّةً كَبِيرَةً**".(450) جاءت هذه الآيات استجابة لأدعية ابراهيم: أولاً بخصوص إسماعيل "**وَقَالَ إِبْرَاهِيمُ للهِ: لَيْتَ**

---

(448) الشورى، 24.

(449) الحاقة، 47-44.

(450) سفر التكوين، 17:20.

إِسْمَاعِيلَ يَعِيشُ أَمَامَكَ"،(451) وثانياً في بعث نبي الإسلام ﴿ **رَبَّنَا وَابْعَثْ فِيهِمْ رَسُولًا مِّنْهُمْ يَتْلُو عَلَيْهِمْ آيَاتِكَ وَيُعَلِّمُهُمُ الْكِتَابَ وَالْحِكْمَةَ وَيُزَكِّيهِمْ إِنَّكَ أَنتَ الْعَزِيزُ الْحَكِيمُ** ﴾.(452)

وردّاً على هذا نجد ان الوعد المشار إليه في التوراة قد تم وولد إسماعيل اثني عشر رئيساً ذُكرت أسماؤهم في التوراة، فقد تمت هذه النبوة قبل مجيء محمد، ولا علاقة لها بالأئمة من بعده "**وَهذِهِ مَوَالِيدُ إِسْمَاعِيلَ بْنِ إِبْرَاهِيمَ، الَّذِي وَلَدَتْهُ هَاجَرُ الْمِصْرِيَّةُ جَارِيَةُ سَارَةَ لإِبْرَاهِيمَ، وَهذِهِ أَسْمَاءُ بَنِي إِسْمَاعِيلَ بِأَسْمَائِهِمْ حَسَبَ مَوَالِيدِهِمْ: نَبَايُوتُ بِكْرُ إِسْمَاعِيلَ، وَقِيدَارُ، وَأَدَبْئِيلُ وَمِبْسَامُ وَمِشْمَاعُ وَدُومَةُ وَمَسَّا وَحَدَارُ وَتَيْمَا وَيَطُورُ وَنَافِيشُ وَقِدْمَةُ. هؤُلاَءِ هُمْ بَنُو إِسْمَاعِيلَ، وَهذِهِ أَسْمَاؤُهُمْ بِدِيَارِهِمْ وَحُصُونِهِمْ. اثْنَا عَشَرَ رَئِيسًا حَسَبَ قَبَائِلِهِمْ**".(453)

وفي خطبته الوداعية بارك موسى النبي الاسباط فقال: **جَاءَ الرَّبُّ مِنْ سِينَاءَ، وَأَشْرَقَ لَهُمْ مِنْ سَعِيرَ، وَتَلأْلأَ مِنْ جَبَلِ فَارَانَ، وَأَتَى مِنْ رِبْوَاتِ الْقُدْسِ، وَعَنْ يَمِينِهِ نَارُ شَرِيعَةٍ لَهُمْ**".(454) فيما فسّر المسلمون عبارات موسى النبي هذه كإشارة للبشارات الإلهية حيث قدّم الله تبارك وتعالى شريعته لموسى على (جبل سيناء)، واشرق على (جبل سعير)(قالوا يقع الجبل جنوب بيت لحم حيث ولادة السيد

---

(451) سفر التكوين، 17:18.

(452) البقرة، 129.

(453) سفر التكوين، 25-12:16.

(454) سفر التثنية، 33:2.

المسيح)، وتلألأ على (جبل فاران) (قالوا جبل فاران هو اسم لجبال مكة وهي مجاورة للمدينة المنورة)، و (برية فاران) هي التي لجأت إليها هاجر مع ابنها إسماعيل حينما طردت من بيت مولاتها "**وَكَانَ اللهُ مَعَ الْغُلاَمِ فَكَبِرَ، وَسَكَنَ فِي الْبَرِّيَّةِ، وَكَانَ يَنْمُو رَامِيَ قَوْسٍ. وَسَكَنَ فِي بَرِّيَّةِ فَارَانَ، وَأَخَذَتْ لَهُ أُمُّهُ زَوْجَةً مِنْ أَرْضِ مِصْرَ**".[455]

ردّ اليهود على ادعاء المسلمين هذا قائلين: أن موسى ذكر هذه المواضع في خطابه الوداعي في (وادي موآب قرب جبل نبو على مدخل أرض الموعد) ولم يشر فيها إلى المسيحية ولا الى الإسلام ولم يكن كلامه بشارات الهية، كما يقول المسلمون، بل أراد ان يُطمئن بني إسرائيل قبل رحيله، لا تخافوا بعد رحيلي، وذكّرهم بنعم الله عليهم حيث سار الرب معهم على شكل سحابة وشعّ مجدُه في محطات ترحالهم. أن سيناء وسعير وفاران ثلاثة جبال متجاورة في صحراء سيناء لا على بعد مئات الأميال في مكة، ويدعم صحة قولهم مواقع الجبال على خارطة تجوال بني إسرائيل في البرية "**فَارْتَحَلَ بَنُو إِسْرَائِيلَ فِي رِحْلاَتِهِمْ مِنْ بَرِّيَّةِ سِينَاءَ، فَحَلَّتِ السَّحَابَةُ فِي بَرِّيَّةِ فَارَانَ**"،[456] "**وَبَعْدَ ذلِكَ ارْتَحَلَ الشَّعْبُ مِنْ حَضَيْرُوتَ وَنَزَلُوا فِي بَرِّيَّةِ فَارَانَ**".[457] "**هذَا هُوَ الْكَلاَمُ الَّذِي كَلَّمَ بِهِ مُوسَى جَمِيعَ إِسْرَائِيلَ، فِي عَبْرِ الأُرْدُنِّ، فِي الْبَرِّيَّةِ فِي الْعَرَبَةِ، قُبَالَةَ سُوفَ، بَيْنَ فَارَانَ وَتُوفَلَ وَلاَبَانَ وَحَضَيْرُوتَ وَذِي ذَهَبٍ. أَحَدَ عَشَرَ يَوْمًا مِنْ حُورِيبَ عَلَى**

---

(455) سفر التكوين، 21:20-21.

(456) سفر العدد، 10:12.

(457) سفر العدد، 12:16.

طَرِيقِ جَبَلِ سِعِيرَ إِلَى قَادَشَ بَرْنِيعَ".[458]

كما ويعتقد المسلمون ورود ذكر نبي الإسلام في المزامير **"عَابِرِينَ فِي وَادِي الْبُكَاءِ يُصَيِّرُونَهُ يَنْبُوعاً أَيْضاً بِبَرَكَاتٍ يُغَطُّونَ مُورَةَ".**[459] حيث فسّروا (وادي البكاء) على أنه وادي بكَّة، وأن البُكاء اسم علم للوادي وليس وصفاً لحال الناس عند البيت بأنهم يبكون. وأن الينبوع المشار إليه في المزمور هو بئر زمزم. إنّ في ذكر اسم بكَّة وواديها وهي وديان قفراء في أرض صحراوية، وكذلك سمّاها ابراهيم وادياً: ﴿ **رَّبَّنَا أَنِّي أَسْكَنتُ مِن ذُرِّيَّتِي بِوَادٍ غَيْرِ ذِي زَرْعٍ عِندَ بَيْتِكَ الْمُحَرَّمِ** ﴾.[460] **وبكَّة اسم آخر بديل لمكَّة المكرمة سُميت به في القرآن والتاريخ العربي القديم قال تعالى:** ﴿ **إِنَّ أَوَّلَ بَيْتٍ وُضِعَ لِلنَّاسِ لَلَّذِي بِبَكَّةَ مُبَارَكًا وَهُدًى لِّلْعَالَمِينَ** ﴾.[461] والخلاصة: يعتقد المسلمون أنّ وادي البكاء هو بكة اي مكة، و(مورة) تعني الرسول القائد، ومن قوة الى قوة اصلها من جبل الى جبل والمقصود بها الصفا والمروة.

يقول اليهود إن هذا المزمور يعبّر عن شعور (بنو قورح)، خدّام الهيكل أو خيمة الاجتماع، وهو تسبيحة رائعة بخصوص الاشتياق نحو السكنى في بيت الرب (الهيكل) والوقوف على عتبته، لأنهم نفوا عن الهيكل في فترة، ولا علاقة للمزمور بالبشارة بمحمد

---

(458) سفر التثنية، 2-1:1.

(459) مزمور ، 84:6.

(460) إبراهيم، 37.

(461) آل عمران، 96.

أو الإشتياق لمكة.. ليتنا نتأمل للحظة في أننا في هذا الوادي... فإننا حاليًا في وادي الدموع، وهذا العالم هو موضع البكاء (بوكيم – بالعبري) لا الفرح "وليس بكة أو مكة"... العالم القادم هو عالم الفرح... هذا الموضع هو وادي الدموع، ليس فيه حال السلام أو الأمان، بل هو ساحة صراع واحتمال... إننا في صراعنا وتجربتنا هنا ننال قوة، لكي نتأهل إلى قوةٍ أعظم هناك، يذهبون من قوة إلى قوة ، وليس المقصود بها من جبل الى جبل أو الصفا والمروة، فمن لا يختبر حياة القوة هنا لا ينعم بها هناك وأن مورة أو "بلوطات مورة" موقع قريب من شكيم، يتميز ببرك تقوم على مياه الأمطار ولم يقصد به الرسول القائد... ولا بئر زمزم.

يصرح القرآن أن نبي الإسلام مذكور في التوراة، فلماذا البحث عنه في المزامير؟! وهل البشارة بنبي الإسلام في القرآن كانت باسمه الصريح أم كانت بشارة جغرافية تحدد مكان البشارة؟ فكيف تحول البحث عن محمد في التوراة والإنجيل الى البحث عنه في أماكن مثل فاران ومكة؟! واذا كانت التوراة والإنجيل كتب محرفة فلماذا البحث عن اسم النبي فيها؟!

ونصّ المزمور هو: "**مَا أَحْلَى مَسَاكِنَكَ يَا رَبَّ الْجُنُودِ. تَشْتَاقُ بَلْ تَتُوقُ نَفْسِي إِلَى دِيَارِ الرَّبِّ .... قَلْبِي وَلَحْمِي يَهْتِفَانِ بِالإِلَهِ الْحَيِّ. اَلْعُصْفُورُ أَيْضاً وَجَدَ بَيْتاً وَالسُّنُونَةُ عُشّاً لِنَفْسِهَا حَيْثُ تَضَعُ أَفْرَاخَهَا مَذَابِحَكَ يَا رَبَّ الْجُنُودِ مَلِكِي وَإِلَهِي. طُوبَى لِلسَّاكِنِينَ فِي بَيْتِكَ أَبَداً يُسَبِّحُونَكَ. سِلاَهْ. طُوبَى لِأُنَاسٍ عِزُّهُمْ بِكَ. طُرُقُ بَيْتِكَ فِي قُلُوبِهِمْ. عَابِرِينَ فِي وَادِي الْبُكَاءِ يُصَيِّرُونَهُ يَنْبُوعاً أَيْضاً**

بِبَرَكَاتٍ يُغَطُّونَ مُورَةَ. يَذْهَبُونَ مِنْ قُوَّةٍ إِلَى قُوَّةٍ. يُرَوْنَ قُدَّامَ اللهِ فِي صِهْيَوْنَ....(أورشليم) يَا رَبُّ إِلَهَ الْجُنُودِ اسْمَعْ صَلاَتِي وَاصْغَ يَا إِلَهَ يَعْقُوبَ. سِلاَهْ. يَا مِجَنَّنَا انْظُرْ يَا اللهُ وَالْتَفِتْ إِلَى وَجْهِ مَسِيحِكَ. لأَنَّ يَوْماً وَاحِداً فِي دِيَارِكَ خَيْرٌ مِنْ أَلْفٍ. اخْتَرْتُ الْوُقُوفَ عَلَى الْعَتَبَةِ فِي بَيْتِ إِلهِي عَلَى السَّكَنِ فِي خِيَامِ الأَشْرَارِ. لأَنَّ الرَّبَّ، اللهَ، شَمْسٌ وَمِجَنٌّ. الرَّبُّ يُعْطِي رَحْمَةً وَمَجْدًا. لاَ يَمْنَعُ خَيْرًا عَنِ السَّالِكِينَ بِالْكَمَالِ. يَا رَبَّ الْجُنُودِ، طُوبَى لِلإِنْسَانِ الْمُتَّكِلِ عَلَيْكَ".(462)

ويعتقد المسلمون أيضاَ ان البشارة بنبي الإسلام وردت في (نشيد الأنشاد) الذي هو ليس جزءاً من التوراة. نشيد الأنشاد هو من المصنفات الشعرية للنبي سليمان الذي بينه وبين شريعة موسى (التوراة) 1200 سنة. وهناك آثار كثيرة أخرى اعتقد المسلمون انها تتحدث عن النبي محمد كما في أسفار (أشعياء ودانيال وحبقوق وحجي)، وهي مواضع أخذٍ ورد كسابقتها التي وردت الإشارة اليها. ويختم مفسّرو التوراة قولهم بوجود مخطوطات قديمة من التوراة من قبل ظهور الإسلام بقرون عديدة ولم يرد فيها ذكر البشارة بالإسلام أو محمد، وجميعها موجود في المتاحف والمكتبات، ومتوفر للإطلاع.

2. آثار نصوص التبشير بنبي الإسلام في الإنجيل

في حديث للسيد المسيح مع تلاميذه في العشاء الأخير، وردت في (انجيل يوحنا) كلمة "المُعَزِّي" التي فسرها السيد المسيح

(462) المزمور، 84.

بمعنى الروح القدس "وَأَمَّا الْمُعَزِّي، الرُّوحُ الْقُدُسُ، الَّذِي سَيُرْسِلُهُ الآبُ بِاسْمِي، فَهُوَ يُعَلِّمُكُمْ كُلَّ شَيْءٍ، وَيُذَكِّرُكُمْ بِكُلِّ مَا قُلْتُهُ لَكُمْ"،(463) فالروح القدس يُعين التلاميذ على عمل المعاجز ويذكّرهم بكلمات التبشير التي نطق بها السيد المسيح، وورد بدلها في المتن السرياني للإنجيل اللفظ "فارقليطا" وفي المتن اليوناني للانجيل ورد بدلها اللفظ "پيركلتوس" واللفظان فارقليطا و پيركلتوس يعنيان الشخص الممتدح ويعادلان محمد أو أحمد في معتقد المسلمين.(464)

يعتقد المسلمون أن اللفظين قد بُدّلا وكُتب عوضاً عنهما: "پارقليطا" بدل "فارقليطا" و "پاراكلتوس" بدل "پيركلتوس" وتغير معناهما الى المعزّي أو المسلّي. وبرغم هذا التبديل، حسب اعتقاد الكتّاب المسلمين، لم يستطيعوا إلغاء البشارة الصريحة بظهور نبي الإسلام بدليل نصّ ورد في هذا الصدد في دائرة المعارف الفرنسية المترجمة(465) حيث يقول: "محمّد مؤسّس دين الإسلام ورسول الله وخاتم الأنبياء، إنّ معنى كلمة (محمّد) تعني المحمود كثيراً وهي مشتقّة من (الحمد) والتي هي بمعنى التجليل والتمجيد، وتشاء الصدفة العجيبة أن يذكر له إسم آخر من نفس الأصل (الحمد) وهي لفظة ترادف لفظ (محمّد) الذي يعني (أحمد) ويحتمل إحتمالا قويّاً أنّ مسيحي الحجاز كانوا يطلقون لفظ (أحمد) بدلا عن (فارقليطا). و (أحمد) يعني: الممدوح والمجلّل كثيراً وهو ترجمة لفظ: (پيركلتوس)

---

(463) إنجيل يوحنا، 14:26.

(464) السبحاني، نقلًا عن على الشيخ هبة السماء، مصدر سابق، ص172.

(465) دائرة المعارف الكبيرة الفرنسية، ج23، ص4176.

والذي وُضع بديلا عنه لفظ (پاراكلتوس) إشتباهاً، ولهذا فإنّ الكتّاب المسلمين الملتزمين قد أشاروا مراراً إلى أنّ المراد من هذا اللفظ هو البشارة بظهور نبي الإسلام.

شاهدٌ آخر على تغيير هذين اللفظين يذكره (القس موشيه بن يوحنا)،[466] من كتابين مخطوطين باليونانية والسريانية على جلد، ويعودان إلى عصر ما قبل الإسلام. يقول (موشيه) قرأت فيهما أن لفظة (فارقليطا) تعني أحمد و محمد، وفهم من استاذه ان العلماء المسيحيين قبل ظهور النبي محمد لم يختلفوا في أن هذه اللفظة تعني أحمد و محمّد، ولكن بعد ظهور النبي محمّد، غيّروا هذا المعنى حفظاً لمكانتهم ورئاستهم وأوّلوه، فحرّفوا كلمة فارقليطا الى پارقليطا و پيركلتوس الى پاراكلتوس.

يجيب آباء الكنيسة ان لفظ (المعزّي) يعني (الروح القدس) ولكن لو فرضنا صحة ما يدعيه المسلمون بأن "المعزّي" يعني (محمد) ولو فرضنا صحة قصة (موشيه بن يوحنا) لاتضح التضارب وعدم تطابق الآيات مع هذه الافتراضات في النصوص الثلاثة التي ورد فيها لفظ المعزّي وهي:

"إِنْ كُنْتُمْ تُحِبُّونَنِي فَاحْفَظُوا وَصَايَايَ، وَأَنَا أَطْلُبُ مِنَ الآبِ فَيُعْطِيكُمْ مُعَزِّيًا آخَرَ لِيَمْكُثَ مَعَكُمْ إِلَى الأَبَدِ".[467] في هذه الآية

---

(466) صادق، شيخ محمد فخر الإسلام، مقدمة كتاب أنيس الاعلام، في نصرة الإسلام، ص 139.

(467) إنجيل يوحنا، 14:15-16.

يتحدث السيد المسيح مع تلاميذه في العشاء الأخير قائلاً: بأنه سيغادرهم الا انه سيطلب من الأب ان يرسل اليهم بديلاً عنه يبقى معهم الى الابد. وخلافاً لما يعتقده المسلمون فإن لفظ الآب لا يستعمل في الإسلام للتعبير عن الله وأن محمداً لم يمكث مع تلاميذ السيد الى الابد، كما أن محمداً جاء قروناً بعد السيد المسيح، ولم يأت مباشرة بعد صعود السيد المسيح، بينما المعزّي ينطبق أكثر على معنى الروح القدس الذي حل في تلاميذ السيد المسيح. فالذي أراده السيد المسيح في حديثه هذا هو طمأنتهم بعد غيابه، وانه سيكون معهم بديلاً آخر عوضاً عنه، فالمفروض ان يكون هذا البديل مع التلاميذ في حياتهم حتى يطمئنهم لا بعد سبع قرون كما لو كان معنى المعزّي محمداً، والا فما وجه الإطمئنان ؟!

"**وَمَتَى جَاءَ الْمُعَزِّي الَّذِي سَأُرْسِلُهُ أَنَا إِلَيْكُمْ مِنَ الآبِ، رُوحُ الْحَقِّ، الَّذِي مِنْ عِنْدِ الآبِ يَنْبَثِقُ، فَهُوَ يَشْهَدُ لِي**".(468) في هذه الآية يعرّف السيد المسيح أن المعزّي روح ينبثق من عند الآب، وأنّ محمداً لم ينبثق ولم يخرج من عند الله، خلاف المعزّي أي "الروح القدس" أو "روح الحق"، وأن محمداً لم يبشر بالسيد المسيح، وانما شهد السيد لنفسه، وحدد لهم السيد المسيح ان المعزّي سأرسله " إِلَيْكُمْ" لا الى أجيال وقرون بعدكم، وان محمداً لم يرسل الى تلاميذ السيد المسيح.

"**لكِنِّي أَقُولُ لَكُمُ الْحَقَّ: إِنَّهُ خَيْرٌ لَكُمْ أَنْ أَنْطَلِقَ، لأَنَّهُ إِنْ لَمْ**

(468) إنجيل يوحنا، 15:26.

أَنْطَلِقْ لاَ يَأْتِيكُمُ الْمُعَزِّي، وَلكِنْ إِنْ ذَهَبْتُ أُرْسِلُهُ إِلَيْكُمْ".[469] يستنتج من الآية ان الخطاب يحمل طابع السرعة، خاصة وأن السيد اختار كلمة "انطلق" وأن مجيئ المعزّي رهين بانطلاق السيد، التلاميذ كانوا في حاجة لمن يرعاهم ويوجههم بعد انطلاق السيد، وان بعثة نبي الإسلام حصلت بعد قرون بعد "انطلاق السيد"، بينما نزل الروح القدس على تلاميذه بعد عشرة أيام من "انطلاقه" الى السماء. يتحدث السيد المسيح بهذا الوعد مع تلاميذه ليطمئنهم بسبب الهموم التي استحوذت عليهم حين سمعوا انه سيرحل عنهم. الامر الاخر الواضح من هذه الآية والتي سبقتها أن السيد المسيح هو الذي يرسل المعزّي "سَأُرْسِلُهُ أَنَا إِلَيْكُمْ" " أُرْسِلُهُ إِلَيْكُمْ". الذي يؤمن به المسلمون أن محمداً مرسل من الله وهذه الآية تصرّح ان السيد المسيح نفُسه يرسل المعزّي، فاذا وافقنا بان محمداً هو المعزّي أصبح السيد المسيح هو رب محمد مرسله. واذا اتفقنا ان روح الحق ينبثق من الاب "الَّذِي مِنْ عِنْدِ الآبِ يَنْبَثِقُ" وأن السيد المسيح هو الذي يرسله وأن المعزّي هو محمد لثبتت لدينا عقيدة الثالوث: الأب والابن والروح القدس (المعزّي) الذي هو محمد في اعتقاد المسلمين.

لفظ (المعزّي) – لغةً – يعني الشخص الذي يؤازر، أو يساند، ويشجع "وَأَنَا أَطْلُبُ مِنَ الآبِ فَيُعْطِيكُمْ مُعَزِّيًا آخَرَ"، فكان السيد المسيح هو المعزّي لهم وأنه سيطلب لهم "معزّياً آخر" ليعزّيهم ويرفع قلوبهم من الحزن والضيق بعد غيابه، ولو وضعنا كلمة محمد بل المعزّي لما استقام القول (وأنا أطلب من الآب فيعطيكم محمداً

---

(469) إنجيل يوحنا، 16:7.

آخر). ويضيف السيد المسيح في قوله للتلاميذ عن المعزّي "الروح القدس" و "روح الحق" الذي لا يراه العالم ولا يعرفه "رُوحُ الْحَقِّ الَّذِي لاَ يَسْتَطِيعُ الْعَالَمُ أَنْ يَقْبَلَهُ، لأَنَّهُ لاَ يَرَاهُ وَلاَ يَعْرِفُهُ، وَأَمَّا أَنْتُمْ فَتَعْرِفُونَهُ لأَنَّهُ مَاكِثٌ مَعَكُمْ وَيَكُونُ فِيكُمْ"،[470] والواقع ان محمداً رآه العالم وعرفه، بينما المعزّي لا يُرى لأنه روح وسيعرفه التلاميذ لأنه ماكث معهم ويحلّ في داخلهم.

وأخيراً، فانه لم يرد في أي قاموس يوناني أو وثيقة يونانية أن فارقليطا (باراكليت) تعني أحمد بل جاءت بمعنى المؤازرة والإسناد، ويعني أيضاً المحامي أو المدافع لأنه يتدخل أمام عدالة الآب لحساب الخطاة المخطئين، وقد استعملت في كتب العهد القديم والعهد الجديد بهذا المعنى قروناً قبل مجيء الإسلام. وان (ماني) مؤسس الطائفة المانوية قبل الإسلام بأربعة قرون ادّعى انه هو المعزّي المقصود في كلام المسيح، كما وان (مرزا غلام أحمد) مؤسس الأحمدية ادّعى ان المسيح تنبأ به وباسمه الصريح "أحمد"، وكثير آخرون غيرهم عبر التأريخ ادعوا انهم مكتوبون في نبوءات السابقين وجميعهم ليسوا بأنبياء.

لم يرد ذكر اسم نبي الإسلام الا في "إنجيل برنابا" المكتوب في القرن الخامس عشر أي بعد خمس عشر قرناً بعد عصر السيد المسيح وثمان قرون بعد عصر نبي الإسلام، مؤلفه مجهول ويعتقد انه يهودي مستسلم، أسباني الأصل، وقد دوّن الكتاب بالأسبانية اولاً وترجم الى لغات عديدة، وقد ورد فيه ذكر نبي الإسلام والشهادتين.

_____

(470) إنجيل يوحنا، 14:17.

اعتبرته الكنيسة إنجيلاً منحولاً، وفيه أخطاء تاريخية وجغرافية وعقائدية، وأن (الدكتور خليل سعادة) الذي ترجم "إنجيل برنابا" من الإنجليزية الى العربية وصفه بانه كتاب مزوّر، كما وصفه كتّاب مسلمون آخرون كونه إنجيلاً ملفقاً، ولم يصادق (جامع الأزهر) على صحة معلومات الإنجيل ولا المؤسسات الدينية في السعودية. كما ورد في الكتاب لفظ "محمديم" الذي يعني بالعبري الشئ الغالي او النفيس، لكن المسلمون ادعوا أنّه يعني اسم محمد.

فلسفة النبوة في اليهودية

يعتبر اليهود إبراهيم جدّهم الأكبر لآبائهم إسحاق ويعقوب (إسرائيل)، ويعتقدون انهم شعب الله المختار حسب العهد الذي أقامه الله مع إبراهيم ونسله من بعده "وَأُقِيمُ عَهْدِي بَيْنِي وَبَيْنَكَ، وَبَيْنَ نَسْلِكَ مِنْ بَعْدِكَ فِي أَجْيَالِهِمْ، عَهْدًا أَبَدِيّاً". (471) رزق إبراهيم إبنه الأول إسماعيل من هاجر ورزق إبنه إسحاق فيما بعد من سارة. من هم ذرية إبراهيم الذين قُصدوا بالعهد الإلهي؟! هل هم ذريته من ابنه إسماعيل أي العرب؟! أم ذريته من ابنه إسحق أي اليهود؟!

يعتقد العرب ان العهد الإلهي قُصد به مع إسماعيل. ولو ان الرب عاهد إبراهيم ان يجعل إسماعيل أمة عظيمة، الا أنه صرّح لإبراهيم أن العهد سيكون مع إسحاق ونسله من بعده عهداً أبدياً

_____

(471) سفر التكوين، 17:7.

"**وَلكِنْ عَهْدِي أُقِيمُهُ مَعَ إِسْحَاقَ**".[472] اذن العهد الإلهي بدأ مع إبراهيم وحُدّد بإسحاق إبنه أولاً ثم حُدّد في حفيده يعقوب وحُصر بالتحديد في سبط يهودا من ذرية يعقوب "**يَهُوذَا، إِيَّاكَ يَحْمَدُ إِخْوَتُكَ، يَدُكَ عَلَى قَفَا أَعْدَائِكَ، يَسْجُدُ لَكَ بَنُو أَبِيكَ**"،[473] اذن أنبياء بني إسرائيل وقادتهم هم من اليهود فقط بل بالأخص من سبط يهودا.

لماذا رفض اليهود إسماعيل بالرغم من انه ابن إبراهيم؟!

يُعتبر إسماعيل نبياً باعتقاد المسلمين فقط وليس باعتقاد اليهود أو المسيحيين؛ لكونه ابن جارية وليس ابن امرأة حرّة، ولا يمكن لنسل الجواري ان يكونوا أنبياء في معتقد اليهود، كما سنرى. لذلك ينظر اليهود والمسيحيون الى نبي الإسلام محمد كونه من نسل جارية ولا يعترفون به نبياً، ولم تكن هناك تنبؤات وبشارات بنبوة محمد في الكتب قبل دعوته بالنبوة حسب اعتقادهم. وهناك نظرة سلبية نحو إسماعيل ونسله كونهم وحوشاً دمويين حسب وصف ملاك الرب لهاجر: "**هَا أَنْتِ حُبْلَى، فَتَلِدِينَ ابْنًا وَتَدْعِينَ اسْمَهُ إِسْمَاعِيلَ، لأَنَّ الرَّبَّ قَدْ سَمِعَ لِمَذَلَّتِكِ وَإِنَّهُ يَكُونُ إِنْسَانًا وَحْشِيًّا، يَدُهُ عَلَى كُلِّ وَاحِدٍ، وَيَدُ كُلِّ وَاحِدٍ عَلَيْهِ**".[474] وبعد ان ولدت سارة إسحاق قالت لإبراهيم: **اطْرُدْ هذِهِ الْجَارِيَةَ وَابْنَهَا، لأَنَّ ابْنَ هذِهِ الْجَارِيَةِ لاَ يَرِثُ مَعَ ابْنِي**

(472) سفر التكوين، 17:21.

(473) سفر التكوين، 49:8.

(474) سفر التكوين، 16:11.

إسْحَاق.[475]

واضح الآن الخلفية التي ينظر بها اليهود الى إسماعيل وامه ونسله، وانه لا يمكن ان يصبح نبياً أو يرث مع إسحاق.

لقد حدّد الله النبوة بمعايير دقيقة وبكل وضوح لليهود وحصرها بأبناء يعقوب وبالتحديد سبط يهودا، ولا يمكن ان يكون لهم أنبياء من خارج دائرتهم. والأنبياء لهم مثل قادة وملوك يحسّنوا أوضاعهم ويعيدوا أمجادهم، ويحكموا وفق شريعة واحدة لا تبّدل ولا تُغيّر.

أصبح الآن واضحاً صعوبة إقناع اليهود لقبول محمد نبياً لهم، وهم يعتقدون اعتقاداً يقينيّاً جازماً ان جيل إسماعيل لا يمكن ان تكون فيه النبوة. محمد لم يكن يهودياً ولا من ذرية يعقوب ولا من سبط يهودا ولا من نسل داود، بل من نسل إسماعيل ذرية ابن جارية، ولم يُبعث الى اليهود بل الى قريش، ولم يُطبق شريعة موسى بل جاء بشريعة مغايرة، ولم يُحسّن أوضاع اليهود ولم يُعدْ لهم مجدهم ولم يَقدْ بني إسرائيل لما هو أفضل مما فعله لهم موسى، الذي انقذهم من فرعون وقادهم الى أرض الميعاد، وحقّق لهم طموحاتهم وأمجادهم. كيف يقبلوا نبياً غيّر شريعتهم، وحاربهم وقتّل أبناءَهم كما فعل مع بني قريضة وغيرهم من قبائل اليهود، وطالبهم بتغيّير معتقداتهم، ويسبّهم ويلعنهم في كتابه؟! كيف يتوقع أن يتنكّروا لعقيدتهم وتعاليم كتبهم ليتبعوا نبياً عربياً من خارج بني إسرائيل؟

---

(475) سفر التكوين، 21:10.

لماذا رفض اليهود السيد يسوع المسيح ؟!

تبيّن البشارات ان المسيح المخلّص هو من بني إسرائيل من سبط يهودا من نسل داود من بيت لحم ويحكم بالشريعة الموسوية "**أَمَّا أَنْتِ يَا بَيْتَ لَحْمِ أَفْرَاتَةَ، وَأَنْتِ صَغِيرَةٌ أَنْ تَكُونِي بَيْنَ أُلُوفِ يَهُوذَا، فَمِنْكِ يَخْرُجُ لِي الَّذِي يَكُونُ مُتَسَلِّطًا عَلَى إِسْرَائِيلَ**"،[476] ولو ان السيدة مريم من سبط يهودا ومن نسل داود، الا أن اليهود رفضوا السيد المسيح كونه المسيا المخلص المزعوم فقد ترقبوا مجيئه ملكًا مخلّصًا يحررهم من قيصر والاستعمار الروماني الحاكم عليهم ذلك الوقت ، صاحب سلطان يرد لشعبه كرامتهم في العالم، ويهبهم سلطة ملوكية، متمثلة بإقامة دولة إسرائيل، وجَمْعِ اليهود المسبيين المشتتين من كل العالم، وسيادة السلام والسعادة على الناس، وينبئ بنهاية الزمان، الا ان يسوع المسيح لم يحقق أياً من هذه الطموحات، وفوق هذا كله أنبأهم عن خراب الهيكل وان الله سيتركهم، فكرهوا ان يسمعوا منه شيئاً. كان اليهود يعتقدون أن إيليا النبي (الياس كما يسميه المسلمون) يمهد لمجيئ مخلصهم حسب البشارات بدلاً من يوحنا المعمدان (يحيى كما يسميه المسلمون) الذي مهّد لقدوم السيد يسوع المسيح.

رفض اليهود السيد المسيح كونه ابن الله واتهموه بالتجديف (ينسب إلى نفسه الصفات الإلهية، مثل قوله: "أَنَا وَالآبُ وَاحِدٌ" وقوله لمريض: "يَا بُنَيَّ، مَغْفُورَةٌ لَكَ خَطَايَاكَ")، وسمعوا من الناموس

(476) سفر ميخا، 5:2.

(التوراة) ان المخلّص يبقى بينهم الى الابد، فكيف يقول المسيح إنه ينبغي أن يرتفع؟! وأنه كان يأكل ويشرب مع العشارين والخطاة، فثار بعض اليهود على سلوكه هذا إذ حسبوه كسرًا للناموس، فإنه لا يليق باليهودي أن تمتد يده لتأكل مع الخطاة، وأن سلطة السيد المسيح التعليمية ومعارفه لم تأت من الدراسة على يد الفقهاء اليهود المحليين المعترف بهم، فشكّوا في مصدر سلطانه، وان تعليم وشرح الناموس من حق سبط اللاويين فقط حسب الوصية الالهية[477] وان السيد المسيح من سبط يهودا، إضافة الى أنهم اتهموه أنه كسر قدسية يوم السبت، وغيّر في بعض الوصايا، ومسّ كرامة اليهود وانتقد قادتهم، وهناك أسبابٌ أخرى لرفض اليهود للسيد المسيح، ولكن تبقى في مقدمتها تهمة التجديف والتي كانت السبب في صلبه.

فلسفة النبوة في المسيحية

لا ينتظر المسيحيون نبياً بعد السيد يسوع المسيح ولا كتاباً بعد الإنجيل حيث يعتقد المسيحيون أن السيد المسيح هو خاتم الأنبياء، وأنّه قال لهم: "**وَهَا أَنَا آتِي سَرِيعًا... أَنَا الأَلِفُ وَالْيَاءُ، الْبِدَايَةُ وَالنِّهَايَةُ، الأَوَّلُ وَالآخِرُ... أَنَا يَسُوعُ**".[478] وهذا مكتوب في الإنجيل الذي يؤمنون به منذ القرن الأول، ولم يرد اسم أي نبي عربي في رسائل بولس، ولا في أعمال الرسل، ولا في كتب فقهاء

(477) سفر العدد، 18:6.

(478) سفر رؤيا يوحنا اللاهوتي، 16-12:22.

المسيحيين ومؤريخهم منذ القرن الأول، ولم يرد ذكر اسم نبي الإسلام في المجامع المسكونية العالمية، ولم تكن هناك طائفة معترف بها أو منبوذة، رسمية أو غير رسمية، صالحة أو طالحة، جادة أو مهرطقة تؤمن بنبي اسمه محمد أو أحمد على طول التاريخ المسيحي قبل ظهور الإسلام.

يؤمن المسيحيون بمُخلّص وحيد، يؤمنون ان السيد المسيح هو الألف والياء، ولا يؤمنون بنبي بعده حتى ولو لم يكن محمداً. كما وحذرهم السيد المسيح من الأنبياء الكذبة الذين يأتون من بعده "**اِحْتَرِزُوا مِنَ الأَنْبِيَاءِ الْكَذَبَةِ الَّذِينَ يَأْتُونَكُمْ بِثِيَابِ الْحُمْلاَنِ، وَلكِنَّهُمْ مِنْ دَاخِل ذِئَابٌ خَاطِفَةٌ**".[479] من ثمارهم وأفعالهم وتصرفاتهم تعرفونهم. ورداً على سؤال يحيى المعمدان عِبر التلميذين: "**أَنْتَ هُوَ الآتِي أَمْ نَنْتَظِرُ آخَرَ؟!**"،[480] أجابهما السيد أنا هو "**وَطُوبَى لِمَنْ لاَ يَعْثُرُ فِيَّ**".[481]

ملخص الفصل الرابع (الاعتقاد بحذف نصوص التبشير بنبي الإسلام)

1. يعتقد الفقهاء المسلمون بتحريف الكتاب المُقدَس بسبب غياب التبشير بالإسلام ونبيه فيه، استناداً الى تصريح السيد

(479) إنجيل متى، 7:15.
(480) إنجيل متى، 11:3.
(481) إنجيل متى، 11:6.

المسيح، وتأكيد القرآن الكريم كون اسم النبي وعلاماته مكتوبة في التوراة والإنجيل. لكن لا أحد يعرف موضع هذه التصريحات، وأنّ الكتاب المُقدَس المتداول، والذي نصوصه تتطابق مع المخطوطات المحفوظة قرونا قبل ظهور الإسلام، لم يرد فيه ذكر الإسلام أو نبيه.

ويضيف أهل الكتاب إذا كان الكتاب المُقدَس مزوراً حسب رأيهم، فلماذا يبحث المسلمون عن اسم نبي الإسلام فيه؟! ولماذا يسميهم القرآن "أهل الكتاب" اذا كان الكتاب مُحرّفاً ؟! لماذا يخاطبهم القرآن إحدى وثلاثين مرة بهذا العنوان؟! لماذا يسميهم "أهل الإنجيل"؟! بدلاً من أهل الكتاب المُحرّف ؟! ثم انه كيف يمكن لأهل الكتاب بجميع فرقهم وطوائفهم المنتشرين في أنحاء الارض ان يتفقوا ويكتموا ماجاء في كتبهم عن مجيء نبي الإسلام وعلى مدى قرون عديدة. ولماذا لم يعيّن نبي الإسلام في زمانه موضع آيات التبشير باسمه وعلاماته في التوراة أو الإنجيل ؟! أو يعترض على عدم وجودها ؟! أو يقول شيئاً بشأن حذفها؟!

هل تعتقد يا مسلم انت أعرف منا بكتابنا وقد أحصينا عدد كلماته وحروفه؟!

كيف يمكن لأي إنسان عاقل ان يدّعي ان الكتاب مُحرّف وباطل وفي نفس الوقت ينقّب فيه عن بشارات عن نبيه؟! هل من المعقول ان يذهب إنسان الى محكمة ليثبت شيئاً من وثيقة مزورة ؟! كيف يتوقع ان تقبلها المحكمة بعد ان تفحصها وتكتشف انها مزورة؟! كان الأفضل ان يقال ان البشارات كانت قد ذكرت في هذه الكتب

لكن الكتب الآن حرّفت ولم تعد هناك أي بشارة.

القرآن يصّرح بالتحديد أن اسم النبي محمد وعلاماته مكتوبة في هذه الكتب، التوراة والإنجيل، وعندما لا نجد هذا التصريح فيها نأوي الى انها قد حُرّفت وينتهي الموضوع، أما أن نلوي اعناق النصوص محاولين جادّين ان نوافقها ولو من بعيد أو بدون أي علاقة مع المعتقد أو البشارة فموضوع يعكس السطحيّة في الفهم والتشبث العشوائي. ولماذا نبحث عن اسم نبي الإسلام في كتب خارج التوراة والإنجيل مثل نشيد الأنشاد الذي هو ليس بسفر ولا كتاب نبوءات ولا علاقة له بالتوراة والإنجيل، ودوّن بعدهما بقرون عديدة؟!

ولماذا نتشبث باسم مدينة أو مكان لمجرد وجود اسم مماثل في مكان آخر. ان ذكر اسم مدينة لندن مثلاً لا يعني بالضرورة ان المقصود هو لندن في انجلترا فقد أحصيت عشر مدن تحمل اسم لندن في أمريكا وحدها. كذلك فان ذكر فاران في الكتاب المقدس لا يعني بالضرورة جبل فاران في مكة فهناك مناطق أخرى تحمل نفس الاسم، وفوق هذا فان القرآن لم يصرح بمكان البشارة بل باسم النبي.

اعتبرت البشارات التي نوقشت في هذا الفصل كدلائل على نبوة نبي الإسلام من أضعف وأوهن الأدلة مقارنة بالأدلة الفقهية الأخرى وباعتراف الفقهاء المسلمين، وبالرغم من ذلك كتبت الكتب الضخمة والمقالات العديدة والنقاشات الحادة بخصوصها، ثم يخلص المسلمون قائلين، ان هذه الدلائل غير مهمة وغير معوّلٌ عليها.

2. يصرح أهل الكتاب أنّه في تاريخ اليهودية لم ينتظر

اليهود نبياً من خارج بني إسرائيل، ولم ينتظر المسيحيون بجميع طوائفهم ظهور نبي بعد السيد المسيح؛ لأنه قال لهم: "**وَهَا أَنَا آتِي سَرِيعًا... أَنَا الأَلِفُ وَالْيَاءُ، الْبِدَايَةُ وَالنِّهَايَةُ، الأَوَّلُ وَالآخِرُ... أَنَا يَسُوعُ**".(482)

3. ترفض اليهودية الاعتراف بالسيد يسوع المسيح وبنبي الإسلام، وترفض المسيحية الاعتراف بنبي الإسلام. هل ذكر نبي الإسلام في الكتاب المُقدَس ؟! يجيب المسيحيون: نعم، مذكور ضمن الأنبياء الكذبة "**اِحْتَرِزُوا مِنَ الأَنْبِيَاءِ الْكَذَبَةِ الَّذِينَ يَأْتُونَكُمْ بِثِيَابِ الْحُمْلاَنِ، وَلكِنَّهُمْ مِنْ دَاخِل ذِئَابٌ خَاطِفَةٌ**".(483)

4. السؤال الذي يطرح نفسه: لو وُجد بين النصارى أو اليهود مجموعة انتزعت مخافة الله من قلوبها والحياء من الناس، بحيث لم يعودوا يبالون بعذاب الله ولا بملامة الناس، وشرعوا يحذفون خبر نبي الإسلام من التوراة والإنجيل، ألا يُعدّ هذا ضرباً من المحال بسبب أن اليهودية والمسيحية وكتبها كانت قد انتشرت في كل انحاء المعمورة، وماذا سيكون رأي بقية المسيحيين واليهود حول هذه المجموعة المُحرّفة؟! وكيف سيتقبلون منهم كتاباً مزوراً ؟! وكيف تصبح ثقتهم بكتابهم؟!

5. سؤال آخر: كيف يمكن ان يستمر الإسلام لأربعة عشر قرنا ان كان ديناً باطلاً ؟! يجيب أهل الكتاب أن البوذية والهندوسية

(482) سفر رؤيا يوحنا اللاهوتي، 16-12:22.
(483) إنجيل متى، 7:15.

الاعتقاد بحذف نصوص التبشير بظهور نبي الإسلام من التوراة والإنجيل

وهما من الديانات الوثنية نشأتا قبل الإسلام واستمرتا الى يومنا هذا، فإستمرارية الدين لا تدل على حقانيته.

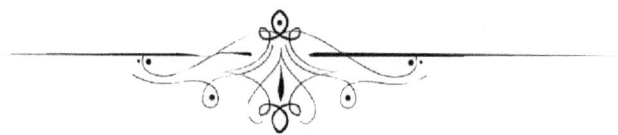

الفصل الخامس

إشكاليات بعض اليهود والمسيحيين
حول الكتاب المُقدَس

شرحنا في الفصول الاربعة السابقة آراء المسلمين وأسباب اعتقادهم بالتحريف في الكتاب المُقدَس، وفي هذا الفصل سنتناول آراء اليهود والمسيحيين حول كتبهم. هل يؤمن جميع أهل الكتاب بصحة التوراة والإنجيل؟! هل هناك من أهل الكتاب من يعتقد أن كتبهم مُحرّفة؟! ولو ان هذا الموضوع يقع خارج إطار منهجية هذه الدراسة، ولكن من أجل اعطاء فكرة عامة عن الكتاب المُقدَس وبصورة شاملة تضمنت هذه الدراسة الاجابة على هذه التساؤلات، وأضافت إشكاليات وآراء الدراسات المنشورة من قبل المعارضين من أهل الكتاب حول كتبهم بصورة مختصرة.

لقد أثيرت تساؤلات من بعض أهل الكتاب حول التوراة والإنجيل منها: من دوّن كتب العهد القديم وبالخصوص من كَتَبَ التوراة ؟! وهل أنَّ التوراة المتداولة هي نفسها التي كتبها موسى النبي ؟! ولماذا رفضت الكنيسة عشرات الأناجيل واختير منها أربعة فقط ؟!

إن آراء الدراسات المعارضة رغم قلتها إلا أنها أثارت الشكوك

حول الكتاب المُقدَس من جوانب متعددة، فمنهم من وصف التوراة بالأسطورة، ومنهم من أنكر شخصية موسى النبي ، ومنهم من نفى عبودية بني إسرائيل في مصر، بل والأبعد من ذلك نكر إبراهيم وهجرته من أور.

من هو كاتب التوراة ؟!

صرّح (سبينوزا) الفيلسوف اليهودي بعدم امكانية نسب كل ماهو مكتوب في التوراة المتداولة إلى موسى النبي مستنداً في تصريحه على حقيقتين:

الحقيقة الاولى: ورود نصوص في التوراة المتداولة تتحدث عن وفاة موسى النبي ودفنه،[484] فكيف يعقل أن موسى النبي كتب تفاصيل وفاته ودفنه ؟! يجيب علماء اليهود أن موسى النبي كتب التوراة بالكامل من أول آية في (سفر التكوين) وحتى آخر في (سفر التثنية) باستثناء الإصحاح الأخير الذي يسجل تفاصيل وفاته، فقد كتبه (يشوع) تلميذه وأضيف الى سفر التثنية لكي تكتمل سيرة حياة موسى النبي.

الحقيقة الثانية: أعلن سبينوزا ان (عزرا) النبي هو كاتب الاسفار الخمسة بعد السبي، ودمار الهيكل. ان هذا الادعاء ليس

(484) البعاج، وليد، عزرا في الديانات الابراهيمية، ومضات للترجمة والنشر، ص64، 2018.

بسرٍ خفيٍ، ولا يجادل في هذا الموضوع حتى اليهود أنفسهم، وبالواقع ان هذه الحقيقة مذكورة في كتب التوراة المتداولة، وسنتناولها في المقاطع التالية، فالتوراة التي كتبها موسى النبي فُقِدت بعد دمار الهيكل الاول والسبي، فأعاد كتابتها عزرا بإلهام من الروح القدس، الا ان هذا لا يعني ان عزرا النبي ألّف شريعة يهودية جديدة، إنما دوّن نصوص توراة موسى النبي التي تُنوقلت عبر الحفظ الشفهي من جيل الى جيل. ومن المعروف أن اليهود شدَّدوا جدًا في الحفاظ على الكتاب وأحصوا الحرف الأوسط من كل سفر حتى ضرب المثل بموقفهم وحرصهم، وذُكر أيضاً ان بعض المسبيين أخذوا نسخاً من التوراة معهم الى بابل وقام عزرا باستنساخها.

ان ما صّرح به سبينوزا كون عزرا هو كاتب الأسفار الخمسة بعد السبي صحيح، ومتفق عليه، لكن سبينوزا لم يدّعِ ان التوراة مُحرّفة! وأنَّ كل ما قاله هو: عدم إمكانية نسب كل ماهو مكتوب في التوراة الموجودة بين ايدينا اليوم إلى موسى النبي، وهذا متفق عليه ولا يحتاج الى ضجّة وبثّ إشاعة التحريف من قبل البعض من خلال نقل أنصاف الحقائق حول هذه التصريحات وأن كتب موسى ضاعت، وان الكتب المتداولة ليست التي كتبها موسى، وأن اليهود أنفسهم لا يعتقدون أنها الكتب التي دونّها موسى، واقرأ ما يقوله الفيلسوف اليهودي المشهور سبينوزا حول من هو كاتب التوراة؟! وان مافيه الذي في بالي وبالك، وكذا وكذا، كلام معلول ومبطّن أُريد به باطل وإثارة الشكوك، لا غير وإلا لا داعي لهذا النوع من اللغة المطعّمة بالغمز واللمز والكلام المبتور

على سياق "ويلٌ للمصلين".

تاريخ كتب التوراة

أنكر هنا ملخّصَ تاريخ كتب التوراة ومن هو كاتبها وشواهد تواترها وكيف حفظت، وكيف ضاعت، لأخذ صورة واضحة. التوراة أو أسفار موسى الخمسة وهي: التكوين، الخروج، اللاويين، العدد، والتثنية، كُتِبت باللغة العبرية، وقد أجمع اليهود ان موسى النبي هو كاتب التوراة ما عدا الجزء الأخير من سفر التثنية الذي يؤرّخ موت موسى فتُنسب كتابته إلى (يشوع بن نون) خادم موسى النبي وخليفته من بعده.

حفظ كتاب التوراة في تابوت العهد مع الالواح التي استلمها موسى النبي من الرب في جبل سيناء، وكان تابوت العهد يتقدم بني إسرائيل أينما رحلوا في الصحراء، وأخيراً وضع تابوت العهد في الهيكل في أورشليم. وفي خطابه الوداعي في (وادي موآب) أكمل موسى النبي كتابة كلمات التوراة إلى تمامها، وأمر اللاويين أن يضعوه بجانب تابوت عهد الرب "**فَعِنْدَمَا كَمَّلَ مُوسَى كِتَابَةَ كَلِمَاتِ هذِهِ التوراة فِي كِتَابٍ إِلَى تَمَامِهَا، أَمَرَ مُوسَى اللاَّوِيِّينَ حَامِلِي تَابُوتِ عَهْدِ الرَّبِّ قَائِلًا: خُذُوا كِتَابَ التوراة هذَا وَضَعُوهُ بِجَانِبِ تَابُوتِ عَهْدِ الرَّبِّ إِلهِكُمْ، لِيَكُونَ هُنَاكَ شَاهِدًا عَلَيْكُمْ**".[485]

(485) سفر التثنية، 24:31.

كيف فُقدت كتب التوراة ؟!

أما ظروف فقدان كتب موسى الأصلية والألواح فهي باختصار: أنَّ أول من كتب التوراة هو موسى النبي سنة 2448 عبري (سنة 1313 قبل الميلاد) عندما كان عمره ثمانين سنة، وأنهى كتابتها يوم وفاته سنة 2488 عبري (سنة 1273 قبل الميلاد) عندما كان عمره مئة وعشرين سنة. بنى الملك سليمان بيت الرب (الهيكل الاول) في سنة 2935 عبري (سنة 826 قبل الميلاد)، ودام البيت لمدة 403 سنة قبل ان يُهدم أول مرة على يد البابليين عام 3338 عبري (سنة 423 قبل الميلاد)، حيث حاصر نبوخذناصر ملك بابل مدينة أورشليم مع عبيده وأخرجوا جميع خزائن بيت الرب (الهيكل)، وخزائن بيت الملك، وكسروا كل آنية الذهب التي عملها سليمان ملك إسرائيل في هيكل الرب، وسبى كلَّ اورشليم والملك وأهله وحاشيته وكل الرؤساء، وقد بلغوا عشرة آلاف مسبي، ولم يبق أحد في أورشليم الا مساكين شعب الارض الفلاحين "وَجَاءَ نَبُوخَذْنَاصَّرُ مَلِكُ بَابِلَ عَلَى الْمَدِينَةِ، وَكَانَ عَبِيدُهُ يُحَاصِرُونَهَا. فَخَرَجَ يَهُويَاكِينُ مَلِكُ يَهُوذَا إِلَى مَلِكِ بَابِلَ، هُوَ وَأُمُّهُ وَعَبِيدُهُ وَرُؤَسَاؤُهُ وَخِصْيَانُهُ، وَأَخَذَهُ مَلِكُ بَابِلَ فِي السَّنَةِ الثَّامِنَةِ مِنْ مُلْكِهِ. وَأَخْرَجَ مِنْ هُنَاكَ جَمِيعَ خَزَائِنِ بَيْتِ الرَّبِّ، وَخَزَائِنِ بَيْتِ الْمَلِكِ، وَكَسَّرَ كُلَّ آنِيَةِ الذَّهَبِ الَّتِي عَمِلَهَا سُلَيْمَانُ مَلِكُ إِسْرَائِيلَ فِي هَيْكَلِ الرَّبِّ، كَمَا تَكَلَّمَ الرَّبُّ. وَسَبَى كُلَّ أُورُشَلِيمَ وَكُلَّ الرُّؤَسَاءِ وَجَمِيعَ جَبَابِرَةِ الْبَأْسِ، عَشَرَةَ آلاَفِ مَسْبِيٍّ، وَجَمِيعَ الصُّنَّاعِ وَالأَقْيَانِ. لَمْ يَبْقَ أَحَدٌ إِلاَّ مَسَاكِينُ شَعْبِ

الأَرْضِ".(486)

ثم جاء رئيس الشُرط عبدُ الملكِ نبوخذناصر، الى أورشليم، وأحرق بيت الرب وبيت الملك، وكل بيوت أورشليم، وكل بيوت العظماء أحرقها بالنار، وهدّم جميع أسوار أورشليم مستديرا "**وَفِي الشَّهْرِ الْخَامِسِ، فِي سَابعِ الشَّهْرِ، وَهِيَ السَّنَةُ التَّاسِعَةَ عَشَرَةَ لِلْمَلِكِ نَبُوخَذْنَاصَّرَ مَلِكِ بَابِلَ، جَاءَ نَبُوزَرَادَانُ رَئِيسُ الشُّرَطِ عَبْدُ مَلِكِ بَابِلَ إِلَى أُورُشَلِيمَ، وَأَحْرَقَ بَيْتَ الرَّبِّ وَبَيْتَ الْمَلِكِ، وَكُلَّ بُيُوتِ أُورُشَلِيمَ، وَكُلَّ بُيُوتِ الْعُظَمَاءِ أَحْرَقَهَا بِالنَّارِ. وَجَمِيعُ أَسْوَارِ أُورُشَلِيمَ مُسْتَدِيرًا هَدَمَهَا كُلُّ جُيُوشِ الْكِلْدَانِيِّينَ الَّذِينَ مَعَ رَئِيسِ الشُّرَطِ. وَبَقِيَّةُ الشَّعْبِ الَّذِينَ بَقُوا فِي الْمَدِينَةِ، وَالْهَارِبُونَ الَّذِينَ هَرَبُوا إِلَى مَلِكِ بَابِلَ، وَبَقِيَّةُ الْجُمْهُورِ سَبَاهُمْ نَبُوزَرَادَانُ رَئِيسُ الشُّرَطِ. وَلكِنَّ رَئِيسَ الشُّرَطِ أَبْقَى مِنْ مَسَاكِينِ الأَرْضِ كَرَّامِينَ وَفَلاَّحِينَ".**(487)

في هذه الظروف فُقِد لوحا الشريعة والكتب التي كانت محفوظة في داخل الهيكل. لكنها لم تفقد من الوجود فالذي احترق وضاع هو الورق وأما كلمة الله فهي باقية؛ لأن التوراة كانت قد حفظت شفهياً على لسان الشعب وخزنت في صدورهم. ان اليهود كانوا متمسكين بتوراتهم ويغارون عليها غيرة شديدة لدرجة انهم في حرصهم على كتابهم كانوا قد أحصوا عدد كلماته وعدد حروفه حتى ضرب المثل بموقفهم وحرصهم، مثلما يوجد حفظة قرآن في انحاء

---

(486) سفر ملوك الثاني، 24:11-14.

(487) سفر ملوك الثاني، 25:8-12.

المعمورة منذ نزول القرآن الكريم والى يومنا هذا. أيضاً أخذ المسبيون نسخاً من مخطوطات التوراة معهم الى بابل، وكانوا يعلّمون الشريعة أثناء سبيهم في بابل، وكتبوا هناك تفاسيرها الشفهية التي تناقلوها من موسى النبي، وهو ما سمي فيما بعد بـ(التلمود البابلي).

مَن كَتبَ التوراة بعد السبي ؟!

وبعد 67 عاماً من المنفى في بابل، الذي بدأ سنة 3338 عبري (423 قبل الميلاد) أُطلق سراح المسبيين من بني إسرائيل بأمر من (كورش) ملك فارس الذي تملك الامبراطورية البابلية، وكان ذلك في سنة 3405 عبري (356 قبل الميلاد) "**هكَذَا قَالَ كُورَشُ مَلِكُ فَارِسَ: جَمِيعُ مَمَالِكِ الأَرْضِ دَفَعَهَا لِي الرَّبُّ إِلهُ السَّمَاءِ، وَهُوَ أَوْصَانِي أَنْ أَبْنِيَ لَهُ بَيْتًا فِي أُورُشَلِيمَ الَّتِي فِي يَهُوذَا. مَنْ مِنْكُمْ مِنْ كُلِّ شَعْبِهِ، لِيَكُنْ إِلهُهُ مَعَهُ، وَيَصْعَدْ إِلَى أُورُشَلِيمَ الَّتِي فِي يَهُوذَا فَيَبْنِيَ بَيْتَ الرَّبِّ إِلهِ إِسْرَائِيلَ. هُوَ الإِلهُ الَّذِي فِي أُورُشَلِيمَ**".[488]

فرجع بنو إسرائيل الى أورشليم مدينة القدس بناءً على تصريح الملك. وفي سنة 3410 عبري (سنة 350 قبل الميلاد) تم انهاء إعادة بناء بيت الرب (الهيكل الثاني) على أنقاض الهيكل الاول، واجتمع رؤساء الشعب والكهنة واللاويين وقالوا لعزرا الكاتب ان ياتي بسفر شريعة موسى، فكتبه لهم وقرأه عليهم وكان ذلك في عيد المظال. "**فَأَتَى عَزْرَا الْكَاتِبُ بِالشَّرِيعَةِ أَمَامَ الْجَمَاعَةِ مِنَ الرِّجَالِ**

(488) سفر عررا، 4-1:2.

وَالنِّسَاءِ وَكُلِّ فَاهِمٍ مَا يُسْمَعُ، فِي الْيَوْمِ الأَوَّلِ مِنَ الشَّهْرِ السَّابعِ. وَقَرَأَ فِيهَا أَمَامَ السَّاحَةِ الَّتِي أَمَامَ بَابِ الْمَاءِ ، مِنَ الصَّبَاحِ إِلَى نِصْفِ النَّهَارِ، أَمَامَ الرِّجَالِ وَالنِّسَاءِ وَالْفَاهِمِينَ. وَكَانَتْ آذَانُ كُلِّ الشَّعْبِ نَحْوَ سِفْرِ الشَّرِيعَةِ".[489]

كان عزرا قائداً دينياً، كرئيس الكهنة، وهو كاتب ماهر ومتخصص في الشريعة ورجع مع المسبيين من بابل الى أورشليم "**وَهُوَ كَاتِبٌ مَاهِرٌ فِي شَرِيعَةِ مُوسَى الَّتِي أَعْطَاهَا الرَّبُّ إِلهُ إِسْرَائِيلَ**"،[490] وكانت التوراة في يد عزرا وقت صعوده من بابل الى أورشليم بعد انتهاء السبي، ويشهد على ذلك قول الملك (أرتحششتا) له: "**مِنْ أَجْلِ أَنَّكَ مُرْسَلٌ مِنْ قِبَلِ الْمَلِكِ وَمُشِيرِيهِ السَّبْعَةِ لأَجْلِ السُّؤَالِ عَنْ يَهُوذَا وَأُورُشَلِيمَ حَسَبَ شَرِيعَةِ إِلهِكَ التي بِيَدِكَ**".[491] إضافة الى هذا فإن التوراة لم تعدم من الوجود بسبب حرق المخطوطات الأصلية، كما أنه لا ينعدم القرآن إذا أُحرق، لوجود حفظة للتوراة كما يوجد حفظة للقرآن الذين في إمكانهم أن يدونوه مرة أخرى.

كان يتم نسخ المخطوطات التالفة طبق الأصل بدقة حسب الوصية الإلهية وتحت رقابة الكهنة. فكانوا لا يحصون فقط عدد الكلمات في كتاب التوراة، وفي كل سفر وفي كل صفحة وفي كل سطر منه بل ويحصون عدد الحروف، والحرف الأوسط أيضاً لضمان تطابق النسخة المدوّنة مع الأصلية، ولتلافي أي خطأ أو

---

(489) سفر نحميا، 3-8:2.

(490) سفر عزرا، 7:6.

(491) سفر عزرا، 7:14.

اختلاف عن المخطوطة الأصلية. يعتبر اليهود التوراة أقدس ما يملكون وكانوا يحترمونها بقدسية فائقة ويستنسخونها بحرص وتقاليد دقيقة جداً. يستنسخون على جلد حيوان طاهر، ويخيطون بعض أجزائه بخيط طاهر، ويكتبونها بالحبر الأسود ذي المواصفات الدقيقة المعينّة، وكذلك قلم الخط، ولا يمارس الكاتب تدوين الكتاب حتى يضمن طهارته وطهارة ملبسه وفوق هذا يتوضّأ قبل كتابة اسم الله، وان اليهود لا ينطقون باسم الله الصريح "يهوه" ولا يكتبوه على ورقة لئلا يدنس اسمه سهواً، وقد اتفقت بعض طوائفهم على اسم "هاشم" حين النطق والكتابة كبديل لأسم الله الصريح.

هل موسى النبي وكُتُبه حقيقة أم اسطورة؟!

ادعى بعض علماء الآثار أنّه لا وجود لدليل تاريخي مستقل يدعم إثبات وجود موسى النبي، لذا فقد اعتبر بعض النقاد أن موسى شخصية اخترعها الفكر الديني اليهودي زمن السبي البابلي، غير أن عددًا آخر من الباحثين دافعوا عن تاريخية موسى بدلائل شتى، ومنها استحالة فهم تاريخ بني إسرائيل في حال إنكار تاريخية موسى أو تاريخية الخروج من مصر، وكذلك شهادة القرآن الكريم بشخصيته وسيرته. أيضاً، هناك نقاد ممن وصفوا التوراة والإنجيل كونها قصصاً خرافية وأساطير. فقد نفى الباحثان (فنكلشتاين) و (سلبرمان)، وهما عالما آثار، في كتابهما "التوراة اليهودية مكشوفة على حقيقتها"،[492]

---

(492) فنكلشتاين، إسرائيل، وسلبرمان، نيل. التوراة اليهودية مكشوفة على حقيقتها. كتاب الكتروني، الانترنيت.

اي دليل على الوجود الحقيقي للآباء ابراهيم، واسحق، ويعقوب، ورحلاتهم من أور الى أرض كنعان، كما وانهم لم يعثروا على شواهد تاريخية أو آثارية لخروج بني إسرائيل من مصر التي تذكرها التوراة، بل ولا يوجد دليل علمي أكيد على وجود شخصية موسى الموصوفة في التوراة، ولا على قصة التجول في البرية، والعجل الذهبي، بل الارجح في نظرهما أنه لم تكن هناك أصلاً فترة عبودية في مصر في تأريخ شعب بني إسرائيل، وأنَ التوراة ليست كلمة الله، بل كتبها كهنة اليهود. إلا أن هناك شواهد عديدة تفند هذه الادعاءات.

وبالمثل فقد تعرض الإنجيل لعدد من النقاد ومنهم ((رودولف بولتمان) اللاهوتي الألماني الذي أنكر كل المعجزات التي وردت في الإنجيل بما فيها ميلاد السيد المسيح الإعجازي وقدراته في احياء الموتى وشفاء المرضى ووصفها بالأساطير ودليله على ذلك هو فلسفته وعدم إيمانه بالكتب والأديان الإلهية.[493]

إشكالية السامريين حول كتاب التوراة

جادلت فئةٌ من اليهود بعد موسى النبي باكتمال الوحي في شخصه وتمام النبوءة في شخص خليفته يشوع بن نون، ودعيت بالسامرية، لاتخاذهم من السامرة مقرًا لهم، وتقديس (جبل شكيم) في الحرم الإبراهيمي بدلاً من الهيكل المشيّد في القدس خلال عهد

---

(493) Rudolf Bultmann: Interpreting Faith for the Modern Era, Fortress Press. 1991.

سليمان النبي. لا يعترف السامريون والصديقيون بصحة أي سفر من أسفار الكتاب المُقدَس خارج أسفار موسى الخمسة. وبكل الأحوال، فقد انقرضت المدرسة الصدوقية، التي كانت تمثل الأقلية الغنية والمثقفة في المجتمع اليهودي باندثار الهيكل الثاني عام 70 ميلادية، وأما السامريون فقد حافظوا على وجود ضئيل في أرض فلسطين الى يومنا.

لماذا رفضت الكنيسة عشرات الاناجيل؟!

ومع ان المنتخب من قبل الكنيسة، في (مجمع نيقية)، هو الأناجيل القانونية الاربعة، الا ان هناك أعداداً أخرى من الأناجيل اطلق عليها الأناجيل المخفية او الأناجيل المنحولة (أي المزوّرة ولو بدرجات متفاوتة) لم تنتخب من قبل الكنيسة لأسباب عديدة منها: انها لم تكتب في زمن كتابة الأسفار القانونية ولم تكتب من قِبَل شاهد عيان مثل (متى ويوحنا) أو تحت اشراف شاهد عيان مثل (مرقس ولوقا) (كتب مرقس تحت اشراف بطرس تلميذ السيد المسيح، أما لوقا فقد كتب بناءً على شهادة القديسة مريم). فمن المعروف أن الأسفار القانونية للعهد الجديد قد اكتمل تدوينها مع نهاية القرن الأول الميلادي، حوالي 90 ميلادي، بينما كُتِبت الكُتب "المزورة" في القرن الثالث والقرن الخامس وما بعد، وأنّها تروي قصصاً ومواعظ للسيد المسيح بتفاصيل مختلفة. ولو ان بعضها مثل (إنجيل توما)، و (إنجيل برنابا)، و (إنجيل الطفولة العربي) وغيرها لا يخلو من معلومات صحيحة بل ان نصوص بعضها جاءت مطابقة للأناجيل

المتداولة، الا ان معلوماتها الصحيحة اختلطت بأساطير وخرافات.

في العصور المسيحية الأولى كان هناك تداول كثير من الكتابات عن السيد المسيح، غير إنه لم يُعتدَّ بها ككتابات جديرة بصفة الصحة، ومن هنا جاء اسم الأناجيل المزورة. لقد رفضت الكنيسة عشرات من كتب الاناجيل المزورة "أبوكريفا"؛ لأنها حوت على أساطير ومبالغات وخرافات، وبدع وهرطقات، فهي لم تُكتَب بوحي من الروح القدس مثل الكتب القانونية التي قبلتها الكنيسة واعتبرتها كتباً مقدَّسة وموحاة من الله، إنما تأثرت هذه الكتب بالروح الأسطورية النابعة من البيئة الهيلينية (اليونانية) التي كُتِبت وانتشرت فيها. لقد نسبت هذه الكتب المنحولة للآباء الرسل، والرسل منها براء. لقد وصمت هذه الكتب بأنها من تأليف "ملفقي الخرافات؛ لأن أسلوب كتابتها يختلف عن أسلوب الرسل وأنَّ محتوياتها والقصد منها يختلفان كل الاختلاف عن التعاليم المستقيمة الحقيقية، مما يبين – بكل وضوح – أنها من مصنفات الهراطقة. لقد رفضتها الكنيسة لعدم توافق طريقة عرضها مع الإيمان واللاهوت الكاثوليكي والارثوذكسي، وبناءً على النقد الكتابي بمفهومه الإيجابي الذي يعني تقييم النص الكتابي، والحكم عما إذا كان هذا النص قانونيًا، أي صحيحًا مُوحىً به من الله أم نصًا زائفًا.

كيف نستدل على تواتر كتاب المُقدَس !؟

يسند بعض المسلمين التحريف في الإنجيل الى انقطاع تواتره، بمعنى وجود فجوة وعدم تواصل بين سنوات تبشير السيد

المسيح وتاريخ تدوين الإنجيل. وأساس هذا الظن هو الاعتقاد بنزول كتاب إنجيل الى السيد المسيح وان هذا الكتاب قد اختفى بعد صعود السيد الى السماء، ثم كتب تلاميذ السيد أناجيل أخرى بعد صعوده بحوالي 30–60 سنة، والسؤال الذي يثار هنا هو ماذا حصل للإنجيل خلال هذه السنين بعد صعود السيد وما هو مصدر أناجيل تلاميذ السيد المسيح؟

لم يبشر السيد المسيح من كتاب وإنما كان يعلم شفهياً، وان الرسل تلقوا التعاليم الإنجيلية مشافهة من فم السيد المسيح، وحفظوها، وبشّروا بها، والسيد ما زال قائماً بينهم، حيث أرسلهم السيد الى مناطق متفرقة ليكرزوا بملكوت الله ويشفوا المرضى. وكانت آخر وصية للسيد المسيح الى تلاميذه يوم صعوده الى السماء هي تأكيده لهم على نشر تعاليمه بين جميع الأمم، وهذا ما عمل به التلاميذ من يوم صعود السيد الى يوم وفاتهم كما تؤكده الأناجيل الأربعة. فالتكريز بالتعاليم المسيحية كان مستمراً، ولم يختفِ أي كتاب، ولم يكن هناك انقطاع في تواتر التعليم الإنجيلي بين سنوات تبشير السيد المسيح وتدوين الأنجيل. وقد فصلنا كيفية استلام السيد المسيح التعاليم الإلهية في الصفحة 206، ومفهوم الوحي الإلهي في القرآن الكريم والكتاب المقدس في الصفحة 228.

ثم كتب البشارة أربعة منهم في حياتهم في القرن الاول الميلادي، والقرآن الكريم أثنى على الحواريين كتبة الإنجيل وزكّاهم، مما يؤكد استحالة اتفاقهم على الكذب، وهذا يجعلنا نجزم على صدق وتواتر الإنجيل، وأن الإنجيل مسند من قبل السيد المسيح

بدليل نصوصه: قال المسيح ....، قال يسوع....، وأما أنا فأقول....،
ووصاياه التي تبدأ بكلمات توصية أو تحذير أو أمر ....، وهذا يشبه
تواتر سند القرآن الكريم عن طريق خطب النبي: قال الله ....، ان الله
يأمر ... وعن طريق تبشير الصحابة اثناء سفراتهم، والاحاديث التي
تسند ان القرآن الكريم يرجع الى عصر النبي و هو من عند الله، والا
فان نبي الإسلام لم يكتب القرآن بيده وإنما ردده شفهياً على أصحابه
الذين حفظوه وكتبوه ومن ثم جمعوه بعد وفاته.

قد يتصور بعضنا ان الفترة الممتدة بين صعود السيد المسيح
وكتابة أول الأناجيل وهي ثلاثون سنة تشكل فترة انقطاع وعدم تواتر
في الإنجيل وهذا تصور غير صائب لأنّ السيد المسيح أرسل تلاميذه
حفظة الإنجيل ليبشروا بتعاليم الإنجيل، ويعملوا المعاجز، ويشفوا
المرضى والسيد المسيح ما زال معهم على الأرض، واستمر التلاميذ
في مهمة التبشير حتى وافاهم الأجل. لم يدون الانجيليون الكتاب
مباشرة بعد صعود السيد المسيح لتفشي فكرة المجئ الثاني للسيد
المسيح بين تلاميذه، ليقيم مملكته على الارض كما وعدهم السيد
بذلك، ولهذا تباطأوا في كتابة الإنجيل واعتمدوا على التبشير الشفهي،
معتقدين أنّ السيد سيرجع إليهم قريباً، ومع مرور السنين خشي بعضهم
من ضياع هذه الكنوز فبدأوا الواحد تلو الآخر بتدوين أقوال السيد
المسيح، وتعاليمه، ومعجزاته لتُحفظ في ذاكرة التاريخ. والمحصلة
أنّه لا يوجد أي انقطاع في تواتر الإنجيل، لاستمرار التبشير بتعاليم
السيد المسيح منذ أن نطق بها السيد المسيح والى يومنا، وبتصديق
القرآن الكريم للإنجيل وتزكيته للحواريين كتبة الإنجيل.

والواقع أن الإنجيل يشبه القرآن في جمعه وتواتره فالمشهور عند المسلمين ان القرآن الكريم جمع في مصحف واحد لأول مرة في عهد الخليفة الأول أبو بكر سنة (11 هجري- 13 هجري) (632- 634 م) أي بعد حوالي 25 سنة من نزول القرآن. وللشيعة رأي آخر في تاريخ جمع القرآن. وكان القرآن قبل ذلك محفوظاً في الصدور (حفظة القرآن) ومكتوباً بشكل متفرق على جريد النخل وعظام وجلود الحيوانات. كان سبب الجمع الأول للقرآن في مصحف واحد هو الخشية أن يذهب شيء من القرآن بعد موت حفظته. ثم دوّن القرآن ثانية في عهد الخليفة الثالث بعد 48 سنة من نزول القرآن بسبب ظهور مصاحف تختلف نصوصها عن النص الرسمي، واستمر التنوع في قراءات القرآن والأحرف السبعة الى يومنا هذا، وقد أشرنا الى هذا في الصفحة 245.[494]

الإنجيل أيضاً دوّن بعد (30-60) سنة بعد صعود السيد المسيح وكان الإنجيل محفوظاً في صدور التلاميذ ويبشرون به منذ وجود السيد المسيح معهم على الأرض، وكان الإنجيل مدون على البردي.

أما بالنسبة للتوراة فقد فُقدت توراة موسى النبي خلال الفترة الممتدة من دمار الهيكل الاول وسبي بني إسرائيل والى حين إطلاق سراحهم، أي لفترة تقارب 67 سنة، فكيف نثبت ان التوراة بعد السبي

(494) محمد المسيّح، مخطوطات القرآن، مدخل لدراسة المخطوطات القديمة، مطبعه ووتر لايف، 2017.

هي نفس التوراة التي كتبها موسى النبي بلا زيادة أو نقصان؟!

يتضح من نصوص التوراة ان (عزرا) النبي كتب التوراة بعد السبي بالهام من الروح القدس، وأن التوراة كانت قد حُفظت شفهياً على لسان الشعب، وأن بعض المسبيين أخذوا نسخاً من التوراة الأصلية معهم الى بابل، وأنها استنسخت مجدداً بعد السبي، وأنّ الكنيسة تعتبر أسفار العهد القديم أسفاراً قد دونت بالهام من روح القدس، ومستندة في ذلك إلى شهادة السيد المسيح، وانه جاء لا لينقضها، بل ليكملها، ولم يُشر الى التحريف فيها، مما يؤيد تواترها، وأنَّ الكنيسة تقبل التوراة في عداد الكتب المُقدَسة. لا يمكن أن يكون قد جرى تحريف للتوراة قبل مجيء السيد المسيح (أي بعد دمار الهيكل الاول والسبي الاول) لأن السيد المسيح أمر أتباعه أن يقرأوا التوراة التي تشهد له، فكيف يطلب منهم قراءة كتاب مُحرّف أو غير متواتر؟! وزيادة على هذا فأن الإنجيل صدّق صحة التوراة، وكذلك السيد المسيح صدّق صحة التوراة وبشهادة القرآن ﴿ **وَقَفَّيْنَا عَلَى ءَاثَرِهِم بِعِيسَى ابْنِ مَرْيَمَ مُصَدِّقاً لِّمَا بَيْنَ يَدَيْهِ مِنَ التوراة وَءَاتَيْنَـهُ الإنجيل فِيهِ هُدىً وَنُورٌ وَمُصَدِّقاً لِّمَا بَيْنَ يَدَيْهِ مِنَ التوراة وَهُدىً وَمَوْعِظَةً لِّلْمُتَّقِينَ** ﴾.[495] ولا يمكن أن يحدث تحريف في التوراة بعد مجيء السيد المسيح لأن تلاميذ السيد المسيح كانوا – ولا بدّ – يشهدون ضد هذا التحريف المزعوم ويقاومونه. ويمكن أيضاً كشف التحريف المزعوم من مخطوطات التوراة القديمة. وإضافة الى هذا جاء القرآن مصدقاً للتوراة بعد ألفي سنة، ومصدقاً للإنجيل بعد

(495) المائدة، 46.

ستمائة سنة ﴿ وَأَنزَلْنَا إِلَيْكَ الْكِتَابَ بِالْحَقِّ مُصَدِّقًا لِّمَا بَيْنَ يَدَيْهِ مِنَ الْكِتَابِ وَمُهَيْمِنًا عَلَيْهِ ﴾ [496].

دام الهيكل الثاني لحوالي 420 سنة قبل ان يدمره الرومان ويحرقوا أورشليم عام 3829 عبري (سنة 70 ميلادية) ويسبوا اليهود ثانية ويشردوهم في انحاء المعمورة الى يومنا هذا. أما الكتب الإلهية بعد السبي الثاني فقد ضاعت مجدداً وبضمنها الكتب التي كتبها عزرا، لكنها تُنوقلت عبر الحفظ الشفهي من جيل الى جيل، لهذا لم يدّعِ احدٌ وجود اختلاف أو تناقض في أسفار التوراة وكتب العهد القديم، وبشهادة القرآن.

لقد كانت اكتشافات منطقة (قمران) من أعظم اكتشافات القرن العشرين حيث تم اكتشاف عدد هائل من لفائف أسفار العهد القديم، وترجع أهمية كنوز قمران إلى أنها قرَّبتنا للأصول بنحو ألف عام. كيف؟! كانت أقدم المخطوطات المتوافرة قبل هذا الاكتشاف يرجع تاريخها للقرن التاسع الميلادي، أما مخطوطات قمران فيرجع تاريخها إلى القرن الثاني قبل الميلاد، وهي نسخ طبق الأصل للكتب المتداولة اليوم.

كيف نعرف ان موسى النبي مرسل من الله وان التوراة هي كلمة الله؟

الله يكلّم موسى - بداية النبوة. كان موسى يرعى غنم

---

[496] المائدة، 48.

حميه يثرون (شعيب) فساق الغنم إلى ما وراء البرّيَّة وجاء الى جبل حوريب (جبل سيناء)، فتراءى له ملاكُ الرّب في لهيب نار من وسط عُلَّيقَة (أشواك)، ورأى موسى العُلَّيقة تتوقَّد بالنَّار وهي لا تحترق فأثار المنظر دهشته فتقرب منه ليستكشف الأمر وبدأ الحوار بين الرب وبينه "**وَأَمَّا مُوسَى فَكَانَ يَرْعَى غَنَمَ يَثْرُونَ حَمِيهِ كَاهِنِ مِدْيَانَ، فَسَاقَ الْغَنَمَ إِلَى وَرَاءِ الْبَرِّيَّةِ وَجَاءَ إِلَى جَبَلِ اللهِ حُورِيبَ. وَظَهَرَ لَهُ مَلاَكُ الرَّبِّ بِلَهِيبِ نَارٍ مِنْ وَسَطِ عُلَّيْقَةٍ. فَنَظَرَ وَإِذَا الْعُلَّيْقَةُ تَتَوَقَّدُ بِالنَّارِ، وَالْعُلَّيْقَةُ لَمْ تَكُنْ تَحْتَرِقُ. فَقَالَ مُوسَى أَمِيلُ الآنَ لأَنْظُرَ هذَا الْمَنْظَرَ الْعَظِيمَ. لِمَاذَا لاَ تَحْتَرِقُ الْعُلَّيْقَةُ؟ فَلَمَّا رَأَى الرَّبُّ أَنَّهُ مَالَ لِيَنْظُرَ، نَادَاهُ اللهُ مِنْ وَسَطِ الْعُلَّيْقَةِ وَقَالَ مُوسَى، مُوسَى. فَقَالَ هأَنَذَا. فَقَالَ لاَ تَقْتَرِبْ إِلَى ههُنَا. اخْلَعْ حِذَاءَكَ مِنْ رِجْلَيْكَ، لأَنَّ الْمَوْضِعَ الَّذِي أَنْتَ وَاقِفٌ عَلَيْهِ أَرْضٌ مُقَدَّسَةٌ**".[497]

ثم قال له الرب: أنا إله آبائِك، إبراهيم وإسحَق ويعقوب، نظرتُ إلى مُعاناة شعبي الذين في مصر وسمعتُ صُراخهم من ظُلم مُسخريهم وعلمتُ بعذابهم، فنزلتُ لأنقذهم من عبوديتهم "**فَنَزَلْتُ لأُنْقِذَهُمْ مِنْ أَيْدِي الْمِصْرِيِّينَ وَأُصْعِدَهُمْ مِنْ تِلْكَ الأَرْضِ إِلَى أَرْضٍ جَيِّدَةٍ وَوَاسِعَةٍ، إِلَى أَرْضٍ تَفِيضُ لَبَنًا وَعَسَلًا، إِلَى مَكَانِ الْكَنْعَانِيِّينَ وَالْحِثِّيِّينَ وَالأَمُورِيِّينَ وَالْفِرِزِّيِّينَ وَالْحِوِّيِّينَ وَالْيَبُوسِيِّينَ**".[498]

التكليف بالرسالة. فتَعال أُرسِلُكَ إلى فرعون لتُخرج شعبي

---

(497) سفر الخروج، 5-3:1.

(498) سفر الخروج، 3:8.

بني إسرائيل من مصر "**فَالآنَ هَلُمَّ فَأُرْسِلُكَ إِلَى فِرْعَوْنَ، وَتُخْرِجُ شَعْبِي بَنِي إِسْرَائِيلَ مِنْ مِصْرَ**"[499] وأعطاه الرب آيات (العصا واليد البيضاء) لتشهد أنّه مرسل من الله، وأيده بالقدرة على عمل المعجزات وشد عضده بأخيه هارون وجعل لهما سلطاناً. "**وَكَانَ مُوسَى ابْنَ ثَمَانِينَ سَنَةً، وَهَارُونُ ابْنَ ثَلاَثٍ وَثَمَانِينَ سَنَةً حِينَ كَلَّمَا فِرْعَوْنَ**".[500]

صنع موسى النبي بنفسه تسع معجزات أصلية أمام فرعون وهي كما ذكرت في التوراة تحويل الماء إلى دم، ضربة الضفادع، ضربة البعوض، ضربة الذباب، ضربة المواشي، ضربة البثور، ضربة البرد والرعد والنار، ضربة الجراد، وضربة الظلام. أما تحويل العصا إلى ثعبان واليد البيضاء فالمعجزتان وإن قد عملهما موسى أمام فرعون الا انهما في الاصل يمثلان ما صنعه الله قرب العلّيقة المشتعلة حتى يصدق الشعب ان الله ظهر لموسى وكذلك الضربة العاشرة ضربة موت الابكار فقد عملها الرب بفرعون ومصر ولم يعملها موسى وهارون.

إستلام التوراة. في الشهر الثالث بعد خروج بني إسرائيل من أرض مصر جاءوا الى برّية سيناء، ودعا موسى الشعب لمُلاقاة الله، بناءاً على قول الرب، فوقف الشعب في أسفل الجبل "**وَكَانَ جَبَلُ سِينَاءَ كُلُّهُ يُدَخِّنُ مِنْ أَجْلِ أَنَّ الرَّبَّ نَزَلَ عَلَيْهِ بِالنَّارِ، وَصَعِدَ دُخَانُهُ**

---

(499) سفر الخروج، 3:10.

(500) سفر الخروج، 7:7.

كَدُخَانِ الأَتُونِ، وَارْتَجَفَ كُلُّ الْجَبَلِ جِدًّا فَكَانَ صَوْتُ الْبُوقِ يَزْدَادُ اشْتِدَادًا جِدًّا".[501] ثم تكلم الله بجميع كلمات الوصايا العشر، وكان جميع الشعب يرون الرعود والبروق وصوت البوق، والجبل يدخن فارتعدوا وخافوا وقالوا لموسى: تكلم أنت معنا فنسمع. ولا يتكلم معنا الله لئلا نموت. فقال موسى للشعب: لا تخافوا. لأن الله إنما جاء لكي يمتحنكم، ولكي تكون مخافته أمام وجوهكم حتى لا تخطئوا. فوقف الشعب من بعيد ، وأما موسى فصعد على الجبل واقترب إلى الضباب حيث كان الله ليستلم ألواح التوراة "**وَقَالَ الرَّبُّ لِمُوسَى: اصْعَدْ إِلَيَّ إِلَى الْجَبَلِ، وَكُنْ هُنَاكَ، فَأُعْطِيَكَ لَوْحَيِ الْحِجَارَةِ وَالشَّرِيعَةِ وَالْوَصِيَّةِ الَّتِي كَتَبْتُهَا لِتَعْلِيمِهِم. فَقَامَ مُوسَى وَيَشُوعُ خَادِمُهُ. وَصَعِدَ مُوسَى إِلَى جَبَلِ اللهِ**"،[502] ثم رجع موسى الى قومه بعد ان استلم ألواح التوراة "**فَانْصَرَفَ مُوسَى وَنَزَلَ مِنَ الْجَبَلِ وَلَوْحَا الشَّهَادَةِ فِي يَدِهِ: لَوْحَانِ مَكْتُوبَانِ عَلَى جَانِبَيْهِمَا. مِنْ هُنَا وَمِنْ هُنَا كَانَا مَكْتُوبَيْنِ. وَاللَّوْحَانِ هُمَا صَنْعَةُ اللهِ، وَالْكِتَابَةُ كِتَابَةُ اللهِ مَنْقُوشَةٌ عَلَى اللَّوْحَيْنِ**"،[503] وكان قد كتب في الالواح من كل شئ موعظة وتفصيلاً لكل شئ. وقد وردت قصة موسى ونبوته ورسالته واستلام التوراة في القرآن الكريم أيضاً.

كيف نعرف ان السيد المسيح مرسل من الله وان الإنجيل هو كلمة الله؟

كان من عادات الشرق أن يسبق الملك رسول يهيئ له

(501) سفر الخروج، 19:18-19.

(502) سفر الخروج، 24:12.

(503) سفر الخروج، 32:15-16.

الطريق، والسيّد المسيح كملكٍ روحيٍ أعد لنفسه رسولًا سبق فأنبأ عنه بإشعياء النبي بخصوص نزوله الأول: "**صَوْتُ صَارِخٍ فِي الْبَرِّيَّةِ: أَعِدُّوا طَرِيقَ الرَّبِّ. قَوِّمُوا فِي الْقَفْرِ سَبِيلًا لإِلهِنَا. كُلُّ وَطَاءٍ يَرْتَفِعُ، وَكُلُّ جَبَل وَأَكَمَةٍ يَنْخَفِضُ، وَيَصِيرُ الْمُعْوَجُّ مُسْتَقِيمًا، وَالْعَرَاقِيبُ سَهْلًا. فَيُعْلَنُ مَجْدُ الرَّبِّ وَيَرَاهُ كُلُّ بَشَرٍ جَمِيعًا، لأَنَّ فَمَ الرَّبِّ تَكَلَّمَ** "(504) وبملاخي النبي بخصوص نزوله الثاني قبل يوم الحساب: "**هأَنَذَا أُرْسِلُ إِلَيْكُمْ إِيلِيَّا النَّبِيَّ قَبْلَ مَجِيءِ يَوْمِ الرَّبِّ، الْيَوْمِ الْعَظِيمِ وَالْمَخُوفِ**".(505)

التمهيد لمجئ السيد المسيح الأول. إضافة الى نبؤات العهد القديم بمجئ السيد المسيح ، مهد يوحنا بن زكريا الملقب يوحنا المعمدان الطريق لبداية خدمة السيد المسيح. فكان يوحنا المعمدان يكرز في بريّة اليهوديّة بمعمودية التوبة لمغفرة الخطايا قائلاً: "**تُوبُوا، لأَنَّهُ قَدِ اقْتَرَبَ مَلَكُوتُ السَّماوَاتِ**"،(506) ويعظ الناس ويبشر ويمهد الطريق لمجئ السيد المسيح، فخرجت إليه أورشليم وكل اليهودية وجميع الكورة المحيطة بالأردن، واعتمدوا منه في نهر الأردن، معترفين بخطاياهم(507). كان العماد شائعًا جدًا بين اليهود حيث كانوا يعمدون الامميين الداخلين إلى الإيمان اليهودي، اضافة الى الختان والذبيحة، لكي يتمتع الدخيل بكمال الحقوق التي للمؤمن اليهودي.

---

(504) إشعياء، 5-3:40.

(505) سفر ملاخي، 5:4.

(506) إنجيل متى، 2:3.

(507) إنجيل متى، 5:3.

معمودية السيد المسيح. حينئذٍ جاء يسوع السيد المسيح من الناصرة (الجليل) الى نهر الاردن ليعتمد من يوحنا المعمدان "**وَلكِنْ يُوحَنَّا مَنَعَهُ قَائِلاً: أَنَا مُحْتَاجٌ أَنْ أَعْتَمِدَ مِنْكَ، وَأَنْتَ تَأْتِي إِلَيَّ فَأَجَابَ يَسُوعُ وَقَالَ لَهُ اسْمَحِ الآنَ، لأَنَّهُ هكَذَا يَلِيقُ بِنَا أَنْ نُكَمِّلَ كُلَّ بِرّ. حِينَئِذٍ سَمَحَ لَهُ**".(508) وبينما كان يسوع صاعداً من الماء، رأى يوحنا السماوات قد انشقت ورأى روح القدس بهيئة جسمية مثل حمامة نازلًا عليه، وصوت من السماء، قائلًا: هذا هو ابني الحبيب الذي به سررت "**وَنَزَلَ عَلَيْهِ الرُّوحُ الْقُدُسُ بِهَيْئَةٍ جِسْمِيَّةٍ مِثْلِ حَمَامَةٍ، وَكَانَ صَوْتٌ مِنَ السَّمَاءِ قَائِلاً أَنْتَ ابْنِي الْحَبِيبُ، بِكَ سُرِرْتُ**".(509) حدّد القدّيس لوقا عماد السيّد بنحو ثلاثين سنة من عمره.(510)

شاع خبر السيد المسيح في المنطقة وانه ابن الله وانه يعمّد بالروح القدس فاستدعى اليهود يوحنا المعمدان للاستفسار عن يسوع السيد المسيح. كان يوحنا المعمدان يمتلك مركزاً مرموقاً بين اليهود واعتبروه نبياً، كما كانوا يتطلّعون إلى يوحنا كرمز للناموس (التوراة) ويكنون له الاحترام كونه ابن كاهنهم زكريا. وعندما استدعت القيادات الدينية في أورشليم يوحنا ليوضح ماهية دعوته أجاب: ان الذي أرسلني لأعمد بالماء، ذاك قال لي الذي ترى الروح نازلاً ومستقرًا عليه فهذا هو الذي يعمّد بالروح القدس، فمن هذه الجهة استبان أن شهادة يوحنا المعمدان كانت شهادة الله، لأنه من الله عرفها "**إِنِّي قَدْ**

(508) إنجيل متى، 3:13.
(509) إنجيل لوقا، 3:21.
(510) إنجيل لوقا، 3:23.

رَأَيْتُ الرُّوحَ نَازِلًا مِثْلَ حَمَامَةٍ مِنَ السَّمَاءِ فَاسْتَقَرَّ عَلَيْهِ. وَأَنَا لَمْ أَكُنْ أَعْرِفُهُ، لكِنَّ الَّذِي أَرْسَلَنِي لأُعَمِّدَ بِالْمَاءِ، ذَاكَ قَالَ لِي: الَّذِي تَرَى الرُّوحَ نَازِلًا وَمُسْتَقِرًّا عَلَيْهِ، فَهذَا هُوَ الَّذِي يُعَمِّدُ بِالرُّوحِ الْقُدُسِ وَأَنَا قَدْ رَأَيْتُ وَشَهِدْتُ أَنَّ هذَا هُوَ ابْنُ اللهِ".[511]

لم يأت السيد المسيح إلى يوحنا ليعتمد بذات الهدف مثل البقية، أي ليعترف بخطايا، ويغتسل في النهر للتوبة، فمن الواضح تمامًا أن الذي هو طاهر هكذا حتى يستطيع أن ينزع خطايا الآخرين، لا يأتي لكي يعترف بخطايا، بل ليعطي فرصة للقديس يوحنا المعمدان ليعلن ما قاله قبلًا بأكثر تحديد، لأن كثيرين بحثوا عن الذي كان القديس يوحنا ينادي به، لهذا أشار إليه عند حضوره، هوذا" الذي تبحثون عنه، "**هُوَذَا حَمَلُ ٱللهِ ٱلَّذِي يَرْفَعُ خَطِيَّةَ ٱلْعَالَمِ**".[512]

بداية خدمة السيد المسيح. بعد ان تعمد السيد المسيح من قبل يوحنا في نهر الاردن، اختار تلاميذه وبدأ السيد خدمته في أورشليم أولاً فكان يعلّم في الهيكل نهاراً ويصلي ويتعبّد على جبل الزيتون المقابل للهيكل ليلاً ويقضي ليله فيه "**وَكَانَ فِي ٱلنَّهَارِ يُعَلِّمُ فِي ٱلْهَيْكَلِ، وَفِي ٱللَّيْلِ يَخْرُجُ وَيَبِيتُ فِي ٱلْجَبَلِ ٱلَّذِي يُدْعَى جَبَلَ ٱلزَّيْتُونِ. وَكَانَ كُلُّ ٱلشَّعْبِ يُبَكِّرُونَ إِلَيْهِ فِي ٱلْهَيْكَلِ لِيَسْمَعُوهُ**".[513] ثم ترك السيد اليهودية وسكن في القرى المجاورة ثم ارتحل ارتحالاً متوالياً

(511) إنجيل يوحنا، 34-1:32.
(512) إنجيل يوحنا، 1:29.
(513) إنجيل لوقا، 38-21:37.

إلى مدن الجليل بعد ان ضايق عليه اليهود وحاولوا قتله بسبب تعاليمه.

كان السيد المسيح لا يعرف موضعا يستقر فيه اثناء خدمته التبشيرية بل عاش متنقلاً. عاش حياة بسيطة خالية من التباهي، ولم يمتلك منزلًا ولا ملابس فاخرة ولا شيئًا آخر من الممتلكات وأمثالها ماعدا نعله وثوبه. كان منزله ارض الله المقدسة الواسعة لتبليغ الرسالة الالهية. وفي الاسبوع الاخير من عمره على الارض رجع السيد المسيح من الجليل الى أورشليم لإحياء الفصح وهناك قتل حسب الاعتقاد المسيحي ثم قام من الاموات ورفعه الله اليه.

جاء السيد المسيح ليخلص العالم من خطاياهم ويدعوهم الى التوبة، وكانت علامة مجيئه هي بسط يديه بالحب والرحمة نحو كل نفس وهذا ما تحقق في تعاليمه ومعاجزه في شفاء المرضى وغيرها، جاء لأجل توبتهم وبث روح الايمان في نفوسهم. لم يأتِ السيد المسيح في مجيئه الاول ليدين البشريَّة، إنما ليقوم بزرع قلوبها ببذار التوبة وكلمة الله، ويهبها النور فتكون نوراً للآخرين. لقد جاء المسيح ليخلص سكان الأرض من خطاياهم، وقد قيل في البشارة بميلاده " **فَسَتَلِدُ ابْنًا وَتَدْعُو اسْمَهُ يَسُوعَ. لأَنَّهُ يُخَلِّصُ شَعْبَهُ مِنْ خَطَايَاهُمْ**".[514] ولكنه سيأتي آخر الزمان في مجده ليدين البشرية من الأحياء والأموات، فيُميّز بعضهم من بعض كما يُميّز الراعي الخراف من الجداء "**وَيَجْتَمِعُ أَمَامَهُ جَمِيعُ الشُّعُوبِ، فَيُمَيِّزُ بَعْضَهُمْ مِنْ بَعْضٍ**

(514) إنجيل متى، 1:21.

كَمَا يُمَيِّزُ الرَّاعِي الْخِرَافَ مِنَ الْجِدَاءِ".(515)

عُدّت بشارة النبي السابق بالنَّبي اللاحق أحد الأدلَّة التي اعتمدها علم الكلام في البُرهان على صدق ادِّعاء النبوَّة بعد المعجزات. ولقد تواترت نبؤات العهد القديم عن مجيئ السيد المسيح ومعجزاته في شفاء المرضى واحياء الموتى. وجمع يعقوب أولاده قبل موته ليباركهم وبينما كان يبارك ابنه يهوذا أعلن أن مخلص اليهود يأتي من سبط يهوذا. ثم تنبأ إشعياء النبى ان والدة المخلص هي عذراء من نسل داود من سبط يهوذا. ثم تنبأ ميخا النبى في محل ولادة المخلص انها بيت لحم، وتنبأ هوشع النبي هروب المخلص الى مصر وعودته منه وهو ما تحقق لأن هيرودس نوى قتل السيد المسيح. تنبأ (ملاخى) عن خدمة يوحنا المعمدان قبل مجيئ المخلص، ليُعد له الطريق، ويشهد له وقد تحققت هذه النبوءة. وتنبأ موسى النبي بمجيئ المخلّص كما تنبأ زكريا النبي بدخول السيد المسيح أورشليم راكبًا على جحش والناس رافعين اطراف سعف ويهتفون وقد تحقق هذا حرفيًا. وبعد ولادة سيدنا المسيح توضحت النبؤات بانه هو المخلص لانطباق ماقيل في هذه النبؤات الى ان عرّف السيد المسيح نفسه كونه المخلص.

أيد الله السيد المسيح للقيام باعمال خارقة فتواترت معجزاته في احياء الموتى وشفاء المرضى الميؤوس شفاؤهم وفتح عيون العمي وبضمنهم العمي منذ الولادة، وتطهير المصابين بالبرص وأعاجيب

(515) إنجيل متى، 25:32.

اخرى كثيرة، وبالنسبة للناموس لم يأت السيد المسيح بشريعة جديدة ولم ينقض الشريعة الموسوية وانما عدّل وأضاف عليها وقال لهم: "**مَا جِئْتُ لأَنْقُضَ بَلْ لأُكَمِّلَ**".[516] ففي القديم أمر الناموس بعدم القتل، فجاء السيّد ليؤكّد الوصيّة لا بمنع القتل فحسب، وإنما بمنع الغضب باطلًا، أي نزع الجذر، فتبقى الوصيّة في أكثر أمان، إنه بهذا لم ينقضها، بل قدّمها أكثر حيويّة وقوّة. وأمر الناموس بعدم الزنا، فجاء السيد ليؤكّد الوصيّة لا بمنع الزنا وإنما بقطعه من جذره فقال ان كل من ينظر الى امرأة ليشتهيها فقد زنى بها في قلبه، وأكد على وصايا العفو والمحبة، وحب الرب والقريب، وعدم الغضب والإنتقام، والصدقة، وتعاليم الصلاة والصوم وغيرها.

اقتصرت دعوة السيد المسيح في البداية على اليهود فبعث تلاميذه الإثني عشر في إرساليته الأولى وأوصاهم قائلا: "**إِلَى طَرِيقِ أُمَمٍ لاَ تَمْضُوا، وَإِلَى مَدِينَةٍ لِلسَّامِرِيِّينَ لاَ تَدْخُلُوا بَلِ اذْهَبُوا بِالْحَرِيِّ إِلَى خِرَافِ بَيْتِ إِسْرَائِيلَ الضَّالَّةِ. وَفِيمَا أَنْتُمْ ذَاهِبُونَ اكْرِزُوا قَائِلِينَ: إِنَّهُ قَدِ اقْتَرَبَ مَلَكُوتُ السَّمَاوَاتِ. اِشْفُوا مَرْضَى. طَهِّرُوا بُرْصًا. أَقِيمُوا مَوْتَى. أَخْرِجُوا شَيَاطِينَ. مَجَّانًا أَخَذْتُمْ، مَجَّانًا أَعْطُوا**".[517] وكان جميع بني إسرائيل يشهدون له ويتعجَّبون من كلمات النعمة الخارجة من فمه واعماله الخارقة لكنهم تعثَّروا فيه ورفضوه ففتح دعوته للجميع، حتى الأمم عبدة الاوثان. فبعث سبعين بشيراً في ارساليته الثانية، وجاءت الوصيَّة بالكرازة هذه المرة غير محصورة في شعب

(516) إنجيل متى، 5:17.
(517) إنجيل متى، 10:5-8.

معيَّن أو أُمَّة خاصة، إذ قال: "**وَأَيَّةَ مَدِينَةٍ دَخَلْتُمُوهَا وَقَبِلُوكُمْ، فَكُلُوا مِمَّا يُقَدَّمُ لَكُمْ، وَاشْفُوا الْمَرْضَى الَّذِينَ فِيهَا، وَقُولُوا لَهُمْ: قَدِ اقْتَرَبَ مِنْكُمْ مَلَكُوتُ اللهِ**".[518]

بدأ السيد المسيح رسالته وهو في الثلاثين من عمره ودامت دعوته ثلاث سنوات ورفعه الله اليه وكان عمره ثلاثاً وثلاثين سنة.

لا يوجد نصّ صريحٌ وواضحٌ في الاناجيل الاربعة عن كيفية تلقي السيد المسيح تعاليمه الالهية، فلم يرد فيها ذكر الوحي الالهي واكتفت الاناجيل بما قاله السيد المسيح للجموع انه مرسل من الله، "**الْكَلاَمُ الَّذِي أُكَلِّمُكُمْ بِهِ لَسْتُ أَتَكَلَّمُ بِهِ مِنْ نَفْسِي**"[519] وفي موضع آخر وردت عبارة ان الكلام الذي أعطيتني قد أعطيتهم وكأنه يتحدث مع الله تعالى "**أَنَا قَدْ أَعْطَيْتُهُمْ كَلاَمَكَ**".[520] يستشف من ظاهر النصوص الانجيلية ان تعاليم السيد المسيح هي نقل لكلام الله، وانه كان على اتصال مع الله، وأنه تعالى قد أوصاه بها وكلمه عنها، وتوحي أن السيد المسيح قد كُشف له ملكوت السماوات وسمع وتكلم بما رأى ثم أُرسل ليُحدّث الناس بها، ولكن بقيت الوسيلة التي تلقى بها السيد المسيح كلام الله تعالى غير واضحة وغير صريحة في الانجيل، هل كانت الهاماً أم وحياً أم رؤيا أم أنّ الله تعالى كلمّه مباشرة، أم موحى بها من الروح القدس أو غير ذلك؟ ومع أنّ الوسيلة

(518) إنجيل لوقا، 9–8:10.

(519) إنجيل يوحنا، 14:10.

(520) إنجيل يوحنا، 17:14.

التي تلقى بها السيد المسيح الإنجيل غير واضحة في الانجيل، لكن يبقى الانجيل قطعاً كلام الله وبشهادة القرآن، وقد نوهنا عن هذا الموضوع في مواضع متفرقة.

يعتقد المسيحيون أن السيد المسيح هو الله المتجسد في صورة إنسان، وفي هذه الحالة تنتفي الحاجة الى الوحي لأنه لا يوجد موحي وموحى اليه.

كيف نثبت ان الكتاب المُقدَس هو كلام الله؟!

يُشكّك بعض المسلمين في مصدر تعاليم الإنجيل، والتوراة، الا ان هناك شهادات كثيرة تثبت كون الكتاب المُقدَس هو كلام الله، وقد ذكرنا هذه الدلائل في مواضع متفرقة في الكتاب، ونذكر هنا ملخص بعضها:

1. شهادة السيد المسيح أمام الله "**أَنَا قَدْ أَعْطَيْتُهُمْ كَلاَمَكَ**"،[521] وورد نظير هذا التصريح في القرآن الكريم ﴿ **مَا قُلْتُ لَهُمْ إِلَّا مَا أَمَرْتَنِي بِهِ** ﴾.[522]

2. من الذين نقلوا أقوال السيد المسيح هم الحواريون وبإلهام من الروح القدس.

---

(521) إنجيل يوحنا، 17:14.
(522) المائدة، 117.

3. وصف القرآن الكريم الحواريين كونهم رجالاً أعربوا عن منتهى إيمانهم وإسلامهم لله وللسيد المسيح ولهذا فان التحريف ليس من سيماهم أو هدفهم ﴿ وَإِذْ أَوْحَيْتُ إِلَى الْحَوَارِيِّنَ أَنْ ءَامِنُوا بِى وَبِرَسُولِى قَالُوا ءَامَنَّا وَاشْهَدْ بِأَنَّنَا مُسْلِمُونَ ﴾.(523)

4. تصريح القرآن الكريم في أربعين آية كونه مصدقاً للتوراة والإنجيل، وموثقاً لها، وانها جميعاً كتب الهية موحاة منه، وتعهده تعالى بحفظ الذِكر من التحريف.

5. ان القرآن الكريم نزل بعد عشرين قرناً من بعثة موسى النبي وبعد ستة قرون من بعثة السيد المسيح، ولو كانت كتب التوراة والإنجيل المتداولة مُحرّفة لأشار الى ذلك القرآن، ولما صدّق عليها.

6. لو تعرض كتاب التوراة والإنجيل للتحريف قبل ظهور الإسلام لاعترض نبي الإسلام عليهما واشار الى ما اصابهما من تغيير ليوصي المسلمين ويحذّر العالم أجمع.

7. تطابق نصوص المخطوطات، ونسخ الحفريات التي تم اكتشافها في مناطق جغرافية مختلفة وترجع لتواريخ مختلفة، والنسخ المحفوظة في المتاحف، والتي جاءت قبل الإسلام بقرون عديدة، مع نسخ التوراة والإنجيل المتداولة.

8. وهناك دلائل كثيرة أخرى ذكرناها في الفصل الاول

---

(523) المائدة، 111.

تحت دلائل قرآنية لتبرئة الكتاب المُقدَس من التحريف. وبعبارة واحدة نقول: إن الذي نطق بألفاظ الإنجيل معصوم والذي نقله حواريون مؤمنون والذي صدّق عليه قرآن حكيم.

كيف نعرف ان النبي محمداً مرسلٌ من الله وان القرآن الكريم هو كلمة الله؟

تذكر كتب التأريخ ان رسول الله كان يتعبد في غار حراء من كل سنة شهرا وكان شهر رمضان هو شهر الخلوة والتعبد. ولما بلغ الأربعين من عمره، أي سنة 610 ميلادية، نزل عليه الوحي جبرائيل لأول مرّة وهو في غار حراء في شهر رمضان وقرأ عليه (سورة العلق): ﴿ **اقْرَأْ بِاسْمِ رَبِّكَ الَّذِي خَلَقَ خَلَقَ الْإِنْسَانَ مِنْ عَلَقٍ اقْرَأْ وَرَبُّكَ الْأَكْرَمُ الَّذِي عَلَّمَ بِالْقَلَمِ عَلَّمَ الْإِنْسَانَ مَا لَمْ يَعْلَم** ﴾.[524] واستمرّ بعد ذلك نزول الوحي مدة ثلاثة وعشرين عامًا حتى اكتمل التشريع الإلهي الاسلامي. ولد النبي سنة 570 ميلادية وتوفي حوالي سنة 632 ميلادية.

بدأ النبي بالدعوة الاسلامية في مكة أولاً سراً لمدة ثلاث سنوات، ثم أعلنها جهراً في مكة لمدة عشر سنوات، وواصل دعوته الجهرية في المدينة المنورة لعشر سنوات أخر، فكان مجموع سنيّ دعوته السرية والجهرية ثلاثة وعشرين عامًا. دعا النبي الى دين الإسلام وهو دين الله. الإسلام يعني التسليم لله وطاعته وهو الدين

---

(524) العلق، 1.

الذي دعا اليه جميع الأنبياء بمن فيهم نوح وإبراهيم وموسى والسيد المسيح ومحمد، تقول الآية الكريمة: ﴿ **شَرَعَ لَكُم مِّنَ الدِّينِ مَا وَصَّى بِهِ نُوحاً وَالَّذِي أَوْحَيْنَا إِلَيْكَ وَمَا وَصَّيْنَا بِهِ إِبْرَاهِيمَ وَمُوسَى وَعِيسَى أَنْ أَقِيمُوا الدِّينَ وَلَا تَتَفَرَّقُوا فِيهِ** ﴾.[525] هذا يعني أن نبي الإسلام لم يأت بدين جديد ولكن جاء بشريعة جديدة، لكنه حاول ان يجمع الطوائف الإبراهيمية تحت مظلة "عبادة الله الواحد" ودعاهم الى كلمة سواء، وفي الواقع فإن القرآن احتفظ بالعديد من تعاليم التوراة والإنجيل اللذين أكثَر من ذكرهما، بل وفرض على كل مسلم الإيمان بهما، وقد أشار القرآن الكريم الى شمولية دعوة رسول الاسلام وعمومية نبوّته للناس كافة مبشراً ونذيراً، وحقق نصراً عظيماً على الوثنية. الا ان أهل الكتاب رفضوا دعوته على اسس عقائدية خلافية مثل تغيير جهة القبلة، وتغيير يوم العبادة، وحلية بعض اللحوم مثل الابل والأرانب في الشريعة الإسلامية.

ومع تزايد عدد المؤمنين بدعوة النبي تصاعدت المعارضة ضد دعوته واشتدت قريش في مكة في معاداتها له ولأصحابه، وتصدّوا لمن يدخل في الإسلام بالتهديد والقتل. ولما اشتد البلاء هاجر النبي ومن آمن معه من أوائل المسلمين من مكة الى المدينة المنورة والمسماة يثرب آنذاك عام 622 ميلادية وكان النبي في الثالثة والخمسين من عمره وعاش فيها عشر سنين أُخر داعيا الى

(525) الشورى، 13.

الاسلام واسس فيها نواة الحضارة الاسلامية التي توسعت لاحقاً وشملت مكة والمدن والقبائل العربية، ومن ذلك اليوم اطلقت تسميتها بالمدينة المنورة ومدينة الرسول فقد التف حوله اهل المدينة وآمنوا برسالته وسمي أهل المدينة بالانصار وأصحاب النبي الذين جاءوا من مكة بالمهاجرين.

إنّ من عوامل التصديق بنبوة النبي في الإسلام صدور المعجز على يديه، ومن أظهر المعجزات التي تجلت للنبي القرآن الكريم، وعندما نتحدث عن إعجاز القرآن الكريم فنحن ننفي بشرية القرآن الكريم وعندما نتحدث عن نبوته فنحن نتحدث عن سيرته وأخلاقه خاصة في الأمانة.

هل القرآن الكريم صياغة بشرية أم إعجاز إلهي؟

هناك من يقول إن القرآن لوحة أدبية، بلاغية صاغها نبي الإسلام، وإنّه ليس كتاباً إلهياً فلا يصلح أن يكون معجزاً، نسمع هذا الادعاء اليوم على الفضائيات ووسائل التواصل الاجتماعي كما كنا نقرأه بالأمس في الكتب على لسان أهل الجاهلية في عصر نزول القرآن قبل 1400 سنة. والمنصف يستطيع أن يميّز بين النفس الأدبي في القرآن والنفس الأدبي للنبي في أحاديثه وخطبه، فهما نفسان أدبيان مختلفان تماما، وأن هناك اختلافا واضحا بينهما. وكان الكفار يميزون بين كلام النبي وبين القرآن الكريم لذلك كانوا يعتبرون القرآن سحراً، لما عرفوا من الاختلاف في النفس الأدبي

بين الطرفين. وقد أظهرت إحدى الدراسات أن 62% من ألفاظ الحديث النبوي ليست موجودة في القرآن و83% من ألفاظ القرآن الكريم ليست موجودة في الحديث النبوي.[526] ولو كان النبي هو الذي صاغ القرآن لحذف آيات العتاب التي تفتح عليه نوافذ التشكيك في شخصيته وقياديته وصوابية قراره، قال تعالى: ﴿ **عَفَا اللَّهُ عَنْكَ لِمَ أَذِنْتَ لَهُمْ حَتَّى يَتَبَيَّنَ لَكَ الَّذِينَ صَدَقُوا وَتَعْلَمَ الْكَاذِبِينَ** ﴾،[527] ولأسبغ على نفسه صفة القداسة حتى يزيد تمسك الناس به، وإقبالهم عليه، والإيمان بصوابية قراره. والحال ان اسمه الصريح لم يرد في القرآن الا أربع مرات.

وهناك استدلال آخر يفضي الى الإيمان بالوحي وهو دليل حساب الاحتمالات، فالنبي يمتلك مقدمات ثلاثة: النبي لم يتعلم، ولم يحضر عند أحد من علماء الكتاب سواء من اليهود أو النصارى كي يقتبس منهم ويتعلم، وأن النبي لم يشارك في أي موسم أدبي أو شعري حتى يكتسب بلاغة وبياناً. من جهة أخرى فإنّ القرآن جمع مختلف المعارف والفنون في التاريخ والعلوم الكونية، وفي مجال تزكية النفس، وفي مجال التشريع والقانون، وفي مجال القيم الأخلاقية. والنتيجة التي نخلص اليها هي أن القرآن أتى بمعلومات أكبر من المقدمات، وبما أن النتيجة أكبر من المقدمات فقد كشفت عقلاً عن أن هذه النتيجة لم تخرج من هذا الإنسان الذي يمتلك هذه المقدمات وإنما هناك يد أخرى هي التي صاغت هذا القرآن الكريم ونزلت به على

---

(526) الخباز، منير، القرآن إبداع بشري أم إعجاز إلهي؟ شبكة المنير، 2018.
(527) التوبة، 43.

النبي. (528) ﴿ وَمَا كُنْتَ تَتْلُو مِنْ قَبْلِهِ مِنْ كِتَابٍ وَلَا تَخُطُّهُ بِيَمِينِكَ إِذًا لَارْتَابَ الْمُبْطِلُونَ ﴾، (529) فلو كان النبي يجيد القراءة والكتابة والاستنساخ لارتابوا فيه وقالوا هذا من عند من استنسخ من عندهم.

وقالوا إنّ القرآن هو نتيجة إصابة النبي بالصرع وقد سبقهم بهذه المقولة المشركون في مكة ﴿ قَالُوا سَاحِرٌ أَوْ مَجْنُونٌ ﴾، (530) هل يعقل ان يكون القرآن بكامله، وقصة الإنسانية كلها، والشريعة المترامية، والحقائق الكونية المنوعة نتيجة صرع؟ يبدأون بقول إنه ساحر ثم ينتهون بقول إنه مجنون! ولا يدركون بقليل من التفكير ان الاتهامين متناقضين ولا يمكن الجمع بينهما، فالساحر عادة يكون ماهراً وذكياً ويمتاز بخفة الحركة ولا يمكن ان يكون مجنوناً. يرتبط عقل أي نبي أثناء تسلم الوحي بالحكمة والمعرفة الإلهية التي تتجاوز مستوى تحمل العقل البشري، مما ينتج في ضعف جسد النبي الموحى اليه واصابته بالرعشة والخمول العام الى درجة الارتخاء التام والغفوة أو النوم، وفقدان الشعور والاحساس، وقد وصفت مثل هذه الأعراض على النبي الموحى اليه أثناء الإيحاء في الصفحة 237. كما واتهموه والأنبياء الذين سبقوه بالكذب. هل يعقل ان شخصاً يكذب لثلاثة وعشرين عاماً ولم يفضح؟ أترى رجلاً كذاباً يعلن للناس أنه أعجز من أن يستطيع نفع نفسه أو الإضرار بها! وبالتالي فهو أعجز من

---

(528) الصدر، محمد باقر، كتاب المُرسِل، الرسول، الرسالة، دار التعارف للمطبوعات، لبنان، 1992.

(529) العنكبوت، 48.

(530) الذاريات، 52.

أن يستطيع نفع غيره أو الإضرار به ﴿ **قُل لاَّ أَمْلِكُ لِنَفْسِي نَفْعاً وَلاَ ضَرّاً إِلاَّ مَا شَاء اللّهُ** ﴾.[531] وقالوا ان الشيطان تنزل بالقرآن عليه ﴿ **وَمَا تَنَزَّلَتْ بِهِ الشَّيَاطِينُ** ﴾،[532] كيف يكون الشيطان هو الذي كتب القرآن ثم يقول للإنسان: قبل أن تقرأ كتابي استعذ بالله مني؟ واطلب أن يحميك الله مني؟ ﴿ **فَإِذَا قَرَأْتَ الْقُرْءَانَ فَاسْتَعِذْ بِاللَّهِ مِنَ الشَّيْطَانِ** ﴾.[533]

وقالوا إن القرآن ليس كتابا إلهيا جديدا، بل هو مستفاد من كتب التوراة والإنجيل وهذه الشبهة أيضاً موجودة منذ زمن الجاهلية ﴿ **وَقَالُوا أَسَاطِيرُ الْأَوَّلِينَ اكْتَتَبَهَا فَهِيَ تُمْلَى عَلَيْهِ بُكْرَةً وَأَصِيلًا** ﴾.[534]

وقالوا إنّ النبي تعلم القرآن من (بحيرة الراهب) أو من (القس ورقة ابن نوفل). تتفق الدراسات ان قصة بحيرة الراهب ليست إلا اسطورة كتبت في القرن الثاني عشر،[535] ولو فرضنا أن القصة صحيحة فهل يكفي لقاء عابر مع بحيرة كما تذكر القصة ان يتعلم النبي هذا القرآن كله؟ وأما ورقة بن نوفل فالذين أثبتوا قصته، قالوا انه مات بعد بعثة الرسول بسنتين، فلنفترض أنه اكتسب من ورقة

(531) الأعراف، 188.

(532) الشعراء، 210.

(533) النحل، 98.

(534) الفرقان، 5.

(535) البعاج، وليد، الاسطورة المسيحية للراهب بحيرا في النصوص العربية والسريانية. مصدر سابق. ص130.

ابن نوفل لمدة سنتين، فمن أين جاء النبي ببقية الواحد والعشرين سنة من نزول القرآن؟

ولو ان المشهور ان القرآن الكريم تحدى الإنس والجنس بمضمونه وأسلوبه وبلاغته على أن يأتوا بمثله: ﴿ **قُلْ لَئِنِ اجْتَمَعَتِ الإِنْسُ وَالْجِنُّ عَلى أَنْ يَأْتُوا بِمِثْلِ هَذَا الْقُرْآنِ لاَ يَأْتُونَ بِمِثْلِهِ، وَلَوْ كَانَ بَعْضُهُمْ لِبَعْضٍ ظَهِيراً** ﴾،[536] أو ان يأتوا بعشر سُوَر مثله ﴿ **أَمْ يَقُولُونَ افْتَرَاهُ قُلْ فَأْتُوا بِعَشْرِ سُوَرٍ مِثْلِهِ مُفْتَرَيَاتٍ وَادْعُوا مَنِ اسْتَطَعْتُمْ مِنْ دُونِ اللَّهِ إِنْ كُنْتُمْ صَادِقِينَ** ﴾،[537] أو بسورة واحدة ﴿ **أَمْ يَقُولُونَ افْتَرَاهُ قُلْ فَأْتُوا بِسُورَةٍ مِثْلِهِ وَادْعُوا مَنِ اسْتَطَعْتُمْ مِنْ دُونِ اللَّهِ إِنْ كُنْتُمْ صَادِقِين** ﴾،[538] الا ان القرآن الكريم في الواقع تحدى كل البشرية كلاً حسب استطاعته ليثبت أصالته. فصرح القرآن الكريم بخلوه من الخطأ والاختلاف وفتح باب التحدي على مصراعيه لجميع القراء أن يجدوا خطأً واحداً في التنزيل ﴿ **أَفَلاَ يَتَدَبَّرُونَ الْقُرْءَانَ وَلَوْ كَانَ مِنْ عِنْدِ غَيْرِ اللهِ لَوَجَدُوا فِيهِ اخْتِلَفاً كَثِيرا** ﴾.[539] كما صرح القرآن الكريم على صحة معلوماته وتحدى المشككين وأرشدهم الى سؤال أهل العلم ﴿ **فَسْئَلُوا أَهْلَ الذِّكْرِ إِنْ كَنْتُمْ لاَ تَعْلَمُونَ** ﴾.[540] ان تحدي القرآن بهذه الصراحة والقوّة دلالة حيّة على حقّانيته. جدير

(536) الاسراء، 88.
(537) هود، 13.
(538) يونس، 38.
(539) النساء، 82.
(540) النحل، 43.

بالذّكر إنّ تحدي القرآن لا ينحصر بزمان أو مكان، بل إن تحدّيه قائم منذ نزوله والى يوم القيامة، وهو يتحدى اليوم جميع البشر كما كان يتحداهم في عصر الرسالة.

إنّ أي انسان يفهم اللغة العربية بإمكانه ان يستنتج من قراءة القرآن على الاقل اربعة انواع من المعاجز: إعجازاً لغوياً يعكس فصاحة وبلاغة القرآن، وإعجازاً تاريخياً يتضمن غيبيات تاريخيّة ماضية وغيبيات معاصرة، وإعجازاً حدثياً مستقبلياً يتضمن غيبيات مستقبلية، وإعجازاً علمياً ﴿ **تِلْكَ مِنْ أَنبَآءِ الْغَيْبِ نُوحِيهَآ إِلَيْكَ مَا كُنتَ تَعْلَمُهَآ أَنتَ وَلاَ قَوْمُكَ مِن قَبْلِ هَذَا فَاصْبِرِ إِنَّ الْعَقِبَةَ لِلْمُتَّقِينَ** ﴾.[541]

وعلى سبيل المثال لا الحصر أستشهد بمثال واحد في نشأة وتوسع الكون، فالقرآن هو أول مصدر أنبأ عن نشأة وتوسع الكون بأوصاف مطابقة لما وصل اليه العلم الحديث في نظرية الانفجار العظيم ﴿ **أَوَلَمْ يَرَ الَّذِينَ كَفَرُوا أَنَّ السَّمَاوَاتِ وَالْأَرْضَ كَانَتَا رَتْقًا فَفَتَقْنَاهُمَا** ﴾.[542] ان ما أثبته العلم في القرن العشرين من البحث في نشأة الكون والانفجار العظيم قد ذكر في القرآن الكريم قبل أربعة عشر قرناً. ولم يقتصر القرآن في وصفه على نشأة الكون بل تعداها الى ذكر أسباب حصول الانفجار، وتوسع الكون ﴿ **وَالسَّمَآءَ بَنَيْنـهَا بِأَيْيْد وَإِنَّا لَمُوسِعُون** ﴾،[543] ومصير الكون ﴿ **يَوْمَ نَطْوِى السَّمَاءَ كَطَيِّ السِّجِلِّ**

(541) هود، 49.
(542) الانبياء، 30.
(543) الذاريات، 47.

لِلْكُتُبِ كَمَا بَدَأْنَا أَوَّلَ خَلْقٍ نُّعِيدُهُ وَعْداً عَلَيْنَا إِنَّا كُنَّا فَعِلِينَ ﴾.(544)

ضخ القرآن الكريم ثقافة علمية واسعة، وان توافق النص القرآني مع مقتضيات العلم الحديث يمثل الدليل القاطع على أن مصدر القرآن هو الله.

وكان الاحسان إلى المساكين شيمة نبي الإسلام، وكان يعامل الجميع بالخلق الحسن، وكان شجاعاً مع الأعداء، وكان يعظم اسم الله تعظيماً قوياً، وكان كثير الوعظ في الصبر والود والبر والإحسان، وتعظيم الأبوين والكبار وتوقيرهم وتكريمهم. وهذه الشهرة الحسنة والسلوك الشريف خولاه احترام معاصريه، ولذا كان الإجماع عليه حتى لقب بالأمين.

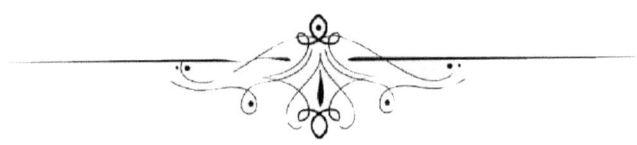

(544) الأنبياء، 104.

الخلاصة والمناقشة

كان الغرض من هذه الدراسة – في البداية – مقتصراً على البحث عن أسباب الادعاء بالتحريف في الكتاب المُقدَس، لكن نتائج البحث الأولية فرضت التوسّع والتعمّق لأن أسباب التحريف المدرجة في الدراسات الإسلامية كانت تقتصر الى التوثيق والحجية ولا ترتقي الى مستوى الادعاء بالتحريف، وهناك أسباب مشابهة للإدعاء بالتحريف في الكتاب المُقدَس موجودة في القرآن الكريم، فاضطررت ان أدرس تفاسير كتب موسى الخمسة، وتفاسير الأناجيل الأربعة، وتفاسير الآيات القرآنية المتعلقة بأهل الكتاب؛ لأجل الوصول الى حقيقة أسباب الادعاء بالتحريف وتقييمها كدراسة علمية وحيادية. ونتيجة لهذا التوسع والتعمق اكتشفت معلومات جديدة ودخلت في منعطفات متعددة وفرض السؤال نفسه: هل حقيقةً أنّ الكتاب المُقدَس مُحرّف؟! ومتى حُرّف الكتاب المُقدَس؟! هل حُرّف قبل ظهور الإسلام؟! أم بعده؟! أم أثناء وجود نبي الإسلام؟!

وعلى ضوء هذه الإسئلة، توسعت الدراسة والبحث مجدداً لكي أغطّي مقولة التحريف من جميع زواياها، بحثاً عن الحقيقة، ففتشت في خلفية الحواريين كَتَبة الإنجيل وثقافاتهم وقابلياتهم على نقل المعلومات، وتقييم قدراتهم على الحفظ، واستنتجت على ضوئها أسباباً لا يمكن تجاهلها في اختلاف أسلوب كتاباتهم. وبحثت أيضاً في أسلوب تبشيرهم الشفاهي، الذي جرنّي للبحث في تأريخ الكتابة وظروف الطباعة، وتوفر الورق، واكتشفت صعوباتهم في مهمتهم في تلك الفترة. كما وبحثت في مواضيع عقائدية كعصمة الأنبياء

ومفهومها عند الطوائف الابراهيمية، واكتشفت سبب غياب دورها عند الطوائف اليهودية والمسيحية في نقد الأنبياء الذين نسبت اليهم المعاصي والذنوب في الكتاب المُقدَس، بل وتسامحَهم بخصوصها. وبحثت في تأريخ تدوين الكتب الإلهية وتواترها وحفظها وتاريخ الهيكل ودماره، ومواضيع متعلقة أخرى. ثم قارنت نتائج دراستي مع الدراسات الإسلامية التي ادعت التحريف في التوراة والإنجيل.

استنتجت من دراستي خطر الاكتفاء بالمعنى الظاهري لألفاظ الكتب الإلهية، ومنزلق القياس بين الشرائع، ومساوئ الادعاء بالتحريف بلا دليل قاطع، ولمست افتقار البحث والاجتهاد عند المنتقدين للكتاب المُقدَس، وخطورة الاقتصار على التقليد الأعمى عن طريق السماع من الآخرين ونقل الروايات من كتب مشايخ الطائفة والعلماء الأوائل دون أي تدقيق أو تمحيص وكأنها من المسلّمات. وقد لمست أيضاً الأثر الخطير في بث المعلومات الخاطئة والإشاعات في مفاهيم الناس، ودورها في نمو العلاقات السلبية بين أبناء الطوائف وأفراد المجتمع بصورة عامة وتشجيعها على أعمال العنف. وأخيراً فقد لمست فقدان التثقيف الديني الإيجابي لحفظ العلاقات السليمة بين أبناء الطوائف. لقد أتاحت لي هذه الدراسة فرصاً ثمينة ثقافية وروحية من خلال البحث المقارن بين الكتب الإلهية. وفيما يلي ألخص نتائج الدراسة:

أولاً. هل الكتاب المُقدَس مُحرّف؟! ومتى حُرّف؟!

هل حُرّف الكتاب المُقدَس قبل ظهور الإسلام ونزول القرآن؟!

﴿ وَأَنزَلْنَا إِلَيْكَ الْكِتَابَ بِالْحَقِّ مُصَدِّقًا لِّمَا بَيْنَ يَدَيْهِ مِنَ

الْكِتَابِ وَمُهَيْمِنًا عَلَيْهِ ﴾. (545) يخاطب الله تعالى في هذه الآية نبي الإسلام، ويبيّن له تصديق القرآن للكتب الإلهية السابقة، فهل صدّق الله لرسوله على كتب مُحرّفة ؟! لقد كان الكتاب المُقدَس متيسراً في وقت ظهور الإسلام كما تنص الآية ﴿ بَيْنَ يَدَيْهِ مِنَ الْكِتَابِ ﴾ وهذا يعني صحة التوراة والإنجيل وسلامتهما من التحريف على الاقل لحين وقت نزول القرآن، وهذا أيضاً يعني أن "الكتاب الاصيل" الذي يدعي بعض المسلمين وجوده كان متداولاً بين يدي النبي.

ان القرآن الكريم نزل بعد عشرين قرناً بعد التوراة وستة قرون بعد الإنجيل، مهيمناً على الكتب السابقة ﴿ وَمُهَيْمِنًا عَلَيْهِ ﴾ فلو كانت كتب التوراة والإنجيل المتداولة مُحرّفة لأشار الى ذلك القرآن، وهذا ما لم يفعله القرآن صريحاً، على العكس صدّقه! ولو كانت التوراة والإنجيل مُحرّفة لاعترض نبي الإسلام عليهما واشار الى ما أصابهما من تغيير ليوصي المسلمين ويحذّر العالم أجمع، ولكن نجد ان نبي الإسلام أكرم التوراة والإنجيل وشدّد على انها كتب نور وهدى ورحمة للعالمين، وان رسالته جاءت لتصادق على التوراة والإنجيل. ولم نسمع أو نقرأ ان نبي الإسلام حاجّ اليهود أو المسيحيين بسبب عدم ورود التبشير بنبوته أو عدم ذكر اسمه في كتبهم، علماً بأننا نقرأ أنّ محاجات قد دارت بين نبي الإسلام ووفود من ممثلي المسيحيين مثل مسيحيي نجران، فنزلت آية المباهلة ﴿ فَمَنْ حَاجَّكَ فِيهِ مِن بَعْدِ مَا جَاءَكَ مِنَ الْعِلْمِ فَقُلْ تَعَالَوْا نَدْعُ أَبْنَاءَنَا وَأَبْنَاءَكُمْ وَنِسَاءَنَا وَنِسَاءَكُمْ

---

(545) المائدة، 48.

وَأَنفُسَنَا وَأَنفُسَكُمْ ثُمَّ نَبْتَهِلْ فَنَجْعَل لَّعْنَتَ اللَّهِ عَلَى الْكَاذِبِينَ ﴾،[546] ومحاجة بعض رؤساء اليهود من أهل المدينة، أمثال "كعب بن الأشرف" وأتباعه عندما سألوا النبي: من يشهد على أنّك مرسل من قبل الله؟! فنزلت الآية ﴿ **وَيَقُولُ الَّذِينَ كَفَرُوا لَسْتَ مُرْسَلًا قُلْ كَفَىٰ بِاللَّهِ شَهِيدًا بَيْنِي وَبَيْنَكُمْ وَمَنْ عِندَهُ عِلْمُ الْكِتَابِ ﴾**.[547] لقد اكتفى النبي على ما يبدو على المباهلة من جهة المسيحيين، وشهادة الله من جهة اليهود، إلا أنه لم يحاجهم بأنهم حرّفوا كتبهم وحذفوا اسمه منها وعلاماته الجسمية الموصوفة فيها وشواهد رسالته الاخرى حسب منطوق الآية ﴿ **الَّذِينَ آتَيْنَاهُمُ الْكِتَابَ يَعْرِفُونَهُ كَمَا يَعْرِفُونَ أَبْنَاءَهُمْ وَإِنَّ فَرِيقًا مِّنْهُمْ لَيَكْتُمُونَ الْحَقَّ وَهُمْ يَعْلَمُونَ ﴾**.[548]

هل حُرّف الكتاب المُقدَس أثناء نزول القرآن ووجود النبي؟!

لقد وردت في القرآن الكريم تسع آيات تؤكد على تصديق القرآن للتوراة والإنجيل ولم ترد فيه ولا آية واحدة تشير الى تحريفهما، الصفحة 54، وذكرت فيه أربع آيات توجب الايمان بالتوراة والإنجيل وتبيّن جزاء الكافرين والمكذبين بهما، الصفحة 55، ووردت فيه خمس آيات تأمر أهل الكتاب ان يحكموا بما جاء في التوراة والإنجيل، الصفحة 56، فهل أمرهم تعالى الحكم بكتب مُحرّفة؟! ووردت فيه اثنا عشرة آية تصف التوراة والإنجيل كونها كتب هدى ونور، الصفحة

(546) آل عمران، 61.
(547) الرعد، 43.
(548) البقرة، 146.

67، وعشر آيات تصف الكتاب المُقدَس كونه كتاب ذِكر وان الله حافظه من التحريف، الصفحة 69. ولم تبق هذه الآيات مجالاً للإدعاء بالتحريف في الكتاب المُقدَس، فلو كانت الكتب مُحرّفة لما أوجب الله تعالى الايمان بها، ولا أمر تعالى الحكم بها، ولا يتحدى المشركين ان يأتوا بكتب أهدى منها.

ملاحظة أخرى، نزلت في (سورة المائدة) احدى وستون آية قرآنية تتعلق بأهل الكتاب، أي أكثر من نصف آيات سورة المائدة التي عدد آياتها مائة وعشرين آية، وأنّ سورة المائدة هي من أواخر السور القرآنية التي نزلت على النبي، والتي أُكّد فيها على اكمال الدين ﴿ **الْيَوْمَ أَكْمَلْتُ لَكُمْ دِينَكُمْ وَأَتْمَمْتُ عَلَيْكُمْ نِعْمَتِى وَرَضِيتُ لَكُمُ الْإِسْلَٰمَ دِيناً** ﴾،[549] مما يؤيد ان القرآن الكريم استمر بتصديقه للكتاب المُقدَس حتى إكماله أواخر أيام النبي وحجة الوداع وليس في بداية دعوته فقط، وأن الكتاب المُقدَس كان بين يدي النبي ليس فقط في بداية دعوته وإنما حتى في أواخر حياته، وانه سبحانه وتعالى صدّق على الكتاب المُقدَس لا قبل نزول القرآن فقط وإنما استمر بتصديقه اثناء نزوله والى يوم إكماله. إن الآيات القرآنية التي نزل بها الوحي على النبي من بداية دعوته والى يوم إكمال الدين تصّدق على الكتاب المُقدَس. اذن الكتاب المُقدَس لم يُحرّف أثناء نزول القرآن ووجود النبي.

هل حُرّف الكتاب المُقدَس بعد نزول القرآن وبعد وفاة النبي؟!

ان هذا القول يثير تعليقات أكثر من الادعاء بالتحريف قبل

(549) المائدة، 3.

نزول القرآن وقد عدّدنا اكثر من عشرين سبباً لدحض هذا الادعاء، الصفحة 57. كيف يمكن ان تحرّف الكتب الإلهية وقد انتشرت في أرجاء المعمورة؟! كيف يجمعوها ويحرّفوها ويُرجعوها لأصحابها؟! ولهذا يصبح التحريف بعد نزول القرآن ووفاة النبي وَهْماً وخيالاً. الأمر الذي يفيد أن الكتاب المُقدَس المتداول اليوم بين أيدينا هو عين الكتاب الذي كان موجوداً في عصر نزول القرآن وقبل عصره بقرون كثيرة. وبما أن الكتاب المُقدَس لم يُحرّف لا من قبل القرآن ولا من بعده ولا في أثناء نزوله، فهو لم يُحرّف على الإطلاق.

وتأتي الحقيقة الأخيرة وهي أن كلمة الله لا تحرّف لأن الله هو الذي يحفظها عبر الزمان وحاشا لله العظيم أن يترك كلمته للتبديل والتحريف. فكل شخص يدعي تحريف الكتاب المُقدَس إنما يفتري في المقام الأول على الله. ولئن ادعى أحد أن الكتاب مُحرّف فإنه يتهم الله بعجزه عن حفظ كتابه الذي أوحى به إذ تركه في أيدي بشر لكي يعبثوا به ويغيّروا حقائقه. وإن صحّ هذا الاتهام فإنه يؤكد عجز الله – حاشا – عن حفظ أي كتاب آخر يوحي به للناس.

ثانياً. فرضية الكتاب الأصيل

شاع بين المسلمين الاعتقاد أن القرآن الكريم صدّق على كتب التوراة والإنجيل الأصيلة، وهي التي نزلت على موسى النبي والسيد المسيح، وإنها تحوي على كلام الله فقط، بينما تحوي كتب التوراة والإنجيل المتداولة على خليط من كلام الله وكلام البشر؛

لأنها تتحدث عن سيرة السيد المسيح وموسى النبي وأفعالهما اليومية إضافة الى تعاليم الله وأحكامه، وان الله لا يتحدث في كتبه عن سيرة رسله لكونها كتب هدى وليست كتباً تاريخية، وقد رددنا على هذا الادعاء بحجج نقلية من القرآن الكريم الدالة على عدم صحته، الصفحة 196، وبقيت فكرة "الكتاب الأصيل" فرضية جدلية سياسية لا دليل صحيحاً عليها، ولا آية قرآنية تشير اليها، ولا حديثاً نبوياً، إنما استخدمت كأسلوب تعجيزي لدعم فرضية عقيمة للإدعاء بتدليس الكتاب المُقدَس.

ثالثاً. اختلاف التعابير بين الاسفار

شخّصتُ – من خلال هذه الدراسة للكتاب المُقدَس – اختلافات عديدة بين تعابير اسفار الكتاب المُقدَس المتداولة خاصة بين الأناجيل الاربعة، الصفحات 153-194. وفيما حكمت الدراسات الإسلامية على الكتاب المُقدَس بالتحريف بسبب هذه التباينات، قيّمت في هذه الدراسة تلك التباينات اعتماداً على تفاسير التعابير وتبيان مفاهيمها والتي نفت أي تناقض بينها، كما اعتمدت على دلائل واعتبارات لم تتطرق اليها الدراسات الإسلامية، ولا يمكن تجاهلها في حتمية الاختلاف في اسلوب كتابتها لكنها احتفظت بنفس معناها، ومنها: تباين المستوى الثقافي للإنجيليين واسلوبهم في الكتابة، وان الأناجيل كتبت بعد سنين عديدة من صعود السيد المسيح، وان الاختلافات بين التعابير لم تحصل في وصاياه وتعاليمه بل حصلت في مسائل ثانوية غير أساسية لا فائدة للتحريف فيها ولا

ترتقي الى مستوى الادعاء بالتحريف، وقد فصلنا هذا سابقاً، الصفحة 221 242، كما وذكرنا أيضاً ان التباين بين التعابير لا يدل على التحريف وأنّه قد ورد التباين بين آيات القرآن الكريم، وضربنا لذلك الأمثال.

وعلى الرغم من ان الإنجيل هو كلام الله، لكنه ليس املاءَ وحيٍ حرفياً كالقرآن، بل إيحاء إلهي بالإلهام، ولهذا فانه كلام الله بتعابير بشرية، مثل كتب الحديث الإسلامية من حيث النقل، فقد كُتب الحديث بعد وفاة النبي بعدة سنين، ولم يدوّن في حينه فاختلفت نصوصُ الاحاديث. هل يصح ان ندّعي ان كتب الاحاديث الإسلامية مزوّرة لإختلاف تعابيرها في كتاب (الكافي) مقارنة بمثيلها في كتاب (من لا يحضره الفقيه) ؟! فلماذا نقول ان الكتاب المُقدَس مُحرّف لنفس السبب؟! مع انه نقل لكلام الله على يد انجيليين مُلهَمين ممن نذروا أنفسهم لنصرة الله والسيد المسيح، وقد أثنى القرآن الكريم على إيمانهم، خلافاً لرواة الحديث الذين تعوزهم الثقة والحجية. وقد ذكرت عوامل أخرى للتباين بين التعابير في نهاية الفصل الثالث تحت "لماذا التباين بين تعابير الكتاب المُقدَس"، الصفحة 216.

رابعاً. خطأ الاكتفاء بالمعنى الظاهري للتعابير

إن ظاهر النص لا يعنى أنه المقصود، وان الاكتفاء بالمعنى الظاهري للآيات القرآنية، والآيات التوراتية والإنجيلية دون التحري في تفاسيرها والتحقق من معاني مفرداتها لعب الدور الرئيس وراء ديمومة

اطلاق إدعاء التحريف على الكتاب المُقدَس بين عامة المسلمين وتناقلها بين الالسن منذ أوائل العمر. وسار اطلاق التحريف على الكتاب المُقدَس في الدراسات الإسلامية على نفس المستند وهو الاكتفاء بالمعنى الظاهري للتعابير، وقد أثبتنا عن طريق البحث والتحري عدم وجود أي تناقض بين تعابير هذه الأسفار.

خامساً. منزلق القياس بين الشرائع

يقيس المسلمون تعابير التوراة والإنجيل بعرضها على القرآن فإن ورد مثيلها في القرآن أخذوا بها، وهذا حسن، وإن اختلفت أو لم يرد مثلها في القرآن ادعوا التحريف، وهذا حكم غير عادل ما لم يدرس الاختلاف من جميع جوانبه، مثال ذلك شرب الخمر عند أهل الكتاب، وأول معجزة عملها السيد المسيح أنّه حول الماء الى خمر في عرس (قانا)، أو أن نوحاً ولوطاً وغيرهم من الانبياء شربوا الخمر. لو كانت أحكام التوراة والإنجيل مطابقة تماماً لأحكام القرآن فما هي الحاجة الى القرآن؟! وما هي الحاجة الى الشريعة الإسلامية؟! يقول تعالى: ﴿ **لِكُلٍّ جَعَلْنَا مِنكُمْ شِرْعَةً وَمِنْهَاجاً** ﴾.[550] جاء القرآن ليكّمل ما قد سبق من كتب الهية فأضاف عليها، وحذف منها، وعدّل فيها. لم يكن الخمر محرّماً ولسنين بعد انبثاق الإسلام، وان آية تحريم الخمر وردت في سورة المائدة ﴿ **يَـٰأَيُّهَا الَّذِينَ ءَامَنُوا إِنَّمَا الْخَمْرُ وَالْمَيْسِرُ وَالأَنصَابُ**

---

(550) المائدة، 48.

وَالأَزْلَمُ رِجْسٌ مِّنْ عَمَلِ الشَّيْطَنِ فَاجْتَنِبُوهُ لَعَلَّكُمْ تُفْلِحُونَ ﴾[551] وهي مدنية نزلت في أوائل الهجرة، أي بعد ثلاث عشرة سنة على الأقل من انبثاق الإسلام، فلماذا ننتقد شريعة قوم آخرين عاشوا مابين ستة قرون الى عشرين قرناً قبل ذلك؟! وننسب التحريف الى كتبهم بسبب الخمر؟! علماً انه لا يوجد تحريم مطلق في تناول الخمر لا في الشريعة اليهودية ولا في التعاليم المسيحية، وأن ما يدخل الفم لا ينجّس بل الذي يخرج منه حسب تعاليم السيد المسيح: "**أَنَّ كُلَّ مَا يَدْخُلُ الْفَمَ يَمْضِي إِلَى الْجَوْفِ وَيَنْدَفِعُ إِلَى الْمَخْرَجِ وَأَمَّا مَا يَخْرُجُ مِنَ الْفَمِ فَمِنَ الْقَلْبِ يَصْدُرُ، وَذَاكَ يُنَجِّسُ الإِنْسَانَ لأَنْ مِنَ الْقَلْبِ تَخْرُجُ أَفْكَارٌ شِرِّيرَةٌ: قَتْلٌ، زِنىً، فِسْقٌ، سِرْقَةٌ، شَهَادَةُ زُورٍ، تَجْدِيفٌ**".[552] وينبّه القرآن أهله أن يرفعوا يدهم عن محاسبة غيرهم فيقول لهم ﴿ **تِلْكَ أُمَّةٌ قَدْ خَلَتْ لَهَا مَا كَسَبَتْ وَلَكُم مَّا كَسَبْتُمْ وَلَا تُسْأَلُونَ عَمَّا كَانُوا يَعْمَلُونَ** ﴾،[553] أمم كانت لها مكاسبها من الله، وأنتم لكم مكاسبكم منه تعالى، لهم شريعتهم ولكم شريعتكم، وسوف لا يسألكم الله عن أعمالهم وتصرفاتهم، أي أنتم لستم أصحاب مسؤولية عليهم، لا أحد جعلكم قضاة عليهم في الارض، اتركوهم وشأنهم، ولا تجعلوا من تصرفاتكم سبباً للفتنة وما يترتب عليها من عوامل التفرقة والكراهية والحقد والدعوة الى العنف.

---

(551) المائدة، 90.

(552) إنجيل متى، 19-15:17.

(553) البقرة، 141.

سادساً. هل ورد نص قرآني بتحريف الكتاب المُقدَس؟!

لم يرد أي نص في القرآن الكريم بتحريف التوراة والإنجيل، خلافاً لما يعتقده الكثير من عامة المسلمين، بل صادق القرآن عليهما، لحقيقة منطقية بسيطة واحدة هي أن مصدر هذه الكتب جميعاً واحد، فكيف ينقض الله تعالى نفسه؟!

لقد وردت في الكتب الإلهية كلمات يستشف من ظاهرها شبهة التحريف، ففي وصف القرآن لأفراد من أهل الكتاب نقرأ مثلاً: ﴿ **يُحَرِّفُونَ الْكَلِمَ** ﴾،[554] ﴿ **يَكْتُبُونَ الْكِتَـٰبَ بِأَيْدِيهِمْ** ﴾،[555] ﴿ **يَلْوُنَ أَلْسِنَتَهُمْ** ﴾،[556] وأمثالها. وجاء في كتب التوراة عبارات تشبيه مثل: "**فَحَزِنَ الرَّبُّ أَنَّهُ عَمِلَ الإِنْسَانَ فِي الأَرْضِ، وَتَأَسَّفَ فِي قَلْبِهِ**"،[557] "**هَا إِنَّ يَدَ الرَّبِّ لَمْ تَقْصُرْ عَنْ أَنْ تُخَلِّصَ، وَلَمْ تَثْقَلْ أُذُنُهُ عَنْ أَنْ تَسْمَعَ**"،[558] "**قَدْ رَأَيْتُ الرَّبَّ جَالِسًا عَلَى كُرْسِيِّهِ**"،[559] وأمثالها. كما وردت مصطلحات في الإنجيل تقتصر الى الوضوح التام في ظاهرها وربما يغلب على بعضها الغموض مثل: "**أَنَا أَتَكَلَّمُ بِمَا رَأَيْتُ عِنْدَ**

(554) المائدة، 41.
(555) البقرة، 79.
(556) آل عمران، 78.
(557) سفر التكوين، 6:6.
(558) سفر اشعياء، 59:1.
(559) سفر ملوك الأول، 22:19.

أَبِي"،[560] "**أَنَا وَالآبُ وَاحِدٌ**"،[561] "**أَنَا هُوَ خُبْزُ الْحَيَاةِ**"،[562]"**لأنّني قَدْ نَزَلْتُ مِنَ السَّمَاءِ**"،[563] "**مَنْ يَأْكُلُ جَسَدِي وَيَشْرَبُ دَمِي فَلَهُ حَيَاةٌ أَبَدِيَّةٌ**"،[564] وأمثالها. هذا حقاً كلام يصعب فهمه من ظاهره لأول وهلة؛ لأننا لم نسمع بإنسان نزل من السماء، ولم نسمع نصيحة أن نأكل جسد انسان ونشرب دمه، أو أن انساناً رأى الله، أو ان الله يندم ويحزن ويتأسف وله أعضاء جسمية مثلنا. ويبدو ان حصيلة الجهل بحقيقة تفاسير هذه التعابير كانت حكم القارئ على الكتاب المُقدَس بالتحريف كأقصر وأسهل طريق.

سابعاً. مساوئ التقليد بالسماع

أكدت نتائج هذه الدراسة وجود قصور في ثقافة المسلمين وعلى كافة المستويات بما فيهم الكثير من الفقهاء والوكلاء الذين تحدثت معهم بخصوص معتقدات وكتب الطوائف الإبراهيمية الأخرى وأنهم لا يملكون الا الرؤية التقليدية الموروثة للتحريف في الكتاب المُقدَس، ولم يقرأ الغالبية العظمى منهم كتاب التوراة والإنجيل، ناهيك عن البحث والتدقيق في هذه الكتب بعذر يبدو لبعضهم مقبولاً؛ لأنّ دراسة الكتاب المُقدَس يقع خارج اختصاصهم، فرددوا آراءً لأشخاص

(560) إنجيل يوحنا، 8:38.

(561) إنجيل يوحنا، 10:30.

(562) إنجيل يوحنا، 6:35.

(563) إنجيل يوحنا، 6:38.

(564) إنجيل يوحنا، 6:54.

آخرين لمجرد أنها تتفق مع آرائهم وقناعاتهم واتجاهاتهم السياسية، واعتبروها من الثوابت التي لا حاجة للبحث فيها، ولم أعثر على كتاب للمرجعية العليا في هذا المجال. فصار وصف المسلمين للكتاب المُقدَس بالتحريف من المسلّمات القطعية، التي لا مجال للتشكيك فيها، لكن وللأسف تم هذا عن طريق التقليد الأعمى فقط، بدون تحقيق ولا تأمل ولا اجتهاد، وفوق هذا القصور لا يرى بعضهم ضرورة الخوض والبحث في موضوع التحريف في الكتاب المُقدَس، بل وحتى عدم جدوى التحدث فيه. أحدهم سألني: " انت شعندك تبحوش في هذه الامور" (أي لماذا تنبش وتنقب عنها) ؟! وآخران نصحاني "أن أكف عن الكتابة في هذا الموضوع، خاصة وأنني -في نظرهم- انسان غير معاند وغير مشاغب". فوقعت في حيرة بين نصحهم وبين الدعاء الذي يردده الكثير منا "اللهم أرنا الحق حقاً وأرزقنا إتباعه". يا ترى كيف نرى الحق من غير بحث واجتهاد. وحين نجده فلماذا النصيحة بالكف عنه بدلاً من إتباعه؟

لا يوجد في العلم مصطلح اسمه "حقيقة ثابتة" فالبحث عن الحقائق في العلم الطبيعي مستمر ومن قِبَل جهات عديدة في العالم ولذلك نسمع معلومات مستجدة دائماً، وما كان بالأمس مسلّماً به قد يصبح اليوم بالبحث العلمي المستمر ساقطاً من التداول. ولا اعتقد ان البحث في بعض العقائد يخرج عن نطاق البحث والإجتهاد المستمر، كما اقترح عليّ الأفاضل الثلاثة الذين سبق ذكرهم بالكف عن البحث والكتابة في هذا الموضوع، لأنه لا يملك أحدٌ علماً لدنّياً وأحكاماً قطعية في هذا المجال، وإنما هي أحكام اجتهادية ظنّية، وأنه

خير لنا ان نكتشف خطأ بعض آرائنا ومعتقداتنا اليوم قبل ان نواجه الرب غداً، على الأقل نواجهه وفينا روح الرغبة الجادة في البحث عن الحقيقة وإرشاد الناس الى ما يرضيه عنا وإن كنا على غير صواب، بدلاً من الجمود على معتقدات خاطئة، لأن عزة أنفسنا تمنعنا من البحث عن الحقيقة، والتصريح بأخطائنا.

ومع أني كتبتُ الى خمسة مكاتب من المراجع العظام لأخذ رأيهم حول موضوع التحريف، الا أني لم أستلم الا مكالمة تلفونية من مكتب أحدهم مشكوراً وهو العالم الفاضل الذي تحدث معي حول "الكتاب الاصيل". ولربما التجأ الاخرون الى الدبلوماسية لان الظروف السياسية التي يمر بها المسلمون هذه الايام قد لا تسمح بالتجاهر في الرأي حول الكتاب المُقدَس وخاصة بعد زيارة البابا حديثاً الى مرجع المسلمين الاعلى في النجف الأشرف. الا أني عرضت مسودة كتابي على أربعة عشر فقيهاً إسلامياً ووكيلاً في بلدان مختلفة، وتحدثت معهم حول موضوع التحريف ولم يتفق معي أي منهم حول نتائج دراستي، بل أصرّ جميعهم على التحريف في الكتاب المُقدَس، على الرغم من أنهم جميعاً - وبلا استثناء - لم يدرسوا التوراة أو الإنجيل، وقد تأكدت منهم في هذا الخصوص، فقد اعتنقوا فكرة التحريف بالتقليد، وبالتالي، لا حجية لهم في ادعائهم، وقد لا تختلف ممارستهم هذه عمن يبث الاشاعات في معلومات غير موثوق منها، فيضل بها الناس، ويتحمل إثمهم وإثم من يتعلم منهم.

هل بإمكانك ان تقدّر ردة فعل ومدى خيبة أي مؤمن عندما يكتشف الحقيقة وزيف ما نشأ عليه من بعض الأفكار والمعتقدات

الخاطئة خاصّة ونحن الآن في عصر التكنولوجيا، وعصر العلم والمعلومات؟!

نحن بحاجة ماسة الى إعادة كتابة الموروث الإسلامي والتاريخ المبكر للإسلام على أسس أكاديمية علمية معاصرة وموثقة، لنفض الغبار عن المخطوطات وكتب التراث لوجود خرافات فيها تشبه قصص ألف ليلة وليلة وادعاءات شنيعة تمس الإسلام ونبي الإسلام مما يؤثر في نفسية الشباب وعامة الناس وتسبب في نفورهم من الدين والمساجد.

من جانب آخر اتفق معي في نتائجي أربعة أشخاص آخرون ممن تدبروا التوراة والإنجيل وشجعوني على الاستمرار في اسلوبي الحيادي والعلمي في البحث والكتابة الا انهم ما عدا واحداً طلبوا مني صراحة عدم ذكر أسمائهم. كما وتحدثت مع عدد كبير من اخواني عامة المسلمين، ربما يتعدى عددهم الثلاثين، في المسجد وفي اللقاءات الدينية العامة وجميعهم يعتقدون بالتحريف الجازم في التوراة والإنجيل، وعندما أسألهم عن السبب، يأتي الاستشهاد بآية قرآنية لا علاقة لها بالتحريف، أو أن يقول أحدهم: لا أعرف، اسأل الفقهاء. والغريب أن العامة تردّد مقولة التحريف من خطباء المنابر، والخطباء هم أنفسهم يقلّدون غيرهم دون اي اجتهاد او تحقيق، إنّه مجرد تقليد أعمى، وأصبحوا من مصاديق المثل العامي "ضرير يقود أعمى"، وهكذا شاعت وعمّت دعاية التحريف في الكتاب المُقدَس من جيل الى جيل، والى يومنا هذا.

ثامناً. ما هي جدوى الادعاء بالتحريف؟!

يصرح القرآن الكريم: يتبع الذين في قلوبهم زيغ المتشابهات من الآيات القرآنية فيؤُلوها إبتغاءً للفتنة ﴿ **فَأَمَّا الَّذِينَ فِي قُلُوبِهِمْ زَيْغٌ فَيَتَّبِعُونَ مَا تَشَابَهَ مِنْهُ ابْتِغَاءَ الْفِتْنَةِ وَابْتِغَاءَ تَأْوِيلِهِ** ﴾.[565] اضافة الى الجهل في معتقدات بعضهم، قد تطغى عليهم نزعات الغلو والحساسيات المدفونة في أعماقهم لانتقاد معتقدات الاخرين وكتبهم وليفتخروا عليهم "أنا خير منك"، "أنا الأفضل"، مثلما قاس الشيطان واغترّ وتكبّر وقال: ﴿ **أَنَا خَيْرٌ مِّنْهُ خَلَقْتَنِي مِن نَّارٍ وَخَلَقْتَهُ مِن طِينٍ** ﴾.[566]

ومثلما نسمع عن التشهير والتجريح والتكفير والسب واللعن بين بعض طوائف المسلمين منذ نشأتها الى يومنا هذا، ولنفس السبب "أنا خير منك"، و "نحن الأعلم" و "نحن وحدنا نملك الحقيقة المطلقة"، "نحن (الفرقة الناجية) فقط وباقي الفرق في النار". عندما تفكر في حقيقة هذه الافتراءات تستنتج أنها الحماقة والجهل بعينها، وربما تعكس مرضاً نفسياً أو عصبياً عند أصحابها، وإلا من اخبرك انك ستدخل الجنة غير الذين يحاولون الفرقة وتخدير عقول الناس؟! هل يستطيع أي إنسان أن يضمن الجنة لنفسه؟! فكيف يضمنها لغيره ؟! فكّر فيها بهدوء مع نفسك. جاء في القرآن الكريم على لسان النبي: ﴿ **وَلاَ أَقُولُ لَكُمْ عِندِي خَزَآئِنُ اللهِ وَلاَ أَعْلَمُ الْغَيْبَ** ﴾،[567]

---

(565) آل عمران، 7.

(566) الاعراف، 12.

(567) هود، 31.

﴿ **وَمَا أَدْرِى مَا يُفْعَلُ بِى وَلاَ بِكُمْ** ﴾،(568) ﴿ **قُل لَّا أَمْلِكُ لِنَفْسِى نَفْعاً وَ لاَ ضَرّاً إلاّ مَا شَآءَ اللهُ وَلَوْ كُنتُ أَعْلَمُ الْغَيْبَ لاَسْتَكْثَرْتُ مِنَ الْخَيْرِ وَمَا مَسَّنِىَ السُّوءُ** ﴾.(569) أليس الأفضل ان نهتم بأنفسنا ونحاسب أنفسنا ونقيّم أعمالنا ان كانت في مرضاة الله ؟! ان ادعاء التحريف في الكتاب المُقدَس لا يفيد الا في إثارة الفرقة والتباغض والكراهية والأحقاد، ولا يستفيد منه الا المغرضون والمنتفعون، وعلينا بدلاً من ذلك ان يكون همّنا التشجيع على عوامل الوحدة والتآخي، على الأقل لكي نعيش في سلام بلا قتال وحروب.

لو آمن الجميع أن السيد المسيح جاء لخلاص الناس من الخطيّة، حسب معتقد الطائفة المسيحية، وان صلبه كان ثمن الفداء عن ذنوب الناس، لوجب ان نستنتج أن السيد المسيح هو الخاتم للبشارات الإلهية، وإنّه لا فائدة لمجيئ رسول بعده لأن من يؤمن بالسيد المسيح ويتحلى بأخلاقه ويعمل بوصاياه فهو المؤمن به والمحب له وقد نجى، ومن لم يؤمن فقد هوى "**الَّذِي عِنْدَهُ وَصَايَايَ وَيَحْفَظُهَا فَهُوَ الَّذِي يُحِبُّنِي، وَالَّذِي يُحِبُّنِي يُحِبُّهُ أَبِي، وَأَنَا أُحِبُّهُ، وَأُظْهِرُ لَهُ ذَاتِي**".(570) ومما يؤيد خاتمية السيد المسيح قوله: "**أَنَا هُوَ الأَلِفُ وَالْيَاءُ، الْبِدَايَةُ وَالنِّهَايَةُ**"، وقوله "**أَنَا هُوَ الطَّرِيقُ وَالْحَقُّ وَالْحَيَاةُ. لَيْسَ أَحَدٌ يَأْتِي إِلَى الآبِ إِلاَّ بِيْ**"،(571) وحذّر السيد المسيح

---

(568) الأحقاف، 9.

(569) الأعراف، 188.

(570) إنجيل يوحنا، 14:21.

(571) إنجيل يوحنا، 14:6.

من أنبياء كذبة يأتون من بعده "**اِحْتَرِزُوا مِنَ الأَنْبِيَاءِ الْكَذَبَةِ الَّذِينَ يَأْتُونَكُمْ بِثِيَابِ الْحُمْلاَنِ، وَلكِنَّهُمْ مِنْ دَاخِل ذِئَابٌ خَاطِفَةٌ**"،[572] لكنه معروف أن (ماني) مؤسس الطائفة المانوية قبل الإسلام، و (مرزا غلام أحمد) مؤسس الأحمدية بعد الإسلام وكثير آخرون غيرهم عبر التاريخ ادعوا انهم مكتوبون في نبوءات السابقين. فكيف نوفّق بين الحقيقة والادعائات؟!

من هو المبشّر الخاتم الحّق؟! هنا تتضح جدوى الإدعاء بالتحريف، فلأجل ان يدعي شخص انه النبي الخاتم لابد له أن يكذّب ادعاءات السيد المسيح وينكر النبوءات والبراهين التي جاءت بخصوص السيد المسيح وينفي عقيدة الخلاص والفداء والصلب حتى يسمح لنفسه الإدعاء بالنبوة ويجذب الناس لدعوته. المشكلة ان ادعاءات الآخرين بالنبوة بقيت أقوالاً تقتصر الى الشاهد والبرهان، وأنّ صنع الآيات والعجائب لا يعد معيارًا لصدق الانبياء أو كذبهم، لأنّ العجائب قد تخدع، وقد جاء أنبياء كثيرون لم تكن لهم معجزات كالنبي (إرميا ويوحنا المعمدان وداود)، ومئات الأنبياء من قبلهم ومن بعدهم، وجاء أناس آخرون لم يدعوا النبوة وأتوا بما يشبه المعجزات، كسحرة موسى النبي، وقد تحدثنا عن هذا سابقاً، صفحة 281.

تاسعاً. إشكالية القصص التي نسبت المعاصي والذنوب للأنبياء

أما بخصوص الوصف القصصي غير اللائق لبعض

---

(572) إنجيل متى، 7:15.

الانبياء في الكتاب المُقدَس فقد اعتبرتها الدراسات الإسلامية دليلاً على التحريف استناداً الى مبدأ العصمة. المشكلة ان عصمة الانبياء والرسل مفهوم غير مألوف أبداً في المعايير اليهودية والمسيحية، ولو طبّق جدلاً القول الاول لمفهوم العصمة الإسلامية، العصمة في التلقي والتبليغ فقط، لوجدنا ان فعل هؤلاء الانبياء والرسل لا يرتبط بتلقي أو تبليغ الرسالة الإلهية، بل يقع في قضية تخص حياتهم اليومية الخاصة بهم، وبالتالي لا دخل للعصمة في تصرفهم، سواء أكان تصرفهم قد حصل فعلاً أم انّه تّهمة، فإنّ قصصهم في هذا الشأن لا تعكس أي تحريف في التوراة أو الإنجيل. أضف الى هذا أنّ اليهود عموماً يحسبون داود وسليمان ملوكاً، وكذلك أبناء يعقوب رأوبين ويهوذا لم يكونوا أنبياء، وأن لوطاً لم يقترف الزنا من نفسه وإنما كان ذلك بتخطيط من ابنتيه وهو ثمل، وأن رفقة أم يعقوب هي التي خططت لتصرف ابنها يعقوب مع أبيه إسحق بشأن البركة وتعهدت في تحمّل عواقب تصرفها، كما مدوّن في القصة.

ولو طبقنا القول الثاني للعصمة أي العصمة المطلقة لاكتشفنا تناقضه مع تصريحات بعض الأنبياء في القرآن الكريم واعترافهم بالنسيان، والظلم، والعصيان، والغضب، والقتل، والتلكؤ في التلقي والتبليغ، حتى ولو تغافلنا قصصهم في التوراة والإنجيل. أما القولان الثالث والرابع للعصمة الإسلامية فيؤكدان عدم عصمة هؤلاء الأنبياء في حياتهم الخاصة لاقترافهم الزنا عمداً، لأنه لم يقبل عقلاً ان أحداً يقترف الزنا سهواً، وان الزنا يعد من الكبائر.

وأخيراً، فانّ جرأة موسى النبي في تحدثه غير المألوف مع

الله تعالى وعصيانه في تنفيذ الأوامر الإلهية قد حصل فعلاً بدليل أن موسى النبي قد حُرم من العبور الى أرض الموعد، بسبب حادثة ماء قادش، حسب ما صرّح به الأمر الإلهي.

إن الانبياء بشر وقد يقترفون الخطأ، وقد يقعون في النسيان وقد ينفعلون أحياناً بشدة، وقد استعرض القرآن قتل موسى النبي للقبطي، ونسيانه عدة مرات، وردّة فعله العنيفة وغضبه الشديد على أخيه هارون بخصوص العجل الذهبيّ، وربما يضاف اليها حادثة ماء قادش كبرهان آخر على ان المعصوم قد يقترف الخطأ والعصيان حتى في تنفيذ الاوامر الإلهية، ناهيك عن الأخطاء في حياتهم الشخصية اليومية. ومن هنا يتّضح أنّنا نحتاج الى توضيحات أكثر للتوفيق بين تصرفات موسى النبي، وبين مقام العصمة التي يتحلى بها الأنبياء وبالأخص القول الثاني للعصمة الذي يدّعي العصمة المطلقة للأنبياء! وقد فصّلنا هذا الجانب سابقاً، الصفحة 133.

عاشراً. عدم ورود نصوص التبشير بنبي الإسلام في الكتاب المُقدَس

لم يرد ذكر اسم نبي الإسلام تلميحاً او صراحةً في التوراة أو الإنجيل المتداولة مما دفع المسلمين للادعاء بالتحريف في الكتاب المُقدَس، بينما يصرّح أهل الكتاب أنّ ذِكر البشارة بالإسلام أو بنبي الإسلام لم يرد لا في الكتب المتداولة ولا في المخطوطات القديمة من التوراة والإنجيل من قبل ظهور الإسلام بقرون عديدة ومنتشرة في أنحاء المعمورة. يضيف أهل الكتاب أن مجرد احتجاج المسلمين

بالكتاب المُقدَس على رسالة نبيهم دليل على أنهم معترفون أولاً بأن الكتاب المُقدَس موحى به من الله وثانياً أنه غير مُحرّف بل باق على أصله وإلا فما الداعي الذي يحملهم على الاحتجاج والبحث في كتاب يعلمون أنه من تأليف الناس؟!

ولقد اتضح من خلال البحث أن آثار البشارات التي نُوقشت للدلالة على نبوءة نبي الإسلام في خطاب موسى الوداعي، ووعد السيد المسيح بالمعزّي، والمزامير، ونشيد الأنشاد، كانت من أضعف وأوهن الأدلة للإستشهاد على النبوة وباعتراف الفقهاء المسلمين، مقارنة بالأدلة الفقهية والنقلية الأخرى.

الحادي عشر. مساوئ الادعاء بالتحريف بلا دليل؟!

إنْ كان الله يشدّد على انه هو نفسه الذي أوحى الذِكر (التوراة والإنجيل والقرآن) وانه هو حافظه فكيف يتجرّأ أي إنسان ان يتهم الله بأنه لم يكن قادراً على أن يحفظ كلمته من التحريف؟! هل من اللائق والأدب أن ينتقد الانسان كلمة الله ويتهم الله جل جلاله بتهم واكاذيب ؟! وكيف سيكون موقف الذين يدّعون بتحريف الكتاب المُقدَس أمام الله يوم القيامة ؟! فالذي يتهجم على الكتاب المُقدَس فانه لا يتهجم على اليهود او المسيحيين وطوائفهم فقط، بل هو تهجم شخصي على ذات الله ، فهل يتصور ظلماً أشدّ من هذا؟! ﴿ **وَمَنْ أَظْلَمُ مِمَّنِ افْتَرَى عَلَى اللهِ كَذِباً أَوْ كَذَّبَ بِالْحَقِّ لَمَّآ جَآءَهُ** ﴾.[573]

(573) العنكبوت، 68.

إنْ كان الانسان لا يملك سنداً موثوقاً لادعاء التحريف، فأيّهما أسلم ان يجيب أنّني لا أعرف ويكفّ عن نشر الإشاعة تقديساً وتمجيداً لله وخوفاً من عقابه، أم ان يجعل من نفسه وسيلةَ بث إشاعات، وفي الآخرة عذاب أليم؟! ﴿ **أَن تُصِيبُوا قَوْمًا بِجَهَالَةٍ فَتُصْبِحُوا عَلَىٰ مَا فَعَلْتُمْ نَادِمِينَ** ﴾.[574] على الاقل ثق بكلام الله، حيث إنّه تعالى أكّد في أربعين آية قرآنية صِدقْ التوراة والإنجيل، وبإمكانك عندئذٍ ان تقول: آمنت ﴿ **وَقُولُوا آمَنَّا بِالَّذِي أُنزِلَ إِلَيْنَا وَأُنزِلَ إِلَيْكُمْ وَإِلَٰهُنَا وَإِلَٰهُكُمْ وَاحِدٌ وَنَحْنُ لَهُ مُسْلِمُونَ** ﴾،[575] أو ان تلزم الصمت إنْ كان الغموض ما زال مخيّماً عليك وهذا مانصح به القرآن: ان يُمسك الانسان عما لا يعلم انتفاءَه وثبوته ﴿ **وَلاَ تَقْفُ مَا لَيْسَ لَكَ بِهِ عِلْمٌ إِنَّ السَّمْعَ وَالْبَصَرَ وَالْفُؤَادَ كُلُّ أُولئِكَ كَانَ عَنْهُ مَسْؤُولاً** ﴾،[576] لكن أنْ لا تؤمن بكلام الله وفي الوقت نفسه تدّعي التحريف بلا دليل، فقد اقترفت إثماً عظيماً.

لقد أمر الله تعالى نبي الإسلام الإيمان بالتوراة والإنجيل ﴿ **وَقُلْ ءَامَنْتُ بِمَآ أَنْزَلَ اللهُ مِن كِتَابٍ** ﴾.[577] وقد وصف الله الكتاب المُقدَس في مواضع متعددة في القرآن الكريم كونه نوراً ﴿ **إِنَّآ أَنزَلْنَا التوراة فِيهَا هُدىً وَنُورٌ** ﴾،[578] وهدى ﴿ **وَآتَيْنَاهُ الإنجيل**

---

(574) الحجرات، 6.

(575) العنكبوت، 46.

(576) الاسراء، 36.

(577) الشورى، 15.

(578) المائدة، 44.

فِيهِ هُدًى وَنُورٌ ﴾،[579] ووصف المعاندين كمثل الذين ينفخون بأفواههم ليخفّفوا من حرارة الشمس أو يريدون أن يطفئوا نور الله ﴿ **يُرِيدُونَ أَن يُطْفِئُوا نُورَ اللهِ بِأَفْوَهِهِمْ** ﴾،[580] وسيدركون في ذلك اليوم مدى عظمة النعمة التي فرّطوا بها بسبب لجاجتهم وما جلبوه لأنفسهم من أليم العذاب.

لقد بيّن الله سبحانه وتعالى في بداية (سورة البقرة) بعض صفات المتقين ومن بينها الإيمان بالكتب الإلهية ﴿ **ذَٰلِكَ الْكِتَٰبُ لَا رَيْبَ فِيهِ هُدًى لِّلْمُتَّقِينَ * الَّذِينَ يُؤْمِنُونَ بِالْغَيْبِ وَيُقِيمُونَ الصَّلَوٰةَ وَمِمَّا رَزَقْنَٰهُمْ يُنفِقُونَ * وَالَّذِينَ يُؤْمِنُونَ بِمَآ أُنزِلَ إِلَيْكَ وَمَآ أُنْزِلَ مِن قَبْلِكَ وَبِالْآخِرَةِ هُمْ يُوقِنُونَ * أُوْلَٰئِكَ عَلَىٰ هُدًى مِّن رَّبِّهِمْ وَأُوْلَٰئِكَ هُمُ الْمُفْلِحُونَ** ﴾.[581] إن الذين لا يؤمنون بالكتاب المُقدَس لهم عذاب عظيم في الآخرة كما لو لم يؤمنوا بالقرآن ﴿ **الَّذِينَ كَذَّبُوا بِالْكِتَابِ وَبِمَا أَرْسَلْنَا بِهِ رُسُلَنَا فَسَوْفَ يَعْلَمُونَ إِذِ الْأَغْلَالُ فِي أَعْنَاقِهِمْ وَالسَّلَاسِلُ يُسْحَبُونَ فِي الْحَمِيمِ ثُمَّ فِي النَّارِ يُسْجَرُونَ** ﴾.[582]

هل الكتاب المُقدَس هو كلام الله أم انه كتاب مُحرّف؟! روي في (صحيح البخاري) عن النبي أنّه قال: "**لا تُصَدِّقُوا أَهْلَ الْكِتَابِ وَلا تُكَذِّبُوهُمْ**"،[583] بمعنى ان كنت لا تملك بيّنة على تصديق أو تكذيب

(579) المائدة، 46.
(580) التوبة، 32.
(581) البقرة، 2-5.
(582) غافر، 70.
(583) صحيح البخاري، حديث رقم 7143.

كلام اهل الكتاب حول خبر من كتابهم، توقَّف، والتزم جانب الحياد، لا تصدّقهم؛ لئلَّا تكون شريكاً معهم فيما حرّفوا خبره، ولا تكذّبهم؛ فلعَّله يكون صحيحًا فتكون منكراً لما أمرنا الله تعالى أن نؤمن به. ويحذرنا القرآن الكريم من التحدث بالحدس والظن ﴿ **وَلَا تَقْفُ مَا لَيْسَ لَكَ بِهِ عِلْمٌ** ﴾.[584] وأن لا نكتم الحق ان كنّا نعلمه ﴿ **وَلَا تَلْبِسُوا الْحَقَّ بِالْبَاطِلِ وَتَكْتُمُوا الْحَقَّ وَأَنتُمْ تَعْلَمُونَ** ﴾.[585]

الثاني عشر. وجوب الحياديّة والعلمية عند البحث عن الحقيقة

الحيادية في البحث تعني الاعتدال وعدم التحيّز أو الحيد الى رأي معين أو معتقد معين، بمعنى ان تضع معتقداتك وعواطفك جانباً وأن تدرس الموضوع بكل موضوعيّة، وتذكر كلَّ ما جاء في الدراسات الاخرى وبضمنها التي تخالف عقائدك.

أمّا العلميّة في البحث فهي ان تدرس الموضوع دراسة شمولية من جميع جوانبه الإيجابية والسلبية والآراء المضادّة حوله. وان تنقل المعلومة بكاملها حسب ما جاء في مصدرها لا ان تنتقي جزءاً منها أو ان تختار رأياً واحداً يوافق معتقدك دون الإشارة الى الآراء الأخرى. ومن خلال الجمع بين الحيادية والعلمية يحلل الباحث المعلومات الحاصلة ويقدم استنتاجاته للقارئ. فالباحث في استنتاجاته

---

(584) الاسراء، 36.

(585) البقره، 42.

ومقترحاته يلعب دور الحاكم العادل. كما ان القارئ يملك نفس القدرة على الحكم إنْ دونت المعلومات كاملة لكلا الطرفين ونقلت بأمانة. فبالحيادية والعلمية تجد الحلول الإبداعية لمعالجة القضايا المصيرية لأنهما ذراعان يلتقيان في تشخيص مسببات المشكلة وطريقة علاجها الجذري. والدراسة الناجحة لا تبدأ بفكرة ومعتقد مسبق وتبني على ذلك المعتقد، بل يجب أن تكون الدراسة حيادية وعلمية وبعيدة عن أي وجهات نظر شخصية للباحث، او شعوره الوجداني وعواطفه، مع تطوير منحنى البحث صعودًا؛ من أجل الوصول للحقيقة.

ومن خلال تدبّري للقرآن الكريم ميّزتُ مجموعتين من الآيات فيما يخص أهل الكتاب:

المجموعة الأولى: ضمت تسع عشرة أية يوحي ظاهر بعضها بالتحريف في الكتاب المُقدَس، وبعد عرضها على كتب التفاسير الإسلامية المعتبرة اتضح عدم اسناد تفسير اي من هذه الآيات للتحريف في الكتاب المُقدَس.

والمجموعة الثانية: شملت أربعين آية قرآنية يثني الله تعالى فيها ويصدّق كتب التوراة والإنجيل صراحة. ولقد ذكرت بعض الدراسات الإسلامية آيات من المجموعة الأولى التي يوحي ظاهرها بالتحريف ولم تذكر أياً من الدراسات ولو آية واحدة من المجموعة الثانية التي تثني وتصدق الكتاب المُقدَس، فبذلك نبذت أو ابتعدت عن الحيادية والعلمية في دراساتها وفرضت معتقداتها المنحازة على استنتاجاتها.

أما الاختلافات بين تعابير اسفار الكتاب المُقدَس فقد نفت كتب التفسير أي تناقض بينها، بينما حكمت الدراسات الإسلامية على الكتاب المُقدَس بالتحريف بسبب هذه الاختلافات اعتماداً على المعنى الظاهري لمفرداتها لتطابق مرادها مع معتقداتها المسبقة، ولم تلجأ الى البحث في فهم سبب اختلافها.

وأما قصص الأنبياء التي نسبت اليهم الذنوب والمعاصي، فاعتبرتها الدراسات الإسلامية السبب الرئيس للقول بالتحريف في الكتاب المُقدَس استناداً الى عصمة الأنبياء المطلقة الذي لا أساس ولا سند له. علماً بان القرآن عدّد ذنوباً لبعض هؤلاء الأنبياء وذكر عقوبات بعضهم بسبب ذنوبهم. بينما حاول الفقهاء المسلمون ترقيع ذنوب الأنبياء بأنواع الحجج والتأويلات لأجل حماية معتقدهم الوهمي في عصمة الانبياء المطلقة.

لقد التزمت الحيادية في طروحاتي وان شاء الله لا يكون هذا مدعاة للتحامل عليَّ من بعض الأخوة أو سبباً في إثارة التهم، فقد حاولت جهد إمكاني في نقل الحقائق دون تحيّز أو ترجيح أفكار طائفة على أخرى، والله شاهد على ما أقول.

وملخص الحديث ان المشترك بين الكتب الإلهية كثير فمصدرها واحد وغرضها واحد وأنّ المؤمن ملزم ان يؤمن بها كلّها الا انها لا تمثل كتاباً إلهياً واحداً ولا تتحدث عن شريعة واحدة وهناك اختلافات عقائدية ظاهرة بينها، الا انها جميعاً تدعو الى عبادة الله الواحد وتحض على تحقيق الغرض من جعل الإنسان خليفة في

الأرض والتآخي والمحبة.

بقى ان اليهودي له رأي والمسيحي له رأي آخر والمسلم له رأي ثالث، بل في الواقع هناك اختلاف في الآراء حتى بين أبناء الطائفة الواحدة، وان هذا الإختلاف في الآراء لا يلزم ان يكون سبباً في إثارة الحقد والكره. حسنٌ ان يعتّز الإنسان بمعتقداته وعلاقته بالله ويعمل جاهداً في تحقيق دوره في الغرض من خلق الإنسان ولكن يجب ان لا يكون ذلك على حساب الآخرين او التشنيع بعقائدهم! يخاطب الله نبي الإسلام بتبليغ الرسالة الإلهية الا أنه تعالى يخبر النبي انت لست عليهم "بمصيطر" ولا "وكيل" ولا "حفيظ" ولا "جبار" وليس لك عليهم "سلطان" وكفى بربك وكيلاً.

الثالث عشر. هل من فائدة للمسلم في قراءة الكتاب المُقدَس؟!

اختتم دراستي بجواب عن سؤال طرحته في مقدمة الكتاب حول منهجية هذه الدراسة وأهدافها وأهميتها. لقد تناولتْ الدراسات الإسلامية البحث في الكتاب المُقدَس من زوايا أربع وهي القصص التي نسبت الذنوب والمعاصي للأنبياء، والاختلاف بين تعابير الاسفار، والآيات القرآنية التي يدّل ظاهرها على التحريف، وحذف التبشير بنبي الإسلام من الكتاب المُقدَس واستَنتجَتْ تحريفه من جميعها.

وقد ناقشتُ هذه المعايير الأربعة بالتفصيل، واسندتها بدلائل نقليّة من القرآن ودلائل تاريخية وحجج عقلية، ودوّنتُ نتائجها باسلوب

حيادي دون التحيز الى جهة، أو التأثر بخلفيتي العقائدية أو الفكرية. لقد برهنتْ نتائج هذه الدراسة الموسّعة ان الأساب التي طرحتها الدراسات الإسلامية لا تثبت التحريف في كتب التوراة والإنجيل المتداولة، وأملي أن تصبح نتائج هذه الدراسة حافزاً مشجعاً على إعادة النظر في معتقداتنا حول هذه الكتب وعلى تقليص فجوة الفرقة والحساسية والفتنة بين ابناء الطوائف الابراهيمية، وتعميق أواصر المحبة والوئام والتقارب الاخوي بينهم، أو على الأقل الكف عن بث الادعاءات الباطلة لأن الإفتراء والبهتان ليسا من خلق المؤمنين، فاستشهدتُ بقوله تعالى: ﴿ **قُولُوا آمَنَّا بِاللَّهِ وَمَا أُنزِلَ إِلَيْنَا وَمَا أُنزِلَ إِلَىٰ إِبْرَاهِيمَ وَإِسْمَاعِيلَ وَإِسْحَاقَ وَيَعْقُوبَ وَالْأَسْبَاطِ وَمَا أُوتِيَ مُوسَىٰ وَعِيسَىٰ وَمَا أُوتِيَ النَّبِيُّونَ مِن رَّبِّهِمْ لَا نُفَرِّقُ بَيْنَ أَحَدٍ مِّنْهُمْ وَنَحْنُ لَهُ مُسْلِمُونَ** ﴾.[586]

ان الخلافات الطائفية اصبحت خلافات تاريخية وهمية وبائدة وليس لها وجود حيوي بين أبناء القرن الحادي والعشرين، الا ما يستخدمه بعض القدامى الغارقين في إثارة نعرات الشغب والفتن، وتلويث عقول الشباب من أجل استمرار أفكارهم المحمّلة بروح التفرقة والحقد والإنغلاق، ولحسن الحظ فإن كثيراً من شباب اليوم ابتعدوا عن السب واللعن والمغالاة والتكفير، ولسوء الحظ فإنهم تركوا المساجد بسببها.

وكما أشرت في المقدمة فانّي بدأت دراسة التوراة والإنجيل بحافز الاطلاع، كوني أعيش في القرن الحادي والعشرين وبين يدي

---

(586) البقرة، 136.

كتب التوراة والإنجيل، كُتب تدعو الى الايمان بالله الواحد وعبادته والى الاعمال الصالحة، وأن الله تعالى قال عنها: انّها كتب هداية ونور، وان طموحي هو التقرب الى الله، فهل بإمكاني الاستفادة من هذه الكتب أيضاً لتحقيق طموحي؟! هي كتب متداولة يقرؤها ويتبرّك بها الملايين من الناس يومياً، وتحتفل بها آلاف الكنائس والمعابد في أنحاء العالم اسبوعياً، فهل بإمكاني ان استمع الى ما تقوله هذه الكتب وأتبع أحسن ما فيها؟! تذكّر ان العلم لا يعرف حدّاً له من جهة المُعلّم، وإنّ الحكمة ضالّة المؤمن أينما وجدها أخذها.

هل استفدت شخصياً من قراءة الكتاب المُقدَس؟!

لقد استفدت كثيراً جداً من دراسة التوراة والإنجيل وارتقيت من خلالهما روحياً وثقافياً. وكما ذكرت سابقاً فان القرآن الكريم قطعاً منهاج هدى كامل للإنسان، الّا أنّ سماع التعاليم الإلهية ومفاهيمها بأساليب وتعابير منوعة ومن زوايا مختلفة يرّسخها في الذهن أكثر، فتدركه الأنفس وتتحرك معها المشاعر ويطمئن اليها القلب.

واضافة الى تقوية علاقتي مع الله الخالق، مكّنتني دراسة هذه الكتب من تقوية أواصر علاقتي مع الناس. فقد أعانتني الدراسة أن أميّز ما يقربنا انسانياً من بعضنا لكي نعمّر الارض كما أمرنا الله بدلاً من خرابها او الافساد فيها، ونرفع راية السلم بدل الحرب، والتعايش والحب بدل التنافر، والمساواة وضمان حقوق الآخرين واحترام آرائهم، ونحقق الغرض من خلق الانسان في توحيد العبادة لله الواحد

﴿ **وَمَا خَلَقْتُ الْجِنَّ وَالْإِنسَ إِلَّا لِيَعْبُدُونِ** ﴾.[587] لقد بحثت في الكتب الإلهية عن كلمة سواءٍ بيننا، وهو ما أمرنا به الله، بدلاً من التنقيب في نصوصها عن كلمة اختلافٍ وفرقةٍ بيننا، فقرأت في التوراة: "**اِسْمَعْ يَا إِسْرَائِيلُ: الرَّبُّ إِلهُنَا رَبٌّ وَاحِدٌ**"،[588] وفي الزبور: "**لِيُسَبِّحُوا اسْمَ الرَّبِّ، لأَنَّهُ قَدْ تَعَالَى اسْمُهُ وَحْدَهُ**"،[589] وفي صحف إبراهيم: ﴿ **قَدْ أَفْلَحَ مَنْ تَزَكَّى وَذَكَرَ اسْمَ رَبِّهِ فَصَلَّى** ﴾،[590] وفي الإنجيل: "**لِلرَّبِّ إِلهِكَ تَسْجُدُ وَإِيَّاهُ وَحْدَهُ تَعْبُدُ**"،[591] وفي القرآن: ﴿ **لَا إِلَهَ إِلَّا اللَّهُ** ﴾،[592] لاحظ ان التوحيد وعبادة الله مشتركة بين جميع الكتب الإلهية الخمسة. أليس هذا ما أمرنا به الله ان ندعوهم الى كلمة سواءٍ بيننا وبينهم؟! ﴿ **قُلْ يَا أَهْلَ الْكِتَابِ تَعَالَوْا إِلَىٰ كَلِمَةٍ سَوَاءٍ بَيْنَنَا وَبَيْنَكُمْ أَلَّا نَعْبُدَ إِلَّا اللَّهَ** ﴾.[593]

ميّزت أيضاً تشابهاً بين بعض الأحاديث النبوية مع نصوص التوراة والإنجيل مثل حديث "أعددتُ لعبادي الصالحين" في صحيح البخاري عن النبي يقول الله تعالى: ﴿ **أَعْدَدْتُ لِعِبَادي الصَّالحين ما لا عَيْنٌ رأَت، ولا أُذُنٌ سَمِعَت، ولا خَطَر على قَلب بَشَر** ﴾.[594]، وورد

---

(587) الذاريات، 56.

(588) سفر التثنية، 6:4.

(589) المزمور، 148:13.

(590) الاعلى، 14.

(591) إنجيل لوقا، 4:8.

(592) محمد، 19.

(593) آل عمران، 64.

(594) صحيح البخاري رقم 4779.

في رسالة بولس الأولى الى أهل كورنثوس "**مَا لَمْ تَرَ عَيْنٌ، وَلَمْ تَسْمَعْ أُذُنٌ، وَلَمْ يَخْطُرْ عَلَى بَالِ إِنْسَانٍ: مَا أَعَدَّهُ اللهُ لِلَّذِينَ يُحِبُّونَهُ**".(595)

حديث آخر ورد عن النبي في مسند أحمد عن أنهار الجنة " **سَيْحَانُ وَجَيْحَانُ وَالفُرَاتُ والنِّيل كلٌّ من أنهار الجنة** " (596) وورد في سفر التكوين "**وَكَانَ نَهْرٌ يَخْرُجُ مِنْ عَدْنٍ لِيَسْقِيَ الْجَنَّةَ، وَمِنْ هُنَاكَ يَنْقَسِمُ فَيَصِيرُ أَرْبَعَةَ رُؤُوسٍ: اِسْمُ الْوَاحِدِ فِيشُونُ، وَهُوَ الْمُحِيطُ بِجَمِيعِ أَرْضِ الْحَوِيلَةِ حَيْثُ الذَّهَبُ. وَذَهَبُ تِلْكَ الأَرْضِ جَيِّدٌ. هُنَاكَ الْمُقْلُ وَحَجَرُ الْجَزْعِ. وَاسْمُ النَّهْرِ الثَّانِي جِيحُونُ، وَهُوَ الْمُحِيطُ بِجَمِيعِ أَرْضِ كُوشٍ. وَاسْمُ النَّهْرِ الثَّالِثِ حِدَّاقِلُ، وَهُوَ الْجَارِي شَرْقِيَّ أَشُّورَ. وَالنَّهْرُ الرَّابِعُ الْفُرَاتُ**".(597)

ميّزت أيضاً في الكتب الإلهية الثلاثة ان الوصايا العشر ... لا تشرك، لا تقتل، لا تزن، لا تسرق، لا تكذب ... هي عصارة الاعمال الصالحة والأخلاق التي دعت لها كتب الله، وانها الجذر الرئيس والحجر الاساس المشترك بين الكتب الإلهية ومنها تنبع فروع العبادة والإيمان. ان الايمان بالله الواحد والعمل الصالح في سبيل الله هما وسيلتا مرضاة الله عنا والدخول الى الجنة والخلود فيها. لقد تكررت عبارة "الذين آمنوا وعملوا الصالحات" خمسين مرّةً في القرآن الكريم ورافقها في جميعها، بلا استثناء، إما البشارة بالجنة أو الوعد

(595) 1 كورنثوس: 2:9.

(596) مسند أحمد رقم 9672.

(597) سفر التكوين: 2:10-14.

الإلهي بالمغفرة والأجر العظيم ﴿ **وَالَّذِينَ ءَامَنُواْ وَعَمِلُواْ الصَّلِحَتِ أُوْلَئِكَ أَصْحَبُ الجَنَّةِ هُمْ فِيهَا خَلِدُون** ﴾،[598] ﴿ **إِنَّ الَّذِينَ ءَامَنُوا وَعَمِلُوا الصَّلِحَتِ لَهُمْ جَنَّتُ النَّعِيمِ** ﴾،[599] ﴿ **وَعَدَ اللهُ الَّذِينَ ءَامَنُوا وَعَمِلُوا الصَّلِحَتِ لَهُم مَّغْفِرَةٌ وَأَجْرٌ عَظِيمٌ** ﴾،[600] ﴿ **إِلَّا الَّذِينَ ءَامَنُوا وَعَمِلُوا الصَّلِحَاتِ فَلَهُمْ أَجْرٌ غَيْرُ مَمْنُون** ﴾.[601]

لقد أقسم الله تعالى ان من يؤمن ويعمل صالحاً فانه يتسلّق ويرتقي، ولا يهبط أسفل سافلين كالمنحرفين، وله أجرٌ غيرُ منقوص، وهذا وعدٌ الهي، ومن أصدق من الله حديثا ؟! ﴿ **وَالتِّينِ وَالزَّيْتُونِ * وَطُورِ سِينِينَ * وَهَذَا الْبَلَدِ الأَمِينِ * لَقَدْ خَلَقْنَا الْإِنسَانَ فِى أَحْسَنِ تَقْوِيم * ثُمَّ رَدَدْنَـاهُ أَسْفَلَ سَفِلِينَ * إِلاَّ الَّذِينَ ءَامَنُوا وَعَمِلُوا الصَّلِحَاتِ فَلَهُمْ أَجْرٌ غَيْرُ مَمْنُون * فَمَا يُكَذِّبُكَ بَعْدُ بِالدِّينِ * أَلَيسَ اللَّهُ بِأَحْكَمِ الحَكِمِينَ** ﴾،[602] فقط آمِنْ واعمل صالحاً، وعليك نفسك، لا يضرك من ضلّ اذا اهتديت ﴿ **يَا أَيُّهَا الَّذِينَ آمَنُوا عَلَيْكُمْ أَنفُسَكُمْ لَا يَضُرُّكُم مَّن ضَلَّ إِذَا اهْتَدَيْتُمْ** ﴾.[603]

وتذكر ان بث الإشاعات والافتراءات على الآخرين لا يعتبر عملاً صالحاً ولا يرفع من أجرك ولا يزيد من حسناتك.

---

(598) البقرة، 82.

(599) لقمان، 8.

(600) المائدة، 9.

(601) التين، 6.

(602) التين، 8-1.

(603) المائدة، 105.

ولا تنس أن الغرض من هذه الدراسة ليس الجدل والعناد بل هو فرصة للإجتهاد والتفكر ومحاولة للبحث عن الحقيقة. أشكر الله تعالى على عونه في كتابتي لهذا الموضوع، ولا أدعّي أنّني اكتشفت الحقيقة كلها إنما "بَحْوَشْتُ" عنها على حد تعبير صاحبنا، وأتعبتُ نفسي في التنقيب عنها، وتوصلت من خلالها الى كشف حقائق نسبية قابلة للتغيير في ظل وجود مستجدات علمية حقيقية، وان شاء الله أكون قد افدتكم ولو بفكرة واحدة.

أسأل الله تعالى أن يعيننا على تطهير قلوبنا من التعصّب واللجاجة والعناد والتفاخر الشيطاني "أنا الافضل" وأن نحلّ محلها أواصر محبة الاخرين. اذا كان الإنسان يحبّ نفسه، فلابد له ان يحب أخيه الإنسان لأنه يحمل نفسه بعينها، جميع البشر يحملون جوهراً واحداً: النفس الواحدة والروح الواحدة. قال تعالى: ﴿ **خَلَقَكُم مِّن نَّفْسٍ وَاحِدَةٍ** ﴾،[604] ﴿ **وَنَفَخَ فِيهِ مِن رُّوحِهِ** ﴾،[605] فلنركز على أواصر المحبة والتقارب لأجل انسانيتنا وكرامتها. هناك من يسأل: كيف نتعايش رغم اختلافنا في المعتقد الديني؟!

يختلف الناس في بلدان العالم في انتماءاتهم ومعتقداتهم السياسية والدينية وينتقدون بعضهم بعضاً بكل حرية واحترام. وفي الختام يبقون متحدين ومتآصرين ومتعايشين في حبهم وولائهم لوطنهم. فالعقيدة شيء واحترام آراء الآخرين وضمان حقوقهم وتكريمهم شيء

---

(604) الزمر، 6.

(605) السجدة، 9.

آخر، وحرية عقيدة الإنتماء الديني لا تشذّ عن هذا. قال أمير المؤمنين علي بن أبي طالب: "الناس صنفان: إما أخٌ لك في الدين أو نظيرٌ لك في الخلق". خلق الله الإنسان حراً، ومنحه الخيار في اعتناق معتقده الديني أو اللاديني ﴿ **لَا إِكْرَاهَ فِي الدِّينِ** ﴾،[606] كما وله الحق والحرية في الدفاع عن رأيه وفي انتقاد معتقدات الآخرين. وما علينا لكي نتعايش بسلام الا ان نتحضّر ونتعلّم ونروّض أنفسنا على هذه المفاهيم والحقوق. ان انتقاد معتقد الآخرين لا يعني عدم الاحترام ولا يعني السب واللعن والاعتداء على من يختلف معنا. ان حرية العقيدة وابداء الرأي هي وسيلة ترسيخ التعايش وتقويته، وان عدم تحمّل النقد هو ضد التعايش ووسيلة لهدمه. المُتعصب لا يرى الا نفسه ومعتقده، بينما يرى المُتحضّر نفسه ويرى الآخر ويقدّر معتقداته. اذن يمكن ان نتعايش ونزدهر على الرغم من اخلافاتنا في أي من معتقداتنا ان تمسكنا باسلوب الحوار المتحضر واجتنبنا النقد بطابع شخصي متشنج ومثير للتعصب والهمجية وإنْ بدا ظاهرياً أنه يمس كرامتنا، فالقصد منه حقيقةً ليس كذلك، فمثلما انت تملك رأي فللآخرين آراؤهم. وآخر دعوانا ان الحمد لله رب العالمين.

---

(606) البقرة، 256.

المصادر والمراجع

القرآن الكريم.

الخوئي، ابو القاسم الموسوي، رسالة في نفحات الاعجاز، معهد الخوئي، المكتبة الالكترونية، 1912.

الخوئي، ابو القاسم الموسوي، البيان في تفسير القرآن، 2017. انترنيت.

الكليني، محمد بن يعقوب، الكافي، 1363 هجري، انترنيت.

البلاغي، محمد جواد، الهدى الى دين المصطفى، الجزء 1-2، مطبعة الفرقان، 1966.

البلاغي، محمد جواد، الوجيز في معرفة الكتاب العزيز، دار الهدى للتوزيع والنشر الدولي. 1956.

ادوارد يونج، اصالة الكتاب المقدس، تعريب القس الياس مقار، دار الثقافة. انترنيت.

كاشف الغطاء، محمد حسين، التوضيح في باب حال الإنجيل والمسيح، 2020.

النوري، مرزا حسين، مستدرك الوسائل، 1319 هجري، انترنيت.

علي، الشيخ، الصحيح من انجيل المسيح، في اناجيل العهد الجديد. مؤسسة الكوثر للمعارف الإسلامية، 2004.

البعاج، وليد، الاسطورة المسيحية للراهب بحيرا في النصوص العربية والسريانية، دراسة في أقدم مخطوطة عن الراهب بحيرا. ومضات للترجمة والنشر، 2020.

البعاج، وليد، عزرا في الديانات الابراهيمية، ومضات للترجمة والنشر، 2018.

علي، الشيخ، لاهوت المسيح في المسيحية والإسلام– دراسة مقارنة، مركز الابحاث العقائدية، 2005.

علي، الشيخ، هبة السماء رحلتي من المسيحية الى الإسلام، مركز الابحاث العقائدية، 2006.

آل إبراهيم، حبيب، الانتصار (بحوث في التوراة والإنجيل)، مركز الابحاث العقائدية، 1965.

حموي، الأب صبحي اليسوعي، معجم الايمان المسيحي، الطبعة الثانية، دار المشرق، بيروت، لبنان، 1998.

يعقوب، حلمي، مفهوم الوحي والعصمة في الكتاب المُقدَس، كنيسة القديسين مارمرقس الرسول والبابا بطرس خاتم الشهداء، الإسكندرية، 2009.

صادق، شيخ محمد فخر الإسلام، من راهب نصراني الى شيخ

شيعي، مقدمة كتاب أنيس الاعلام في نصرة الإسلام، ج5، ص 172 - 139.

الشيرازي، ناصر مكارم، تفسير الأمثل في كتاب الله المنزل، موقع هدى القرآن الالكتروني، الانترنيت، 2007.

الطباطبائي، محمد حسين، الميزان في تفسير القرآن، برنامج نور الانوار، الانترنيت، 2000.

الكتاب المُقدَس، الطبعة الثالثة، دار الكتاب المُقدَس في الشرق الاوسط، القاهرة، مصر ، 2005.

موقع الأنبا تكلا القبطي الأرثوذكسي ، الكنيسة القبطية الأرثوذكسية ، مصر ، الانترنيت ، 2019.

الطبرسي، الفضل بن الحسين، مجمع البيان في تفسير القرآن، المكتبة المقروءة، الانترنيت، 2007.

مجلسي، محمد باقر ، بحار الانوار ، وزارة الارشاد الإسلامي، 2017. انترنيت.

ابن كثير، عماد الدين إسماعيل، تفسير القرآن العظيم، الانترنيت، 2021.

الشيخ المفيد، محمد، النكت الاعتقادية. 1993، انترنيت.

البخاري، محمد بن إسماعيل، صحيح البخاري، الانترنيت، 2021.

الميلاني، فاضل، العقائد الإسلامية، مؤسسة البلاغ، لبنان، 2011.

الطبري، محمد بن جرير، تفسير الطبري، الانترنيت، 2021.

صعب، اديب، الأديان الحية، المجلد الثاني، دار النهار للنشر، 1995 .

فنكلشتاين، إسرائيل، وسيلبرمان، نيل، التوراة اليهودية مكشوفة على حقيقتها. كتاب الكتروني، الانترنيت.

السبحاني، جعفر، عصمة الأنبياء في القرآن الكريم، دار الولاء، بيروت، 2004.

المسيّح، محمد. كتاب مخطوطات القرآن، مدخل لدراسة المخطوطات القديمة، مطبعة ووتر لايف، 2017.

الصدر، محمد باقر، كتاب المُرسِل، الرسول، الرسالة، دار التعارف للمطبوعات، لبنان، 1992 .

Scherman, Nosson, The Chumash, The Stone Edition, Mesorah Publications, Ltd, 2000, New York 11232.

Bultmann, Rudolf, Interpreting Faith for the Modern Era, Fortress Press, 1991.

Spirit of Truth, The Garden Training Center, Inc., Garden Publishing Company, USA, 2020.